BLED

Sciences économiques et sociales

Sous la direction de :

Marion Navarro
Professeur agrégé de sciences économiques et sociales
Diplômée de l'E.N.S. Cachan
Membre du comité de rédaction de la revue *Regards Croisés sur l'Économie*

Vincent Barou
Professeur agrégé de sciences économiques et sociales

Laurent Braquet
Professeur certifié de sciences économiques et sociales

Nicolas Danglade
Professeur agrégé de sciences économiques et sociales
Formateur à l'IUFM d'Aix-Marseille

Couverture : Karine Nayé

Maquette et mise en page : Médiamax

Schémas : Médiamax

Carte page 143 : Domino

Corrections : Sylvie Blanchard

Édition : Magali Corbel

www.hachette-education.com

© HACHETTE LIVRE 2012, 43, quai de Grenelle, 75905 PARIS Cedex 15.
ISBN 978-2-01-160787-9

Tous droits de traduction, de reproduction et d'adaptation réservés pour tous pays.

Le Code de la propriété intellectuelle n'autorisant, aux termes des articles L.122.4 et L.122.5, d'une part, que les « copies ou reproductions strictement réservées à l'usage privé du copiste et non destinées à une utilisation collective », et, d'autre part, que « les analyses et les courtes citations » dans un but d'exemple et d'illustration, « toute représentation ou reproduction intégrale ou partielle, faite sans le consentement de l'auteur ou de ses ayants droit ou ayants cause, est illicite ».
Cette représentation ou reproduction par quelque procédé que ce soit, sans autorisation de l'éditeur ou du Centre français de l'exploitation du droit de copie (20, rue des Grands-Augustins 75006 Paris), constituerait donc une contrefaçon sanctionnée par les articles 425 et suivants du Code pénal.

PRÉSENTATION DE L'OUVRAGE

▶ Cet ouvrage est destiné aux lycéens qui étudient les sciences économiques et sociales (SES). Il est à la fois complet (les programmes des **trois niveaux** sont intégralement traités) et très pédagogique (**présentation progressive** et explicite des savoirs à maîtriser).
Le Bled SES couvre ainsi l'**ensemble des programmes** d'enseignement d'exploration en seconde, l'enseignement spécifique en première, l'enseignement spécifique et les enseignements de spécialité en terminale (« économie approfondie » et « sciences sociales et politiques »).
Les programmes suivis sont les programmes en vigueur depuis la rentrée 2010 en seconde, la rentrée 2011 en première et la rentrée 2012 en terminale.

▶ Cet ouvrage s'inscrit dans la perspective tracée par le préambule du programme du cycle terminal qui indique que les élèves doivent :
- **s'approprier la démarche scientifique** des sciences sociales. Il ne faut pas confondre les idées reçues et les débats d'opinion avec la démarche scientifique de construction et de validation des connaissances que pratiquent les chercheurs en sciences sociales ;
- **mettre en œuvre des démarches rigoureuses d'investigation** : identifier les problèmes à traiter, définir le vocabulaire utilisé avec précision, collecter une information fiable, raisonner de façon logique, formuler des hypothèses et les confronter au réel ;
- **identifier la spécificité des disciplines** (les méthodes, les concepts, les problématiques de la science économique, de la sociologie et de la science politique ne sont pas les mêmes) et l'intérêt de leur croisement sur certains objets.

▶ Au-delà des programmes de SES du lycée, l'ouvrage constitue une introduction solide aux **connaissances de base** en sciences économiques, sociologie et science politique.

▶ L'ouvrage comporte différentes parties :
- La partie « **notions** » regroupe des fiches faisant le point sur les concepts importants des programmes. On y trouve des définitions, des explications de mécanismes théoriques et des éléments empiriques. Chaque fiche comporte une partie « cours » et une partie « clés pour comprendre » qui synthétise les points importants, revient sur les concepts les plus difficiles ou propose des schémas des mécanismes présentés.
- La partie « **outils** » regroupe des fiches faisant le point sur tous les savoir-faire exigibles en SES (calculs de taux de variation, d'indice, etc.) et des fiches donnant quelques chiffres clés pour que les grands faits stylisés soient maîtrisés (dynamique de la croissance, évolution de l'inflation, etc.).
- La partie « **auteurs clés** » propose les théories, les apports essentiels, les œuvres et les citations des auteurs qui ont marqué la science économique, la sociologie ou la science politique.
- L'**index** (pp. 306-307) liste l'ensemble des termes dont la définition doit obligatoirement être connue (liste découlant des programmes officiels) avec en gras l'indication de la fiche où la définition se trouve ; les autres numéros de fiche indiquent les passages où le terme est simplement utilisé (sans être défini). Ces termes sont repérés par un astérisque (*) dans les fiches notions.
- Le **lexique** (pp. 308-320) propose les définitions des termes courants des sciences économiques et sociales.

▶ En plus du présent ouvrage, des données chiffrées récentes et actualisées sont disponibles sur le site www.bled.hachette-education.com.

Les auteurs

SOMMAIRE

LES NOTIONS

- **1** La démarche scientifique 10
- **2** La démarche de l'économiste.. 12
- **3** La démarche sociologique 14
- **4** La démarche du politiste 16

▶ REVENU, CONSOMMATION, ÉPARGNE

- **5** Choix 18
- **6** Revenu 20
- **7** Pouvoir d'achat 22
- **8** Inégalités économiques et sociales 24
- **9** Pauvreté 26
- **10** Épargne 28
- **11** Patrimoine 30
- **12** Consommation 32
- **13** Demande 34
- **14** Élasticité de la demande 36

▶ PRODUCTION

- **15** Production 38
- **16** Valeur ajoutée 40
- **17** Entreprise 42
- **18** Gouvernance d'entreprise 44
- **19** Comptabilité 46
- **20** Rendement 48
- **21** Productivité 50
- **22** Coûts de production 52
- **23** Recette 54
- **24** Investissement 56

▶ MARCHÉS, PRIX ET CONCURRENCE

- **25** Marché 58
- **26** Gain à l'échange 60
- **27** Marché concurrentiel 62
- **28** Équilibre sur le marché concurrentiel 64
- **29** Défaillance de marché 66
- **30** Pouvoir de marché 68
- **31** Asymétrie d'information 70
- **32** Inflation 72

▶ TRAVAIL, EMPLOI, CHÔMAGE

- **33** Population active 74
- **34** Emploi 76

35	Salariat	78
36	Chômage	80
37	Segmentation du marché du travail	82
38	Flexibilité	84
39	Salaire	86
40	Coût salarial unitaire	88
41	Capital humain	90

▶ MONNAIE, MARCHÉS FINANCIERS ET FINANCEMENT DE L'ÉCONOMIE

42	Balance des paiements	92
43	Marché des changes	94
44	Globalisation financière	96
45	Valeurs mobilières	98
46	Spéculation	100
47	Financement de l'économie	102
48	Risque de crédit	104
49	Monnaie	106
50	Marché monétaire	108
51	Banque centrale	110

▶ CROISSANCE, FLUCTUATIONS ET CRISE

52	PIB	112
53	Équilibre emplois-ressources	114
54	Croissance économique	116
55	Progrès technique	118
56	Capital	120
57	Crise économique	122
58	Fluctuation économique	124
59	Développement durable	126
60	Démographie	128

▶ MONDIALISATION ET INTÉGRATION EUROPÉENNE

61	Spécialisation internationale	130
62	Libre-échange	132
63	Union économique et monétaire	134
64	Mondialisation	136
65	Décomposition du processus de production	138
66	Commerce international	140
67	Compétitivité	142
68	Firmes multinationales	144

▶ ÉTAT, POLITIQUES ÉCONOMIQUES ET JUSTICE SOCIALE

69	Égalité	146
70	État social	148
71	Services collectifs	150
72	Retraites	152
73	Prélèvements obligatoires	154
74	Budget de l'État	156
75	Instruments d'intervention publique	158

76	Politique conjoncturelle	160
77	Politique structurelle	162
78	Politique de la concurrence	164

▶ GROUPES ET RÉSEAUX SOCIAUX

79	Groupe social	166
80	Sociabilité	168
81	Capital social	170
82	Stratification sociale	172
83	Classes sociales	174
84	Mobilité sociale	176
85	Déclassement	178
86	Lien social	180
87	Exclusion	182

▶ CULTURE, SOCIALISATION ET CONTRÔLE SOCIAL

88	Normes sociales	184
89	Culture	186
90	Rôle social	188
91	Socialisation	190
92	Famille	192
93	Pratiques culturelles	194
94	Déviance	196
95	Statistiques de la délinquance	198
96	Contrôle social	200
97	Anomie	202

▶ SYSTÈMES POLITIQUES

98	Pouvoir politique	204
99	Régime politique	206
100	Démocratie	208
101	État de droit	210
102	État-nation	212
103	Système politique Européen	214
104	Gouvernance multiniveaux	216
105	Citoyenneté	218
106	Action publique	220
107	Opinion publique	222
108	Média et communication	224

▶ PARTICIPATION POLITIQUE ET CONFLITS SOCIAUX

109	Organisation	226
110	Parti politique	228
111	Syndicats	230
112	Comportements politiques	232
113	Socialisation politique	234
114	Comportements électoraux	236
115	Abstention électorale	238
116	Action collective	240
117	Conflits sociaux	242

LES OUTILS

▌ LES SAVOIR-FAIRE

118	Proportions	246
119	Pourcentages de répartition	246
120	Taux d'ouverture	247
121	Taux d'investissement	247
122	Taux d'autofinancement	248
123	Taux de participation électorale	248
124	Taux de variation	248
125	Coefficient multiplicateur	249
126	Taux global de variation	249
127	Taux moyen de variation	250
128	Élasticité prix	250
129	Élasticité prix croisée	250
130	Élasticité revenu	251
131	Propensions à consommer et à épargner	251
132	Indices simples	252
133	Indices pondérés	253
134	Évolutions en valeur et en volume	253
135	Moyenne simple	254
136	Moyenne pondérée	255
137	Écart type	255
138	Quantiles	255
139	Courbe de Lorenz	257
140	Méthodologie de lecture d'un texte	259
141	Lecture d'histogrammes et de diagrammes de répartition	260
142	Lecture de tableaux à double entrée	261
143	Lecture de séries chronologiques	263
144	Lecture de graphique semi-logarithmique	264
145	Lecture des courbes d'offre et de demande	265
146	Lecture des tables de mobilité	266
147	Corrélation et causalité	269
148	Indice d'Alford	270
149	Indice de volatilité électorale	270

▌ LES DONNÉES CHIFFRÉES

150	Évolution du produit intérieur brut en France depuis 1960	271
151	Évolution du taux de croissance en France depuis 1950	271
152	Croissance et productivité globale des facteurs	272
153	Indicateurs de l'innovation	272
154	Évolution du partage de la valeur ajoutée en France depuis 1950	272
155	Évolution du taux d'épargne des ménages en France depuis 1959	273
156	Évolution des taux d'intérêts sur le marché interbancaire européen	273
157	Évolution des taux directeurs de la BCE et de la réserve fédérale depuis janvier 1999	274
158	Évolution du taux de chômage en France depuis 1975	274
159	Évolution du taux de prélèvements obligatoires en France depuis 1960	275
160	Évolution du solde du régime général de la sécurité sociale	275

161	Salaires minimums dans quelques pays du monde	276
162	Évolution du taux d'emploi des femmes en France	276
163	Évolution du taux d'emploi des 55-64 ans en France	277
164	Évolution des inégalités de niveau de vie avant et après redistribution en France depuis 2002	277
165	Évolution du taux de pauvreté en France depuis 1970	278
166	Évolution du taux d'ouverture de la France depuis 1950	278
167	Taux d'ouverture de différents pays de l'OCDE en 2008	278
168	Évolution annuelle de la balance commerciale de la France depuis 1971	279
169	Évolution du taux de change de l'euro par rapport au dollar US depuis 1999	279
170	Évolution démographique en France et en Allemagne depuis 1960	280
171	Évolution de l'espérance de vie à la naissance depuis 1960	280
172	Évolution de la part du nombre d'enfants nés hors mariage en France depuis 1994 (en %)	281
173	Évolution du taux d'abstention aux élections présidentielles depuis 1958 (en %)	281
174	Évolution de la participation électorale aux élections présidentielles en France	282
175	Évolution du taux de syndicalisation depuis 1950 ans en France	283
176	Évolution des croyances et pratiques religieuses	283

LES AUTEURS CLÉS

177	Adam Smith (1723 – 1790)	286
178	David Ricardo (1772 – 1823)	287
179	Alexis de Tocqueville (1805 – 1859)	289
180	Karl Marx (1818 – 1883)	290
181	Léon Walras (1834 – 1910)	291
182	Émile Durkheim (1858 – 1917)	292
183	Max Weber (1864 – 1920)	293
184	John Maynard Keynes (1883 – 1946)	294
185	Joseph Schumpeter (1883 – 1950)	295
186	Milton Friedman (1912 – 2006)	296
187	Erving Goffman (1922 – 1982)	297
188	Howard Becker (né en 1928)	298
189	Pierre Bourdieu (1930 – 2002)	299
190	Olivier Williamson (né en 1932)	300
191	Amartya Sen (né en 1933)	301
192	Raymond Boudon (né en 1934)	302
193	Joseph Stiglitz (né en 1943)	303
194	Mark Granovetter (né en 1943)	304
195	Paul Krugman (né en 1953)	305

INDEX 306

LEXIQUE 308

LES NOTIONS

1. La démarche scientifique 10
2. La démarche de l'économiste 12
3. La démarche sociologique 14
4. La démarche du politiste 16

▶ REVENU, CONSOMMATION, ÉPARGNE 18

▶ PRODUCTION 38

▶ MARCHÉS, PRIX ET CONCURRENCE 58

▶ TRAVAIL, EMPLOI, CHÔMAGE 74

▶ MONNAIE, MARCHÉS FINANCIERS
ET FINANCEMENT DE L'ÉCONOMIE 92

▶ CROISSANCE, FLUCTUATIONS ET CRISE 112

▶ MONDIALISATION ET INTÉGRATION EUROPÉENNE 130

▶ ÉTAT, POLITIQUES ÉCONOMIQUES ET JUSTICE SOCIALE ... 146

▶ GROUPES ET RÉSEAUX SOCIAUX 166

▶ CULTURE, SOCIALISATION ET CONTRÔLE SOCIAL 184

▶ SYSTÈMES POLITIQUES 204

▶ PARTICIPATION POLITIQUE ET CONFLITS SOCIAUX 226

1 LA DÉMARCHE SCIENTIFIQUE

La **démarche** scientifique désigne l'approche qui vise à **rendre compte du réel** en respectant un certain nombre de **règles** : la **cohérence interne** des énoncés produits, la **confrontation avec les faits** et la recherche d'**objectivité**. La démarche scientifique suppose une grande **rigueur**.

La construction de modèles

Définir les éléments de base
• La démarche scientifique repose sur le développement de modèles* théoriques. Ce sont des **représentations simplifiées de la réalité**, dans lesquels certains éléments réels sont volontairement négligés. Cette activité de simplification est nécessaire : imaginons une carte routière qui représenterait tous les détails du territoire (couleur des portails, arbres au coin des rues, etc.) : elle serait incompréhensible et ne serait d'aucune utilité à un conducteur qui chercherait à s'orienter.
Pour construire ces modèles, le scientifique doit définir des concepts. Un concept est une **représentation abstraite et générale** d'un objet concret ou d'une relation (par exemple, le concept d'égalité). Le concept de consommation* est ainsi une catégorie abstraite qu'il faut différencier des différentes consommations concrètes renvoyant à des achats particuliers (un T-shirt, une pomme, un sac, etc.).
• Il est impératif que le scientifique **définisse avec précision** et **objectivité** l'ensemble des concepts qu'il va mobiliser dans son modèle. Il ne doit pas exprimer son **opinion** personnelle. Il doit abandonner ses **préjugés** ou **prénotions*** et bien distinguer ce qui relève du **jugement de fait** (ce qui est) et ce qui relève du **jugement de valeur** (opinion personnelle).

Construire une théorie cohérente
• Une fois les concepts de base définis, le scientifique doit formuler des **hypothèses**. Une hypothèse est un **énoncé** qui vise à rendre compte d'un fait ou d'une relation. Supposons par exemple qu'un économiste s'intéresse aux déterminants des choix de consommation des ménages : il peut faire l'hypothèse que la consommation dépend du revenu. Il est impératif que les différentes hypothèses soient **cohérentes** entre elles.

La confrontation

Se confronter aux faits
• Un certain nombre de **résultats théoriques** sont ensuite déduits du modèle. Par exemple, un modèle étudiant les liens entre consommation et revenu pourrait avoir abouti au résultat théorique suivant : un doublement du revenu doit se traduire par un doublement de la consommation.
• Le scientifique doit alors confronter cet énoncé aux faits et voir si son résultat est validé ou non empiriquement (c'est-à-dire dans les faits). Si sa théorie est démentie par les **observations empiriques**, il devra la reformuler ou l'abandonner. Une théorie scientifique est considérée comme valide tant qu'elle n'est pas contredite par les faits. Peu importe si les résultats théoriques heurtent la sensibilité politique du scientifique ou sa conception du monde, ou au contraire s'ils vont dans le sens de son opinion : il doit s'en tenir à l'épreuve des faits.

Se confronter aux autres

• Il est très important que le scientifique confronte ensuite ses travaux à ceux d'autres scientifiques et s'expose ainsi à la **critique**. Cette confrontation permet d'éliminer les travaux qui n'auraient pas fait d'effort d'**objectivation***, c'est-à-dire qui n'auraient pas respecté la limite entre discours scientifique et opinions personnelles. Elle permet aussi, grâce aux remarques et propositions que peuvent faire les autres chercheurs, d'améliorer les modèles qui ont été construits.

Les clés pour comprendre

Synthèse des principales étapes de la démarche scientifique

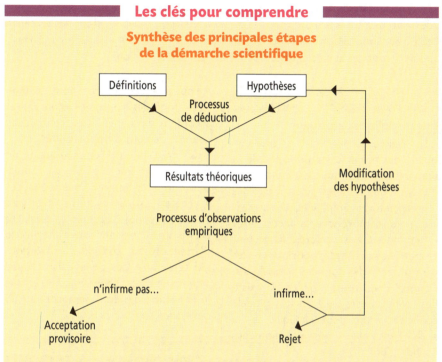

Gilbert ABRAHAM-FROIS : « Économie politique », *Economica*, 6ᵉ édition, 1996.

Le chercheur formule des hypothèses et définit les notions qu'il utilise. Il construit ensuite un modèle théorique dont il déduit des résultats qu'il confronte à la réalité. Si les observations ne correspondent pas à ces résultats, il modifie ses hypothèses et/ou son modèle, voire les abandonne si l'écart avec la réalité est trop important. Si, au contraire, les faits valident son raisonnement théorique, on considère que les résultats sont provisoirement acceptés.

2 LA DÉMARCHE DE L'ÉCONOMISTE

La **science économique** étudie la façon dont les agents opèrent des **choix*** dans un contexte marqué par la **rareté***, c'est-à-dire une situation de **déséquilibre** entre les ressources disponibles et les quantités que les agents économiques souhaitent utiliser. Elle s'intéresse à l'organisation des **échanges** (notamment au fonctionnement des **marchés***), à la **production*** des biens et services, à la **répartition*** des revenus et à la **consommation***. Elle accorde une place centrale au rôle joué par les prix dans les **décisions** des agents et dans la coordination de leurs actions.

Une démarche scientifique

Une discipline scientifique

- La science économique est une discipline qui respecte les principes de la **démarche scientifique**. Les économistes élaborent des **modèles***, c'est-à-dire des représentations simplifiées de la réalité, pour **comprendre la façon dont fonctionnent nos sociétés**. Ils testent ensuite leurs **résultats théoriques** en les confrontant à des **données statistiques**. Comme dans toute science, il existe des controverses, et aucun modèle économique ne peut expliquer à lui seul l'ensemble des phénomènes économiques.

Un regard spécifique

- Les économistes portent un regard spécifique sur nos sociétés. Ils étudient la façon dont les agents **effectuent des choix** de production ou de consommation, et comment les **richesses sont réparties**. La question centrale que se posent les économistes est celle du **choix sous contrainte**, compte tenu de la rareté des ressources disponibles : choix de consommation sous contrainte d'un revenu donné, choix de la quantité à produire pour une entreprise sous contrainte du coût des facteurs de production et de la possibilité d'écouler sa production, choix sous contrainte de temps, etc.

- Pour analyser la façon dont les individus font des choix, les économistes accordent ainsi une place centrale au concept de **coût d'opportunité***, c'est-à-dire **ce à quoi on renonce quand on fait un choix**. Par exemple, en choisissant d'acheter un pull, nous renonçons à acheter un jean si notre revenu ne nous permet pas d'acheter les deux. Les économistes prêtent aussi beaucoup d'attention au **contexte institutionnel** (ensemble des règles) dans lequel s'effectuent ces choix : par exemple, le lien entre système démocratique et croissance.

Les niveaux d'analyse

Microéconomie

- La **microéconomie** est la branche de l'économie qui cherche à expliquer les phénomènes économiques en partant des **comportements individuels** (comportement des consommateurs et des producteurs). Dans cette optique, les économistes étudient par exemple la question du chômage en s'intéressant aux facteurs qui jouent, au niveau individuel, sur l'offre et la demande de travail. La plupart des économistes supposent que les agents sont **rationnels**, c'est-à-dire qu'ils optent toujours pour le meilleur choix possible compte tenu de leur propre intérêt (par exemple, maximiser leur profit, pour les entreprises) et qu'ils font des choix en comparant les coûts et les avantages liés à chaque option.

Macroéconomie

• La **macroéconomie** est la branche de l'économie qui s'intéresse aux **quantités globales (agrégats)** comme l'**investissement***, l'**épargne***, la **consommation***, la **croissance***, ainsi qu'aux liens et interdépendances pouvant exister entre elles. Les premiers travaux en macroéconomie reposent sur une conception de l'économie en termes de **circuit**, c'est-à-dire que l'on étudie l'ensemble des flux existants entre les différents acteurs de l'économie (l'État, les ménages, les entreprises, les banques, etc.).

Travaux contemporains

• Les travaux contemporains cherchent à dépasser la séparation entre la macroéconomie et la microéconomie en établissant un « pont » entre les deux. Ils utilisent ainsi les choix individuels pour expliquer le niveau des agrégats, par exemple en s'intéressant à la façon dont les incitations des entreprises à innover vont jouer sur la croissance économique*.

Les clés pour comprendre

Une représentation macroéconomique simplifiée de l'économie

Source : Stéphane TULET, « Le circuit économique », *Cahiers français* n° 315, 2003.

Les ménages effectuent des dépenses de consommation auprès des entreprises sur le marché des biens et services et des administrations. Leur épargne permet en partie de financer l'investissement réalisé par les entreprises. Les revenus des ménages proviennent essentiellement des salaires versés par les entreprises en échange du travail que les ménages effectuent pour elles. Les administrations financent leurs activités en prélevant des impôts et des taxes sur les entreprises et les ménages.

Cf. fiches 1, 3, 4

3 LA DÉMARCHE SOCIOLOGIQUE

Selon Yves Crozet, la **sociologie** est la science qui « se propose d'étudier scientifiquement l'homme vivant en société, les relations entre individus et les mécanismes de fonctionnement des sociétés humaines ». Comment réaliser cette étude de « l'homme vivant en société » ? Quelles méthodes et quels outils utiliser ?

Une discipline scientifique

Un regard spécifique sur la société

- Au XIXe siècle, la sociologie apparaît à la suite d'auteurs cherchant à comprendre les transformations de la société et l'apparition de nouveaux « problèmes sociaux » (la misère du prolétariat par exemple).
- En quoi le travail du sociologue est-il différent de celui du journaliste ou de l'essayiste ? Le premier objectif de la sociologie est de construire un **savoir objectif** sur la réalité sociale, un discours scientifique fondé sur des **jugements de fait** et non de valeur. La démarche sociologique respecte ainsi les règles de la **démarche scientifique**. La sociologie s'intéresse aux **facteurs sociaux*** qui pèsent sur le comportement des individus, mais cherche aussi à comprendre le **sens subjectif** que les individus donnent à leur action.

Des méthodes scientifiques

- Les **méthodes quantitatives** sont des enquêtes qui consistent à récolter des données statistiques. Elles sont tirées de données existantes (registres d'État civil, INSEE...), ou construites par le sociologue. Il s'agit alors de croiser des éléments statistiques entre eux : niveau de diplôme et origine sociale du père, par exemple. Les sondages d'opinion appartiennent à cette catégorie d'enquête. Ces enquêtes établissent des corrélations entre variables. Le rôle de la **théorie** est de fournir une explication sur ces corrélations : le sociologue doit expliquer par exemple pourquoi le niveau de diplôme obtenu et l'origine sociale sont liés.
- Les **méthodes qualitatives** consistent à réaliser des **enquêtes de terrain**. Le sociologue peut se placer en observateur, ou bien réaliser des entretiens. Les constructions des enquêtes nécessitent des précautions méthodologiques : connaître la source de l'information, éviter les jugements de valeur durant les entretiens, etc.
- Les enquêtes permettent de donner une dimension empirique au travail théorique réalisé en confirmant ses explications : on parle de **corroboration empirique**.

Individu et société

Les différents niveaux d'analyse

- Pour analyser le fonctionnement des sociétés, certains sociologues, à l'instar d'**Émile Durkheim**, partent du principe qu'il faut se pencher sur ce qui est **propre à la société**, plutôt que sur chaque individu. Le sociologue s'intéresse ainsi aux éléments « extérieurs » aux individus, aux caractéristiques du groupe social qui déterminent les comportements individuels. On qualifie cette méthode de « **holisme méthodologique** ». Durkheim a par exemple cherché à expliquer pourquoi le taux de suicide différait au cours du temps selon le sexe, l'âge, la religion pratiquée, etc.

- Il est aussi possible de partir du sens que les **individus donnent à leur action** pour expliquer le social. On appelle cette méthode l'« individualisme méthodologique ». **Raymond Boudon** en est un des représentants en France.

La complémentarité des approches

- Il convient de ne pas opposer explications en termes individuels et explications en termes sociétaux, car dans la réalité **les deux logiques jouent** : le comportement des individus est en partie déterminé par des facteurs qui leur sont extérieurs, et en partie par des décisions propres à l'acteur, qu'il convient de comprendre.

- Toute la sociologie moderne est fondée sur la volonté de **dépasser le débat entre individu et société**, cherchant ainsi à développer des modèles explicatifs qui permettent de saisir les deux dimensions. On parle de « relationnalisme méthodologique ». On peut citer dans cette optique les travaux de **Pierre Bourdieu** (les approches dites « constructivistes ») et certains travaux de sociologie des réseaux sociaux (M. Granovetter).

Les clés pour comprendre

Trois formes d'analyse sociologique des comportements délinquants

La démarche holiste

La théorie « de la tension », développée par Merton, est définie par l'existence d'une tension entre la situation économique des jeunes délinquants (pauvreté) et les aspirations valorisées par la société (consommation de masse). Des moyens illégaux permettent alors de satisfaire ces aspirations socialement valorisées.

La démarche individualiste

Le développement des villes et les transformations de mode de vie ont deux conséquences : un contrôle social plus faible, une concentration des richesses plus forte. Le coût du passage à l'acte (vol, crime) recule, tandis que les avantages augmentent. Quand, à partir de la fin des années 1990, les voitures sont équipées de système de démarrage antivol, le coût du passage à l'acte augmente, et ce type de vol recule.

La démarche relationnaliste

L'individu construit sa personnalité au cours du processus de socialisation, durant lequel il est confronté à divers acteurs sociaux : sa famille, l'école, ses amis. S'il commet une infraction, il fait aussi face à des psychologues, des instances judiciaires, la police. C'est au cours des interactions sociales que l'individu peut entrer dans une « carrière délinquante ». Le délinquant est alors celui auquel « l'étiquette » de délinquant est accolée avec succès.

4 LA DÉMARCHE DU POLITISTE

Si les questions politiques sont omniprésentes dans notre quotidien (les élections, les partis, l'État), la démarcation des faits spécifiquement politiques ne va pas de soi, dans la complexité des phénomènes sociaux. Le terme « politique » peut avoir plusieurs sens différents : si **le politique** désigne le **lien qui permet aux hommes de vivre ensemble**, **la politique** renvoie davantage aux **événements de la vie politique**, lieu d'affrontement pour la conquête du pouvoir*.

L'analyse du « politique »

Une notion complexe

• Selon **Max Weber**, *le* politique constitue un « espace social dans lequel les individus choisissent de soumettre leurs conflits d'intérêts à la régulation d'un pouvoir qui détient le monopole de la coercition légitime » (*Économie et société*, 1922). *La* politique renvoie à la fois à la compétition entre différents acteurs pour conquérir ou influencer le pouvoir politique, et à l'ensemble des actions menées par les détenteurs du pouvoir politique (exemple de la politique économique de gouvernement).

• La langue anglaise distingue quant à elle *policy* (pour désigner la gestion d'un secteur particulier : la politique des transports dans le pays, ou celle de l'environnement) et *politics* (pour évoquer la stratégie d'un homme, c'est-à-dire un professionnel de la politique – qui vit de la politique –, ou d'une institution – la politique du Premier ministre, la politique du gouvernement).

L'État et le pouvoir

• La politique s'identifie à l'art de gouverner au nom de l'**intérêt général** et du **bien public** : on peut alors assimiler la politique à l'État. L'État peut se définir comme un pouvoir politique institutionnalisé. Pourtant, un certain nombre de sociétés vivent ou ont vécu sans État (l'une des formes d'organisation des sociétés humaines) sans que la dimension politique (affrontements pour le pouvoir) ne disparaisse pour autant.

• Le lien politique implique **une relation de pouvoir**, mais celle-ci peut aussi s'observer dans **d'autres relations sociales** (la famille, l'école, l'entreprise). Le pouvoir n'est donc pas propre au politique.

• On parle de « **politisation** » lorsque le gouvernement reconnaît un fait social comme un enjeu de société (la lutte contre le sida), ou quand l'action militante des citoyens influence la politique gouvernementale (la lutte pour l'égalité hommes/femmes).

La construction des faits politiques

La science politique, une discipline scientifique

• La science politique est l'une des dernières sciences sociales apparues au XIXe siècle. La sociologie et la science politique partagent une **tradition commune d'objectivité scientifique**. Elles sont inspirées des travaux des mêmes pères fondateurs : **Alexis de Tocqueville**, **Émile Durkheim** et **Max Weber**.

• La science politique se différencie de la **philosophie politique** dans la mesure où elle ne s'interroge pas sur les conditions d'une vie en société plus harmonieuse ou sur la question du meilleur des régimes politiques possibles (comme les philosophes grecs de l'Antiquité). La science politique se différencie également du **droit**, dont le but est d'établir ce qui est légal et ce qui ne l'est pas, et de chercher à mieux organiser le fonctionnement de l'État.

La démarche du politiste

• C'est le chercheur qui distingue les faits politiques parmi les faits sociaux* : aucun fait politique ne se laisse percevoir de manière spontanée par le sens commun et l'observation. Le fait politique ne peut être **construit** que par l'activité du chercheur qui analyse la dimension politique des phénomènes sociaux.

• Comme l'a montré Max Weber, le chercheur doit prendre de la **distance** par rapport à son objet d'étude et lutter contre ses **préjugés** (« **prénotions*** » au sens de Durkheim). Il doit aussi lutter contre l'**ethnocentrisme** (qui consiste à juger les autres par rapport aux **normes*** et aux **valeurs*** de son **groupe social***) et dépasser **ses propres opinions** politiques. Le chercheur en science politique doit faire preuve d'une **vigilance épistémologique** en écartant les jugements de valeur pour s'en tenir à la seule analyse des faits.

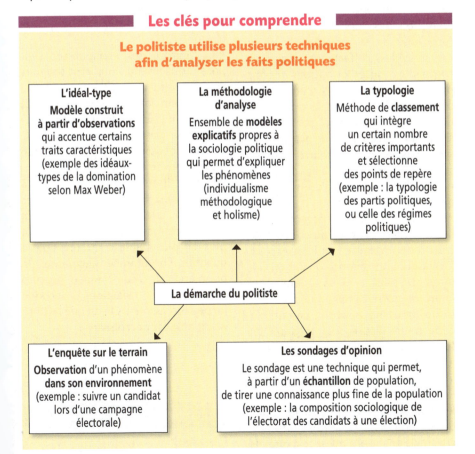

5 CHOIX

L'analyse des **déterminants des choix*** occupe une place centrale en économie. Les économistes étudient cette question de façon spécifique en développant des modèles qui diffèrent de ceux des sociologues. Ces approches sont complémentaires et s'enrichissent les unes des autres.

Comment effectue-t-on des choix ?

Des choix sous contrainte

- L'analyse **économique** aborde les comportements humains en étudiant comment s'opèrent les choix des individus dans un contexte marqué par une **limitation des ressources utilisables** (problème de la rareté*). Les choix des individus s'effectuent ainsi sous contrainte : **toutes les options ne sont pas possibles** et le choix d'une option peut rendre impossible le choix ultérieur d'une autre option (par exemple si une entreprise décide de **placer** toute son épargne, elle ne pourra pas s'en servir pour **acheter** des biens d'équipement). Il est nécessaire d'**arbitrer** entre différentes possibilités.
- Les économistes accordent de ce fait une place centrale au concept de **coût d'opportunité***, qui correspond à ce à quoi on renonce quand on fait un choix. Ainsi, si nous utilisons une heure de notre temps pour faire une sieste, nous ne pouvons pas utiliser cette même heure pour regarder un film. Choisir de faire une sieste revient à renoncer à toutes les autres possibilités. Les économistes supposent que les individus ne s'intéressent **pas seulement aux propriétés intrinsèques** des différentes options qui s'offrent à eux, mais **analysent aussi ce à quoi ils doivent renoncer** en choisissant telle ou telle option.

Un critère de satisfaction

- Les choix qui s'offrent aux individus leur procurent **différentes perspectives de** satisfaction : chacun retire un plaisir plus ou moins grand de la consommation d'une banane, d'une pomme ou d'un carré de chocolat. La façon dont les différentes options sont valorisées dépend donc des goûts de chacun.
- La plupart des économistes supposent que les individus vont toujours choisir la situation qui leur procure la **satisfaction la plus grande**. On dit que les individus cherchent à **maximiser leur** utilité* : aucun individu ne voudra consacrer une partie de son budget ou de son temps à une activité dont il ne retire aucun plaisir (à part s'il y est forcé). Les économistes supposent que la **satisfaction** retirée de la consommation d'un bien est **de plus en plus faible** à mesure que la quantité consommée augmente (la première glace consommée procure beaucoup de satisfaction, la seconde un peu moins, etc.). On dit que l'**utilité marginale** est **décroissante**.

Les choix de consommation

Prix relatif et revenu

- Les choix de consommation* des ménages dépendent du montant de leur **revenu*** et du **prix*** des différents biens et services qui leur sont proposés. Les ménages ne peuvent pas dépenser au-delà de leur revenu : ils sont soumis à une **contrainte budgétaire*** dans leurs choix de consommation. Compte tenu de cette contrainte, les ménages vont choisir les biens qui maximisent leur satisfaction.

• La structure des prix va avoir une influence déterminante sur ces choix car le choix d'un bien dont le prix est relativement élevé oblige un ménage à renoncer à une quantité relativement importante de biens dont le prix est relativement plus faible.

Un modèle pertinent mais limité

• Le modèle développé par les économistes permet de rendre compte d'un certain nombre de faits avec pertinence. Certains faits sont néanmoins mal compris par ce modèle. Les économistes ne s'intéressent notamment pas à l'**origine des goûts et préférences individuels** qui déterminent la satisfaction qu'éprouvent les individus à la consommation de différents biens et services. Ce modèle ne permet ainsi pas de comprendre comment les choix peuvent être influencés par les stratégies de marketing des entreprises ou par les choix des autres (phénomène de mode).

Les clés pour comprendre

Le choix d'un mode de transport

Les individus qui désirent se déplacer doivent arbitrer entre différentes options possibles : voiture, transports en commun, taxi, train, vélo, marche à pied, etc.
Le choix va dépendre du prix de chaque option et de la façon dont chacune est valorisée (amateur ou non de marche, préférence pour un transport collectif ou individuel, etc.). Le recours à la voiture est souvent considéré comme très pratique par les individus (surtout dans les lieux où les transports collectifs sont mal développés) et les transports individuels alternatifs sont très onéreux (taxi).
La voiture est ainsi toujours très largement utilisée en France et les ménages doivent acheter du carburant pour alimenter leur voiture.

Le choix de la motorisation du véhicule

Le carburant utilisé dépend du moteur de la voiture et les ménages sont très soucieux au moment de l'achat d'un véhicule de sa consommation en carburant et du type de carburant nécessaire. En effet, tous les carburants n'ont pas le même prix et les ménages sont très sensibles à cette différence. Avec le développement des moteurs diesels qui utilisent du gazole depuis les années 1980 et la faiblesse relative du prix du gazole par rapport à l'essence, les ménages ont massivement changé leur pratique de consommation et ont ainsi acheté des voitures qui fonctionnaient au Diesel (près de 77 % des nouvelles immatriculations ont été enregistrées en Diesel en 2010, source UFIP). Ainsi, à budget donné, les ménages ont arbitré entre différentes possibilités en fonction de leur préférence et du prix des différentes options.

Revenu, consommation, épargne

Cf. fiches 6, 12

6 REVENU

Le **revenu*** désigne **ce qui peut être consommé** par un individu sans qu'il entame la valeur de son patrimoine*. Différents types de revenus peuvent être distingués : revenu **primaire*** ou **secondaire**, revenu **du travail** ou **du patrimoine**, revenu **disponible**, revenu **de transfert***, etc.

Les différentes sources de revenu

Le revenu primaire

Les **revenus primaires** comprennent les revenus directement liés à une participation des ménages au **processus de production**. La majeure partie des revenus primaires des ménages est constituée de la **rémunération des salariés** (salaires et cotisations sociales). Ces revenus englobent aussi les revenus du patrimoine (dividendes, intérêts, plus-value, etc.) et les **revenus mixtes*** qui rémunèrent le travail*, et le capital* apportés par une même personne (exemple de l'entrepreneur individuel).

Le revenu disponible

Le **revenu disponible** se calcule en sommant le **revenu primaire**, les **revenus issus de la redistribution** (prime pour l'emploi, allocations logement, pensions de retraite, RSA) et les **revenus de transferts privés** (pension alimentaire par exemple), **moins les impôts directs** (impôts sur le revenu, CSG, taxe habitation et CRDS – contribution au remboursement de la dette sociale) **et les cotisations sociales**.

Les déterminants du revenu

Le revenu primaire

Le montant du revenu primaire dépend de la **productivité*** **des facteurs*** (le taux de salaire dépend ainsi en partie de la productivité du travail), de la pénibilité de l'emploi, du nombre d'heures travaillées, mais aussi des **rapports de force** (notamment entre syndicats et employeurs dans la détermination des salaires) et de **l'action de l'État** (par exemple s'il impose un salaire minimum). Les différences de productivité, et aussi de taux de salaire entre les travailleurs, s'expliquent notamment par des différences de formation et d'expérience.

Le revenu disponible

Le revenu disponible dépend du revenu primaire, mais surtout de l'ampleur de la redistribution* opérée par l'État via la **politique fiscale** mise en place et l'ampleur des prestations sociales qu'il verse. La **consommation*** et l'**épargne*** des ménages dépendent du niveau de leur revenu disponible.

Trois approches de la répartition des revenus

La répartition des revenus s'analyse selon différents points de vue.

La répartition fonctionnelle

La **répartition fonctionnelle** des revenus concerne la façon dont sont **rémunérés les facteurs de production*** (travail, capital et terre). C'est ce type d'approche qui conduit à s'intéresser au partage de la valeur ajoutée entre revenu du travail* et du capital*.

La répartition personnelle

La **répartition personnelle** des revenus renvoie à la façon dont est **réparti un type de revenu** entre différentes personnes (par exemple, la répartition des salaires au sein de la population). Elle peut être représentée par une **courbe de Lorenz**. On distingue la **répartition primaire** des revenus, qui renvoie à la façon dont sont répartis les revenus primaires, de la **répartition secondaire** des revenus, qui renvoie à la répartition du revenu disponible.

La répartition sociale

La répartition sociale des revenus concerne le partage des revenus en fonction de différents **critères sociaux** (PCS, groupes d'âge, genre, etc.) On constate ainsi que les femmes ont un salaire inférieur de 10 % à celui des hommes à poste et expérience équivalents en 2006 en France.

Les clés pour comprendre

La structure du revenu des ménages

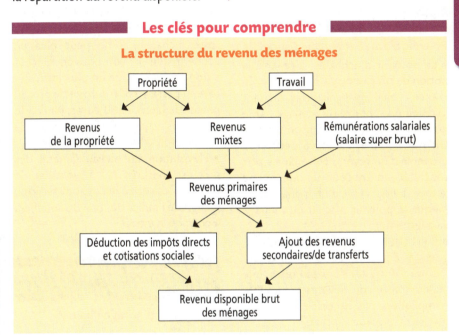

Cf. fiches 5, 7, 8, 16, 52

7 POUVOIR D'ACHAT

Le **pouvoir d'achat* du revenu*** est la **quantité de biens et de services que l'on peut acquérir** avec ce revenu. L'évolution du pouvoir d'achat des ménages dépend ainsi de l'évolution de leur revenu et de l'évolution du **niveau général des prix*** des biens et services consommés. La notion statistique usuelle de pouvoir d'achat est calculée à partir du **revenu disponible***, c'est-à-dire du revenu après impôts et transferts de redistribution (aides, allocations...).

Les déterminants du pouvoir d'achat

Pouvoir d'achat et revenu disponible

- Le **pouvoir d'achat** est à relier à la notion de **niveau de vie disponible**. En France, celui-ci est calculé en divisant le revenu disponible du ménage par le nombre d'unités de consommation. Un pouvoir d'achat élevé peut ainsi provenir d'un revenu élevé. Si les prix sont stables entre deux périodes et que le revenu disponible d'un ménage augmente, le pouvoir d'achat du ménage va augmenter.
- Il est toutefois nécessaire de distinguer ces deux notions. Si les prix augmentent entre les deux périodes, une augmentation du **revenu disponible** n'impliquera pas nécessairement une hausse du pouvoir d'achat.

L'impact de l'inflation

- L'**inflation*** désigne une **hausse durable** du niveau général **des prix**. Pour un niveau de revenu constant, l'inflation entraîne une diminution de la quantité de biens et de services que l'on peut acquérir. Le **pouvoir d'achat diminue** lorsque **les prix augmentent plus vite** que le revenu ; il progresse lorsque le revenu augmente plus vite que les prix. Si un individu dispose d'un revenu de 1 000 euros et que le prix du panier de biens de consommation courante est de 200 euros, il peut acquérir 5 paniers de biens. Si le prix du panier de biens passe à 250 euros l'année suivante et que son revenu reste inchangé, il ne peut plus en acquérir que 4 ; son pouvoir d'achat a donc baissé ; si, un an plus tard, son revenu passe à 1 560 euros et le prix du panier de biens à 260 euros, l'individu peut alors acquérir 6 paniers de biens : son pouvoir d'achat s'est amélioré.
- L'évolution du niveau général des prix est mesurée par l'évolution de l'**indice des prix à la consommation** : il s'agit de l'indice des prix de détail, ou « **coût de la vie** ».

L'évolution du pouvoir d'achat des ménages

Un pouvoir d'achat en hausse

- L'INSEE estime que les revenus des Français ont, globalement et en moyenne, progressé plus vite que les prix, entraînant un **gain moyen de pouvoir d'achat** de 5,9 % par an entre 1960 et 1974, et de 2,1 % par an entre 1974 et 2006.
- Cette évolution du pouvoir d'achat est **en décalage avec le ressenti** des ménages, qui ont globalement le sentiment que leur pouvoir d'achat stagne ou diminue. Depuis le début des années 2000 (et plus particulièrement depuis le passage à l'euro), le pouvoir d'achat est un **thème d'inquiétude**

économique majeur en France en lien, notamment, avec la montée du chômage, l'envolée des prix du logement et le sentiment d'une hausse des prix. Les statistiques sont pourtant formelles : le **passage à l'euro** a eu un **impact global modéré** sur l'évolution de l'indice des prix à la consommation et n'est pas responsable d'une baisse du pouvoir d'achat des ménages.

Quelles explications ?

• Une des raisons expliquant le décalage entre l'évolution réelle et l'évolution ressentie du niveau général des prix réside dans le fait que l'indice des prix à la consommation est une **moyenne** pour l'ensemble des prix : **certaines hausses**, qui peuvent concerner des produits fréquemment achetés (comme les produits alimentaires), sont ainsi **lissées par des baisses** de prix de produits achetés à intervalles moins réguliers (comme le matériel informatique). Le **vécu quotidien** est donc celui d'une **hausse des prix** importante alors qu'au niveau général, en moyenne, les prix n'ont que peu augmenté.

• Un autre élément qui permettrait d'expliquer le sentiment de stagnation ou de baisse du pouvoir d'achat tient au fait que la part des **dépenses contraintes** a augmenté dans le budget des ménages (alimentation, énergie, abonnements, assurances), ce qui réduit la marge de manœuvre budgétaire des ménages. La capacité des ménages à consacrer une partie de leur revenu à d'autres postes, comme les loisirs, a ainsi diminué, ce qui leur donne le sentiment d'avoir un pouvoir d'achat plus faible.

Les clés pour comprendre

Définitions

▶ **Pouvoir d'achat** : le pouvoir d'achat de la monnaie est la quantité de biens et services qu'il est possible de se procurer avec une unité monétaire.

▶ **Niveau de vie disponible** : $\dfrac{\text{revenu disponible des ménages}}{\text{nombre d'unités de consommation (UC)}}$

Le niveau de vie est donc le même pour tous les individus d'un même ménage. Les unités de consommation sont généralement calculées selon l'échelle d'équivalence établie par l'OCDE, qui attribue 1 UC au premier adulte du ménage, 0,5 UC aux autres personnes de 14 ans ou plus et 0,3 UC aux enfants de moins de 14 ans.

▶ **Inflation** : perte du pouvoir d'achat de la monnaie qui se traduit par une augmentation générale et durable des prix.

▶ **Revenu disponible** : le revenu disponible d'un ménage comprend les revenus **d'activité**, les revenus **du patrimoine**, les **transferts** en provenance d'autres ménages et les **prestations sociales**, **une fois retranchés les impôts directs** : impôt sur le revenu, taxe d'habitation, contribution sociale généralisée (CSG) et contribution au remboursement de la dette sociale (CRDS).

▶ **Revenu nominal :** revenu exprimé en monnaie courante (ou aux prix courants : prix affichés).

▶ **Revenu réel :** revenu exprimé en monnaie constante (ou à prix constants : tenant compte de l'inflation).

8 INÉGALITÉS ÉCONOMIQUES ET SOCIALES

Le concept d'inégalité s'utilise pour qualifier des **différences qui impliquent une hiérarchisation sociale**, c'est-à-dire qui donnent un avantage ou désavantage social à ceux qui disposent ou non de l'attribut inégalement réparti (on ne parle pas des inégalités de couleurs de cheveux, mais on parle d'inégalités de revenus).

Les inégalités économiques

Revenus et patrimoine

- L'étude des **inégalités économiques*** peut se focaliser sur les **inégalités de revenus** (salaire*, revenu de la propriété, revenu disponible*, etc.) ou des **inégalités de richesse** (inégalités patrimoniales). **La distribution des revenus* du patrimoine est plus inégalitaire que celle des revenus du travail***. En 2010, en France, les 10 % des ménages les mieux dotés en patrimoine détiennent 48 % du stock de patrimoine alors que les 10 % les moins dotés détiennent 0,05 % du stock total de patrimoine.
- Il faut distinguer la **répartition primaire** des revenus (revenus bruts) de la **répartition secondaire** des revenus qui se constate après impôts, cotisations sociales et transferts (revenus disponibles). **L'action publique modifie la répartition des revenus** et permet une réduction significative des inégalités de revenus.

Évolution des inégalités

- Les inégalités ont fortement reculé au cours du XXe siècle en France. La **fiscalité*** a joué un rôle important dans cette évolution, notamment *via* la mise en place d'un **impôt progressif** sur les successions (en 1901) et sur le revenu (en 1914).
- Sur la période 1998-2005, on a assisté à une **hausse des inégalités**. L'économiste Camille Landais a ainsi montré qu'entre 1998 et 2005 le **revenu médian** n'a augmenté en euros constants que de 0,6 % en moyenne annuelle. En revanche, les 0,01 % des foyers les plus riches ont vu leur revenu réel croître de 42,6 % sur la période, contre 4,6 % pour les 90 % les moins riches. Cette hausse des inégalités résulte de la hausse des **revenus du patrimoine**, mais aussi de l'augmentation des **inégalités de salaires**.

Les inégalités sociales

Des inégalités multiples

- Pour saisir l'ensemble des différences pouvant exister entre individus ou entre groupes sociaux* au-delà des inégalités économiques, il faut aussi s'intéresser aux **inégalités d'accès aux ressources valorisées par la société**, comme les inégalités face à l'accès aux soins, à l'emploi, au logement, à l'école, etc. L'étude des inégalités **entre hommes et femmes** ne doit ainsi pas se limiter à l'étude des inégalités de revenus : elle doit aussi prendre en compte, par exemple, la répartition inégale des tâches domestiques.
- François Dubet parle de l'existence d'« **inégalités multipliées** » : chaque individu tend à cumuler des **positions fortes** et des positions **faibles** sur des échelles d'inégalités qui ne se correspondent pas. On peut ainsi être cadre et, de ce fait, avoir un revenu plutôt élevé, mais subir une discrimination

en tant que femme ou en tant qu'homosexuel. Les réponses à apporter à l'existence d'**inégalités sociales** sont donc **complexes** et ne peuvent se réduire à une réduction des inégalités de revenus.

Des origines variées

• Une partie des inégalités sociales sont liées aux inégalités économiques : les inégalités d'accès au logement sont ainsi très largement liées aux inégalités de revenu et de patrimoine des ménages. Mais certaines inégalités dépendent d'autres logiques. Ainsi, une partie des inégalités existant entre les personnes d'origine étrangère et les Français de souche s'explique par des phénomènes de **discrimination*** à associer à l'existence de **préjugés sociaux**.

• Les inégalités économiques et sociales tendent néanmoins à **se cumuler** : l'inégale répartition des tâches domestiques entre hommes et femmes a des conséquences sur le comportement de chacun sur le marché du travail, et explique en partie les inégalités de revenu entre ces deux groupes. On a ainsi pu parler de l'existence d'un « **système des inégalités** » pour désigner **l'interdépendance existant entre les différentes formes d'inégalités**.

Les clés pour comprendre

Les différents types d'inégalités

L'étude des inégalités renvoie à différentes dimensions :
– les **inégalités de droit**, qui caractérisent les pays non démocratiques où tous les individus ne sont pas soumis aux mêmes lois ;
– les **inégalités des chances**, qui renvoient à l'étude des probabilités pour chaque individu d'accéder à différentes positions sociales dans l'avenir (on parle d'égalité des chances si, par exemple, un enfant d'ouvrier a la même probabilité de devenir cadre qu'un enfant de cadre) ;
– les **inégalités de situations**, qui renvoient à l'étude des différences dans les situations actuelles des individus (étude, par exemple, des différences de salaires entre les cadres et les ouvriers). Les inégalités de situations peuvent être visualisées avec une **courbe de Lorenz** et mesurées à l'aide du calcul de l'indice de Gini.

Définitions

▶ **Revenu primaire :** ensemble des revenus issus de la participation à l'activité productive (revenu du travail, du capital et revenu mixte).

▶ **Revenu disponible :** revenu primaire – taxes + revenus de transfert.

▶ **Répartition primaire des revenus :** répartition des revenus primaires.

▶ **Répartition secondaire des revenus :** répartition des revenus disponibles.

▶ **Impôt progressif sur le revenu :** impôt dont le taux moyen de taxation croît avec le revenu.

▶ **Impôt proportionnel sur le revenu :** impôt dont le taux moyen est fixe pour tous les niveaux de revenu.

Cf. fiches 6, 7

9 PAUVRETÉ

La **pauvreté*** est un phénomène multidimensionnel qui peut se définir de différentes façons : en termes **monétaires** (critère de revenu), en termes de **conditions de vie** (accès à un certain nombre de biens et services considérés comme essentiels) ou en termes **subjectifs** (**sentiment d'être pauvre**). Souvent reliée à la problématique de l'**exclusion***, la question de la pauvreté doit être replacée dans le cadre des évolutions contemporaines du travail* et de l'emploi*.

L'évolution de la pauvreté

La pauvreté traditionnelle

- La pauvreté **traditionnelle** est essentiellement « hérité » : elle se transmet de génération en génération, concerne des individus **coupés du monde du travail**. Durant les Trente Glorieuses (1945-1973), cette « grande pauvreté » correspond au monde des bidonvilles ; il s'agit d'une couche résiduelle dans une société rentrant dans la consommation de masse. Les créations d'Emmaüs et d'ATD-Quart-Monde, durant les années 1950, visent à lutter contre elle.

La nouvelle pauvreté

- À partir des années 1970, une « **nouvelle pauvreté** » apparaît. Elle concerne des catégories nouvelles d'individus : il s'agit moins de personnes durablement pauvres que de personnes qui connaissent **en alternance** des **phases de pauvreté** et des **phases un peu moins difficiles**, en fonction des aléas de leur situation.
- Cette nouvelle pauvreté est à relier aux **transformations de l'emploi** et du **marché*** **du travail** en France. Depuis les années 1970, on a assisté à la montée d'un chômage* de masse et à un développement des emplois atypiques. Une frange de la population souffre désormais d'une position de **fragilité** et d'**incertitude face à l'avenir**, alternant entre périodes d'emploi, de sous-emploi et périodes sans emploi. Le travail* ne constitue donc plus nécessairement un cadre efficace de protection sociale* et ne peut plus assurer sa fonction de « grand intégrateur » en produisant du lien social*. C'est le retour de l'insécurité sociale.

Lutter contre la pauvreté

Les politiques traditionnelles...

- L'**État social*** a cherché à lutter contre la pauvreté en développant, après la Seconde Guerre mondiale, une logique d'assurance (création de la Sécurité sociale) et, à partir des années 1980, une logique d'**assistance**, à travers des **minima sociaux** (Revenu minimum d'insertion devenu Revenu de solidarité active, Allocation de solidarité spécifique).
- Le régime **assurantiel** permet aux individus de **cotiser pour se protéger** contre les risques sociaux qui conduisent à des pertes momentanées ou durables de revenus du travail.
- Les politiques d'**assistance** consistent à **fournir des revenus** de transfert* à des individus qui se trouvent dans l'incapacité, ou dans une grande difficulté, à obtenir un revenu en participant au marché du travail. Le RMI, l'ASS ou le minimum vieillesse

sont créés dans cette optique. Ces politiques ont un effet très fort sur le taux de pauvreté en France. Le taux de **pauvreté monétaire relative** (à 60 %) passe ainsi de 18 % à 12 % entre 1970 et 2007. Dans le cas des plus de 65 ans, la chute est spectaculaire sur la même période : baisse de 35 % à 10 % du taux de pauvreté monétaire relative.

... devenues insuffisantes

• Ces politiques traditionnelles sont soumises à plusieurs critiques. La première met l'accent sur les déséquilibres entre recettes et dépenses : c'est la **crise de financement** que rencontre le système de protection sociale. La seconde porte sur l'**efficacité de ces politiques**. Malgré leur développement, le taux de **pauvreté monétaire relative** (60 %) stagne depuis 1990 entre 12 % et 14 %. Le taux de pauvreté monétaire relative des actifs de 18-24 ans s'élève, lui, à 21 % aujourd'hui. Les politiques traditionnelles sont en effet mal adaptées au développement de la « nouvelle pauvreté ». La troisième critique souligne les **effets pervers** que ces politiques entraînent. Elles sont associées à des phénomènes de **trappe à pauvreté** : le coût lié à la reprise d'emploi peut être supérieur aux revenus d'assistance, ce qui peut décourager la participation au marché du travail.

• De nouvelles formes d'assistance se sont développées en réponse à ces critiques, avec notamment comme objectif de mieux aider les personnes en emploi (« **travailleurs pauvres** », en particulier les personnes travaillant à temps partiel ou au SMIC). La mise en place de la prime pour l'emploi, par exemple, consiste à subventionner le retour à l'activité (les impôts versent une prime après la déclaration fiscale des revenus). Le RSA vise à compléter les revenus tirés d'une activité à temps partiel afin de privilégier le retour à l'emploi.

Les clés pour comprendre

Comment mesurer la pauvreté ?

▶ **La pauvreté monétaire absolue :** seuil de revenu au-dessous duquel il n'est pas possible d'accéder à des consommations jugées indispensables pour se nourrir, se loger et se vêtir.

▶ **La pauvreté monétaire relative :** seuil en pourcentage du revenu médian d'une population. Le seuil peut être de 50 % ou 60 % du revenu médian. En France, on estime ainsi qu'en 2005, 6 % des Français sont pauvres au seuil de 50 % du revenu médian, contre 12 % au seuil de 60 % du revenu médian.

▶ **La pauvreté en conditions de vie :** Mesure qui met l'accent sur les privations plutôt que sur le revenu. On observe les difficultés que rencontre un ménage en termes de contraintes budgétaires, de retards de paiements, de restrictions de consommation et de difficultés de logement.

▶ **La pauvreté subjective :** On interroge les individus sur leur sentiment d'être pauvre. Mesure qui s'appuie sur la définition que les individus font de leur identité sociale.

▶ **La pauvreté administrative :** ensemble d'individus qui bénéficient des minima sociaux.

10 ÉPARGNE

L'épargne* est la **partie non consommée** du revenu*. Il s'agit d'un flux qui vient alimenter un stock, le **patrimoine**. Le taux d'épargne est le rapport entre l'épargne et le revenu disponible* brut. Il dépend de **différents facteurs** qui restent encore mal déterminés par les économistes.

Les comportements d'épargne

L'évolution du taux d'épargne
- Le taux d'épargne des ménages a augmenté de façon tendancielle entre 1950 (16,9 %) et 1975 (22,3 %). À partir de cette date, il a diminué très fortement pour atteindre son plus bas niveau en 1987 (11,1 %). Le taux d'épargne a ensuite connu une remontée et oscille, depuis 1993, autour de 15 % (16 % en 2010).
- En comparaison avec d'autres pays développés, **la France a un taux d'épargne relativement important**. Il est légèrement en dessous du taux d'épargne allemand, identique à celui des Espagnols et légèrement supérieur à celui des Italiens. Le Royaume-Uni et les États-Unis ont, en revanche, un taux d'épargne très faible (entre 2 % et 6 % ces vingt dernières années pour les ménages américains).

L'évolution des formes d'épargne
- L'épargne peut être gardée sous **forme liquide** (par exemple sur son compte courant, livret A, livret Jeune, etc.). On parle dans ce cas de **thésaurisation**.
- Elle peut aussi être **placée** (par exemple, placements immobiliers, achat d'actions, plan d'épargne-retraite, etc.). L'assurance vie est un des produits d'épargne favori des Français. Ils placent moins que leurs voisins leur épargne en plan d'épargne retraite, en raison notamment d'une fiscalité moins avantageuse et d'un système de retraite par répartition* relativement généreux.

Les déterminants de l'épargne

Des déterminants complexes
- La **conjoncture économique** a un effet ambigu sur l'épargne : une mauvaise conjoncture peut favoriser la constitution d'une **épargne de précaution**, mais peut aussi conduire à une baisse de l'épargne si le revenu des ménages diminue et qu'ils ne peuvent réduire leur consommation (certaines dépenses sont incompressibles : loyers, alimentation, transports...).
- D'autres facteurs influencent plus clairement l'épargne, même si l'ensemble des facteurs sont encore mal déterminés par les économistes : des perspectives de **rendement important** (notamment des taux d'intérêt* élevés) encouragent l'épargne, tandis qu'une **inflation* forte**, qui fait baisser la valeur réelle du patrimoine, peut décourager les ménages d'épargner. Le **système de retraite*** joue aussi sur l'épargne des ménages : s'il n'existe pas de système public de retraite de qualité, les ménages doivent épargner pour financer leur retraite.

Les variables démographiques
- Le taux d'épargne varie en fonction de l'**âge** des individus : selon la

position des individus **dans le cycle de vie***, ces derniers sont en effet plus ou moins incités à épargner ; les personnes âgées épargnent moins que les personnes actives ; elles utilisent en partie le patrimoine qu'elles avaient accumulé pour compléter leur retraite et financer leurs dépenses de consommation : les ménages **actifs les plus jeunes** sont ceux qui **épargnent le plus**. En lien avec l'augmentation des revenus et le remboursement des crédits immobiliers, l'effort d'épargne diminue ensuite jusqu'à la cinquantaine, avant de remonter à l'approche du départ à la retraite, pour ensuite diminuer à nouveau à partir de 60 ans.

• La structure de la pyramide des âges des différents pays joue ainsi sur le taux d'épargne global : dans un pays où la part des **personnes âgées** est importante, le **taux d'épargne** a de fortes chances d'être **plus faible** que dans un pays où la moyenne d'âge est plus faible (notamment si les trentenaires sont relativement nombreux).

Les clés pour comprendre

Définitions

▶ **Revenu disponible brut ajusté d'un ménage =** revenus d'activité + revenus du patrimoine + transferts en provenance d'autres ménages + prestations sociales (y compris les pensions de retraite et les indemnités de chômage) + transferts sociaux en nature, nets des impôts directs et cotisations sociales.

Nous voyons ainsi qu'en 2010, les ménages allemands épargnaient en moyenne 17 % de leur revenu disponible brut ajusté, contre 4 % au Royaume-Uni.

▶ **Épargne** = revenu − consommation.

▶ **Taux d'épargne** = $\dfrac{\text{épargne}}{\text{revenu disponible brut}}$

▶ **Épargne et inflation**

Une **inflation forte** rend **moins intéressant le fait d'épargner**. Prenons le cas d'un individu qui épargne la somme de 1 000 euros. Il décide de placer le patrimoine ainsi constitué, ce qui lui rapporte 3 % par an. Un an plus tard, cet individu dispose donc d'un patrimoine de 1 030 euros.

– Si dans le même temps, les **prix ont augmenté de 2 %**, il pourra **consommer davantage** après avoir épargné que s'il avait immédiatement consommé ses 1 000 euros. En effet, même en tenant compte de l'inflation, 1 030 euros lui permettent d'acquérir plus de biens que les 1 000 euros de départ.

– Si, dans le même temps, les **prix augmentent de 5 %**, le pouvoir d'achat de 1 030 euros sera inférieur à celui de 1 000 euros. Il n'est donc **pas avantageux d'épargner** dans cette situation.

11 PATRIMOINE

Le patrimoine d'un agent ou d'une institution est un **stock** qui englobe l'ensemble des **actifs financiers*** et **non financiers détenus** à une date donnée. Ce stock est alimenté par un flux, l'**épargne***. Le concept de richesse renvoie, au sens strict, à celui de patrimoine. Ainsi, la richesse nationale s'évalue à travers le patrimoine économique national, défini comme la somme du patrimoine de tous les résidents.

Le patrimoine des Français

La mesure du patrimoine des agents économiques

- L'accumulation d'épargne permet d'acquérir des **actifs non financiers** (biens immobiliers, objets de valeur, machines et équipements) et des **actifs financiers** (titres, épargne liquide, assurance vie).
- Pour évaluer la valeur des actifs détenus à un moment donné, on utilise le **prix* de marché** d'actifs comparables, les actifs détenus n'étant pas sur le marché. Il faut par ailleurs tenir compte des **dettes** qu'un agent peut avoir, qui réduisent sa richesse. Il faut ainsi calculer le patrimoine net (différence entre le patrimoine brut et les dettes).

Évolution de la composition du patrimoine des ménages

- Le patrimoine des ménages est constitué à 60 % d'actifs immobiliers (logements et terrains), à 35 % d'actifs financiers, et à 5 % d'objets de valeur, d'équipements et d'actifs incorporels (sources INSEE).
- La part des actifs financiers a augmenté depuis les années 1980 : la part des ménages qui détient des actions passe de 6 % à 17 % entre 1986 et 2000. La composition du patrimoine des ménages est sensible à **l'évolution de la rémunération des actifs** (taux d'intérêt, prix de l'immobilier), ainsi qu'à la **politique fiscale** (régime des successions, régime fiscal des assurances vie et des placements immobiliers, prêt à taux zéro), deux éléments qui modifient l'offre et la demande d'actifs.

Comment expliquer les inégalités de patrimoine ?

La répartition inégalitaire du patrimoine

- En 2010, 10 % de ceux qui sont les mieux dotés en patrimoine possèdent 48 % du patrimoine total. La répartition du patrimoine est **plus inégale** que celle des revenus. Les inégalités de patrimoine s'expliquent en partie par un effet de structure : pour un taux d'épargne identique, les ménages à revenu élevé accumulent plus que les autres ménages. Ainsi, pour un taux d'épargne de 10 %, un individu qui a 10 000 euros de revenu épargne 1 000 euros, tandis qu'un individu qui a 1 000 euros épargne 100 ; le patrimoine constitué par le premier individu est dix fois supérieur à celui du second.
- Par ailleurs, le patrimoine est lui-même **source de revenus** (revenus du capital* : intérêts, plus-value, loyers d'appartements loués, dividendes, etc.). Il existe ainsi une logique cumulative entre revenu et patrimoine. Les ménages à hauts revenus ont

une capacité d'épargne plus forte et peuvent ainsi constituer plus facilement un patrimoine important, ce qui leur rapporte des revenus supplémentaires. Ils peuvent alors encore plus épargner, ce qui conduit à des écarts croissants de patrimoine.

Les explications de l'accumulation patrimoniale

On distingue deux types de comportements d'épargne qui expliquent les inégalités de patrimoine.

• L'**épargne « pour soi »** est celle qui répond aux besoins de consommation des ménages tout **au long de leur vie**. Les ménages anticipent leur consommation future, et, en fonction de leur revenu présent, épargnent pour pouvoir consommer plus tard. Dans ce cas, le patrimoine s'explique par des choix intertemporels (des choix faits dans le présent pour des décisions qui concernent l'avenir). C'est le revenu des individus qui est à l'origine des inégalités patrimoniales.

• L'**épargne « pour autrui »** est celle qui correspond à une volonté de transmission d'un héritage entre générations.

Les clés pour comprendre

La théorie du cycle de vie

Les individus font évoluer leur patrimoine tout au long de leur vie. La **jeunesse** est une période durant laquelle les **revenus** sont **inférieurs à la consommation**, les jeunes doivent donc s'endetter (leur patrimoine net est négatif). L'**avancée dans la vie active** s'accompagne d'une hausse des revenus qui permet d'**épargner** et de constituer un patrimoine. À l'âge de la **retraite**, la baisse des revenus du travail conduit à **utiliser le patrimoine** pour maintenir la consommation.

La théorie du **cycle de vie*** fait l'hypothèse que tout le patrimoine a été utilisé au moment du décès (dans une logique d'épargne « pour soi »).

Répartition du revenu et du patrimoine durant le cycle de vie

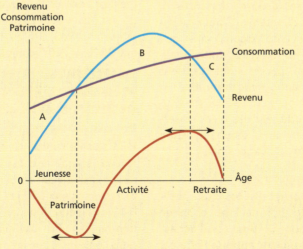

D'après P. VILLIEU (1997), *Macroéconomie – consommation et épargne*, © La Découverte.

12 CONSOMMATION

La consommation est le résultat du choix d'un agent économique de ne pas épargner la totalité de son **revenu disponible***. S'il existe une consommation des administrations et une consommation intermédiaire* des entreprises, le **ménage** est considéré par la comptabilité nationale comme l'unité institutionnelle dont la **fonction principale est de consommer** : les dépenses de consommation des ménages, hors celles de ISBLSM (institutions sans but lucratif au service des ménages) et des administrations publiques, s'élèvent à près de 1 100 Mds d'euros en 2010 en France (d'après l'INSEE), ce qui correspond à plus de la moitié du PIB.

Les déterminants économiques de la consommation des ménages

Quels types de consommation ?

- On définit généralement la **consommation*** comme l'utilisation d'un bien ou d'un service menant à terme **à sa destruction**. Le ménage désigne l'ensemble des **occupants d'un même foyer** sans que ces personnes soient nécessairement unies par des liens de parenté (en cas de cohabitation, par exemple). Le ménage peut être composé d'une seule personne.
- La consommation effective du ménage inclut les biens et services acquis **par ses propres dépenses** (il faut payer directement pour acheter un paquet de biscuits) ainsi que les biens et services **individualisables** fournis par les administrations publiques (santé, éducation, aide au logement...) ou des ISBLSM (institutions qui produisent des biens et services non marchands, dans l'éducation ou l'action sociale par exemple).

Le rôle du pouvoir d'achat

- Chaque ménage dispose d'une autonomie de décision dans ses choix de consommation. Le **pouvoir d'achat*** est un déterminant important de ces choix. L'**évolution du prix*** d'un bien et des prix d'autres biens influence les choix de consommation (selon la valeur de l'élasticité prix de la demande). La quantité consommée peut aussi dépendre de la **variation du revenu disponible*** (selon l'élasticité revenu de la demande).
- La **hausse du revenu*** change aussi, généralement, la structure de consommation : les ménages modifient leurs types d'achats à mesure qu'ils s'enrichissent. Comme l'a montré le statisticien Engel au milieu du XIXe siècle, « la part relative des dépenses alimentaires dans la consommation diminue lorsque le revenu augmente », en faveur notamment de dépenses de loisirs. Alors qu'un ménage consacrait en moyenne 38 % de son budget aux dépenses d'alimentation en 1960, il n'en consacre plus que 25 % en 2007 (source INSEE).

La consommation comme marqueur social

Des choix socialement différenciés

- En plus de l'influence des prix et du revenu, les choix de consommation sont déterminés par un certain nombre de **facteurs sociaux** tels que la profession, le niveau d'éducation, le lieu d'habitation ou l'âge. Par exemple, les statisticiens constatent que les membres de la profession et catégorie socioprofessionnelle (**PCS**) « cadres et professions intellectuelles supérieures » consomme en moyenne plus de biens culturels (comme les livres) que les membres de la PCS « ouvriers ».

• La consommation permet aussi d'informer sur la position sociale du consommateur. Il y a **consommation ostentatoire*** lorsque l'objectif de celle-ci est de signifier aux autres le **statut social** de l'individu qui la réalise (rouler avec une voiture de sport est un vecteur d'information de la position sociale du conducteur). Certains groupes sociaux* cherchent à marquer leur différence de statut à travers leurs choix de consommation lorsque d'autres, moins favorisés, tentent de rapprocher leur structure de consommation de celle des premiers. Les sociologues parlent d'**effets de distinction et d'imitation***.

L'influence de la mode et de la publicité

• La **mode** est à la fois un instrument de distinction et d'imitation. Par l'affirmation d'un certain nombre de codes (vestimentaires, comportementaux) à un moment donné du temps, la mode impose une contrainte sur les choix de consommation de ceux qui désirent se distinguer des autres ou, au contraire, les imiter (je risque d'être stigmatisé si je ne dispose pas du smartphone à la mode).

• En plus d'informer sur l'apparition et les caractéristiques techniques d'un produit, la **publicité** joue sur la **dimension symbolique** de l'achat, à travers le phénomène de consommation ostentatoire.

Les clés pour comprendre

Les coefficients budgétaires

Quelques coefficients budgétaires selon la profession et catégorie socioprofessionnelle (PCS) : une comparaison cadres-ouvriers

Profession et catégorie socioprofessionnelle (1)	2006 Alimentation (2)	2006 Logement (3)	2006 Culture et loisirs*	2001 Alimentation (2)	2001 Logement (3)	2001 Culture et loisirs*
Cadres	12,4*	12,3	10,8	12,9	14,2	9,9
Ouvriers	15,9	18,5	7,6	17,7	16,2	7,8
Ensemble des PCS	15,5	16,2	9,0	16,9	16,5	8,5

(1) : profession et catégorie socioprofessionnelle de la personne de référence du ménage.
(2) : produits alimentaires et boissons non alcoolisées.
(3) : logement, eau, gaz, électricité et autre combustible.
* Lecture : *en 2006, les ménages dont la personne de référence est cadre consacrent 12,4 % de leur dépense totale à l'alimentation.*
Champ : France métropolitaine.

Source : INSEE, Enquêtes Budget des familles 2001 et 2006.

Selon l'INSEE, un **coefficient budgétaire** est le rapport de la dépense consacrée à un bien ou service particulier (ou à une catégorie de biens ou services, par exemple l'alimentation, le logement, etc.) à la dépense totale. Alors que la part des dépenses de culture et de loisirs dans la dépense totale des cadres était 1,27 fois plus importante que celle des ouvriers en 2001, ce rapport est passé à 1,42 en 2006. Cela signifie que l'écart de consommation de culture et de loisirs se creuse entre ces deux PCS.

13 DEMANDE

La demande désigne la **quantité de produits** que les acheteurs sont **prêts à acquérir** contre le **paiement** d'un certain **prix***. La demande peut être **individuelle**, (exemple de la demande de poissons exprimée par un individu en fonction de leur prix) ou **concerner l'ensemble des acheteurs** sur un marché (exemple de la demande totale de poissons exprimée par l'ensemble des consommateurs en fonction de leur prix). On parle aussi de **demande globale*** pour désigner l'ensemble des **biens et services** qui ont été **achetés au cours d'une année** dans une économie donnée.

La demande du consommateur

Revenu et prix relatif

- La demande d'un bien par un individu dépend de son **revenu*** et du **prix relatif*** du bien (prix d'un bien par rapport aux autres biens). Plus le revenu est important, plus un individu est en capacité d'acheter des biens. Une hausse du revenu n'implique néanmoins pas forcément une augmentation de la quantité demandée d'un bien, car ce gain de **pouvoir d'achat*** peut être utilisé pour acheter d'autres biens.
- Les prix relatifs des biens ont un impact très fort sur les choix de **consommation*** des différents biens. Quand le prix d'un bien monte, la quantité demandée tend à baisser à cause d'un **effet de substitution** (quand le prix du riz augmente, l'acheteur peut **reporter** en partie sa consommation **sur des biens proches**, comme les pâtes) et d'un **effet de revenu** (lorsque le prix monte, le revenu réel baisse, donc la **capacité à acquérir** des biens et des services diminue également).

Des déterminants variés

- De nombreuses autres variables sont à l'origine de la variation de la quantité demandée. La demande dépend des **goûts** et des **préférences** des consommateurs : par exemple, un amateur de musique rock achètera davantage de CD qu'une personne peu intéressée par la musique. À revenu égal, leur demande de CD sera très différente.
- La demande dépend également des **anticipations** : si le consommateur pense que le prix des automobiles va augmenter dans un futur proche, il peut décider d'en acheter une dès aujourd'hui.

La demande globale

Au niveau macroéconomique, la demande globale est composée de la demande de biens et services de **consommation finale des ménages**, de **biens d'investissement**, de la demande exprimée **par les administrations publiques** et de celle des non-résidents (les exportations). Elle dépend notamment de la **taille de la population** : lorsque la population augmente, la demande pour l'ensemble des biens s'élève. Par contre, plus la population est faible et moins la demande de tous les biens et services est forte.

Un moteur de l'investissement

- **John Maynard Keynes** montre que le niveau **anticipé** de la demande globale (**demande anticipée***), qu'il nomme « **demande effective** », est déterminant dans les choix d'**investissement***, et donc de production : si les entrepreneurs anticipent une demande forte, ils vont vouloir augmenter leur capacité productive pour augmenter leur production, et vont donc investir.

Un déterminant de l'emploi

• Pour Keynes, le niveau de production dépend donc des **anticipations des entrepreneurs** à l'égard de la quantité de biens et services qui seront demandés par les consommateurs. Dès lors, si les entrepreneurs sont pessimistes, ils produiront peu et embaucheront peu, ce qui peut entraîner une hausse du **chômage***.

• Keynes affirme donc que le marché du travail **ne garantit pas** nécessairement le **plein-emploi**, et s'oppose ainsi aux classiques et **néoclassiques** (comme Walras), pour lesquels la flexibilité des prix sur le marché du travail permet un équilibre entre les quantités offertes et demandées.

Les clés pour comprendre

Demande et niveau de l'emploi

- Niveau du revenu courant et de la propension à consommer (part du revenu qui est consommée)
- Croyance en l'avenir (optimisme ou pessimisme sur l'évolution de la conjoncture)
- Comparaison entre les taux d'intérêt (coût du capital emprunté) et la rentabilité prévue des investissements

→ Niveau estimé de la consommation
→ Niveau estimé de l'investissement
→ Niveau de la demande anticipée par les entrepreneurs
→ Niveau de la production mise en œuvre
→ Quantité de travail nécessaire pour produire ↔ Quantité de travail offerte par les individus (population active)
→ Possibilité de chômage involontaire car les décisions d'embauche peuvent être insuffisantes par rapport à la population active disponible

Cf. fiches 12, 14, 24, 28, 184

14 ÉLASTICITÉ DE LA DEMANDE

L'élasticité de la demande est une **mesure de la sensibilité de la demande** d'un bien à son **prix*** ou au **revenu*** du demandeur. Le calcul de l'élasticité peut se faire au niveau **individuel** (évaluation de la sensibilité de la demande d'une personne en particulier) ou au niveau **collectif** (évaluation de la sensibilité de la **demande agrégée**, c'est-à-dire de l'ensemble de la demande qui s'exprime sur un marché).

L'élasticité prix de la demande

Définition
Élasticité prix* de la demande =

$$\frac{\text{taux de variation de la quantité demandée}}{\text{taux de variation du prix}}$$

- Elle représente l'**impact de la variation relative du prix d'un bien** (par exemple une augmentation de 2 % du prix) **sur la demande relative** de ce bien (par exemple une baisse de 4 % de la demande du bien). **Elle est en général négative** car les individus tendent à moins consommer un bien quand il est plus cher. Si la demande est très sensible au prix, l'élasticité sera importante en valeur absolue. Une élasticité **nulle** signifie que la **demande** est complètement **insensible au prix**. Dans certains cas, l'élasticité peut être positive : la demande augmente quand le prix augmente (exemple des biens de luxe désirés en partie parce qu'ils sont chers et permettent de se démarquer socialement).
- **La valeur de l'élasticité prix d'un bien peut varier dans le temps** : une élasticité peut être faible à court terme car le consommateur n'a pas la possibilité d'**adapter sa consommation** (exemple de la consommation d'essence qui ne peut pas beaucoup varier à court terme), mais forte à long terme (le consommateur peut changer de voiture et passer au Diesel si le prix de l'essence reste trop élevé).

L'élasticité prix croisée

- L'**élasticité prix croisée*** de la demande mesure la variation relative de la **quantité demandée** d'un **bien A** suite à une **variation relative du prix d'un bien B**.
- Elle est **positive** si l'augmentation du prix d'un bien (par exemple du café) entraîne l'augmentation de la consommation* d'un autre bien (le thé). On dit dans ce cas que les **biens sont substituables** : la consommation d'un bien peut être remplacée par la consommation d'un autre bien.
- Une élasticité prix croisée **négative** signifie que la hausse du prix d'un bien (par exemple des jeux vidéo) implique la baisse de la consommation d'un autre bien (par exemple les consoles de jeux). Les **biens** sont, dans ce cas, dits **complémentaires**. Si l'élasticité prix croisée est **nulle**, les **biens sont indépendants**.

L'élasticité revenu de la demande

Définition
- **Élasticité revenu*** de la demande =

$$\frac{\text{taux de variation de la quantité demandée d'un bien}}{\text{taux de variation du revenu}}$$

- Elle mesure l'**impact d'une variation relative du revenu** (par exemple une augmentation de 10 %) **sur la demande relative** d'un bien (par exemple une hausse de 5 %).

Les différents types de biens

• Si l'élasticité revenu d'un bien est **négative**, cela signifie que le **coefficient budgétaire** (part de la consommation de ce bien dans le revenu) diminue quand le revenu augmente. Il s'agit en général de **biens de faible qualité** dont les consommateurs abandonnent l'usage quand leur situation financière s'améliore. Ces **biens** sont dits **inférieurs**.

• Les **biens normaux** sont des biens pour lesquels l'élasticité revenu est comprise entre 0 et 1. Leur consommation augmente de façon limitée quand le revenu augmente. Les **biens supérieurs** sont des biens pour lesquels l'élasticité revenu est supérieure à 1. Leur consommation augmente plus vite que le revenu (exemple des dépenses de loisirs).

Les clés pour comprendre

L'élasticité prix de la demande

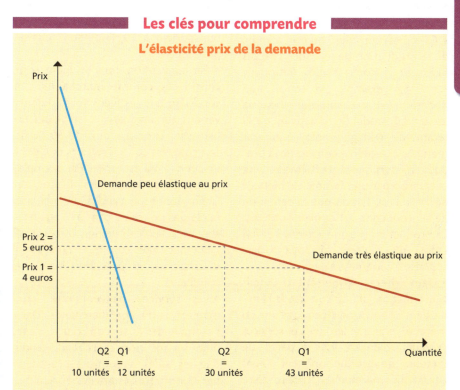

Élasticité prix de la demande = [(Q2 − Q1)/Q1] / [(P2 − P1)/P1]
Dans le cas de la courbe de demande peu élastique au prix, l'élasticité prix de la demande est égale à [(10 − 12)/12] / [(5 − 4)/4]= − 0,64
Dans le cas de la courbe de demande très élastique au prix, l'élasticité prix de la demande est égale à [(30 − 43)/43] / [(5 − 4)/4]= − 4,84
Notons que la valeur de l'élasticité prix n'a pas la même valeur selon les points de la courbe considérée.

15 PRODUCTION

La **production***, telle que définie par la comptabilité nationale, désigne une **activité socialement organisée** exercée par une unité institutionnelle (entreprises, administrations, etc.) qui combine des **facteurs de production*** et des **consommations intermédiaires*** **pour fabriquer** des biens et services.

Qu'est-ce que la production ?

La production, une convention
- Ce qui est considéré ou non comme de la production dépend des critères fixés par la comptabilité nationale. Ainsi, par exemple, le travail non déclaré n'est pas considéré comme un travail productif : l'activité de la femme de ménage employée au noir n'est pas considérée comme de la production, alors que cette même activité entreprise par une femme de ménage déclarée l'est. On dit que la définition de la production est conventionnelle. La production est une activité qui fait l'objet d'une reconnaissance sociale soumise à certaines règles.
- Deux critères permettent de définir la production : il faut soit que le résultat de la production **s'échange sur un marché***, soit que les biens et services produits soient réalisés **à partir de facteurs de production*** qui soient eux-mêmes **marchands** (travail déclaré et rémunéré ou biens d'équipement marchands).

Les différents types de production
- On distingue deux types de production :
– La production marchande*, qui désigne la **production écoulée** ou destinée à être écoulée **sur le marché**. Les produits doivent être vendus à un prix économiquement significatif (c'est-à-dire un prix couvrant plus de 50 % des coûts de production*).

– La production non marchande*, qui désigne la production **non vendue sur un marché** ou à un prix égal ou inférieur à 50 % de son coût de production.
- Par convention, **tous les biens sont considérés comme marchands**. On considère que les biens sont toujours vendus sur un marché, et quand un bien est vendu à moins de 50 % de son coût, on considère alors que c'est un **service** qui est rendu. Par exemple, quand l'association des Restos du Cœur donne ou vend à un prix très faible des boîtes de conserve aux personnes à faibles revenus, la comptabilité nationale considère qu'il s'agit d'un service, et non d'un bien non marchand.
- Les **services** peuvent être, eux, marchands ou non marchands. Dans l'exemple des Restos du cœur, il s'agit d'un service **non marchand**, tandis que les aides à domicile proposées par des entreprises privées offrent des services **marchands**.

Comment produire ?

Les consommations intermédiaires
- Pour produire, les différentes organisations productives utilisent des biens de consommation intermédiaire*.
- Les biens de **consommation intermédiaire** correspondent aux biens ou services **transformés ou consommés** au cours du processus de production.

Ils se différencient des biens **d'équipement** (par exemple, des machines) par leur **durée de vie** : on ne peut pas les utiliser sur de nombreux cycles de production. Par exemple, la farine utilisée par le boulanger pour faire du pain est une consommation intermédiaire*.

Les facteurs de production

• Les organisations productives utilisent aussi des **facteurs de production*** : ce sont les **moyens mis en œuvre pour produire** un bien. On distingue habituellement deux facteurs principaux : le travail* et le capital*. Pour produire et vendre du pain, les boulangeries utilisent ainsi, en plus des différentes consommations intermédiaires, des **machines** (exemple du four à pain) et des **travailleurs** (exemple de la vendeuse).

• Dans certains cas, les ressources naturelles sont intégrées aux facteurs de production (exemple de l'importance de la terre dans la production de vin ou de pétrole).

Les clés pour comprendre

Les différentes organisations productives

- Organisations productives
  - non marchandes → Organisations productives non marchandes
    - publiques → Administration (exemple du ministère de la Justice)
    - privées → Institutions sans but lucratif au service des ménages (ISBLSM) (exemple de l'association des Restos du Cœur...)
  - marchandes → Entreprises
    - Entreprises privées
      - Entreprises privées sans but lucratif (exemple des associations d'aide à domicile, des mutuelles, des associations gestionnaires, des coopératives de production)
      - Entreprises privées à but lucratif (exemple de Carrefour, Darty)
    - Entreprises publiques (exemple de la SNCF)

Économie sociale et solidaire ← (ISBLSM et Entreprises privées sans but lucratif)

Cf. fiches 16, 17, 22, 56

16 VALEUR AJOUTÉE

La valeur ajoutée est la **valeur créée au cours du processus productif**. Elle se calcule en soustrayant à la valeur de la **production*** la valeur des **consommations intermédiaires***.

> VA = production – consommations intermédiaires

En 2007, les sociétés non financières étaient à l'origine de 56,5 % de la valeur ajoutée créée, contre 17,4 % pour les administrations et 1,1 % pour les ISBLSM (institutions sans but lucratif à destination des ménages).

Estimer la valeur créée par les organisations productives

Production marchande

- La valeur de la production est calculée en multipliant les quantités **produites** (pas forcément vendues) par leur prix*. Il est important de déduire le montant des consommations intermédiaires de cette valeur afin de mesurer la **contribution productive** propre de l'entreprise. En effet, les biens de consommation intermédiaire* résultent de l'activité productive **d'autres organisations**, ils ne font donc pas partie de qui a été créé au sein de l'organisation productive.

Production non marchande

- Il est plus difficile de mesurer la valeur de la production des **organisations productives non marchandes** car, par définition, la production n'est **pas vendue** sur un marché et les **prix** des services fournis sont soit **inexistants** (services gratuits), soit **très faibles** ; on considère qu'ils ne reflètent pas la vraie valeur de la production.
- Cette valeur est ainsi appréhendée à travers le coût total de production des services, défini comme la somme des consommations intermédiaires, des rémunérations des salariés, des cotisations sociales, de la consommation de capital fixe et des impôts liés à la production, diminuée des subventions à la production. Le salaire des enseignants représente, par exemple, une partie des coûts de production de la fourniture du service éducatif non marchand fourni par l'État.
- La valeur ajoutée créée par les organisations productives non marchandes est ainsi égale au coût total de production diminué des consommations intermédiaires.

Le partage de la valeur ajoutée

Les différents bénéficiaires

- La valeur ajoutée dégagée de l'activité productive est **répartie** entre trois acteurs : **les salariés**, l'**État*** et l'**entreprise***.
- Une partie de la valeur ajoutée sert en effet à la rémunération des salariés : elle permet de payer les salaires* et les cotisations sociales.
- Une autre partie sert à payer les impôts sur la production : elle va donc à l'État.
- Enfin, la part restante forme ce que l'on appelle l'excédent brut d'exploitation : c'est la part de la valeur ajoutée qui va à l'entreprise. Celle-ci utilise ces revenus pour **rémunérer ses créanciers** (versement d'intérêts), rémunérer les **propriétaires** de l'entreprise

(versement de dividendes), payer l'**impôt** sur les sociétés et **épargner** (épargne qu'elle pourra utiliser, notamment, pour investir). Le taux de marge désigne la part de l'excédent brut d'exploitation dans la valeur ajoutée. C'est un indicateur de profit.

Les enjeux du partage
• Le partage de la valeur ajoutée est à la fois un enjeu politique et économique. Politique car il renvoie au débat sur ce qu'est une **juste répartition des revenus**. Économique car les salaires sont un des déterminants principaux de la **consommation** des ménages (permettant ainsi **d'offrir des débouchés à la production**) tandis que les **profits** permettent de financer en partie les **investissements*** via l'**épargne*** des entreprises et constituent un des **motifs de l'investissement**. Trouver un juste équilibre dans le partage de la valeur ajoutée permet donc de préserver à la fois la consommation et les incitations à investir (en maintenant une certaine rentabilité des investissements).

Les clés pour comprendre

Le partage de la valeur ajoutée au sein des entreprises

Valeur de la production (prix hors taxes × quantités produites)
↓
Déduction de la valeur des consommations intermédiaires (prix hors taxes)
↓
Valeur ajoutée   Ajout des subventions à la production

↓ Rémunérations des salariés
↓ Excédent brut d'exploitation
↓ Impôts sur la production (notamment la contribution économique territoriale, la taxe foncière)

À partir de l'Excédent brut d'exploitation :
- Intérêts versés aux créanciers
- Dividendes versés aux actionnaires
- Impôts sur les sociétés
- Épargne brute

→ Remboursement des dettes
→ Investissement productif
→ Placement

Investissement productif → Investissement net / Amortissement

Définitions

▶ **Consommations intermédiaires :** biens et services utilisés au cours du processus productif, comme la farine utilisée par le boulanger.

▶ **Chiffre d'affaires** = quantité vendue × prix des produits.

▶ **Taux de marge** = $\dfrac{\text{excédent brut d'exploitation}}{\text{VA}}$

Cf. fiches 6, 8, 15, 52

17 ENTREPRISE

*Une entreprise est une **organisation*** qui utilise des **facteurs de production*** et des **consommations intermédiaires** pour produire des biens ou des services vendus sur un **marché***. L'entreprise se distingue ainsi des autres organisations productives par son caractère **marchand**. Pour les économistes, elle est, depuis les travaux fondateurs de Ronald Coase, un **mode de coordination** des activités économiques alternatif au **marché**.*

Entreprise ou marché ?

Deux modes de coordination différents

- **R. Coase** est le premier à se poser la question fondamentale de la nature de l'entreprise dans un article de 1937. Il montre que l'entreprise et le marché sont **deux formes** alternatives de **coordination économique** : la coordination des comportements est assurée par le **système des prix*** sur le marché, alors qu'au sein de l'entreprise, elle est assurée par un **système hiérarchique** (rapports de pouvoir entre propriétaires, salariés dirigeants et autres salariés) caractéristique de l'entreprise.
- L'entreprise peut ainsi choisir de recourir ponctuellement au marché pour bénéficier de la compétence d'un travailleur, ou décider d'embaucher cette personne en tant que salarié. Dans le premier cas, sa rémunération dépendra du prix sur le marché du travail tandis que dans le second, celle-ci sera fonction de règles formelles ou informelles fixées dans l'entreprise.

Le coût de recours au marché

- Coase explique que le recours au marché entraîne des **coûts** : essentiellement les coûts liés à la découverte des prix adéquats (recherche des prix les plus bas), les coûts de négociation et de conclusion du contrat (un accord peut prendre du temps et nécessiter le recours à des compétences juridiques coûteuses).
- Ces coûts, que l'on appellera plus tard les **coûts de transaction***, sont principalement le fruit de l'**incertitude** et des problèmes d'accès à l'**information**. De leur niveau dépend le choix de l'entrepreneur de produire au sein de l'entreprise (**internaliser**) ou de faire faire à une autre entreprise (**externaliser**).

Externaliser ou internaliser ?

Les modalités du choix

- La production en interne engendre, au-delà du coût de fabrication (coût des facteurs de production et des consommations intermédiaires), un certain nombre de coûts, appelés **coûts d'organisation** : ils sont induits par la **définition** précise des **tâches**, des **règles** et des **rapports de subordination** hiérarchique rationnellement établis, inhérents à la **bureaucratie***.
- La **théorie des coûts de transaction***, développée par **Williamson** à partir des travaux précurseurs de Coase, explique que la comparaison des coûts d'organisation avec les coûts de transaction permet de déterminer le mode de coordination le plus adapté : si une **transaction marchande** supplémentaire présente un **coût supérieur** à celui engendré par la production par l'entreprise, alors l'agent économique choisira d'**internaliser** cette activité

(la réaliser dans le cadre hiérarchique). Ainsi, pour des entreprises comme les grandes surfaces, dont la sécurité n'est pas la spécialité, il convient généralement de sous-traiter cette activité à une entreprise spécialisée dans la surveillance et de supporter des coûts de transaction plutôt que de la prendre en charge. Cette activité n'étant pas son cœur de métier, les coûts de transaction seront a priori moins lourds que les coûts d'organisation.

Exemples

• Si l'entreprise réalisait déjà la production et que ses coûts augmentent, elle peut choisir l'**externalisation*** en faisant appel au marché pour prendre en charge une partie de son processus de production. Le développement des sociétés de services en ingénierie informatique (SS2I) illustre parfaitement ce phénomène et la volonté de beaucoup d'entreprises de se recentrer sur leur « cœur de métier » (ce qu'elles font de mieux : fabriquer des véhicules pour Peugeot et Renault, par exemple) en sous-traitant l'activité informatique, comme la mise au point des logiciels.

• Dans un mouvement inverse, des entreprises choisissent d'en racheter d'autres pour internaliser leurs transactions (**fusions-acquisitions**). Par exemple, l'entreprise française Sanofi-Aventis, qui produit des médicaments, a acheté en février 2011 la société américaine Genzyme, spécialiste des biotechnologies et maladies rares, afin de combler son retard en recherche et développement dans un secteur qui, jusqu'ici, n'était pas son cœur de métier.

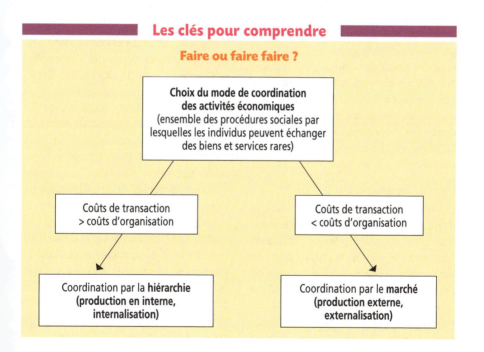

Les clés pour comprendre

Faire ou faire faire ?

18 GOUVERNANCE D'ENTREPRISE

La **gouvernance des entreprises** désigne **l'ensemble des processus, des institutions, des objectifs et des normes** qui influencent l'organisation, le contrôle et l'administration de l'entreprise*, et qui régissent les relations entre ses dirigeants et les autres parties prenantes (**actionnaires**, **salariés**, clients, fournisseurs).

Un phénomène ancien

Propriétaire et manager
- Les révolutions industrielles et le financement de la croissance capitaliste ont nécessité de mobiliser des **masses importantes de capitaux**. Un individu seul ne pouvant que difficilement assumer de tels investissements*, les propriétaires de capitaux ont eu de plus en plus tendance à s'associer, afin de créer des entreprises de grande taille à la tête desquelles un manager (cadre dirigeant) est nommé pour en assurer la gestion.
- Les intérêts des managers n'étant pas forcément les mêmes que ceux des propriétaires, ces derniers ont dû mettre en place des **outils pour contrôler les managers**. La question de la gouvernance des entreprises est ainsi devenue cruciale.

L'ère des managers
- Dans les années 1930, les travaux de **Berle** et **Means** évoquent une « ère des managers ». La complexité croissante des entreprises et la dispersion de l'actionnariat renforcent le pouvoir de ces équipes de cadres dirigeants et leur contrôle est de plus en plus difficile.
- Dans les années 1960, l'économiste John Kenneth Galbraith défend l'idée selon laquelle cette « **technostructure** » de managers détient réellement le pouvoir dans le capitalisme moderne : dans les grandes entreprises industrielles, commerciales et financières, les managers sont tout-puissants. Ils sont plus préoccupés par le fait d'**accroître leur pouvoir** que par le fait de maximiser le profit* pour les apporteurs de capitaux. Il a ainsi semblé nécessaire aux propriétaires de redéfinir la gouvernance de ces entreprises pour mieux contrôler les managers.

Le retour de l'actionnaire

Changer la gouvernance
- À partir des années 1980, dans une compétition mondiale qui s'intensifie, notamment avec le Japon, les États-Unis sont confrontés au déclin de leurs grandes entreprises industrielles et financières, aux dysfonctionnements bureaucratiques nombreux et aux coûts trop élevés. Dans un climat favorable aux idées libérales, un certain nombre de **règles de gouvernance** de l'entreprise se diffusent et le thème du « retour de l'actionnaire » s'impose : les grandes entreprises doivent désormais faire preuve de **transparence dans la gestion** de leurs actifs et **respecter des normes de** rentabilité financière : les objectifs prioritaires sont d'augmenter le cours boursier de l'entreprise et de créer de la valeur pour les actionnaires.
- Ces règles de gouvernance donnent la priorité à la performance boursière et à la rentabilité à **court terme** : les entreprises cherchent à diminuer les coûts de production (compression

44

de la masse salariale, externalisation, gains de productivité, recentrage sur leur cœur de métier, etc.).

Finance et gouvernance « actionnariale »

- Les principes de la gouvernance actionnariale se déploient dans un contexte de **globalisation financière***, de montée en puissance des **investisseurs institutionnels** (fonds de pension, fonds mutuels, compagnies d'assurance) et d'essor des marchés de capitaux. La concentration du capital et sa volatilité permettent d'exercer une pression forte sur la stratégie des équipes dirigeantes, dont les rémunérations sont liées au cours de bourse.
- Ce type de gouvernance de l'entreprise fait parfois l'objet de critiques car il exerce une pression constante sur les **coûts salariaux*** et déforme le partage de la **valeur ajoutée*** en faveur des profits, génère des gaspillages de ressources (rachats d'actions pour élever le cours boursier), et privilégie une logique de rentabilité financière à court terme, au détriment de l'**investissement** et de l'effort de **compétitivité*** à long terme.

Les clés pour comprendre

La relation d'agence

Un déséquilibre entre dirigeants et actionnaires...

L'entreprise est une organisation complexe au sein de laquelle il est difficile d'obtenir une information parfaite. Lorsque les managers peuvent dissimuler des informations sur la gestion de l'entreprise aux propriétaires, il existe des **asymétries d'information***. Cette situation leur permet de rechercher leur intérêt personnel et de mettre en œuvre des stratégies opportunistes.

... surmonté par des mécanismes d'incitations

Pour pousser les cadres dirigeants à agir dans l'intérêt des actionnaires et à se conformer aux objectifs de l'entreprise, les actionnaires mettent en place des mécanismes d'**incitations***. Il s'agit d'un **contrat*** entre le « principal » (les actionnaires) et « l'agent » (les cadres dirigeants) qui assure que les intérêts du principal seront bien sauvegardés. Les économistes parlent d'une **relation d'agence** pour distinguer le lien qui unit le principal à l'agent. La distribution de *stock-options*, soit des actions proposées à certaines catégories de cadres dirigeants à un prix avantageux, est une application concrète de cette idée : intéressés à la hausse du cours de l'action, qui dépend des perspectives de profit des entreprises, les cadres dirigeants sont fortement incités à contribuer au développement de la firme et à augmenter les dividendes versés aux actionnaires (dont ils font désormais partie).

Cf. fiches 17, 25, 68

19 COMPTABILITÉ

La comparaison des performances des **entreprises*** ou des pays nécessite l'utilisation d'un **langage commun** pour calculer la valeur des indicateurs utilisés (valeur de la production, profit, etc.). Les règles de comptabilité permettent d'**homogénéiser** de tels calculs. La production de documents comptables, dont l'origine remonte au IVe millénaire avant J.-C. en Mésopotamie, a pris une importance grandissante avec le développement des entreprises et l'internationalisation de l'économie.

Suivre les performances...

... économiques et financières

- Le code du commerce impose aux entreprises la publication, au moins annuelle, de trois documents indissociables qui sont le **bilan***, le **compte de résultat*** et l'**annexe**. On attribue généralement à cette comptabilité plusieurs fonctions.
- Tout d'abord, elle permet le **contrôle** par les différentes parties prenantes de l'entreprise (actionnaires et comités d'entreprise, notamment) de la bonne **santé** de l'entreprise. Elle est la condition de **diagnostic** économique et financier. C'est alors une **aide à la prise de décision**, par exemple pour une banque cherchant à évaluer le risque de **crédit*** d'une entreprise qui sollicite un prêt.
- La production de documents comptables permet aussi de déterminer le **montant des impôts** que les entreprises doivent acquitter ; en cela, elle constitue un précieux outil pour la puissance publique. Enfin, elle permet de disposer d'**informations précises** sur le fonctionnement des entreprises et rend de ce fait possible un certain nombre d'**études** de ces données, par exemple sur le partage de la valeur ajoutée*.

... sociales et environnementales

- Depuis la loi de 1977, les entreprises de plus de 300 salariés ont obligation de produire un bilan social qui permet de rendre compte de la manière dont le facteur travail* et le capital humain* sont mobilisés, en s'intéressant aux conditions de travail et de vie dans l'entreprise. Il renseigne le comité d'entreprise, l'inspection du travail ou les actionnaires sur : la structure de l'emploi* (effectifs, embauches, absentéisme...) ; les salaires et charges sociales ; les conditions d'hygiène et de sécurité.
- À la suite des lois dites « de Grenelle » (2009-2010), les entreprises sont incitées à fournir un bilan carbone qui permet de comptabiliser leurs émissions de gaz à effet de serre. Cette comptabilisation permet de lutter contre les externalités négatives*, qui constituent une des principales défaillances du marché*.

Les principales notions comptables

Le compte de résultat

- Le compte de résultat présente une vue d'ensemble des **dépenses** et des **recettes** d'une entreprise au cours d'une période donnée. Certaines opérations ont un effet **positif** sur le résultat de l'entreprise et permettent de l'enrichir : ce sont les « **produits** », c'est-à-dire en grande partie des ventes au cours de l'exercice comptable. D'autres ont un effet **négatif** et appauvrissent l'entreprise : ce sont les « **charges** », parmi lesquelles on trouve notamment les achats de consommations intermédiaires*, la rémunération du travail* (salaires et charges sociales), et la dotation aux amortissements (estimation de la perte de valeur de l'actif immobilisé).

• Un **bénéfice** (résultat bénéficiaire) est dégagé lorsque les produits ont été **supérieurs** aux charges, tandis qu'il y a **perte** (résultat déficitaire) dans le cas contraire.

Le bilan

• Le **bilan*** est une **photographi**e du **patrimoine** d'une entreprise à une date donnée, permettant d'évaluer ce qu'elle possède et ce qu'elle doit. Il comporte un **passif** qui informe sur les **sources de financement*** de l'entreprise et un **actif** qui rend compte des **emplois de ces financements**.

• Bilan et résultat de l'entreprise sont étroitement liés car, en cas de **bénéfice**, le **patrimoine** de l'entreprise **augmente** d'un montant équivalent et apparaît dans le bilan (il augmente les capitaux propres).

Les clés pour comprendre

BILAN	
ACTIF	**PASSIF**
actif immobilisé : immobilisations incorporelles (exemple : brevets) + immobilisations corporelles (exemple : biens d'équipement) + immobilisations financières (exemple : participation dans d'autres entreprises)	**capitaux propres** : capital (apport du ou des propriétaires) + réserves (bénéfices antérieurs non distribués aux propriétaires)
actif circulant : stocks + créances détenues par des tiers (exemple : crédits) + disponibilités (argent disponible en banque ou en caisse)	**dettes** : à plus ou moins longue échéance (exemples : emprunts bancaires, obligations émises sur les marchés financiers)

COMPTE DE RÉSULTAT	
CHARGES	**PRODUITS**
– consommations intermédiaires – salaires et charges sociales – dotations aux amortissements – impôts sur les sociétés	– produits d'exploitation (chiffre d'affaires) – produits financiers (revenu de placement, intérêt perçu à raison de prêts à des tiers...) – produits exceptionnels (vente d'un actif...)
RÉSULTAT NET : bénéfice ou perte	

Cf. fiches 17, 64

20 RENDEMENT

La notion de **rendement** a d'abord été utilisée pour décrire la relation entre la quantité produite de biens agricoles et la superficie des champs utilisée. Par extension, on utilise ce terme pour analyser le **lien entre les quantités produites et la quantité de facteurs de production*, travail*** et **capital***, utilisée au cours du processus productif. On distingue deux types de rendements : les **rendements factoriels*** et les **rendements d'échelle***.

Les rendements factoriels

Définition

• Les rendements factoriels (ou rendements marginaux) mesurent **l'effet de la variation de la quantité d'un facteur de production** sur le **volume de la production**, les autres facteurs étant supposés constants. On peut, par exemple, calculer l'impact du doublement de la quantité de travailleurs sur le volume de production, en supposant que dans le même temps le nombre de machines mises à disposition des travailleurs n'a pas bougé.

• Les rendements factoriels sont croissants lorsque la quantité produite **augmente plus que proportionnellement** à la hausse du facteur variable : par exemple si, en doublant le nombre de travailleurs, la production est trois fois plus grande. Ils sont constants lorsque la quantité produite et le facteur variable augmentent proportionnellement, et décroissants lorsque la quantité produite augmente moins que proportionnellement à la hausse du facteur variable. Les rendements factoriels sont l'expression de la **productivité marginale** du facteur variable.

Des rendements décroissants

• On considère généralement que les rendements **marginaux** sont décroissants : cette hypothèse est à l'origine de la **loi des rendements marginaux décroissants***. Cette loi est liée à un phénomène de **saturation des facteurs** de production qui se trouvent en quantité fixe.

• Prenons le cas d'un restaurant qui dispose d'un certain niveau fixe d'équipements (four, casseroles, etc.), ce qui correspond à son stock de **capital**. L'augmentation du nombre de personnes qui travaillent en cuisine a un impact positif sur la quantité de plats fabriqués : 6 cuisiniers produisent plus que 3 cuisiniers. Cependant, à quantité d'équipement égale, 6 cuisiniers ne produiront pas deux fois plus que 3 cuisiniers puisqu'ils doivent se partager four et casseroles : l'existence de rendements marginaux **décroissants** signifie que **la hausse de la production** (ici, la hausse du nombre de plats cuisinés) qui résulte d'une hausse de la quantité de travail utilisé (ici, la hausse du nombre de cuisiniers) est **de plus en plus faible.** Il y a saturation au niveau de l'utilisation du capital, et la productivité marginale du travail est donc décroissante.

Les rendements d'échelle

Définition

• Les rendements d'échelle mesurent l'**effet de la variation de la quantité de tous les facteurs de production sur le volume de la production.** S'il est difficile de modifier la quantité de certains facteurs à court terme (notamment le volume de capital), sur le long terme, il est possible d'ajuster la quantité de l'ensemble des facteurs.

• Des rendements d'échelle sont croissants si une hausse (par exemple un doublement) de la quantité des facteurs de production se traduit par une hausse plus que proportionnelle (par exemple un triplement) du volume de production. Le coût moyen de production décroît alors avec la quantité produite et il y a économie d'échelle. Des rendements d'échelle sont constants si la quantité produite augmente proportionnellement à la quantité de facteurs (le coût moyen est alors constant), et décroissants si la quantité produite augmente moins vite que la quantité des facteurs (le coût moyen augmente alors avec le volume produit).

L'évolution des rendements

• On considère souvent que les rendements d'échelle sont **croissants** **pour de faibles niveaux de production**, puis **constants**, puis **décroissants** pour des niveaux élevés de production.

• Les rendements croissants proviennent notamment de l'importance des **coûts fixes** engagés pour réaliser l'activité productive : il faut beaucoup de travail* et de capital* (recherche et développement) pour produire la première unité d'un médicament, mais il faut rajouter très peu de main-d'œuvre et de machines pour en produire un second.

• Quand l'entreprise se développe et accroît son volume de production, il arrive un moment où une taille trop importante devient un handicap : le processus productif devient très complexe à organiser, l'information circule mal et le rendement des facteurs de production baisse. Il existe ainsi une taille optimale pour une entreprise, qui correspond à la taille **pour laquelle les rendements d'échelle sont maximaux**.

Les clés pour comprendre

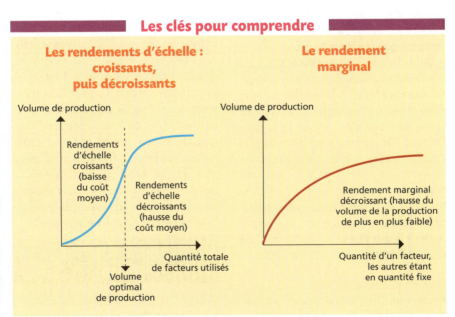

21 PRODUCTIVITÉ

> Pour produire, il faut utiliser des **facteurs de production***. La productivité mesure le rapport entre la **quantité produite** et la **quantité des facteurs** de production utilisée.

La mesure de la productivité

Un indicateur d'efficience

- Productivité* =

$$\frac{\text{quantité produite}}{\text{quantité de facteurs de production utilisée}}$$

- L'intérêt de cette notion est de **comparer deux situations** dans le temps, afin de faire apparaître les **gains de productivité** (une hausse de la productivité sur la période). S'il y a gain de productivité, c'est que les facteurs de production sont **mieux utilisés**. L'étude de l'évolution des gains de productivité mesure donc l'évolution de l'**efficience** de la **combinaison productive**. La **productivité globale des facteurs*** (PGF) mesure l'efficacité **conjointe** des facteurs travail* et capital*.
- Considérons une augmentation de x % du facteur travail et de y % du capital. Compte tenu de la productivité de chaque facteur, on pourrait s'attendre à une variation de x + y % de la production. On constate en général que l'augmentation de la production est supérieure à ce chiffre car la variation conjointe des deux facteurs amplifie les gains de productivité. La productivité totale constatée est ainsi supérieure à la somme de la productivité de chaque facteur.

La productivité partielle

- Comme les facteurs de production sont hétérogènes (le capital ne se mesure pas comme le travail), la manière la plus simple d'étudier les gains de productivité consiste à s'intéresser à la productivité d'**un seul facteur**. On ne parle donc plus de « PGF » mais de « productivité **partielle** » ou de « productivité **factorielle** ». Par exemple, on mesure une productivité moyenne apparente du **travail***. Le travail peut être mesuré par la quantité d'actifs (on obtient la productivité par tête du travail, soit la **productivité par emploi**), ou par le nombre total d'heures travaillées (on obtient la **productivité horaire du travail**). Cette distinction est utile car elle permet de faire apparaître l'**évolution de la productivité** du travail et l'**évolution de la durée** du temps de travail.
- Au cours XXe siècle, la productivité horaire du travail a fortement augmenté en France. Elle dépasse celle des États-Unis depuis 1986 et fluctue, depuis le début des années 1990, à un niveau assez stable. La production par emploi en France est toutefois inférieure de près de 9 % à celle des États-Unis du fait de durées de travail différentes. Les actifs français produisent plus que les actifs américains en une heure, mais comme les actifs français travaillent moins d'heures, la production totale par actif est inférieure.

Les déterminants de long terme de la productivité

L'intensité capitalistique

- La hausse de la productivité du travail peut s'expliquer par l'augmentation de la **quantité de capital*** mis à disposition de chaque actif (soit le rapport : « quantité de capital/quantité de travail », qui correspond à l'**intensité capitalistique**). Il suffit pour cela que, durant une période, l'**accumulation du capital** soit plus que proportionnelle à la hausse de la quantité de travail.

Innovation, capital humain et externalités

• Pour **R. Solow**, durant la première moitié du XXᵉ siècle aux États-Unis, 80 % des gains de productivité du travail s'expliquent par la **PGF**. La hausse de la productivité globale des facteurs provient :
– du **progrès technique*** ; celui-ci correspond aux **innovations**, qui peuvent résulter de l'apparition de nouveaux marchés*, de l'introduction de technologies plus performantes, mais aussi de transformations de l'organisation du travail, comme ce fut le cas avec le taylorisme ;
– du **capital humain*** ; il renvoie à l'**éducation**, à la **formation** et aux effets d'**apprentissage**.
– des **externalités*** ; celles-ci proviennent des **infrastructures de transport** et de **télécommunication**, qui réduisent les coûts de distance, mais aussi du **savoir** : la connaissance, les idées sont produites individuellement, mais permettent à d'autres individus d'en produire de nouvelles. La circulation de l'information et des savoirs permet ainsi d'augmenter la capacité à innover d'une économie.

• La question des sources de la PGF est d'autant plus importante que les pays développés à économie de marché connaissent un vieillissement de leur population qui peut entraîner une baisse de la population active* (et donc du facteur travail) d'ici 2030.

Les clés pour comprendre

L'utilisation des gains de productivité

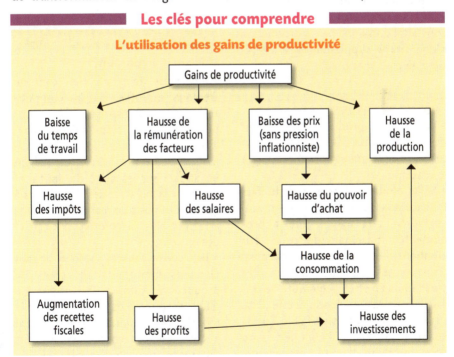

22 COÛTS DE PRODUCTION

Les **coûts de production*** représentent l'ensemble des **dépenses nécessaires** à la production d'un bien. Ces coûts englobent ainsi notamment les **salaires*** que le producteur doit verser aux travailleurs, les coûts liés à l'achat de **biens d'équipement** (exemple du four à pain pour un boulanger), les coûts liés à l'achat de **consommations intermédiaires*** (exemple de la farine pour un boulanger) et les taxes que l'entreprise doit acquitter.

La détermination des coûts

Définition
- Le **coût total*** renvoie à la **somme des coûts** engendrés par la production d'une quantité donnée de biens ou services. Le **coût moyen*** correspond à la **division** du coût total par la quantité produite. Ainsi, si le coût total est de 1 000 euros et que 100 unités ont été produites, le coût moyen est égal à 10 (1 000/100). La **variation** du coût total entraînée par la production d'une **unité supplémentaire** représente le **coût marginal***.

Coûts et productivité
- Les coûts de production dépendent des **rendements factoriels*** à court terme et des **rendements d'échelle*** à long terme.
- Si le rendement marginal du facteur variable (par exemple, le travail) augmente, cela signifie que la **productivité* marginale** de ce facteur **augmente**, et que le **coût marginal** d'une unité supplémentaire va être **plus faible**. En effet, la quantité de travail nécessaire pour produire une unité supplémentaire est plus faible que la quantité de travail qui était nécessaire pour produire l'unité précédente. Inversement, si la productivité marginale d'un facteur diminue, le coût marginal augmente.
- Cette analyse peut également s'appliquer aux rendements d'échelle. Quand les **rendements d'échelle** sont **croissants**, la **productivité** globale des facteurs **augmente**, le coût marginal diminue et le coût moyen va ainsi baisser. Quand les rendements d'échelle sont décroissants, la productivité globale des **facteurs*** baisse et le coût moyen de production augmente.

Les coûts de production dans l'activité économique

Un facteur important...
- Les coûts de production sont un élément essentiel de la **compétitivité* des entreprises**. Des coûts de production trop élevés pénalisent les entreprises par rapport à leurs concurrentes. En effet, ils ont un impact sur les **prix* de vente**, et donc sur la capacité des entreprises à gagner des parts de marché. Ces coûts affectent ainsi la **compétitivité prix*** des entreprises.
- Les **coûts salariaux*** sont un des éléments importants des coûts de production. Choisir la localisation d'une entreprise dans une économie mondialisée conduit inévitablement à comparer les coûts salariaux des différents espaces géographiques. Un faible coût salarial peut ainsi être un **avantage comparatif*** pour certains pays. Il ne faut néanmoins pas

comparer directement les salaires pratiqués dans différents pays, mais tenir compte des différences de productivité qui peuvent compenser les écarts de salaires : un salaire élevé associé à une productivité forte est équivalent, du point de vue de l'effet sur les coûts de production, à un salaire faible avec une productivité faible.
- Les entreprises doivent aussi tenir compte des **coûts de transport** et de la **fiscalité**. La fiscalité affecte de manière ambivalente les choix de localisation des firmes multinationales* : une fiscalité élevée peut décourager les entreprises, mais elle peut servir à financer des **infrastructures publiques** de qualité (réseaux routier et de télécommunication développés, etc.) qui renforcent la productivité des facteurs de production.

... mais pas unique

- Les choix de localisation ne reposent pas seulement sur la recherche de la meilleure compétitivité prix : les entreprises cherchent également à accéder à de **nouveaux marchés***, soit géographiques, soit par l'innovation.
- La Chine est ainsi devenue le premier marché mondial automobile, marché sur lequel les groupes automobiles européens veulent être présents.
- L'innovation de produit permet, quant à elle, de faire apparaître de nouveaux marchés. Il faut donc prendre en compte les éléments de la **compétitivité hors prix**.

Les clés pour comprendre

Les déterminants de la localisation des entreprises

Dans une enquête parue en 2007, 52 % des firmes multinationales interrogées classent le **coût salarial en 2de position** parmi les critères très importants pour choisir leur localisation. Les gains de productivité potentiels figurent au 3e rang et les charges fiscales au 6e rang.

Une augmentation d'un point du taux d'imposition sur les bénéfices des sociétés ferait baisser les investissements directs étrangers d'environ 4 à 5 %. De ce fait, une **concurrence fiscale** entre États se développe pour attirer les entreprises. Dans l'Europe des 15, la fiscalité moyenne sur les bénéfices des entreprises a baissé de 10 points entre 1990 et 2007.

Cependant, les critères de **compétitivité hors prix** entrent aussi en compte : ainsi, une hausse de 10 % du nombre d'entreprises étrangères installées dans un département français fait augmenter de 3 % la probabilité de voir ce département accueillir d'autres entreprises étrangères.

Définitions

▶ **La compétitivité prix :** capacité à proposer des produits à un prix inférieur à celui des concurrents.

▶ **La compétitivité hors prix :** capacité à gagner des parts de marché sur des critères autres que celui du prix (innovation, qualité, service après-vente, etc.).

23 RECETTE

Les concepts de **recettes totale***, **moyenne*** et **marginale*** permettent de rendre compte du **comportement du producteur**. En calculant leur valeur et en les comparant aux **coûts total***, **moyen*** et **marginal*** **de production**, il est possible de définir le **prix*** de marché* au-dessous duquel le producteur ne souhaite pas entrer sur le marché (c'est-à-dire vendre son bien ou son service), ainsi que la quantité qui maximise son profit (ou sa marge, qui désigne ici la différence entre la recette totale et le coût total de production, et non la rémunération du capital).

Recette totale, moyenne et marginale

Définitions

• La recette **totale** correspond au **chiffre d'affaires**, c'est-à-dire à la valeur des ventes d'une entreprise au cours d'une période donnée (prix × quantité vendue). La recette **moyenne** s'obtient en **divisant** la **recette totale** par la **quantité vendue**.

• La recette **marginale** correspond à la variation de la recette totale générée par la **vente d'une unité supplémentaire**. Prenons le cas d'un producteur qui vend les 200 premières unités produites d'un bien à 10 euros l'unité puis, les 100 unités suivantes à 13 euros l'unité. Sa recette totale est de 3 300 euros et sa recette moyenne de 11 euros. Tant qu'il vend moins de 200 unités, chaque unité supplémentaire lui rapporte une recette marginale de 10 euros puis, quand il vend au-delà de 200 unités, chaque unité supplémentaire lui rapporte une recette marginale de 13 euros.

Le seuil de rentabilité

• Si le producteur cherche à avoir le plus grand profit possible, on s'attend à ce qu'il refuse de vendre en faisant des pertes. Il va donc décider de produire une certaine quantité de biens **si la recette totale est supérieure ou égale au coût total de production**. Cela correspond à une situation où la recette moyenne doit être supérieure ou égale au coût moyen.

• Il existe ainsi un **seuil de rentabilité** au-dessous duquel il n'y a pas de production. On considère souvent que le coût moyen de production d'une entreprise n'est pas constant, et qu'il diminue dans un premier temps, puis augmente. Cette évolution du coût moyen, en forme de U, s'explique par l'existence d'**économies d'échelle** pour de faibles niveaux de production (du fait de l'existence de frais fixes, comme l'achat d'un local) et de déséconomies d'échelle pour des niveaux plus importants de production (passé un certain stade de production, des frais d'organisation et de structure alourdissent les coûts). Le seuil de rentabilité correspond alors au niveau minimal du coût moyen. Le producteur ne souhaitant pas produire au-dessous du seuil de rentabilité, quelles sont les quantités qu'il va proposer en cherchant à maximiser son profit ?

La détermination de la quantité produite

La maximisation du profit

• Pour déterminer le **niveau de production*** qui maximise son profit, le producteur va dans un premier temps éliminer tous les niveaux de production pour lesquels il produit **à perte**. Il va ensuite comparer ce que lui rapporterait chaque unité supplémentaire produite (recette marginale) au coût supplémentaire engendré par cette production (coût marginal).

• Un producteur qui a pour objectif de maximiser son profit décide de **produire** une unité supplémentaire **tant que la recette marginale est supérieure ou égale au coût marginal** : chaque unité supplémentaire augmente alors son profit car elle lui rapporte plus que ce qu'elle lui coûte. Il s'arrêtera de produire quand la production d'une unité supplémentaire ne lui rapportera rien de plus, c'est-à-dire quand le coût marginal sera égal à la recette marginale.

La concurrence pure et parfaite et la fonction d'offre

• Dans le modèle de concurrence* parfaite, on suppose que toutes les unités d'un même bien sont vendues au même prix. Le producteur est **preneur de prix** et ne peut pas fixer le prix des biens qu'il vend. Dans ce cas, la recette moyenne (RM) est égale à la recette marginale (Rm), et elles sont toutes deux égales au prix de vente du bien : **P = Rm = RM**. En effet, chaque unité supplémentaire vendue rapporte la somme égale au prix de vente, qui est constant (donc Rm est égale à P), et, en divisant la recette totale par la quantité vendue, on obtient bien le prix de vente (donc RM est égale à P).

• Le **volume de production** qui maximise le profit du producteur est celui pour lequel la recette marginale (le prix) est égale au coût marginal, soit ici : **P = Cm**. Pour chaque prix de marché donné, le producteur offre une quantité qui assure l'égalisation entre prix et coût marginal.

Les clés pour comprendre

Exemple

Considérons le cas d'une entreprise produisant des bateaux de plaisance haut de gamme et ayant la structure de coût représentée graphiquement ci-dessous. En abscisses est indiqué le nombre d'unités produites, et en ordonnées, le montant du coût exprimé en millions d'euros. Supposons que le secteur est concurrentiel et que le prix de marché d'un bateau de plaisance haut de gamme soit de 16 millions d'euros. Nous pouvons déterminer graphiquement quelle quantité de bateaux cette entreprise devrait produire et en déduire le profit qu'elle réalisera.

Pour un prix de vente de 16 millions, l'entreprise doit produire 21 bateaux car cela correspond à la quantité pour laquelle la recette marginale est égale au coût marginal. Quand l'entreprise produit 21 bateaux, son coût moyen de production est de 9 millions d'euros. Sa recette totale correspond ainsi à 16 millions × 21 et son coût total de production à 9 millions × 21 (aire rouge). Son profit correspond donc à la différence entre ces deux valeurs (aire verte).

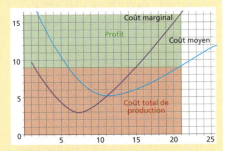

Le seuil de rentabilité de l'entreprise est ici de 5 millions d'euros. L'entreprise ne produira pas si le prix de marché des bateaux de plaisance est inférieur à ce prix.

24 INVESTISSEMENT

L'**investissement*** est un **flux** qui vient accroître ou renouveler un stock de **capital***. Cette hausse du stock de capital correspond à l'**accumulation du capital**. Ce stock correspond aux moyens de production utilisés pour produire. Investir, c'est **modifier** quantitativement ou qualitativement **ce stock** afin de **produire plus ou mieux**. La décision d'investir est importante pour les entreprises*, car elle engage leur avenir. L'investissement est une des sources de la **croissance économique***.

Les différents types d'investissements

L'investissement matériel

L'action d'investir consiste à faire varier le stock de capital. Dans ce stock de capital, on trouve des biens durables (les biens d'équipement). L'INSEE mesure l'**investissement matériel** en biens d'équipement par l'indicateur de formation brute du capital fixe (**FBCF**).
- Les biens d'équipement s'usent progressivement durant le processus de production. Cette usure nécessite de les remplacer : on parle alors d'**investissement de remplacement**.
- Lorsque l'on augmente la quantité de biens utilisés pour produire, on parle d'**investissement de capacité**.
- Enfin, lorsqu'il s'agit de remplacer les outils utilisés par des outils incorporant davantage de technologie, on parle d'**investissement de productivité**.

L'investissement immatériel

- Il est possible d'augmenter la production par des investissements qui ne consistent pas en l'acquisition d'outils nouveaux : lorsqu'une entreprise réalise des dépenses de **communication** et de **mercatique** (campagne de publicité, par exemple), finance la formation de ses salariés, met en place des programmes de **recherche et développement**, achète des logiciels, on dit qu'elle réalise des **investissements immatériels**.
- L'INSEE comptabilise les investissements immatériels en logiciels dans la FBCF, mais les dépenses en mercatique et publicité sont comptabilisées dans les consommations intermédiaires. L'investissement en capital humain* qui résulte des activités de formation du personnel ayant lieu au sein des firmes est aussi un investissement immatériel.

Les déterminants de l'investissement

Le coût du financement de l'investissement

- Pour financer un investissement, une entreprise peut mobiliser **ses fonds propres** disponibles (autofinancement*), chercher à les **augmenter** en réalisant une émission d'**actions*** nouvelles, ou **emprunter**.
- L'entreprise réalise un **arbitrage** entre les différentes possibilités d'utilisation de ses fonds propres. Elle doit en effet choisir entre investissement productif et placement financier. L'entreprise va mobiliser son épargne pour investir si la profitabilité de cet investissement est positive, c'est-à-dire si le fait d'investir génère un revenu supérieur à celui qui résulterait d'un placement de son épargne (comme les ménages, les entreprises

peuvent placer leur épargne et être rémunérées par un taux d'intérêt*).

• Lorsqu'une entreprise s'endette pour financer un investissement, elle doit verser des intérêts à ses créanciers. Des **taux d'intérêt élevés** diminuent la rentabilité de son projet et vont donc **désinciter les entreprises** à avoir **recours au crédit**. Lorsque les taux d'intérêt sont supérieurs à la rentabilité de l'investissement, il n'est pas rationnel d'avoir recours à l'endettement.

Le niveau de la demande anticipée

• L'investissement est une décision qui concerne l'avenir : il revient à accroître ou maintenir ses capacités de production. Une entreprise ne va donc investir que si elle estime qu'elle **pourra écouler sa production**, c'est-à-dire si le niveau nécessaire de production qu'elle anticipe est supérieur à ses capacités productives. Plus la **production anticipée** se rapproche d'une **utilisation maximale des capacités productives**, plus la nécessité d'investir apparaît.

• Ainsi, des conditions avantageuses de financement ne sont pas suffisantes pour motiver un investissement : il faut que la **demande anticipée*** soit importante (les croyances dans l'avenir jouent donc un rôle essentiel) et que celle-ci conduise à dépasser les **capacités de production** de l'entreprise.

Les clés pour comprendre

Le retard français de l'investissement

La situation française se caractérise par le recul de l'effort en investissement depuis le début des années 1970. Le **taux d'investissement**, qui mesure le rapport entre l'investissement (FBCF) et le PIB, baisse (autour de 17 % depuis le début des années 1980).

L'écart avec les États-Unis se creuse : depuis 1970, le capital physique mesuré par la FBCF a été multiplié par 4 aux États-Unis et seulement par 2,4 en France, tandis que les dépenses totales de la recherche-développement s'élèvent à 2,6 % du PIB aux États-Unis, contre 2,1 % en France. Le retard de la France est particulièrement palpable dans les technologies de l'information et de la communication (NTIC) : entre 1985 et 2005, la part des investissements en NTIC dans l'investissement total aux États-Unis passe de 18,2 % à 27,8 %, mais seulement de 11,4 % à 16,5 % en France.

Définitions

▶ **Profitabilité de l'investissement** = rendement des capitaux propres investis – rendement moyen des placements financés par l'épargne de l'entreprise.

▶ **Fonds propres (capitaux propres)** : capital (apport du ou des propriétaire(s)) + réserves (bénéfices antérieurs non distribués aux propriétaires).

25 MARCHÉ

La **rareté*** est une caractéristique de nos économies : il existe un **déséquilibre** entre les ressources disponibles et les quantités que les agents économiques souhaitent utiliser. Pour attribuer les différentes ressources aux agents économiques, il est nécessaire de déterminer une procédure d'**allocation***. Le marché* ou la planification étatique en sont des exemples. La quasi-totalité des pays peuvent aujourd'hui être qualifiés d'**économies de marché** car ils ont recours au marché pour gérer la majeure partie des échanges économiques qui ont lieu en leur sein.

La régulation marchande

Qu'est-ce qu'un marché ?

Le marché est un lieu, réel ou fictif, où entrent en relation un ou des acheteurs (ou **demandeurs**) avec un ou des vendeurs (ou **offreurs**), et où cette confrontation aboutit à des **échanges** à un certain **prix***, dit « **prix de marché** ». Le marché est défini en référence à un bien (par exemple le marché de l'or). Le marché alloue les ressources en fonction du prix : pour obtenir une ressource, il faut simplement pouvoir en payer le prix. Ainsi, si l'on considère le marché du logement, la répartition des logements existants se fera en fonction de la capacité de chacun à payer. Nous voyons bien là la différence avec une procédure étatique d'allocation des ressources : l'attribution des logements à loyer modéré (HLM) gérés par la puissance publique ne dépend pas du prix que les personnes sont prêtes à payer mais de critères sociaux (revenus des ménages, nombre d'enfants, date de la première demande, etc.).

Des marchés très divers

Les marchés sont multiples. Cette diversité s'illustre par la **variété des actifs** échangés, du marché de l'électricité à celui de la truffe par exemple. L'évolution des **produits** fait aussi que les marchés **changent dans le temps** (les foires aux bestiaux sont moins fréquentes aujourd'hui). Ils diffèrent aussi par leur **taille** ou leur **échelle** : certains sont internationaux, mettent parfois en relation une multitude de protagonistes (marché automobile européen ou autre), lorsque d'autres sont locaux et concernent un nombre moins important d'agents économiques. Enfin, leurs **modalités de fonctionnement** évoluent : Internet a, par exemple, facilité le développement des marchés d'enchères et rend inutile la rencontre physique entre échangeurs.

Le marché, une institution

La construction des marchés

Le marché est une **institution** : il n'émerge pas spontanément, mais est le **résultat d'une construction** par les agents sociaux. Il a besoin qu'un certain nombre de **règles** soient définies pour fonctionner. Ainsi, pour choisir de vendre un bien, il faut que celui-ci nous appartienne, c'est-à-dire qu'il existe des règles juridiques nous définissant comme propriétaire du bien, et garantissant cette propriété. Il ne peut donc y avoir d'**échange marchand*** sans détermination de **droits de propriété***, c'est-à-dire d'un ensemble de droits permettant d'user librement d'un bien économique dans les conditions déterminées par la loi. Les **brevets**, par exemple, sont des droits de propriété sur des innovations : ils permettent d'assurer l'exclusivité de l'usage d'une **invention**. Sans la définition juridique des brevets, il ne pourrait y avoir de vente de brevets sur un marché. De nombreux marchés sont ainsi créés régulièrement grâce à la mobilisation de différents acteurs : aujourd'hui, il est par exemple question de développer de façon plus poussée les marchés de quotas d'émissions*.

Les limites du marché

Toutes les ressources peuvent-elles être gérées par le marché ? Le degré et les choix de marchandisation évoluent d'une société à l'autre, dans le temps ou entre sociétés contemporaines. Les **valeurs* morales** et les **choix politiques** engendrent des règles juridiques qui déterminent ce qui relève ou non de l'échange marchand. Par exemple, la France interdit la vente d'organes. L'échange d'organes est géré par l'État* dans un cadre non marchand. Aujourd'hui, la plupart des pays du monde condamnent la chasse et le commerce de la viande de baleine lorsque d'autres, comme la Norvège ou l'Islande, y consacrent une activité économique légale au nom de traditions ancrées profondément dans les mœurs. Si la loi limite l'extension du domaine marchand dans certains domaines, elle n'empêche pas pour autant le développement de certains commerces illicites, drogues ou armes par exemple.

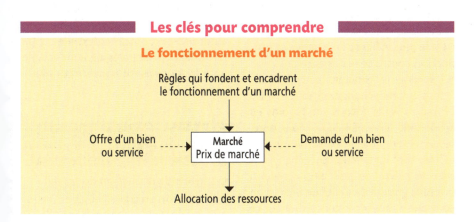

Les clés pour comprendre

Le fonctionnement d'un marché

Cf. fiches 26, 27, 28

26 GAIN À L'ÉCHANGE

Gain qui découle de la **spécialisation** d'une entreprise ou d'un pays dans la production d'un bien ou d'un service pour lequel il dispose de la technique de production la plus efficace ou qui nécessite l'utilisation intensive d'un facteur de production disponible de façon relativement abondante. En échangeant ensuite les produits que chaque unité productive a réalisés, la spécialisation conduit à la **baisse du prix relatif des biens** et à l'**augmentation du volume global de production**.

L'échange peut bénéficier à tous

La spécialisation des activités
• Les économies modernes sont caractérisées par la division du travail : les tâches productives sont réparties entre les individus, chacun étant spécialisé dans une tâche particulière. Il semble en effet pertinent que chaque individu se spécialise dans l'activité où il est **le plus efficace** et échange sa production contre celle des autres.

• L'échange est généralement profitable à tous : **sans échange**, chaque famille devrait subvenir à **tous ses besoins** en produisant elle-même sa nourriture, ses vêtements ou en construisant elle-même son logement. En échangeant avec les autres, on peut ainsi accéder à une **plus grande diversité de biens** à un **coût plus faible**, et se concentrer sur ce que l'on sait le mieux faire.

La spécialisation selon les avantages
• La spécialisation et l'échange génèrent un **gain** même dans une situation où un individu se spécialise dans une tâche pour laquelle il n'est pas **objectivement le meilleur** (avantage absolu). Si chaque individu se spécialise dans la tâche pour laquelle il est relativement le moins mauvais (avantage comparatif), la richesse totale créée est plus grande et chacun peut alors en obtenir une plus grande part.

• L'économiste américain **Paul Samuelson** donne l'exemple d'un brillant avocat qui envisage de recruter une secrétaire pour dactylographier ses rapports et ses courriers. Même si l'avocat peut être plus efficace qu'elle en matière de dactylo, il est incomparablement plus performant sur le plan du droit. Ainsi, il est de leur intérêt mutuel que l'avocat l'embauche, si cela lui permet de se consacrer pleinement au droit, son domaine d'excellence (le raisonnement étant également valable pour la **spécialisation internationale**).

Division du travail et répartition du gain à l'échange

Les effets de la division du travail
• La **division du travail** et les échanges qui en découlent permettent d'augmenter la **productivité** du travail. **Adam Smith** prend l'exemple d'une manufacture d'épingles du XVIIIe siècle où le processus de production est divisé en 18 opérations distinctes, chaque ouvrier étant affecté à une opération précise. Cette organisation permet d'obtenir une production quotidienne de 4 800 épingles par ouvrier, alors que si chaque ouvrier s'était attelé à produire toute l'épingle, il n'en aurait produit qu'une petite vingtaine au maximum dans la journée.

- La division du travail a permis d'importants **gains de productivité** pour trois raisons :
– la spécialisation de chaque ouvrier dans une opération simple **accroît son habileté** ;
– elle permet un gain de temps puisqu'il n'y a **plus de temps morts** à cause du passage d'une tâche à l'autre ;
– la division du travail permet l'**utilisation de machines** qui permettent d'économiser le travail (gain d'innovation).

Le gain à l'échange peut être inégalement réparti

- Le gain tiré de la spécialisation et de l'échange peut être inégalement réparti entre les individus, qui disposent de talents, d'aptitudes et de qualifications différentes. Si le gain total est généralement augmenté par l'échange, il peut exister des **gagnants** et des **perdants** (si le gain à l'échange est de 100, un individu A peut gagner 80 et un individu B seulement 20).
- De la même manière, les **pays** sont **inégalement dotés en facteurs de production*** et tous ne bénéficient pas de manière équitable des gains de l'échange international. Au nom d'un critère de justice, l'État peut alors décider de corriger la répartition des richesses issues de l'échange libre sur le marché.

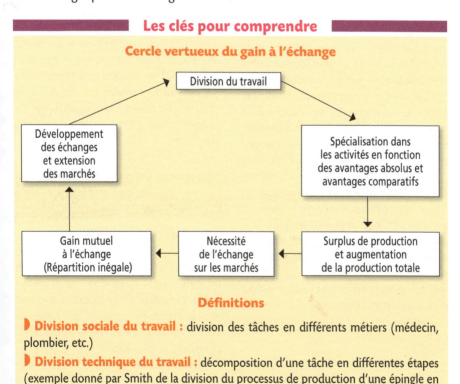

Les clés pour comprendre

Cercle vertueux du gain à l'échange

Définitions

▶ **Division sociale du travail :** division des tâches en différents métiers (médecin, plombier, etc.)

▶ **Division technique du travail :** décomposition d'une tâche en différentes étapes (exemple donné par Smith de la division du processus de production d'une épingle en 18 étapes).

27 MARCHÉ CONCURRENTIEL

Un **marché concurrentiel** désigne un **marché*** sur lequel la pression concurrentielle est forte. Le concept de concurrence est souvent associé à celui de compétition.

Qu'est-ce qu'un marché concurrentiel ?

Un pouvoir de marché faible

• Un marché concurrentiel est un marché sur lequel **aucun acteur** n'est en mesure **d'influencer le niveau du prix** auquel le bien s'échange. On dit qu'aucun acteur n'a de « pouvoir de marché » ou *price taker*. Les acteurs sont dits « preneurs de prix* ». Un marché sur lequel une entreprise* est en situation de monopole* (seule à vendre le bien) et sans concurrents potentiels n'est pas un marché concurrentiel car l'entreprise peut y imposer ses prix. Un autre cas de marché non concurrentiel est celui où un acheteur est si important qu'il est en mesure d'imposer un prix d'achat aux offreurs (exemple souvent cité des supermarchés vis-à-vis de leurs fournisseurs).

• Les marchés concurrentiels sont en général des marchés sur lesquels il y a de **nombreux offreurs et demandeurs** ; il peut aussi s'agir de marchés sur lesquels il y a, par exemple, seulement une ou deux entreprises, mais où il existe une forte menace d'entrée de nouveaux concurrents (la concurrence y est potentielle).

Une approche empirique

On peut mesurer **empiriquement** (c'est-à-dire à partir de données chiffrées concrètes) le degré de concurrence d'un marché grâce à divers instruments (par exemple, l'indice d'Herfindhal-Hirschmann). Ce degré dépend de multiples facteurs, et notamment de facteurs juridiques. Par exemple, le fait que les taxis doivent disposer d'une licence pour circuler limite la concurrence (difficulté d'entrée pour les nouveaux concurrents).

En France, depuis 1953 et la naissance de la politique de la concurrence*, l'État* veille à ce qu'un minimum de concurrence existe sur les marchés en leur imposant juridiquement certaines règles de fonctionnement. La concurrence est en effet valorisée car elle contraint les entreprises à proposer des biens d'un bon rapport qualité/prix si elles ne veulent pas faire faillite du fait de l'existence de concurrents plus performants. Une politique de la conccurence existe aussi au niveau européen.

Le modèle de concurrence pure et parfaite

Un modèle particulier

Pour analyser le fonctionnement des marchés concurrentiels, différents modèles théoriques ont été développés. Le modèle de base est le modèle de concurrence pure et parfaite. La concurrence pure et parfaite est définie par cinq conditions :

– l'**atomicité** du marché : il y a sur le marché de nombreux acheteurs et vendeurs, de telle sorte qu'aucun acteur ne peut influencer à lui seul le prix d'équilibre (on dit que les agents sont « preneurs de prix ») ;

– la **fluidité** : tout agent peut quitter ou entrer dans le marché à tout

instant, il y a libre entrée et sortie du marché ;
– l'**homogénéité** des produits : les produits échangés sont strictement identiques ;
– la **transparence** du marché : l'information est parfaite et gratuite et tous les acteurs connaissent parfaitement la qualité des produits échangés, leur prix, etc. ;
– la **mobilité parfaite** des facteurs de production* : à tout instant, des travailleurs ou du capital qui étaient utilisés pour la production d'un bien donné peuvent être mobilisés pour produire un autre bien destiné à être vendu sur un autre marché.

Un modèle exigeant

• Ces conditions théoriques sont très exigeantes et très rarement (voire jamais) observées parmi les marchés existant réellement. Comme tout modèle, il s'agit d'une **représentation** simplifiée de la réalité et il importe avant tout de savoir s'il permet de mieux comprendre certains mécanismes économiques à l'œuvre sur les marchés concrets. De ce point de vue, ce modèle s'est avéré particulièrement utile pour analyser l'impact sur les prix des variations de l'offre et de la demande.

• Néanmoins, certains mécanismes concrets ne peuvent pas être expliqués par ce modèle et de nouveaux modèles théoriques, constitués à partir d'hypothèses moins contraignantes, permettent de le compléter : on parle de modèles de concurrence imparfaite. Certains de ces modèles visent à comprendre le fonctionnement de marchés concrets qui ne sont pas, ou peu, concurrentiels (exemple du modèle du monopole ou de l'oligopole*), tandis que d'autres peuvent être utilisés pour comprendre comment fonctionnent des marchés concurrentiels.

Marchés, prix et concurrence

Les clés pour comprendre

La mesure de la concurrence

Pour évaluer empiriquement le degré de concurrence d'un marché, on utilise souvent l'indice d'Herfindhal-Hirschmann (IHH), calculé à partir des parts de marché des entreprises. Quand beaucoup d'entreprises ont chacune une petite part de marché, le secteur est très concurrentiel, tandis que si une entreprise a, par exemple, 50 % des parts de marché d'un secteur, le secteur est très concentré. L'IHH est utilisé par les autorités de concurrence et par les États pour analyser et réguler le fonctionnement des marchés.

Définitions

▶ **Monopole :** situation de marché dans laquelle il n'y a qu'un producteur.

▶ **Oligopole :** situation de marché dans laquelle il y a peu de producteurs.

▶ **Part de marché :** part des ventes d'une entreprise sur le total des ventes du secteur.

28 ÉQUILIBRE SUR LE MARCHÉ CONCURRENTIEL

Sur les **marchés***, des biens et services et des facteurs de production sont **échangés** contre le paiement d'un certain **prix***. Un marché est dit à **l'équilibre** quand les quantités offertes et demandées sont égales.

La loi de l'offre et de la demande

Le prix d'équilibre

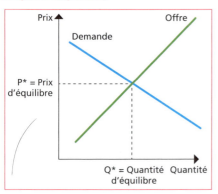

La **courbe d'offre*** modélise pour chaque niveau de prix la quantité offerte d'un bien (les quantités, par exemple, de T-shirts que les entreprises veulent bien produire pour différents niveaux de prix). La **courbe de demande*** modélise, pour chaque niveau de prix, la quantité demandée d'un bien (par exemple, les quantités de T-shirts que les consommateurs veulent bien acheter pour différents niveaux de prix). La **courbe d'offre** est **croissante** car, en général, plus le prix d'un bien est élevé et plus nombreux sont les offreurs prêts à vendre le bien. À l'inverse, la **courbe de demande** est **décroissante** car, en général, plus un bien est cher, moins nombreuses sont les personnes qui veulent l'acheter. Les courbes d'offre et de demande se coupent en un point unique : il n'y a qu'un prix qui permette que l'offre soit égale à la demande. Ce prix est le **prix d'équilibre***.

La variation des prix

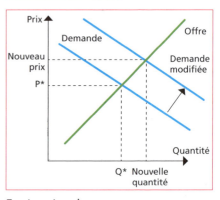

En situation de concurrence pure, parfaite et sans intervention de l'État, les prix sont flexibles. Les mécanismes de marché font que le prix d'équilibre correspond au prix auquel sont effectivement vendus les différents biens et services échangés sur les marchés concurrentiels. En effet, si les entreprises proposent par exemple un prix supérieur au prix d'équilibre, elles n'écoulent pas toute leur production et sont ainsi incitées à baisser leur prix pour écouler leur production. Le prix d'équilibre peut être modifié si les courbes d'offre et de demande changent. Supposons, par exemple, qu'une très forte vague d'immigration ait pour impact de faire augmenter la demande d'un bien pour un prix donné. Cette **augmentation de la demande** se traduit par un **déplacement vers la droite** de la courbe de demande. Ce déplacement de la courbe a pour impact de modifier le **prix** et la **quantité d'équilibre** (hausse du prix et des quantités échangées).

Gains à l'échange et exclusion du marché

Le concept de surplus

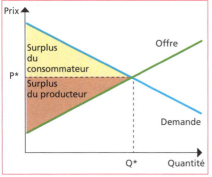

Pour évaluer les gains liés à l'échange, le concept de **surplus** a été développé. Supposons que, sur le marché des bananes, le prix de marché soit égal à 1 euro l'unité. Tous les individus qui avaient déclaré être prêts à acheter une banane pour un prix supérieur à 1 euro se retrouvent à payer un prix inférieur à leur consentement à payer. L'écart entre la dépense effective et la dépense totale que les consommateurs étaient prêts à engager est représenté graphiquement par le triangle jaune/beige (surplus du consommateur*). Inversement, tous les offreurs qui auraient été prêts à vendre des bananes pour un prix inférieur à 1 euro l'unité reçoivent au final un paiement supérieur à ce prix. L'écart entre la somme effectivement reçue et la somme pour laquelle les producteurs étaient prêts à céder leur bien est représentée graphiquement par le triangle marron (surplus du producteur*).

L'exclusion par les prix

Si l'échange marchand est source de gains, il est aussi source d'exclusion. Ainsi, l'ensemble des consommateurs qui ne peuvent pas s'offrir un bien au prix d'équilibre sont exclus du marché. Le fait qu'à l'équilibre l'offre soit égale à la demande signifie simplement que tous les ménages disposés à acheter un bien au prix du marché peuvent le faire. Il existe ainsi à l'équilibre des ménages qui ne peuvent accéder aux biens désirés fautes de revenus suffisants. Ils ne sont pas considérés comme des demandeurs car ils ne sont pas prêts à payer pour obtenir le bien. Selon le bien considéré (par exemple le logement), cette exclusion par les prix peut être très problématique et appelle parfois une intervention de l'État*.

Les clés pour comprendre

Définitions

▶ **Offre :** quantité proposée à la vente pour un niveau donné de prix.

▶ **Demande :** quantité désirée pour un niveau de prix.

▶ **Prix d'équilibre :** prix tel que l'offre d'un bien soit égale à la demande de ce bien.

▶ **Quantités d'équilibre :** quantités échangées au prix d'équilibre.

▶ **Surplus du consommateur :** différence entre le consentement à payer et la somme effectivement payée.

▶ **Surplus du producteur :** différence entre le consentement à recevoir et la somme effectivement reçue.

29 DÉFAILLANCE DE MARCHÉ

Les défaillances de marché* désignent des situations dans lesquelles le fonctionnement du marché conduit à une **allocation inefficace des ressources**. Les défaillances de marché peuvent provenir **d'imperfections de marché**, comme l'existence d'un **pouvoir de marché*** ou d'**asymétries d'information***, mais peuvent aussi résulter d'une **mauvaise définition des droits de propriété**. Les défaillances découlant de l'existence de **biens communs***, de **biens collectifs*** ou d'**externalités*** sont liées à des questions de droits de propriété inexistants ou mal définis.

Les externalités

Définition
Les externalités désignent la **conséquence d'une activité économique qui ne fait pas l'objet d'une contrepartie marchande** (paiement d'un prix). L'existence d'une nuisance sonore liée à la production d'un bien est un exemple d'externalité : le producteur n'a pas à acheter un droit à faire du bruit à ses voisins pour produire.

Les externalités négatives
- Lorsqu'une entreprise **pollue** en produisant un bien, s'il n'y a pas de régulation publique, le **prix*** auquel va se vendre le bien dépendra seulement des coûts de production du bien et du niveau de la demande, **n'intégrant** donc **pas le coût lié à la dégradation des ressources naturelles**. En effet, l'entreprise n'a pas à payer pour utiliser ces dernières : une entreprise dont la production conduirait au rejet de produits chimiques dans une rivière ne va pas intégrer dans ses coûts l'**impact négatif** qu'a sa production sur l'environnement ou sur d'autres activités économiques, comme la pêche (à moins qu'on ne l'y oblige).
- Le **coût social de production du bien est supérieur à son coût privé**. On parle, dans ce cas, d'une « **externalité négative** ». La régulation par le marché conduit à une **surproduction** des biens générant de telles externalités.

Les externalités positives
- Il peut aussi exister des **externalités positives** : un exemple développé par James Meade est celui de l'apiculteur et de l'arboriculteur. L'apiculteur profite des arbres plantés par l'arboriculteur et obtient un miel de meilleure qualité gratuitement, tandis que l'arboriculteur profite des abeilles de l'apiculteur qui pollinisent ses arbres sans avoir à payer pour cela. Chacun bénéficie de l'activité économique de l'autre sans que cet impact fasse l'objet d'un paiement : il y a externalité positive dans les deux sens.
- En cas d'externalités positives, le **bénéfice social est supérieur au bénéfice privé** et le marché conduit à une **sous-production** des biens. L'État* peut réguler le fonctionnement du marché, par exemple en taxant les activités à l'origine d'externalités négatives et en subventionnant celles qui génèrent des externalités positives.

Biens collectifs et biens communs

Rivalité et excluabilité

• Un bien ou un service est dit **rival** si sa **consommation*** par une personne rend **impossible** sa **consommation par une autre personne**. Par exemple, le fait qu'un individu consomme une pomme entraîne sa destruction et une autre personne ne peut la consommer. En revanche, un individu peut profiter de l'éclairage d'une rue, la nuit, sans empêcher pas un autre individu d'en profiter au même moment : on dit que ce bien est **non rival**.

• Un bien ou un service est dit **excluable** si le producteur peut exclure un individu de l'usage du bien. Ainsi, une personne qui ne paye pas le péage n'est pas autorisée à rouler sur l'autoroute et il est facile de l'en empêcher en installant des barrières. En revanche, une fois qu'une rue publique est éclairée, il est impossible d'empêcher certaines personnes d'en profiter. Le bien est dit **non excluable**. La non-excluabilité est liée au fait que personne ne dispose d'un droit de propriété sur la rue et qu'elle est considérée comme un lieu public, libre d'accès.

Différents types de biens

• Quand un bien est non rival et non excluable, il s'agit d'un **bien collectif** (différent d'un bien **public**, qui désigne un bien produit par la puissance publique). Le feu d'artifice en est un exemple : si un feu d'artifice est organisé au cours d'un mariage, les mariés ne peuvent empêcher leur voisin d'en profiter et le fait que leur voisin en profite ne les empêche pas de profiter du spectacle. Ce type de biens est généralement pris en charge par la puissance publique car la régulation par le marché conduit à leur **sous-production**.

• Quand un bien est non excluable et rival, on dit que le bien est un **bien commun**. Les ressources naturelles sont des biens communs car leur consommation entraîne leur destruction et est en accès libre. Ces **ressources sont surexploitées** et on parle de l'existence d'une « tragédie » des biens communs car ils sont menacés de disparition si les pratiques ne sont pas régulées (exemple de l'instauration de quotas de pêche pour le thon rouge, menacé de disparition).

Marchés, prix et concurrence

Les clés pour comprendre

Les différents types de biens

	Rival	Non rival
Excluable	*Bien privé* Exemple d'une boîte de sauce tomate dans un supermarché	*Bien de club* Exemple d'un abonnement à une chaîne payante
Non excluable	*Bien commun* Exemple du thon rouge dans la mer	*Bien collectif* Exemple d'un feu d'artifice

On qualifie parfois les biens communs et les biens de clubs de *biens collectifs* impurs.

Cf. fiches 27, 30, 31

30 POUVOIR DE MARCHÉ

Certains agents sont en mesure **d'influencer le prix* du marché* par leur comportement**, c'est-à-dire qu'ils disposent d'un pouvoir de marché* (les agents sont alors *faiseurs* de prix ou *price maker*). Cette situation n'est pas prévue dans le modèle de **concurrence pure et parfaite*** (CPP) qui suppose que les agents sont preneurs de prix. On qualifie cette situation de **concurrence imparfaite**. Le pouvoir de marché est considéré comme une **imperfection de marché**.

L'abus de position dominante

Le monopole

- Un monopole* est une situation de marché dans laquelle il n'existe qu'**un seul offreur**. La SNCF a ainsi pendant longtemps été la seule entreprise autorisée à offrir un service de transport ferroviaire aux voyageurs en France.
- Depuis 2009, le marché a connu une ouverture partielle à la concurrence (des trains d'entreprises concurrentes sont autorisés à circuler, si le trajet se trouve sur une ligne internationale) ; le monopole exercé par la SNCF a ainsi été remis en cause sur certains trajets.

Des prix plus élevés

- Le monopole dispose d'un pouvoir de marché s'il n'est **pas directement menacé** pas une potentielle arrivée de nouveaux entrants (**monopole non contestable**).
- S'il n'a pas à craindre la concurrence, le monopole peut en effet profiter de sa position pour imposer des **prix plus élevés** aux consommateurs et **augmenter ainsi ses profits**.

L'origine du pouvoir de marché

Des barrières à l'entrée*

Une entreprise peut disposer d'un pouvoir de marché car il existe des barrières à l'entrée du marché empêchant d'autres entreprises de rentrer sur le marché. Différentes raisons peuvent empêcher des entreprises concurrentes de se développer :
– il peut exister des barrières de nature juridique (exemple de l'existence de brevets) ; on parle dans ce cas de l'existence d'un **monopole légal** ;
– l'entreprise en place peut disposer d'un monopole sur une ressource naturelle essentielle à la production du bien ;
– il peut exister des économies d'échelle, ce qui signifie que le **coût moyen de production décroît avec la quantité produite**. Dans ce cas, le fonctionnement du marché conduit à l'élimination des concurrents par le plus gros producteur car celui-ci peut vendre moins cher que ses concurrents de moindre de taille qui ne peuvent aligner leur prix du fait de coûts de production plus élevés. On parle de l'existence d'un **monopole naturel** car il découle du fonctionnement du marché et n'est pas lié à une stratégie particulière. Le producteur le plus important se retrouve sans concurrents et dispose d'un pouvoir de marché.

Des produits différenciés

Les producteurs peuvent aussi **disposer d'un pouvoir de marché en différenciant leur produit** des autres produits vendus. Aucun produit n'est exactement équivalent à un autre, du fait par exemple de l'existence de marques différentes, de packagings différenciés, de différences de qualité, etc. ; ainsi, chaque producteur est de fait dans une situation proche du monopole car il est le seul à produire un jean de telle **marque** avec telle coupe, etc. Dans cette configuration, les producteurs disposent d'un **pouvoir de marché** car les acheteurs sont attachés à un produit spécifique.

• Ce pouvoir est tout de même **limité** par le fait que les consommateurs peuvent opter pour un produit proche (une marque différente, par exemple) si les prix pratiqués sont trop élevés. On parle d'une situation de **concurrence monopolistique***.

Des pratiques anticoncurrentielles

• L'existence d'un pouvoir de marché ne découle pas uniquement d'une situation de monopole. Quand il y a peu d'offreurs sur un marché (**oligopole***), les entreprises peuvent décider de **s'entendre** pour maintenir des prix élevés et limiter ainsi les effets de la concurrence (ces pratiques sont illégales en Europe et aux États-Unis).

• Un cartel de producteurs* désigne ce type d'entente entre des entreprises pour fixer le prix du marché et/ou les quantités produites et vendues par chacun. Orange, SFR et Bouygues ont ainsi été condamnés en 2005 pour s'être entendus dans le but de maintenir leurs parts de marché respectives.

Les clés pour comprendre

Les différents types de marché en présence de biens identiques

	Un vendeur	Peu de vendeurs	Nombreux vendeurs
Un acheteur	Monopole bilatéral	Monopsone contrarié	Monopsone
Peu d'acheteurs	Monopole contrarié	Oligopole bilatéral	Oligopsone
Nombreux acheteurs	Monopole	Oligopole	Concurrence atomistique

Définition

▶ **Monopole discriminant :** monopole qui vend le même produit à différents prix en fonction des caractéristiques de ses clients.

31 ASYMÉTRIE D'INFORMATION

Les asymétries d'information désignent une situation dans laquelle **tous les agents économiques ne disposent pas de la même information** (un vendeur de voitures d'occasion en sait plus sur la qualité du produit qu'il vend que les acheteurs potentiels). Quand l'information est **imparfaitement distribuée** entre les différents acteurs sur un marché, le marché n'est plus parfaitement concurrentiel au sens du modèle de **concurrence pure et parfaite** (CPP)*. On parle d'une situation de **concurrence imparfaite**. Le fonctionnement du marché conduit alors à une **situation qui n'est plus optimale**.

Le risque d'antisélection

L'éviction des bons produits

- Il y a **antisélection (ou sélection adverse*)** lorsque l'asymétrie d'information conduit à **éliminer les produits de meilleure qualité**. Un exemple célèbre, proposé par **Akerlof**, est le cas du marché des voitures d'occasion : les acheteurs ont toujours un doute sur la qualité des voitures vendues car il est très difficile de savoir à l'avance s'il n'existe pas de vice caché. Même si une voiture d'occasion est objectivement en très bon état, les acheteurs ne veulent pas la payer cher car ils ne peuvent vérifier avec certitude son état. Les personnes disposant d'une voiture de bonne qualité qui auraient pu souhaiter la vendre sur le marché ne vont dès lors pas le faire car elles ne pourront en retirer un bon prix. Elles vont plutôt chercher à la vendre à une connaissance, qui ayant confiance dans les propos du vendeur acceptera le prix correspondant à la qualité. Au final, la **qualité moyenne** des voitures vendues sur le marché est donc **faible**. Le fonctionnement du marché conduit à une **situation inefficace**.

- Le risque d'antisélection existe sur de nombreux marchés : sur le marché de l'assurance par exemple, si les compagnies d'assurance ne connaissent qu'imparfaitement le risque encouru par leurs clients. Si les prix fixés sont trop élevés, les personnes qui estiment courir un faible risque ne vont plus vouloir s'assurer. Les compagnies d'assurance ont ainsi intérêt à modérer leur prix pour que la qualité moyenne de leurs clients reste élevée. Pour un prix modéré, des nombreuses personnes veulent s'assurer et la demande est rationnée (offre < demande).

Réduire l'asymétrie d'information

- Différents moyens peuvent être mis en place pour réduire l'incertitude, comme la **production de labels** (exemple du label Agriculture biologique qui donne des informations sur la qualité des produits utilisés) ou de **guides** (exemple du guide Michelin pour les restaurants).
- Cette meilleure diffusion de l'information peut venir d'une **initiative des producteurs** afin que le consommateur puisse différencier facilement des produits de qualités différentes et accepte ainsi de payer un prix plus élevé pour des biens de meilleure qualité.
- Elle peut aussi être **imposée par l'État*** (exemple de l'obligation, pour les biens alimentaires, d'indiquer les ingrédients, la teneur en calories, le lieu de production, etc.).

Le risque d'aléa moral

Les comportements opportunistes

• Il y a **aléa moral*** quand une des deux parties signataires d'un contrat (par exemple un contrat de travail*) est en mesure de **léser** l'autre **du fait d'une asymétrie d'information**. Par exemple, un salarié peut profiter du fait que son employeur ne soit pas en mesure de le surveiller constamment pour se distraire au lieu de travailler. L'asymétrie d'information rend ainsi possible les **comportements opportunistes** et l'effort réalisé ne sera pas toujours maximal.

• Les situations d'aléa moral peuvent exister dans des contextes très variés : une personne peut adopter un comportement plus risqué du fait qu'elle est assurée et que son assurance ne peut contrôler son comportement et augmenter le tarif en réponse à cette prise de risque.

Définir des contrats adaptés

• Il est impossible de contrôler complètement le comportement d'un individu ; une solution au risque d'aléa moral ne peut donc être uniquement fondée sur un renforcement des contrôles. Il faut définir des **contrats** qui permettent de faire en sorte que les deux parties signataires aient, au moins partiellement, des intérêts convergents afin que les agents, livrés à eux-mêmes, adoptent un **comportement conforme à ce qui est attendu** d'eux.

• Un tel **système d'incitations** peut par exemple, pour un employeur, correspondre au fait de baser le salaire* de son employé sur les **résultats de l'entreprise**. Ainsi, l'employé aura intérêt à travailler de façon intense afin d'accroître les profits de l'entreprise. Le système de **bonus/malus** proposé par les assurances est un autre exemple de gestion de l'asymétrie d'information.

Les clés pour comprendre

Too big to fail

L'expression *"Too big to fail"* est employée pour désigner une entreprise qui serait trop **importante** pour que l'État la laisse faire faillite car cela mettrait en péril l'ensemble du système économique. Cette situation se retrouve principalement dans le **secteur bancaire**, où la faillite d'une banque importante peut avoir des dommages collatéraux très importants. Il existe néanmoins un **effet pervers** à cette intervention étatique en cas de difficultés : les banques prennent des risques importants car si la prise de risque s'avère payante, elles voient leur profit augmenter et, s'il y a crise, l'État les aide. Il s'agit d'une situation classique d'aléa moral où l'engagement de l'État conduit à ce que les banques adoptent un **comportement opportuniste**.

Aléa moral et crise des *subprimes*

Le concept d'aléa moral est indispensable pour comprendre la crise économique qui a débuté en 2007. Tout d'abord, les banques ont été incitées à être peu regardantes sur la qualité des crédits qu'elles octroyaient car elles pouvaient les céder à des investisseurs (opérations de titrisation) et se savaient protégées par le principe du *too big to fail*. Deuxièmement, le système de rémunération des opérateurs de marché des banques dans lequel les opérateurs ont des primes en cas d'opérations réussies mais aucune sanction en cas de perte est responsable de situation où l'aléa moral est fort, car il incite les opérateurs à prendre des risques.

Marchés, prix et concurrence

Cf. fiches 18, 27, 29, 30

32 INFLATION

L'**inflation*** désigne une **hausse durable** du niveau général des prix*. Elle est mesurée par l'évolution de **l'indice des prix à la consommation***. Une forte inflation est considérée comme un problème économique majeur contre lequel les pouvoirs publics doivent agir.

Les causes de l'inflation

L'inflation par les coûts
Lorsque les **coûts de production** augmentent, suite à une augmentation des **charges sociales** ou du **prix des matières premières** par exemple, les prix des biens s'élèvent. Si les **salaires*** augmentent plus vite que la **productivité du travail***, le surcroît de production réalisé en une heure de travail ne compense pas l'augmentation du salaire horaire et les coûts de production augmentent, ce qui fait augmenter les prix des biens produits.

L'inflation par la demande
Lorsque la **demande globale*** augmente rapidement, par exemple à la suite d'une vague d'immigration comme ce fut le cas avec le retour des Français d'Algérie, ou à une baisse de la **propension à épargner**, les prix augmentent. À court terme en effet, l'offre ne peut s'adapter, et les producteurs augmentent leurs prix.

L'inflation par la création monétaire
Une création monétaire trop abondante peut être source d'inflation si elle ne se traduit pas par une augmentation de la production. Considérons le cas d'une banque qui octroie massivement des crédits à la consommation : il y a création monétaire et les **sommes empruntées** vont **alimenter la demande** adressée à l'économie. Si, dans le même temps, le niveau de production n'a pas varié, les prix vont mécaniquement augmenter.

Les causes structurelles
Le niveau d'inflation dans un pays dépend des structures de l'économie. Quand les **marchés** des biens et services sont **très concurrentiels***, l'inflation est réduite car les entreprises sont incitées à limiter les hausses de prix, et donc leurs coûts, pour rester compétitives. Les syndicats et la législation jouent aussi un rôle important dans la fixation du niveau des prix.

Les effets de l'inflation

Les effets sur la richesse et le pouvoir d'achat
• Quand les prix augmentent, la **valeur réelle** du **patrimoine** d'un individu diminue. Supposons qu'un individu dispose de 100 000 euros d'épargne. Selon le niveau des prix, cette somme représente une capacité d'achat, une richesse plus ou moins importante. L'inflation **décourage** donc **l'épargne** car la valeur du patrimoine diminue avec la montée des prix. Elle est en revanche favorable aux emprunteurs, qui voient la valeur réelle de leur dette diminuer quand les prix augmentent.

• Une inflation trop forte peut conduire à une **hausse des taux d'intérêt** demandés par les prêteurs pour contrer cet effet (prime contre le risque de dépréciation de leurs avoirs), tandis que si les créanciers sont assurés

que les prix demeureront stables à l'avenir, ils n'exigeront pas cette prime de risque.
• L'inflation joue aussi négativement sur le **pouvoir d'achat*** des ménages.

Les effets sur le dynamisme économique

• Une inflation forte peut **favoriser l'investissement** des entreprises car elle rend l'endettement moins coûteux. Si, toutefois, dans le même temps, les taux d'intérêt augmentent, cet effet ne jouera pas.
• L'inflation a un **effet négatif** sur les **entrées de capitaux** et le **solde des échanges extérieurs** puisque les produits exportés se vendent moins bien du fait de la hausse des prix, alors que les consommateurs sont demandeurs de produits importés moins onéreux.
• Les variations trop importantes des prix nuisent au bon **fonctionnement de l'économie**. La stabilité des prix permet à la population d'**identifier plus facilement les changements** des prix de certains produits par rapport aux autres (changements relatifs), étant donné qu'ils ne sont pas masqués par des fluctuations du niveau global des prix. Par conséquent, les entreprises et les consommateurs n'interprètent pas les modifications du niveau général des prix de manière erronée et ils peuvent prendre des décisions de consommation et d'investissement mieux fondées.

La lutte contre l'inflation

• Pour ces raisons, depuis les années 1980, la plupart des gouvernements des pays développés ont mis l'accent sur la lutte contre l'inflation. Le traité de Maastricht a ainsi imposé la **stabilité des prix** comme objectif principal à la Banque centrale européenne.
• La BCE définit la stabilité des prix par un **taux d'inflation inférieur mais à un niveau proche de 2 % à un moyen terme en rythme annuel**, ce qui a pu être considéré comme une interprétation trop restrictive.

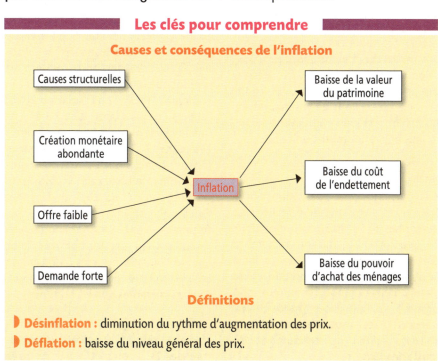

Définitions

▶ **Désinflation :** diminution du rythme d'augmentation des prix.
▶ **Déflation :** baisse du niveau général des prix.

POPULATION ACTIVE

La **population active*** désigne l'ensemble des personnes qui **ont ou cherchent à avoir une activité rémunérée**. L'évolution quantitative et qualitative de la population active, à travers notamment la dynamique démographique, influe donc sur la **croissance économique***.

Une population active en augmentation

De la population totale à la population active

- La population totale (que l'INSEE réduit souvent aux personnes de 15 ans et plus) se divise en deux parties. La **population inactive** comprend les personnes qui n'ont pas d'emploi* et qui n'en recherchent pas : enfants, jeunes scolarisés, étudiants, retraités, hommes et femmes au foyer, personnes en incapacité de travailler.
- La population active se compose donc de la **population active occupée** (personnes en emploi) et des **chômeurs** (considérés comme actifs car à la recherche d'un emploi). En 2009, selon l'INSEE, plus de 28 millions de personnes étaient actives (dont près de 2,5 millions de chômeurs) sur 50 millions de personnes ayant 15 ans et plus en France métropolitaine.

Les déterminants de la hausse de la population active

- Depuis 1975, la population active française a augmenté de 6 millions de personnes (350 000 personnes pour l'année 2009). L'évolution du nombre d'actifs trouve une explication dans la **dynamique démographique** et les changements comportementaux : le nombre de naissances (**mouvement naturel***), les **mouvements migratoires***, l'**offre de crèches et de garderies**, etc.
- Ainsi, le départ à la retraite des enfants du baby-boom a pour effet de diminuer la population active. La progression de l'**activité féminine** a eu un impact global positif sur le nombre d'actifs alors que l'allongement de la durée des études et l'exclusion des seniors du marché du travail ont eu un effet inverse.

La structure de la population active

Des taux d'activités différents

- Le taux d'activité est le rapport entre la population active et la population totale correspondante. Il permet de calculer, pour une tranche d'âge donnée, la **part des personnes** qui **ont un emploi** ou qui **en cherchent un**.
- D'après l'INSEE, en France, en 2010, 70,5 % des personnes de 15 à 64 ans ont un emploi ou sont au chômage*. Les **jeunes** (15-24 ans) et les **seniors** (55-64) ont des taux d'activité beaucoup **plus faibles** que la moyenne (respectivement de 39,3 et 42,5 %). Quelle que soit la tranche d'âge, les **femmes** sont systématiquement **moins actives** que les hommes, avec un taux d'activité pour les 15-64 ans de 66,1 %, soit près de 10 points de pourcentage de moins que les hommes.

Un triple changement

Une analyse de l'évolution de la structure des PCS complétée par d'autres données permet de mettre en évidence un triple changement de structure.

• On peut noter une **tertiarisation** de l'économie, qui correspond à une augmentation de la **part du secteur tertiaire** (près de 75 % des emplois se trouvent dans le secteur des services en France en 2009, d'après Eurostat) dans la population active, au détriment des secteurs agricole (près de 3 %) et industriel (près de 22 %).

• Le **nombre de salariés** a aussi **augmenté** dans la population active : plus de 90 % des personnes en emploi sont salariées aujourd'hui en France (mouvement de **salarisation** de la population active).

• Enfin, la part de l'emploi **féminin** a augmenté (**féminisation** des emplois) : aujourd'hui, près de la moitié des emplois est pourvue par des femmes, alors que la part des femmes dans l'emploi était de 40 % en 1980 (selon l'INSEE).

Les clés pour comprendre

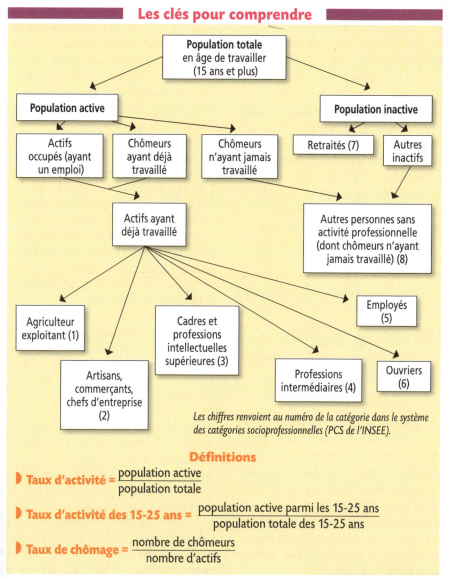

Les chiffres renvoient au numéro de la catégorie dans le système des catégories socioprofessionnelles (PCS de l'INSEE).

Définitions

▶ Taux d'activité = $\dfrac{\text{population active}}{\text{population totale}}$

▶ Taux d'activité des 15-25 ans = $\dfrac{\text{population active parmi les 15-25 ans}}{\text{population totale des 15-25 ans}}$

▶ Taux de chômage = $\dfrac{\text{nombre de chômeurs}}{\text{nombre d'actifs}}$

34 EMPLOI

Pour produire des biens et services, il est nécessaire de mobiliser des **facteurs de production***, c'est-à-dire du **capital*** et du **travail***. Le travail peut être rémunéré ou non, l'**emploi*** désignant le **travail rémunéré**.

Du travail à l'emploi

Définitions
- Le travail désigne l'activité humaine qui conduit à l'élaboration de biens ou de services. Ses formes sont très diverses : activités **domestiques** (préparation d'un dîner chez soi), activités **bénévoles** (aider les *Restos du Cœur*), activités **professionnelles**... L'emploi désigne la fraction du travail qui perçoit une rémunération et qui s'inscrit dans un cadre social et juridique.
- En 2009, selon l'INSEE, près de **26 millions** de Français avaient un emploi, soit moins de la moitié de la population totale. Parmi eux, près de 70 % se trouvaient dans le secteur marchand et 30 % dans le secteur non-marchand (fonction publique, santé, éducation, action sociale). Environ 24 millions étaient salariés et un peu plus de 2 millions non-salariés, c'est-à-dire chefs d'entreprise, artisans, commerçants ou travailleurs indépendants.

La mesure de l'emploi
Le recensement des personnes en emploi se révèle décisif pour mesurer le **taux de chômage***. L'enquête Emploi de l'INSEE se base sur la définition du Bureau international du travail (BIT) pour calculer ce taux. Les personnes considérées comme employées sont celles qui ont travaillé, ne serait-ce qu'une heure, au cours de la semaine de référence de l'enquête.

L'enjeu du taux d'emploi

Définition
- Le taux d'emploi est le rapport entre le nombre d'individus ayant un emploi et le nombre total d'individus. Ce calcul porte généralement sur la **population en âge de travailler** (personnes âgées de 15 à 64 ans) ou sur une sous-catégorie de la population en âge de travailler (femmes ou hommes de 25 à 29 ans, par exemple). On note qu'en France les hommes ont un taux d'emploi plus élevé que les femmes (en 2009, selon l'INSEE, parmi les 15-64 ans, environ 70 % des hommes ont un emploi, contre 60 % des femmes).
- Si la période **25-55 ans** est celle pour laquelle le taux d'emploi est le plus élevé dans la moyenne des pays européens comparables, la France se singularise par des taux d'emploi particulièrement faibles pour les **jeunes** et les **seniors** (ce dernier taux est devenu un indicateur de référence pour les comparaisons entre pays européens).

De la quantité à la qualité de l'emploi
- Il est important pour un pays d'avoir un taux d'emploi élevé pour disposer d'un volume important de production : toutes choses égales par ailleurs, plus il y a de personnes en emploi, plus la production sera importante. Même avec un taux de chômage élevé, un pays peut être en mesure de limiter les problèmes de financement de sa **protection sociale*** si son taux d'emploi

est élevé. L'augmentation du taux d'emploi, surtout des jeunes et des seniors, est donc une condition nécessaire pour permettre le financement du **système de retraite par répartition*** (les actifs financent les pensions des retraités) en France.

• Au-delà de l'aspect quantitatif, la qualité de l'emploi représente un enjeu majeur pour la **croissance économique***. Afin de devenir « l'économie de la connaissance la plus dynamique et la plus compétitive au monde », le Conseil européen de Lisbonne a mis l'accent en 2000 sur la nécessité d'améliorer celle-ci à travers de multiples indicateurs, comme la qualification, la productivité* du travail, l'accès à l'emploi, la santé et la sécurité au travail.

Les clés pour comprendre

Typologie des formes de travail de Jacques Freyssinet

		Modes des « mises au travail »		
		Travail libre	Travail salarié	Travail forcé
Types d'activités	non marchandes	Travail domestique Travail militant	Salariés des administrations et des ménages	Esclavage, corvées
	marchandes	Travail indépendant	Salariés des entreprises	Peines de travail obligatoire
Travail rémunéré = emploi				

Source : Jacques Freyssinet, *Travail et emploi en France*, La Documentation française, 2006.

Définitions

▶ **Taux de chômage (en %)** = $\dfrac{\text{nombre de chômeurs}}{\text{nombre d'actifs}}$

▶ **Taux d'emploi (en %)** = $\dfrac{\text{population ayant un emploi}}{\text{population totale}}$

Cf. fiches 15, 33, 35, 36, 37, 38, 54

35 SALARIAT

Le salariat correspond à l'état juridique du salarié (qui le distingue du travailleur indépendant) ainsi qu'au système économique fondé sur **le rapport salarié**. Le salarié est juridiquement subordonné à son employeur. L'existence du salariat est liée à la salarisation, c'est-à-dire à la hausse de la part des salariés dans l'ensemble de la population active*.

La construction de la société salariale

Du travail comme marchandise...

- À la fin du XVIIIe siècle, la Révolution française assure la liberté du travail*. Celui-ci devient une marchandise vendue sur un marché*. Les relations entre particuliers relèvent désormais du contrat de travail* qui comporte un **mode de rémunération** de la force de travail – le salaire*–, et une forme de **discipline** qui règle le **rythme** de la production* et le **cadre légal** de la relation de travail.
- Avec la constitution du salariat au XIXe siècle, toute interruption du travail, privant le salarié de sa seule source de revenu* pour cause de maladie, d'accident, de vieillesse ou de chômage*, le fait sombrer, lui et sa famille, dans la pauvreté. Le paupérisme frappe alors la classe ouvrière des débuts de l'industrialisation, comme le décrit *Le Tableau de l'état physique et moral des ouvriers dans les principales fabriques de soie, coton, et laine*, du Dr Villermé en 1840.

... à la constitution de protections

- À partir de la fin du XIXe siècle se met en place la « société salariale ». De plus en plus de travailleurs sont salariés. La profession devient un des éléments centraux du statut social. Parallèlement, la croissance et l'intervention de l'État s'accompagnent de protections collectives comme les assurances sociales*. C'est aussi la naissance du rapport salarial, qui s'accompagne de la norme de l'emploi* stable durant la période des Trente Glorieuses (1945-1973) : le rapport salarial « fordiste » repose ainsi sur la rationalisation du travail qui permet des gains de productivité*, une consommation* de masse, le développement des services publics et des protections collectives plus fortes avec le renforcement du droit du travail.
- Enfin, sous l'égide de l'État, les négociations collectives entre employeurs et salariés deviennent possibles. Les deux parties sont en effet prêtes à négocier : les employeurs souhaitent éviter le triomphe du communisme, et les ouvriers acceptent l'idée d'une réforme du système capitaliste en dépit de leurs idéaux révolutionnaires.

L'effritement de la condition salariale

La montée des formes particulières d'emploi

- La crise débutée en 1973 remet en cause le rapport salarial « fordiste » avec la montée du chômage et la précarisation de l'emploi qui menacent de déliter la société salariale. On assiste à une précarisation du salariat avec le développement des **formes particulières d'emploi** (contrats à durée déterminée, stages, missions d'intérim, etc.).

• Selon le sociologue Robert Castel, c'est la structure même de la **relation salariale** qui est remise en question : la consolidation de la condition salariale dans l'histoire sociale a tenu au fait que salarier une personne consistait à s'attacher sa disponibilité et ses compétences dans le cadre d'une **relation stable de longue durée**.

La « déstabilisation des stables »

• Face au retour de l'insécurité économique et sociale, on assisterait à une déstabilisation de la société salariale. Avec la flexibilité du travail, une vulnérabilité de masse apparaît au cœur de la société salariale : la condition précaire devient durable pour certaines catégories de la population (en particulier les jeunes, les femmes et les personnes issues de l'immigration).

• Pour autant, avoir un emploi demeure l'élément clé de l'intégration sociale, déterminant en grande partie les autres formes du lien social*.

Les clés pour comprendre

Contrats et conventions

Contrat de travail

Le contrat de travail est une convention, généralement écrite, par laquelle le salarié s'engage à mettre son activité à la disposition de l'employeur, sous la subordination duquel il se place, moyennant une rémunération. Dans la tradition libérale, le contrat de travail exprime, dans une économie de marché, la liberté des individus qui s'engagent dans un contrat libre. Dans la tradition marxiste, le rapport salarial permet une liberté purement formelle : la réalité de cette relation est fondée sur l'exploitation, puisque le salarié ne dispose que de sa force de travail tandis que le capitaliste dispose des moyens de production. Le travailleur est forcé de louer son labeur, qui rapporte davantage au capitaliste qu'il ne lui coûte.

Convention collective

Contrat entre les représentants des salariés et les représentants des employeurs relatif aux conditions d'emploi et de travail ainsi qu'aux assurances sociales, dans une activité professionnelle déterminée (le bâtiment par exemple). Les dispositions bénéficient ensuite à tous les salariés, même dans le cas où tous les syndicats ne signent pas l'accord. Les conventions collectives peuvent être étendues par arrêté du ministère du Travail.

Définitions

▶ **CDI :** contrat à durée indéterminée. La fin du contrat n'est pas prévue lors de signature du contrat de travail.

▶ **Formes particulières d'emploi :** statuts d'emplois qui ne sont pas des CDI à temps plein (emplois précaires).

36 CHÔMAGE

Le **chômage*** est un des grands **déséquilibres macroéconomiques**, lié notamment à la dynamique de la **demande globale***. On le définit comme l'ensemble des personnes sans **emploi*** qui sont à la fois **à la recherche** d'un travail* rémunéré et **disponibles** pour l'occuper. Ce phénomène, qui touche les différentes économies à des degrés divers, s'est fortement développé à partir de la seconde partie des années 1970 et s'est encore aggravé avec la crise de 2008.

Définition et mesure

La définition au sens du BIT

- Pour mener ses **enquêtes Emploi**, l'INSEE retient la définition du Bureau International du Travail (BIT). Le chômage concerne l'ensemble des personnes de 15 ans et plus qui répondent simultanément à trois conditions : être **sans emploi** (ne pas avoir travaillé ne serait-ce qu'une heure au cours de la semaine de référence de l'enquête), être **disponible** pour prendre un emploi dans les quinze jours et **avoir recherché** activement un emploi dans le mois précédent ou en avoir trouvé un qui commence dans moins de trois mois (un chômeur au sens du BIT n'est pas forcément inscrit à **Pôle Emploi**, et inversement). En 2009, en France, l'INSEE recense environ 2,5 millions de chômeurs sur plus de 28 millions d'actifs.
- Il existe aussi une mesure administrative du nombre de **demandeurs d'emploi en fin de mois (DEFM)** effectuée par Pôle Emploi, mais qui n'est pas la mesure officielle du chômage.

Le taux de chômage

$$\text{Taux de chômage} = \frac{\text{nombre de chômeurs}}{\text{nombre d'actifs}}$$

- C'est un **indicateur imparfait** du dynamisme du **marché du travail** car un taux de chômage important peut dissimuler un nombre élevé de créations d'emplois s'accompagnant d'un nombre encore plus élevé de nouveaux chômeurs. Ainsi, selon **Pierre Cahuc** et **André Zylberberg**, « chaque année, environ 15 % des emplois disparaissent et, chaque année, environ 15 % d'emplois nouveaux apparaissent ». Ce phénomène de **destruction créatrice** n'apparait pas à la simple lecture du taux de chômage*.
- Alors qu'il était de 3,5 % de la population active (15 ans ou plus), en 1975 en France métropolitaine, le taux de chômage a fortement augmenté à la suite de la crise des années 1970 et oscille entre 8 et 11 % depuis le milieu des années 1980.

L'analyse du chômage

Chômages classique et keynésien

Les analyses classique et keynésienne permettent chacune d'appréhender différents types de chômage.

- Le **chômage classique** résulte de trop faibles perspectives de profits qui désincitent les entreprises* à produire et donc à embaucher. Pour lutter contre ce type de chômage, il est nécessaire d'**améliorer les conditions de l'offre***, par exemple en allégeant le coût du travail (baisse des cotisations sociales* qui reposent sur l'employeur).

• Le **chômage keynésien** est le résultat d'une **demande anticipée*** trop faible des entreprises. Les entreprises n'ont pas intérêt à produire beaucoup et à embaucher car elles ne pourront **écouler** toute leur production. Afin de réduire ce type de chômage, il convient de **soutenir la demande globale*** par des politiques macroéconomiques appropriées de relance conjoncturelle*, monétaire* et/ou budgétaire*.

Chômages structurel et frictionnel

• Les économistes mettent en avant l'importance des **structures économiques** : le chômage ne résulte pas que de facteurs **conjoncturels** (crise économique), mais aussi de déterminants plus profonds comme la **structure du marché du travail** (droit du travail par exemple), le réseau des **transports**, la capacité du système économique à générer du **progrès technique***, etc. On parle de **chômage structurel**.

• Un autre facteur de chômage est l'existence de **frictions** sur le marché du travail qui rendent plus complexe l'**appariement** entre l'offre et la demande* : il faut par exemple du **temps** pour que l'information circule entre le moment où un employeur publie une offre et celui où l'offre est pourvue. Cette latence génère un chômage temporaire : on parle de **chômage frictionnel**.

Travail, emploi, chômage

Les clés pour comprendre

Les types de chômage

Types de chômage	Origines	Mesures de lutte
Classique	Chocs d'offre négatifs	Allègement du coût du travail
Keynésien	Chocs de demande négatifs	Soutien de la demande globale
Structurel	Rigidités sur le marché du travail, inadéquation entre les qualifications des demandeurs d'emplois et les besoins des employeurs	Développement de la formation et de la flexibilité

Définitions

▶ **Population active :** ensemble des personnes occupant ou cherchant un emploi.

▶ **Population active occupée :** ensemble des personnes occupant un emploi.

▶ **Équilibre de sous-emploi :** situation d'équilibre économique caractérisée par un volume d'emploi trop faible pour que toutes les personnes désirant travailler occupent un emploi (existence de chômage).

Cf. fiches 33, 34, 37, 38, 53, 76, 184

37 SEGMENTATION DU MARCHÉ DU TRAVAIL

Le marché du travail ne représente pas un ensemble homogène : le niveau des salaires, les types de contrats de travail, la protection sociale qui en découle, le risque de chômage ne sont pas les mêmes pour tous.. Le marché du travail est **divisé en sous-parties** présentant des caractéristiques différentes.

Dualisation du marché du travail

Marché du travail ou organisation ?
- Un employeur qui s'intéresse à la gestion de l'emploi* s'interroge sur la forme qu'il va donner au **lien l'unissant à son salarié** : contrat de travail* stable ou précaire, modalités de **rémunérations**.
- **Piore et Doringer** introduisent une distinction entre marché interne du travail et marché externe. Le premier désigne les **mécanismes d'allocation de la main-d'œuvre à l'intérieur de l'entreprise***. Il définit le type de poste, les rémunérations et les modalités d'évolution des salariés selon des règles propres à l'entreprise. Les salariés y sont protégés du marché **externe** dans lequel les mécanismes d'allocation de la main-d'œuvre relèvent d'**ajustements marchands** (le salaire y est établi selon la confrontation de l'offre et de la demande de travail*, alors que dans le cas précédent il l'est, par exemple, selon l'ancienneté).

Segment primaire et segment secondaire
Piore et Doeringer distinguent aussi le marché primaire du travail du marché secondaire.
- Sur le premier dominent des entreprises entretenant des liens d'**attachement durable** avec leurs salariés (conformes au marché interne). S'y développent des emplois typiques (CDI à temps plein) bien rémunérés, défendus par les syndicats, permettant des évolutions de carrière intéressantes, avec des conditions de travail satisfaisantes et des protections associées importantes, conférant un statut.
- Sur le marché secondaire, les procédures d'allocation de la main-d'œuvre relèvent du marché externe et les emplois présentent des **caractéristiques opposées** à celles du marché primaire (précarité, salaires moins élevés, etc.).

Évolution du marché du travail

Extension des marchés externes
- Durant la période des **Trente Glorieuses**, l'emploi typique s'est développé à travers le recours aux marchés internes. La **norme** consistait à **rester dans la même entreprise** toute sa vie, et à bénéficier régulièrement d'augmentations de salaires.
- À la suite de la crise des années 1970 et pour pallier ses effets sur le **chômage*** se sont développés tout un ensemble d'emplois atypiques. Les emplois atypiques regroupent les emplois qui ne sont pas en CDI (ils sont des formes particulières d'emploi) et les emplois à temps partiel (même en CDI). Par exemple, la part des CDD dans l'emploi salarié a été multipliée par cinq entre 1982 et 2008, passant de 1,7 à 8,3 % ; celle de l'intérim par 3, de 0,7 à 2,1 % (INSEE).

Par le raisonnement en termes de flux, le phénomène devient encore plus visible : en 2005, près de 80 % des recrutements ont été effectués par CDD.

Déstabilisation des marchés internes

• La multiplication des embauches en CDD et les inégalités croissantes au sein du **salariat*** pourraient laisser penser que les marchés internes protègent d'autant plus les salariés contre la concurrence.

• Pourtant, certains économistes ont mis en avant la **déstabilisation des marchés internes**. En effet, les *insiders* – salariés qualifiés, en CDI à temps plein (les *outsiders* sont les chômeurs et travailleurs précaires) – sont de plus en plus confrontés au problème du chômage (en 2009, sous l'effet de la crise, plus de 300 000 personnes en CDI ont perdu leur emploi). De plus, leurs conditions de travail se dégradent sous l'effet des nouvelles formes de **management par objectif** induisant des contraintes de résultat, des horaires extensibles, ou une réactivité accrue face à la demande des clients.

Les clés pour comprendre

L'arbitrage entre marchés interne et externe

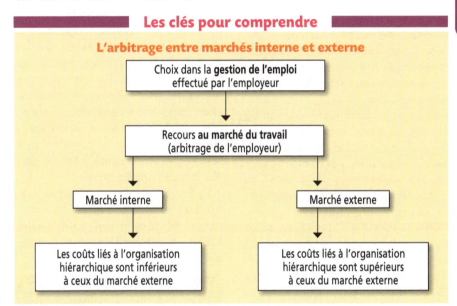

Cf. fiches 17, 34, 35, 36, 38, 190

38 FLEXIBILITÉ DU MARCHÉ DU TRAVAIL

Un marché* du travail* flexible est un marché du travail qui **s'adapte rapidement** aux variations du contexte économique. De nombreux économistes voient dans l'existence de **rigidités** sur le marché du travail une des causes du **chômage***.

Les différentes formes de flexibilité

La flexibilité des salaires

• La **flexibilité salariale** renvoie à la capacité d'**ajustement des salaires*** en fonction de la situation conjoncturelle pour permettre, notamment, une baisse des salaires lorsque l'activité économique des entreprises faiblit. Le degré de flexibilité salariale varie d'un pays à un autre.

• En France, l'institutionnalisation du marché du travail a conduit, au long des XIXe et XXe siècles, à **encadrer** en partie **les salaires**, notamment par le jeu des **conventions collectives*** ou la création d'un **salaire minimum***. Le salaire interprofessionnel garanti (**SMIG**), dont l'évolution était basée sur celle des prix à la consommation, a été remplacé, en 1970, par le salaire interprofessionnel de croissance (**SMIC**) réajusté le 1er juillet de chaque année – en fonction de l'évolution des prix à la consommation et du pouvoir d'achat du salaire moyen ouvrier (ainsi que du « coup de pouce » éventuel du gouvernement). Le SMIC horaire brut est de **9 euros en 2011**, ce qui correspond à environ 1 000 euros nets par mois pour un travailleur à temps plein.

La flexibilité de l'emploi

• La **flexibilité numérique** (ou quantitative) **externe** désigne le degré de facilité d'embauche ou de licenciement, c'est-à-dire la capacité de l'employeur à ajuster le nombre de ses employés. Dans le **droit du travail** français, la protection de l'emploi* exige que toute procédure de licenciement soit motivée par une cause réelle et sérieuse, ce qui peut rendre la procédure longue et coûteuse.

• La **flexibilité numérique interne** permet à l'employeur d'ajuster le volume de travail en jouant sur les heures de travail plutôt que sur le nombre d'emplois. Par exemple, une entreprise peut, plutôt que d'embaucher temporairement de la main-d'œuvre, avoir recours aux **heures supplémentaires** lors des périodes de surcroît, et aux **emplois à temps partiel** lors de périodes creuses.

• La **flexibilité fonctionnelle** (ou qualitative) renvoie à la modification de l'organisation du travail : **rotation des tâches** et développement de la **polyvalence** des travailleurs.

Les conséquences économiques de la flexibilité

Chômage et flexibilité

• Le phénomène de **destruction créatrice**, sous l'effet du **progrès technique***, nécessite une **adaptation** aux fluctuations économiques*, en particulier pour les entreprises soumises à une concurrence exacerbée par la mondialisation. La flexibilité, sous toutes ses formes, est alors une nécessité pour que des emplois moins productifs soient remplacés rapidement par d'autres, plus productifs et mieux payés, limitant ainsi le **chômage*** et facilitant l'**emploi**.

• Dans ce contexte, le salaire minimum peut être considéré comme une rigidité sur le marché du travail, engendrant du chômage. En effet, les entreprises n'embaucheraient pas au SMIC les salariés dont le niveau de productivité nécessiterait qu'ils soient embauchés à un salaire inférieur. Selon Daniel Cohen, les nombreuses études sur ce sujet permettent de conclure que le SMIC explique entre 0,5 et 1 % du taux de chômage, tandis que les diverses législations sur l'emploi et les coûts de licenciement en expliquent environ 1 %.

Une protection contre la précarité

• Si la flexibilité est un avantage pour l'entreprise en termes d'efficacité, elle est un vecteur de précarité pour le salarié. Le recours aux **formes particulières d'emploi (FPE)** (CDD, intérim, emplois aidés...), dans le cadre de la flexibilité numérique externe, est synonyme de baisse du degré de sécurité de l'emploi : sur une période donnée, la probabilité de perdre son emploi devient plus grande.

• Les individus peuvent alors être **moins incités** à consommer (compte tenu de l'incertitude pesant sur le revenu), ou rencontrer de plus grandes **difficultés à se loger** (beaucoup de propriétaires exigent un CDI de la part de leurs locataires). De plus, si une baisse des salaires peut être rationnelle au niveau microéconomique, cela peut engendrer une **baisse de la croissance** au niveau macroéconomique, celle-ci étant **tirée** en grande partie **par la consommation** en France.

Les clés pour comprendre

La « flexicurité »

Nombre d'économistes conviennent aujourd'hui que la meilleure solution pour concilier faible taux de chômage et forte croissance économique consiste à développer la flexibilité* du côté des employeurs (pour plus d'efficacité économique) tout en garantissant la sécurité aux salariés (afin de ne pas compromettre la justice sociale). Le Danemark a mis en place ce système qui repose sur trois piliers : un marché du travail flexible, des allocations chômage généreuses et des politiques de l'emploi actives mettant l'accent sur la formation.

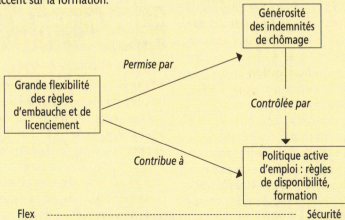

Source : Robert Boyer, *La Flexicurité danoise, quels enseignements pour la France ?*, CEPREMAP, 2006.

39 SALAIRE

> Le salaire* constitue la **rémunération versée à un salarié** par son employeur. Les salaires sont les principaux revenus du **travail*** et la rémunération des salariés constitue la part la plus importante (soit un peu plus de 50 %) du **revenu primaire des ménages**.

La rémunération du travail

Salaire et coût salarial

- Les revenus de l'activité peuvent être liés à un **travail salarié** (c'est le cas de près de 90 % de la population active*) ou à un **travail non salarié**. Le salaire peut prendre diverses formes selon la nature de l'activité : traitement pour les fonctionnaires, solde pour les militaires, etc. Chaque salarié a droit à un salaire de base auquel peuvent s'ajouter des heures supplémentaires et des primes (liées à l'ancienneté ou à titre exceptionnel).
- Les revenus du travail salarié désignent tout ce que l'employeur verse pour le salarié : son salaire plus les cotisations sociales (que l'employeur verse directement aux organismes de Sécurité sociale). Pour l'employeur, il s'agit du **coût salarial** (ou salaire super brut) : il paie les cotisations sociales **patronales** et verse à chacun de ses salariés une **rémunération brute** (qui comprend le salaire net et les cotisations sociales à la charge du salarié).
- Le salaire ne doit pas être vu que comme un coût pour l'entreprise*. Les théories du salaire d'efficience* mettent en effet en avant le fait que des salaires élevés incitent les salariés à être plus productifs et peuvent ainsi avoir des retombées positives pour l'entreprise.

Du salaire brut au salaire net

Le salaire qui figure sur la fiche de paye est un salaire brut, et l'employeur retranche les retenues obligatoires (cotisations sociales payées par le salarié et CSG et CRDS qui sont des impôts). Le solde obtenu est le **salaire net** : celui qui est réellement versé sur le compte du salarié.

On distingue parfois le **salaire direct** (versé directement au salarié) et le salaire **indirect** (puisque les cotisations sociales servent à financer des revenus de remplacement, comme les allocations chômage ou les pensions de retraite).

On distingue également le **salaire nominal**, qui est le salaire à prix courants, et le **salaire réel**, calculé à prix constant, qui permet de tenir compte de l'inflation pour mesurer le **pouvoir d'achat*** du salaire.

Le salaire dans l'analyse économique

Quantité et qualité de travail

- Pour **Karl Marx**, le salaire dépend du rapport de force entre la bourgeoisie capitaliste, qui possède les moyens de production, et le prolétariat, qui ne dispose que de sa force de travail.
- Selon les économistes **néoclassiques**, le **taux de salaire réel***, qui correspond au prix du facteur travail, se détermine sur le marché du travail. Il renvoie à la rémunération unitaire du travail : le salaire, qui est un revenu, est égal au taux de salaire multiplié par le temps de travail (ainsi, le revenu

d'une heure de travail est le taux de salaire horaire). Sous l'effet de la concurrence, il tend à correspondre à la **productivité* marginale du travail** (ce que rapporte la dernière unité de travail utilisée). Le salaire dépend donc à la fois de la **quantité travaillée** et de la **qualité** (productivité) du travail effectué.

Controverse sur le salaire minimum

• Le **salaire minimum* interprofessionnel de croissance (SMIC)** est le salaire au-dessous duquel aucun salarié à temps plein ne peut être rémunéré en France : il est relevé afin de suivre l'augmentation des prix et de maintenir le pouvoir d'achat des salariés. Au 1er janvier 2010, son montant horaire brut était de 8,86 euros, pour une valeur mensuelle de 1 344 euros bruts sur la base de la durée légale de 35 heures hebdomadaires, soit environ 1 056 euros net.

• Le niveau du SMIC fait l'objet d'une controverse car certains considèrent qu'il est une **entrave à la création d'emplois** (dans les services, notamment), son niveau de rémunération excédant la productivité du travail de certains travailleurs, exclus du marché du travail (jeunes, travailleurs non qualifiés). Pourtant, d'autres font valoir qu'il contribue à soutenir la **demande globale*** et à limiter les **inégalités* salariales**.

Les clés pour comprendre

Les salaires en France

	Montants mensuels moyens nets en euros en 2007		
	Hommes	Femmes	Ensemble
Cadres[1]	4 280	3 270	**4 001**
Professions intermédiaires	2 126	1 863	**2 019**
Employés	1 447	1 368	**1 393**
Ouvriers	1 501	1 241	**1 464**
Ensemble	**2 145**	**1 736**	**2 001**

(1) : y compris les chefs d'entreprise salariés.
Champ : salariés à temps complet du secteur privé et semi-public en France.
Source : INSEE, DADS (fichiers définitifs, exploitation au 1/12e).

Définitions

▶ **Salaire super brut** = salaire brut + cotisations sociales patronales. Il correspond à la somme acquittée par l'employeur.

▶ **Salaire net** = salaire brut − cotisations sociales salariales. Il correspond au salaire versé sur le compte du salarié.

▶ **Salaire** = taux de salaire × temps de travail.

40 COÛT SALARIAL UNITAIRE

Le coût salarial unitaire* correspond au **coût salarial total** (salaire brut et cotisations à la charge de l'employeur) **par unité de valeur ajoutée* produite** (en volume). On le calcule en faisant le **rapport** entre le **coût salarial horaire** de la main-d'œuvre et la **productivité* horaire du travail**. Il est un indicateur important de la **compétitivité*** dans une économie globalisée car il met en rapport le **coût de la main-d'œuvre** avec la production* que celle-ci permet d'effectuer.

Coût salarial unitaire et compétitivité internationale

Coûts et productivité

- Dans les débats sur la mondialisation*, la comparaison des seuls taux de salaire horaire entre les pays développés et les **pays émergents à bas salaires*** conduit souvent à insister sur l'avantage comparatif* en termes de compétitivité prix* dont disposent ces derniers. Ces différences de salaires seraient un des déterminants importants des délocalisations*.
- Pour pouvoir tirer une telle conclusion, il faut toutefois prendre en compte les **différents niveaux de productivité* horaire du travail**, soit la quantité de biens et services qu'un travailleur est capable de produire en une heure de temps. En effet, si le coût salarial* français est 20 fois supérieur à un concurrent commercial, cette différence n'aura pas d'impact négatif sur la compétitivité prix des entreprises* françaises si les travailleurs français sont aussi 20 fois plus productifs.

L'impact sur la compétitivité prix

- Des coûts salariaux unitaires* **élevés** contribuent à la **hausse des coûts de production** et **limitent** la capacité des entreprises à proposer des produits à **bas prix**. Les différences de coûts salariaux unitaires entre les pays déterminent donc la capacité des firmes à proposer des prix compétitifs. Dans une économie globalisée au sein de laquelle l'impératif de compétitivité prix est fort, des coûts salariaux unitaires faibles sont un atout pour les entreprises.
- Du fait de la **qualification*** de la main-d'œuvre et de la technologie à la disposition des travailleurs des pays développés, l'importance des écarts de coûts salariaux entre ces pays et les pays à bas salaires **doit cependant être relativisée**, même si ceux-ci constituent un défi certain pour les économies développées.

Limiter les écarts de coûts salariaux unitaires

Les stratégies possibles

- La réduction des coûts salariaux est une des solutions possibles pour limiter les écarts de compétitivité et, ainsi, enrayer les délocalisations. Elle peut se faire par des **politiques de modération salariale** (salaire net) et/ou par **réduction du poids des charges sociales** (cotisations sociales* salariales et patronales).
- Une autre possibilité est d'adopter des **stratégies de compétitivité hors prix***, fondées sur la croissance de la productivité du travail et du stock de capital humain*, sur l'effort

d'investissement* et d'innovation*, l'organisation de la production et l'attractivité du territoire (infrastructures publiques, réseaux de transport et de communication, pôles de compétitivité, niveau de la fiscalité* pour un niveau de services collectifs donné, etc.).

Une convergence des coûts ?

• Les gains de productivité et la croissance permettent, en théorie, **d'élever les salaires** dans les pays en **rattrapage économique** : les coûts salariaux unitaires des pays émergents doivent converger vers ceux des pays développés. Par ailleurs, la production des pays émergents gagne en **qualité**. Ceci leur permet de concurrencer les pays développés dans les secteurs intensifs en travail qualifié, notamment dans l'industrie, mais également dans le secteur des services.

• Cependant, les pays émergents ont un tel réservoir de main-d'œuvre que les salaires y **augmentent peu**. La pression sur les coûts salariaux des pays du Nord demeure donc forte. Par exemple, en Allemagne, depuis la fin des années 1990, la réduction des coûts salariaux unitaires a constitué une stratégie prioritaire. Ces coûts ayant progressé moins vite qu'en France, en Italie et en Espagne, et cette stratégie ayant été couplée avec un effort de compétitivité structurelle et de productivité (innovation, qualification), l'Allemagne est parvenue à sensiblement améliorer ses performances à l'exportation.

Les clés pour comprendre

Le coût du travail et l'emploi, une relation ambiguë

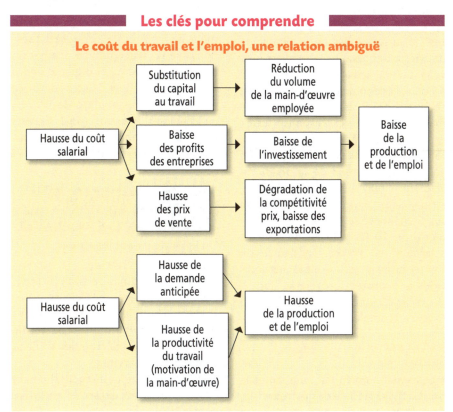

41 CAPITAL HUMAIN

Le **capital humain*** correspond à l'ensemble des **compétences** et des **expériences accumulées** qui ont pour effet de rendre les **salariés plus productifs**. Il résulte d'un **investissement*** en éducation et en formation permanente qui, en améliorant la productivité des travailleurs, est un facteur de **croissance***.

Les effets de l'investissement en capital humain

Une hausse des revenus
- Le capital humain est un **stock** qui est largement **immatériel** et inséparable de son détenteur. Ce stock peut augmenter grâce à des investissements : éducation, formation, santé. Mais ces investissements sont coûteux : dépenses, **coûts d'opportunités*** (poursuivre des études implique une perte des revenus immédiats provenant d'une activité professionnelle).
- Pour l'économiste **Gary Becker**, chaque individu investit dans la formation tant que les **revenus*** futurs espérés sont inférieurs au coût de la formation. Une hausse de la formation entraîne une **hausse de la productivité*** de l'individu et de sa rémunération. Ainsi, chaque année d'étude supplémentaire se traduit par un gain d'environ 10 % à 15 % de revenus **salariaux*** en France. La hausse du capital humain assure aussi aux individus une **protection** relative face à la **précarité**, au **chômage*** et favorise l'accès aux emplois de cadres.

Une source de la croissance économique
- Le capital humain fait augmenter la **productivité globale des facteurs***, et donc **la croissance**. Selon les théories de la **croissance endogène***, le niveau d'éducation **stimule les activités de** recherche-développement qui permettent l'accumulation des idées et des connaissances, sources d'**innovation***, et donc de croissance future.
- D'autre part, l'éducation permet l'**adaptation de la population active*** aux innovations technologiques, ainsi qu'une assimilation du progrès technique plus grande. Par exemple, l'écart entre les taux d'actifs diplômés aux États-Unis et en France (respectivement de 39 % et de 27 %) serait responsable en France d'une adaptation aux NTIC plus lente et d'une moindre capacité à innover. Cette dernière s'observe par un nombre de brevets par habitant inférieur (55,2 brevets par million d'habitants aux États-Unis contre 39,3 en France).

Capital humain et intervention de l'État

Un investissement insuffisant
- Lorsqu'il s'accumule, le capital humain ne perd pas de son efficacité. Les apprentissages antérieurs favorisent toujours les nouveaux apprentissages. Le capital humain ne vérifie donc pas **la loi de décroissance*** de la productivité marginale.
- Par ailleurs, l'usage du capital humain produit des **effets externes*** positifs : la productivité de chaque individu est d'autant plus élevée que le niveau de capital humain de l'économie est

important. L'existence de ces externalités positives a pour conséquence un **rendement** du capital humain **individuel inférieur au rendement collectif** : les individus investissent toujours en deçà de ce qu'il serait collectivement souhaitable. Par exemple, une entreprise* peut craindre qu'un salarié nouvellement formé par elle décide de la quitter pour travailler ailleurs. La faible rentabilité de l'investissement peut la pousser à réduire sa formation interne.

L'action des pouvoirs publics

• Une politique éducative doit donc être mise en place. Par exemple, l'État* peut rendre l'école obligatoire et gratuite, participer au financement de la formation professionnelle. L'État d'une économie en phase de rattrapage technologique a plutôt intérêt à investir dans l'enseignement secondaire, tandis que l'État d'une économie leader dans les hautes technologies a plutôt intérêt à investir dans l'enseignement supérieur.

• L'intervention publique est un enjeu important, puisque les différences de stock de capital humain peuvent être à l'origine de **trappes à la pauvreté*** et de **creusement des écarts de développement** économique entre pays.

Les clés pour comprendre

Quelle intervention publique pour inciter à la scolarisation dans les pays pauvres ?

Les politiques éducatives dans les pays en développement

L'économiste française Esther Duflo s'est penchée sur le fonctionnement des politiques éducatives menées dans ces pays. L'objectif de ces politiques est d'augmenter le taux de scolarisation et de prolonger la durée des études. Pour y arriver, elles peuvent chercher à réduire les coûts de la scolarisation (gratuité de l'inscription, cantine gratuite, aides sociales, uniformes gratuits, bourses), à informer les parents sur les gains à la scolarisation, à réduire l'absentéisme en développant la médecine scolaire et les vaccinations.

Des coûts différents pour des résultats identiques

Augmenter la scolarisation d'un an d'un enfant coûte 70 fois plus cher lorsque l'on choisit une politique de bourse au mérite plutôt qu'une politique d'information des gains de la scolarisation auprès des parents ou un programme de vaccination. Dans le cas des bourses au mérite, le montant de la dépense publique est de 210 dollars par enfant, tandis que, dans le cas d'une campagne de vaccination, le coût par enfant est de seulement 3 dollars.

42 BALANCE DES PAIEMENTS

La balance des paiements* est un **document comptable**, établi et publié par la Banque de France, qui **enregistre toutes les transactions** économiques **et tous les paiements** durant l'année civile entre la France et l'extérieur.

La structure de la balance des paiements

Les règles de construction

- La balance des paiements n'est pas un inventaire de biens, de créances ou de dettes, mais une **description des flux** (ou mouvements) de biens et services, de revenus* et de capitaux* des unités résidentes avec l'étranger.
- Établie en euros pour la France, elle est présentée selon les règles de la comptabilité en partie double : chaque opération donne lieu à deux écritures de même montant mais de signe opposé (la première enregistre l'opération et la seconde rend compte de son financement). Par convention, la balance des paiements est donc **équilibrée** : les opérations enregistrées sont mises en relation avec leurs contreparties financières. Ainsi, toute opération inscrite en crédit (par exemple, une exportation valant 100 euros) entraîne une écriture en débit (par exemple, 100 euros d'augmentation des avoirs français auprès des banques non-résidentes).

Les différents comptes

La balance des paiements regroupe les différentes opérations en trois comptes :
– le compte des transactions courantes, qui regroupe trois soldes (solde des biens et services avec la balance commerciale, solde des revenus engendrés par les facteurs de production* et solde des transferts courants) ;
– le compte de capital qui enregistre les transferts en capital des administrations publiques ou des ménages et les acquisitions de brevet ;
– le compte financier qui regroupe les investissements directs*, les investissements de portefeuille et les avoirs de réserve.

Enfin, le poste « erreurs et omissions » reflète les **difficultés d'enregistrement** et la complexification des transactions internationales (erreurs, décalages des opérations dans le temps, impact de la variation des taux de change*, etc.) mais aussi l'ampleur du **« trou noir »** de la balance des paiements (difficultés d'harmonisation des mesures statistiques, d'évaluation des produits financiers sophistiqués, commerces illégaux liés à l'économie souterraine).

L'analyse de la balance des paiements

La position extérieure du pays

- La somme du solde des transactions courantes et du solde du compte de capital est égale à la capacité de financement du pays si elle est positive (surplus d'épargne), et au besoin de financement du pays si elle est négative (insuffisance d'épargne). Si le pays possède une **capacité** de financement, le compte financier indique les **prêts** qui ont été consentis à l'étranger. Si le pays a un **besoin** de financement, le compte financier indique les **emprunts** que le pays a effectués à l'étranger.

- Depuis les années 1980, les États-Unis ont accumulé un important besoin de financement (leur dette extérieure s'élevait à environ 14 000 milliards de dollars en 2009) et ont émis des titres de la dette publique en dollars, souscrits par des pays étrangers (détenus principalement par la Chine, le Japon et le Royaume-Uni). Ainsi, la Chine a accumulé d'importants excédents commerciaux vis-à-vis des États-Unis et a placé une grande partie de cette **épargne*** sous forme d'obligations d'État américaines.

L'interprétation des soldes

- Si l'on ne peut évoquer un « déficit » ou un « excédent » de la balance des paiements (puisque par définition, elle est équilibrée), les soldes des différents comptes doivent être interprétés avec prudence : un déficit de la balance des transactions courantes peut être le signe d'une insuffisance de la **production* nationale** pour faire face à la demande* intérieure ; mais il peut également être le résultat d'une croissance économique* supérieure aux partenaires commerciaux qui favorise une demande intérieure dynamique et une progression plus rapide des importations relativement aux exportations. À l'inverse, un solde excédentaire peut être causé par une croissance plus faible.
- De la même façon, un solde débiteur du compte financier peut être dû à des sorties de capitaux préoccupantes pour l'économie nationale (**délocalisations***, fuite de capitaux à l'étranger), mais peut aussi correspondre à des investissements directs sortants.

Les clés pour comprendre

Les différentes opérations de la balance des paiements

Capacité de financement ou besoin de financement

Compte des transactions courantes
- Solde des biens et services, ou balance commerciale : différence entre exportations et importations de biens et services
- Solde des revenus engendrés par les facteurs de production : rémunération des salariés, revenus d'investissements
- Solde des transferts courants : subventions versées aux organisations internationales et aides reçues d'organisations internationales

Compte de capital

Compte financier
- Investissements directs : implantation de firmes étrangères en France, et de firmes françaises à l'étranger
- Investissements de portefeuille : achats et ventes d'actifs financiers comme les actions et obligations, les produits financiers dérivés, etc.
- Autres investissements
- Avoirs de réserve : or, devises et avoirs sur le FMI

Erreurs et omissions

Définition

▶ **Déséquilibre extérieur :** situation dans laquelle les importations sont supérieures aux exportations (solde déficitaire de la balance commerciale).

43 MARCHÉ DES CHANGES

Le marché des changes* est un **marché*** sur lequel se confrontent l'offre* et la demande* de **monnaies étrangères** (ou devises*) et où se fixent les **taux de change*** (cours d'une devise).

Le fonctionnement du marché des changes

L'organisation du marché des changes

• Le règlement des opérations effectuées avec l'étranger soulève un problème de conversion des devises : le **marché des changes** est un **marché** qui fonctionne en continu et où les différents intervenants (établissements de crédit, courtiers de change et Banque centrale*) sont reliés par un réseau de communication (téléphone, télex, etc.). Les échanges de devises se réalisent **entre banques** et chaque transaction donne lieu à la **fixation d'un** cours.

• Au sein de l'économie mondiale, le marché des changes revêt une grande importance : la fixation des **taux de change** (ou **cours de change**) s'inscrit dans le cadre d'un système monétaire international, qui désigne l'ensemble des règles, accords et institutions destinés à **organiser les opérations monétaires** entre les nations.

Les régimes de change

• Le système monétaire international implique un régime de change spécifique. On distingue deux types de régimes de change, en fonction des objectifs de la banque centrale :
– un **régime de change** flottant, où les autorités monétaires laissent fluctuer le taux de change en fonction de l'offre et de la demande sur le marché ;
– un **régime de change** fixe, dans le cadre duquel la banque centrale s'engage à défendre un taux de change à un niveau **fixé d'avance**, selon des règles précises (généralement liées à des accords entre pays).

• Si le système monétaire international en vigueur de 1944 jusqu'au milieu des années 1970 prévoyait une **fixité** des changes, l'effondrement, en 1976, du système dit « de Bretton Woods » a ouvert une période de **flottement** des monnaies (même si certaines banques centrales interviennent afin de contrôler l'évolution du taux de change).

Les déterminants de l'évolution des taux de change

Les déterminants monétaires et financiers

• L'évolution du taux de change sur le marché des changes dépend tout d'abord de facteurs monétaires et financiers, comme les différences de taux d'intérêt entre les places financières et les écarts de taux d'inflation.

• Si les **taux d'intérêt*** sont plus rémunérateurs sur les places financières étrangères, les mouvements de capitaux quittant le pays entraînent des conversions de la monnaie nationale en devises : son prix (le taux de change) baisse ; on dit alors que la monnaie nationale subit une dépréciation sur le marché des changes.

• Si le taux d'**inflation*** est plus faible dans le pays par rapport aux pays étrangers, les capitaux affluent (anticipation d'un meilleur pouvoir d'achat) et leur conversion entraîne une **appréciation** de la monnaie nationale sur le marché des changes.

Le solde de la balance commerciale

Les taux de change dépendent aussi du solde de la balance commerciale.
- Un **déficit** entraîne une **dépréciation** de la monnaie nationale sur le marché des changes car les importations, supérieures aux exportations, engendrent des ventes de la monnaie nationale (achat de devises) pour acquérir les biens étrangers (baisse du taux de change).
- Un **excédent** de la balance commerciale favorise au contraire une **appréciation** de la monnaie nationale : les exportations, supérieures aux importations, favorisent des achats de la monnaie nationale de la part des partenaires commerciaux (hausse du taux de change).

Les clés pour comprendre

Avantages et inconvénients de la dépréciation de l'euro par rapport au dollar sur le marché des changes

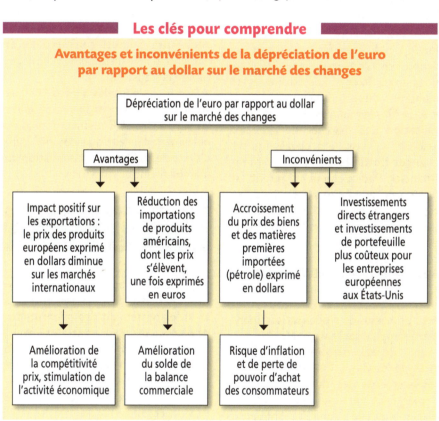

Cf. fiche 44

GLOBALISATION FINANCIÈRE

La globalisation financière* est le processus à l'origine de l'interconnexion croissante des marchés de capitaux et de la création d'un marché unique des capitaux à l'échelle mondiale.

Un processus de libéralisation financière

Un marché unique des capitaux
- Le système monétaire international fondé lors de la conférence de Bretton Woods, en 1944, organisait un **régime de changes fixes** et une étroite réglementation du secteur financier.
- À partir des années 1970, la **libéralisation** des marchés de capitaux associée au passage à un **régime de changes flottants** a créé un **système financier** radicalement différent. Il existe à présent un marché unique des capitaux intégré à l'échelle planétaire (les marchés financiers fonctionnent en continu 24 heures/24 et sont interconnectés, de telle manière que la mobilité du capital* est très forte).

La règle des trois « D »
- Le processus de **globalisation financière** s'appuie sur trois piliers :
– une **déréglementation** des marchés de capitaux. Celle-ci facilite les déplacements des flux financiers et l'émergence de nouveaux types de placements. Elle a conduit à l'influence croissante de nouveaux acteurs, comme les **investisseurs institutionnels** (fonds mutuels, fonds de pension, compagnies d'assurance, fonds spéculatifs) ;
– une **désintermédiation** de bilan permettant aux agents à besoin de financement de recourir **directement aux marchés financiers** plutôt qu'au crédit des banques ;
– un **décloisonnement** des marchés effaçant progressivement les barrières existantes entre les différents marchés, marchés de la finance ou produits, la spécialisation des activités entre banques commerciales et banques d'investissement a ainsi été remise en cause.
- Depuis le début des années 1980, le volume des échanges financiers entre les pays de l'OCDE augmente toujours nettement plus vite que leur PIB*, tandis que s'est affirmée la domination du marché financier américain.

Un nouvel environnement financier

Une nouvelle gouvernance
- La globalisation financière a favorisé une baisse du coût des emprunts et un élargissement des opportunités de placements pour les acteurs économiques. Les **banques** ont développé de nouveaux produits financiers et ont accru leurs interventions sur les marchés de capitaux, ainsi que le volume de leurs crédits.
- Les grands groupes industriels et financiers ont profondément repensé leurs stratégies, désormais recentrées sur l'objectif de **rentabilité** et de **maximisation de la richesse actionnariale**. La globalisation financière, qui donne la possibilité de déplacer facilement des capitaux, se conjugue ainsi à une nouvelle **gouvernance d'entreprise*** qui s'inspire des règles anglo-saxonnes,

fondée sur un contrôle plus étroit de la stratégie des firmes par les investisseurs institutionnels.

L'impact sur l'action publique

• Le nouvel environnement financier a également modifié les conditions de **la politique économique** : le besoin de financement croissant a poussé les États à lever des fonds prêtables sur les marchés de capitaux par le biais de la vente de titres de la **dette publique** (obligations d'État notamment).

• Dès lors, les **politiques conjoncturelles*** ont été soumises à une nouvelle contrainte financière (surveillance des marchés financiers et des agences de notation), ce que la crise des dettes publiques dans la zone euro de 2011-2012 a rappelé : dépendants des marchés de capitaux, les États ont perdu une partie de leur marge de manœuvre budgétaire puisqu'ils doivent convaincre les marchés financiers de leur solvabilité et de leur capacité de remboursement future, sous peine de voir les taux d'intérêt* sur leurs emprunts s'élever brutalement (comme l'ont expérimenté la Grèce et l'Italie).

Les clés pour comprendre

Globalisation financière et crises

De nouveaux risques...

Si les crises financières rythment l'histoire du capitalisme depuis le XVIIe siècle, le processus d'unification des marchés de capitaux à partir des années 1970 s'est accompagné d'un retour de l'**instabilité financière***, dans un contexte où la propagation des crises boursières est nettement plus rapide et où se forment des **bulles spéculatives**. L'éclatement de ces bulles (lorsque l'optimisme des investisseurs se retourne) peut entraîner des **crises boursières** et des **crises bancaires**, ainsi qu'une **restriction du crédit** accordé aux ménages et aux entreprises, freinant alors la consommation et l'investissement, et provoquant ralentissement de la croissance et hausse du chômage.

... nécessitant une nouvelle régulation

Les crises financières récentes ont entraîné une volonté des États du G20 d'instaurer une meilleure **régulation*** du système financier mondial et d'adapter les différentes législations nationales à une finance désormais globale.

45 VALEURS MOBILIÈRES

Les **valeurs*** mobilières sont des titres achetés et vendus à la **bourse des valeurs**. L'adjectif « mobilières » renvoie à la capacité de les échanger **rapidement** sur le marché boursier (contrairement aux biens immobiliers). Ce sont des **actifs financiers*** qui, comme tous les actifs, sont des **éléments de patrimoine** pouvant générer un flux positif de revenus*. Ils regroupent les titres de propriété, comme les **actions**, et les titres de créance, comme les **obligations**.

Les obligations

Définition
- Une obligation est un titre de créance, ce qui veut dire que son détenteur est le créancier de celui qui a émis l'obligation (qui est donc le débiteur). Le marché obligataire est celui de la **dette à long terme**. La plupart des obligations ont une échéance supérieure à cinq ou dix ans. L'acheteur de l'obligation est rémunéré par un **intérêt**. La plupart des obligations sont à taux fixe.
- Le niveau du taux d'intérêt* est lié au **risque** de l'émetteur, c'est-à-dire à la plus ou moins grande probabilité que celui-ci parvienne à rembourser sa dette. Les agences de notation évaluent ce risque et attribuent une note aux titres existants, ce qui détermine en grande partie la rémunération proposée pour attirer les investisseurs : plus la note est faible, plus la rémunération doit être forte pour compenser la prise de risque des investisseurs (**risque de crédit***), et donc les attirer.

Les émetteurs
Les principaux émetteurs d'obligations sont des entreprises* du secteur financier et non financier, mais surtout l'État*. L'État **s'endette pour financer son déficit** et pour rembourser les emprunts arrivant à échéance. Fin 2011, l'encours (valeur des obligations pas encore arrivées à échéance) des obligations assimilables au Trésor (OAT) était de plus de 880 milliards d'euros.

Les actions

Définition
- Une action est un **titre de propriété** qui porte sur une **partie du capital social** d'une société (entreprise qui appartient à plusieurs propriétaires) : l'actionnaire devient copropriétaire à hauteur des parts qu'il détient dans l'entreprise émettrice. Cela lui ouvre un **droit sur les bénéfices**.
- La rémunération versée est appelée « **dividende** » (elle provient d'une division des bénéfices) et varie en fonction des bénéfices réalisés (contrairement à la rémunération d'une obligation). Un **droit de vote** à l'Assemblée générale des actionnaires est également donné aux détenteurs d'actions.

Le cours boursier
- Comme pour les obligations, les nouvelles actions sont introduites sur le **marché primaire** (marché du neuf), puis s'échangent sur le **marché secondaire** (marché de l'occasion). Le **cours boursier** de l'action, c'est-à-dire le **prix de la valeur mobilière** qui résulte de la confrontation de l'offre et de la demande sur le marché boursier, est

souvent considéré comme le reflet des anticipations de profit. Celles-ci nécessitent la détention d'une information parfaite permettant aux intervenants de connaître les fondamentaux de l'entreprise : chiffre d'affaires, endettement, taux de rentabilité, parts de marché, brevets détenus, etc.

• Cette hypothèse ne permet pas d'expliquer la forte **volatilité** des cours boursiers. Certains économistes introduisent, dans la lignée de **Keynes**, l'idée de **comportements mimétiques*** selon lesquels les intervenants agissent non pas en fonction de leur évaluation de la santé économique des entreprises, mais en fonction de ce que font les autres (dès qu'un agent vend, tous les autres vendent en faisant l'hypothèse que le premier détient une information qu'eux-mêmes n'ont pas).

Les clés pour comprendre
Les agences de notation

Quel rôle ?

Les agences de notation (les trois principales, Standard & Poor's, Moody's et Fitch se partagent 90 % du marché) sont des **acteurs centraux** des économies, dont une grande partie du financement se réalise sur les marchés financiers (financement direct*). Lorsque le financement se réalise par opération de crédit bancaire, le risque de défaut de l'emprunteur est évalué par une procédure privée qui relève uniquement de la capacité de la banque à détenir la bonne information. Lors d'un financement direct, les agents susceptibles d'acheter des titres de créance (obligations, bons du Trésor, etc.) ne détiennent pas forcément les compétences pour évaluer la capacité des émetteurs et se réfèrent donc aux agences de notation pour cela, comme le ferait un consommateur de poulets qui achèterait une volaille étiquetée « label rouge » afin de s'assurer de sa qualité et donc de pallier le problème d'**asymétrie informationnelle***.

Un poids grandissant, mais contesté

L'évaluation porte sur des émetteurs privés (entreprises, banques, assurances...) et des émetteurs publics (États, collectivités locales, comme des villes ou des départements). La compétence des agences de notation a été fortement contestée en raison de l'attribution de la note maximale à certains produits financiers dits « toxiques » quelques heures avant que n'éclate la **crise des subprimes**. Leur capacité à évaluer les États est aussi très discutée, certains leur reprochant leur faible capacité d'expertise de la conjoncture. De plus, le **caractère auto-réalisateur** de leurs anticipations est aussi critiqué : une dégradation de la note de la dette d'un pays, en raison de l'anticipation de la difficulté de celui-ci à la rembourser, aura généralement pour effet de faire augmenter les taux pratiqués à son encontre par les prêteurs, et donc de compromettre effectivement sa capacité de remboursement.

46 SPÉCULATION

La spéculation désigne l'action d'**achat ou de vente d'un actif** (réel, financier ou monétaire) dans le but de réaliser un **gain lié aux variations des prix* de l'actif** et non à son usage. Une institution peut ainsi acheter une tonne de café pour ensuite vendre des boissons à base de café ou, dans un but **spéculatif**, dans le seul but de revendre cette même tonne plus cher car elle anticipe une hausse du cours. La spéculation repose sur les **anticipations**.

Origines et fondements de la spéculation

La spéculation, une pratique répandue

- Les pratiques spéculatives ont toujours existé. Elles se sont néanmoins massivement répandues à partir des années 1970, du fait du développement et de la **libéralisation des marchés financiers**. Ceux-ci ont en effet accru les opportunités de spéculation.
- La réussite d'une spéculation dépend de la capacité à **prévoir l'évolution** du cours d'un actif. Cette pratique est risquée car l'évolution du marché n'est pas toujours conforme aux anticipations. La spéculation peut être le fait d'individus, mais elle est de plus en plus le fait d'institutions (exemple des fonds spéculatifs).

La spéculation, une pratique fonctionnelle

- Le développement de la spéculation est, en partie, lié au fait qu'elle répond à une demande de certains acteurs : elle permet aux individus de **s'assurer** contre certains risques. Elle ne découle donc pas uniquement d'une volonté d'enrichissement des spéculateurs.
- Considérons le cas d'un entrepreneur français qui vend une partie de sa marchandise aux États-Unis : les ventes qu'il réalise dans ce pays sont libellées en dollars qu'il devra convertir. Lorsque les cours des devises* sont très volatiles, un entrepreneur peut vouloir s'assurer du taux auquel il pourra convertir les sommes gagnées à l'étranger, afin de **limiter le risque de change**. Il peut ainsi chercher à passer un contrat avec un autre individu stipulant que cet autre individu s'engage à lui fournir une quantité donnée d'euros à une date convenue à un taux de change euros/dollars **fixé à l'avance**. La personne avec qui il passe le contrat est un spéculateur qui espère tirer un revenu de la différence entre le taux de change à la date d'échéance du contrat et le taux de change inscrit sur le contrat. L'existence de spéculateurs permet ainsi à l'entrepreneur de se couvrir face au risque.

Les dérives de la spéculation

Les bulles spéculatives

- L'agrégation de comportements spéculatifs peut donner naissance à des **bulles spéculatives**. Ces dernières sont dues à des phénomènes d'**engouement collectif** pour un actif qui conduisent à une augmentation très rapide de son prix. Considérons par exemple le cas où un nombre important d'individus estime, à un moment donné, que le **cours d'une action** est **sous-évalué**. Tous achètent alors massivement des actions dans l'espoir de pouvoir les revendre plus tard à un prix plus élevé. Le fait que de nombreux individus adoptent ce comportement en même temps (**comportements mimétiques***) a pour conséquence de **tirer mécaniquement vers le haut le cours de l'action**, ce qui va alimenter les prévisions optimistes des agents et les inciter à acheter à nouveau de ces actions. Le cours va ainsi croître de façon continue du fait d'anticipations collectives optimistes, et une bulle spéculative va se former.

• Les bulles spéculatives **éclatent** quand les agents estiment que le cours a évolué de façon disproportionnée et craignent un **retournement à la baisse** : tout le monde souhaite alors vendre ces titres avant que leur valeur ne baisse, ce qui a pour conséquence mécanique de faire baisser très fortement le cours du titre (éclatement de la bulle Internet en 2000, par exemple).

Réguler la spéculation ?

• Keynes estimait que la spéculation pouvait être « inoffensive comme une bulle d'air dans un courant d'entreprises* » si elle était maîtrisée, mais qu'elle pouvait conduire à ce que « les entreprises soient une bulle d'air dans un tourbillon spéculatif » si elle devenait prédominante. La spéculation est source d'**instabilité** et de **mauvaise** allocation du capital quand elle est trop développée.

• Des mesures ont été prises pour encadrer cette pratique et **limiter les risques** que pouvaient prendre les différents opérateurs, afin de stabiliser le fonctionnement de l'économie. Force est de constater que cette **régulation*** est, pour le moment, **largement insuffisante**. Le développement constant de nouveaux instruments financiers, de plus en plus sophistiqués, rend très difficile l'encadrement des pratiques spéculatives.

Les clés pour comprendre

Sphères réelles et financières

L'importance croissante de la sphère financière

La Banque des règlements internationaux (BRI) estime qu'en 2010, 4 000 milliards de dollars sont échangés quotidiennement sur le marché des changes, principalement pour des motifs spéculatifs. L'augmentation du volume des transactions de change, très forte depuis les années 1980, dépasse en effet largement celle de la production mondiale et du commerce mondial, ce qui démontre la tendance à la financiarisation de l'économie. À titre de comparaison, sur l'ensemble de l'année 2010, les exportations mondiales de marchandises et de services représentaient 18 900 milliards de dollars (source OMC) et le PIB mondial était d'un montant de 61 963 milliards de dollars (source FMI).

Une certaine déconnexion des deux sphères

Nous assistons ainsi à une autonomisation de la sphère financière vis-à-vis de la sphère réelle (sphère de la production), la sphère financière évoluant selon une logique qui lui est, en partie, propre. Les deux sphères ne sont pour autant pas déconnectées, comme en témoignent les conséquences réelles de la crise financière de 2007.

47 FINANCEMENT DE L'ÉCONOMIE

Le financement de l'économie désigne l'ensemble des **opérations** qui permettent aux agents économiques de **se procurer les ressources nécessaires** aux projets qu'ils veulent réaliser. Un agent est dit **à besoin de financement** si son épargne est inférieure à la somme qu'il veut investir. Inversement, les agents **à capacité de financement** sont ceux dont l'épargne* dépasse le niveau d'investissement*.

Les différentes possibilités de financement

Épargner

- Afin de financer un investissement, un agent peut tout d'abord accroître son **épargne** afin d'augmenter ses fonds propres pour s'autofinancer (financement interne). Les entreprises* épargnent ainsi une partie de leur revenu afin de financer des investissements futurs. Plus la rentabilité de l'entreprise est forte, plus elle est en mesure d'épargner.
- L'épargne préalable des agents étant néanmoins très souvent insuffisante, les agents à besoin de financement peuvent se tourner vers d'autres acteurs pour financer leur projet (financement **externe**).

Émettre des actions et des titres de créance

Les agents à besoin de financement peuvent tout d'abord directement entrer en contact avec les agents à capacité de financement pour trouver les ressources manquantes. Une entreprise peut ainsi **émettre des titres de créance (par exemple des obligations)** sur les marchés afin de contracter un crédit auprès des agents à capacité de financement, ou **émettre des actions** afin que d'autres agents apportent des capitaux en achetant des parts de l'entreprise.

Le crédit bancaire

- Les agents à besoin de financement peuvent aussi se tourner vers des institutions financières pour contracter des crédits. Dans le cas des institutions financières bancaires, le financement provient de la création monétaire.
- Les banques peuvent en effet octroyer des crédits sans qu'elles aient en réserve des dépôts préalables d'un montant équivalent. Il n'y a dans ce cas pas besoin d'épargne préalable des agents, la création monétaire permettant de répondre aux besoins de financement.

L'évolution des modes de financement

Financement direct et intermédié

- On dit que le financement est **direct*** quand les agents à capacité de financement deviennent **directement créanciers** des agents à besoin de financement (exemple d'une entreprise qui émet des obligations : la créance apparaît au bilan des individus ayant acheté les obligations).
- On dit qu'il y a un financement **intermédié** quand un intermédiaire (une institution financière) collecte des dépôts auprès d'agents à capacité de financement et octroie des crédits à d'autres agents à besoin de financement. Les crédits octroyés apparaissent **au bilan de l'intermédiaire** et non au bilan des agents à capacité de financement. On parle de l'existence d'une

intermédiation de bilan. Les intermédiaires financiers font de la « transformation » : ils collectent de l'épargne de **court terme** (dépôts liquides) qu'ils prêtent ensuite à **moyen** ou à **long terme**.

La désintermédiation de bilan

• Pendant les **Trente Glorieuses**, le financement de l'économie passe principalement, en France, par des **crédits bancaires**. La **création monétaire** joue alors un rôle décisif dans le financement de l'économie. Avec la libéralisation des marchés financiers, à partir des années 1980, les agents ont eu de plus en plus recours aux marchés financiers pour se financer (surtout les grandes entreprises), par le biais d'émission d'actions ou d'obligations. On dit qu'il y a eu un mouvement de désintermédiation pour signifier le recul de l'intermédiation de bilan.

• Selon Hicks, la France serait passée d'une économie d'endettement, dont le financement est fondé sur la création monétaire, à une économie de marchés financiers, dont le financement se fait principalement auprès des marchés financiers.

La montée de l'intermédiation de marché

• Les banques jouent toujours un rôle majeur aujourd'hui car les agents à besoin et à capacité de financement agissent rarement directement sur les marchés financiers et demandent aux banques de jouer le rôle d'intermédiaire.

• Il s'agit d'un **type d'intermédiation différent** de l'intermédiation de bilan puisque, dans ce cas, c'est bien l'agent à capacité de financement qui sera le créancier de celui à besoin de financement. **La banque aide simplement** à leur rencontre. On parle d'une intermédiation de marché. On ne peut donc pas parler d'une désintermédiation générale du financement de l'économie, mais plutôt d'un changement dans le type d'intermédiation.

Les clés pour comprendre

Financement direct et intermédiation de bilan

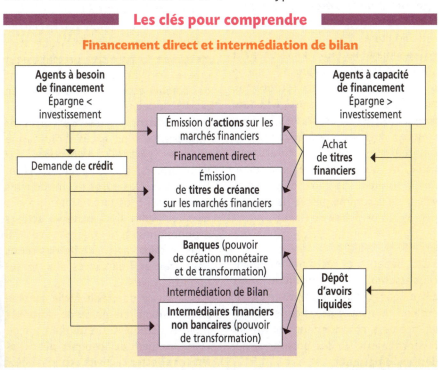

Cf. fiches 44, 45, 49

48 RISQUE DE CRÉDIT

Les prêteurs sont confrontés au **risque de crédit***, c'est-à-dire à la **probabilité de défaut de remboursement** du créancier (quand celui-ci se révèle dans l'incapacité de **régler sa dette** et **les intérêts** de celle-ci). Plus le **risque** d'enregistrer des pertes financières en raison d'un défaut de remboursement **s'élève**, et plus le **taux d'intérêt*** exigé par les créanciers **s'élève également**.

L'évaluation du risque de crédit

Risque de crédit et taux d'intérêt

• À l'heure actuelle, l'activité économique est souvent financée par des opérations de crédit et par recours au prêt bancaire : c'est ce que l'on appelle le financement externe indirect*. Pendant la durée d'un crédit, le **prêteur** accepte de renoncer à la possibilité d'utiliser immédiatement ses fonds (ce qu'on appelle la « liquidité »). Le taux d'intérêt correspond alors à la **rémunération du prêteur** et, plus précisément, au prix de la **renonciation** à cette liquidité.

• Cependant, le taux d'intérêt peut aussi rémunérer le risque pris par le prêteur **de ne jamais être remboursé**, ou de ne pas être remboursé **à la date convenue** (risque de crédit). Le taux d'intérêt augmente donc quand l'emprunteur ne semble pas totalement fiable, ou quand des éléments extérieurs risquent de faire diminuer la valeur de la somme prêtée (le prêteur paie alors une prime de risque).

Évaluer le risque

• Les banques et les marchés financiers assurent la **distribution du crédit** aux ménages et aux entreprises*. Pour évaluer le risque de chaque crédit, les prêteurs collectent un maximum d'informations sur les personnes qui désirent emprunter.

• L'évaluation du risque de crédit est difficile du fait de l'existence d'asymétries d'information*, car l'emprunteur détient **plus d'informations** sur la qualité de son projet et sur ses propres capacités de remboursement que le prêteur. Il s'y ajoute un risque d'aléa moral* si l'emprunteur **gaspille les ressources prêtées** et se trouve dans l'incapacité d'honorer sa dette.

Risque de crédit et crises financières

Le rôle crucial du crédit

• Une sous-évaluation du risque de crédit ou une prise de risque trop élevée de la part des prêteurs peut être à l'origine du surendettement des acteurs économiques : cela arrive quand les banques relâchent leur vigilance dans l'octroi des prêts et font preuve d'un excès d'optimisme dans les garanties demandées aux emprunteurs, généralement dans un contexte où les autorités monétaires maintiennent les taux d'intérêt à des niveaux faibles. Ceci incite les acteurs économiques à s'endetter, ce qui dans certains cas engendre des **crises bancaires et financières** aux conséquences graves.

• À la phase de **crédit facile** succède généralement une phase de rationnement du crédit. Ce retournement du comportement des banques peut également affecter l'activité économique.

L'évaluation du risque pays

- Dans le cadre de la **globalisation financière***, les stratégies de **politique économique*** des États qui empruntent sur les marchés de capitaux sont sous la surveillance des marchés financiers et des agences de notation qui évaluent le **risque** de crédit **associé à chaque pays**.
- Si les évaluateurs estiment que la politique économique d'un État n'est pas soutenable, le risque de crédit du pays augmente, car on craint alors que l'État ne parvienne pas à rembourser sa dette. Dans ce cas, le pays doit payer un taux d'intérêt plus élevé (incluant une prime de risque) lorsqu'il emprunte sur les marchés. Ceci peut, en retour, compromettre ses capacités de remboursement futures (puisque chacun de ses emprunts lui coûte plus cher). Ce fut le cas de la Grèce lors de la crise des dettes souveraines dans la zone euro.

Les clés pour comprendre

Crise des subprimes de 2007 et risque de crédit

Les ménages américains les moins solvables souscrivent des crédits à taux variable pour acheter leur logement (**crédit subprime**) durant les années 2000 **Conjoncture favorable :** montée des prix de l'immobilier aux États-Unis et facilité d'accès au crédit **Sous-évaluation du risque de crédit** par les banques **Taux d'intérêt faibles** et politique monétaire expansionniste de la banque centrale	→	**Chute des prix de l'immobilier** à partir de 2006 **Remontée des taux d'intérêt :** politique monétaire plus restrictive de la Banque centrale américaine **Défauts de remboursement de nombreux ménages défavorisés**, confrontés à la remontée brutale des taux d'intérêt et des charges de remboursement mensuelles **Remontée du risque de crédit**	→	**Détérioration de la qualité du crédit** et difficultés financières des banques face aux défaillances des ménages **Rationnement du crédit :** les banques imposent des conditions d'octroi de crédit nettement plus exigeantes à leurs clients **Chute de l'activité économique** et récession (consommation, investissement, production et emploi).

Monnaie, marchés financiers, financement

Cf. fiches 47, 50, 51

49 MONNAIE

La **monnaie*** est l'actif le plus **liquide** dans une économie, c'est-à-dire qu'il peut être **transformé en un autre actif** rapidement et sans coût de **transaction***. Ainsi, un billet de banque peut servir à acheter instantanément un paquet de pâtes. Les actifs immobiliers ne sont pas du tout liquides : il est long et coûteux (frais de notaire, notamment) de vendre un appartement pour pouvoir ensuite acheter, avec la somme obtenue, d'autres actifs. La frontière entre les actifs monétaires et non monétaires est conventionnelle, les actifs étant plus ou moins liquides. La **masse monétaire*** renvoie à la **quantité de monnaie en circulation** dans l'économie.

Qu'est-ce que la monnaie ?

Les fonctions de la monnaie

La monnaie remplit trois fonctions :
- une fonction d'**unité de compte**. Elle permet d'**exprimer la valeur** de tous les biens et services dans une **unité commune** (par exemple l'euro) ;
- une fonction d'**intermédiaire des échanges**. Dans une économie de troc, si un individu A veut vendre des poules et acheter une table, il doit trouver un vendeur de tables qui désire des poules pour réaliser son échange. Il faut qu'il y ait **double coïncidence** des désirs. Par l'intermédiaire de la monnaie, en revanche, l'individu A peut vendre ses poules à n'importe qui et, en échange de la monnaie reçue, peut acheter à une table à n'importe quel vendeur ;
- une fonction de **réserve de valeur**. L'individu A, qui a vendu ses poules, peut conserver un temps la monnaie qu'il détient pour acheter **dans un temps futur** différents biens. Dans une économie de troc, les actes de vente et d'achat sont simultanés. Dans une économie monétaire, il est possible de **conserver le revenu** issu d'une vente et d'exprimer une demande de bien ou service ultérieurement.

Les formes de la monnaie

- Les fonctions de la monnaie peuvent être assurées par des supports très différents. Très souvent, les **métaux précieux** ont servi de base à la monnaie (**monnaie métallique**), mais on a pu aussi utiliser du sel, du tabac, des coquillages, etc. (**monnaie marchandise**).
- La monnaie **fiduciaire** est une monnaie qui repose sur la **confiance** : le support de la monnaie n'a pas de valeur en soi, mais les individus ont confiance dans la valeur écrite sur la monnaie (exemple d'un billet de banque de 100 euros dont le papier qui le compose vaut moins de 1 euro mais dont tout le monde considère que sa valeur est de 100 euros). Si les individus **perdent confiance** dans le fait que, contre un billet de 100 euros, ils pourront effectivement acheter l'équivalent de 100 euros de marchandises, ils ne vont plus accepter ce type de billets. Il est donc essentiel pour ce type de monnaie que les individus aient une confiance forte dans l'institution qui émet la monnaie.
- La monnaie **scripturale** est constituée par l'ensemble des soldes créditeurs des **comptes** à vue dans les banques (exemple du solde d'un compte chèques).

• La monnaie **centrale** est la monnaie **émise par la banque centrale***. Elle prend la forme de **pièces et billets** et de **monnaie scripturale** (solde sur le compte de la banque centrale).

La création monétaire

Le rôle des banques de second rang

• Les banques de **second rang** désignent toutes les banques qui ne sont pas la banque centrale. La monnaie est **créée par les banques** (banque centrale et banques de second rang) au cours des opérations de crédit : une banque peut en effet **prêter une somme** à un individu ou une entreprise (en l'inscrivant sur son compte) **sans avoir en réserve** un montant équivalent. Au fur et à mesure que le prêt est remboursé, la monnaie initialement créée est détruite.

• Le pouvoir de création monétaire des banques de second rang est néanmoins **limité** par l'existence de différentes banques : supposons que la banque A crée 10 000 euros qu'elle prête à un individu. Ce dernier va effectuer des achats en payant en chèque ou par carte de crédit à des agents qui ne sont pas forcément clients de la même banque. Il peut aussi retirer une partie de cette somme en espèces. La banque A va donc devoir **transférer de la monnaie aux banques** détentrices des comptes des autres clients et **fournir des pièces et billets** aux personnes à qui elle a octroyé un crédit. Or les autres banques **n'acceptent que la monnaie créée par la banque centrale** (monnaie centrale). Elles doivent donc **disposer d'une certaine réserve en monnaie centrale** pour faire face aux fuites hors de leur propre circuit bancaire.

Excédent ou pénurie de liquidité

• Si elle ne dispose pas d'assez de monnaie centrale dans ses réserves, une banque de second rang peut emprunter les sommes manquantes à la banque centrale ou à d'autres institutions, notamment sur le **marché interbancaire**.

• À l'inverse, une banque qui dispose d'un excédent de monnaie centrale peut le prêter à d'autres institutions.

Les clés pour comprendre

Le rôle de la banque centrale

L'action sur la liquidité

La banque centrale peut **limiter la création monétaire** des banques de second rang en émettant peu de monnaie centrale. À l'inverse, quand la banque centrale **injecte des liquidités** dans l'économie, elle rend plus facile et moins onéreux l'accès à la monnaie centrale par les banques de second rang, et ces dernières peuvent donc créer plus de monnaie car elles peuvent faire face aux fuites.

Répondre aux demandes des banques

La création de monnaie centrale n'est toutefois pas forcément un préalable à la création monétaire des banques de second rang. Ces dernières créent en effet de la monnaie, puis se tournent, dans un **second temps**, vers le **marché monétaire*** pour trouver les liquidités nécessaires. La banque centrale se voit alors en partie **obligée de créer de la monnaie** centrale si elle voit que les besoins en liquidité des banques sont trop importants par rapport aux liquidités disponibles.

50 MARCHÉ MONÉTAIRE

Sur les **marchés de capitaux**, des agents en quête de financement (à besoin de financement) rencontrent des agents à la recherche de placements (à capacité de financement) pour s'échanger des produits financiers d'une grande diversité. Le marché monétaire* désigne le marché des capitaux à court terme (prêts et emprunts d'une durée inférieure à un an).

Les caractéristiques du marché monétaire

Les intervenants

Jusqu'en 1985, le marché monétaire était exclusivement réservé aux banques. Il a ensuite été ouvert à tous les agents économiques présentant certaines garanties. Aujourd'hui, plusieurs intervenants se côtoient sur ce marché : les **banques de second rang**, la **Banque centrale européenne (BCE)**, le **Trésor public** et des entreprises du secteur non bancaire.

Un marché segmenté

Le marché monétaire est subdivisé en trois segments :
– le **marché interbancaire**, qui est réservé aux prêts entre banques et certaines institutions financières ;
– le marché des **bons du Trésor**, sur lequel s'échangent les titres de créance émis par l'État (Trésor public). On appelle ces titres les bons du trésor ;
– le marché des billets de trésorerie (titres de créance émis par les entreprises*) et certificats de dépôt (titres de créance émis par les banques), sur lequel entreprises et banques peuvent se financer à court terme auprès d'investisseurs variés.

Le marché interbancaire

Le fonctionnement du marché

• Sur le marché interbancaire, quand une banque veut emprunter des liquidités à une autre banque, elle doit offrir **en garantie** des titres d'un montant équivalent à la somme empruntée. La banque qui octroie le prêt garde ses titres en pension pendant la durée du prêt et les rend à l'autre banque quand cette dernière rembourse son crédit. Les prêts et emprunts effectués sont généralement de très courte durée (d'un jour à trois mois) et l'emprunteur doit verser au prêteur un **taux d'intérêt**.

• Les banques de second rang ne créant pas de monnaie centrale, elles ne peuvent se prêter entre elles que les réserves qu'elles ont sur leur compte à la banque centrale.

• Le taux pratiqué sur le marché interbancaire a des **répercussions sur les taux** d'intérêt des crédits accordés par les banques **aux ménages et aux entreprises*** : plus les banques doivent payer des taux d'intérêt élevés pour se refinancer, plus elles demanderont des taux d'intérêt élevés à leurs clients (et moins les bénéficiaires de crédits seront nombreux).

L'intervention de la banque centrale

• La **banque centrale*** peut intervenir sur le marché interbancaire pour modifier la **quantité de monnaie** en circulation et modifier ainsi les taux d'intérêt du marché. La banque centrale peut en effet, comme les autres banques, octroyer des crédits aux banques de second rang sur le marché interbancaire au taux d'intérêt en vigueur sur le marché. En faisant cela, elle contribue à augmenter la **masse monétaire*** en circulation et, donc, à abaisser les taux d'intérêt du marché. En effet, contrairement aux banques de second rang, la banque centrale a le pouvoir de créer de la monnaie centrale, et cette dernière crée ainsi les sommes qu'elle prête sur le marché interbancaire (**monétisation de créances**). Tout crédit accordé par la banque centrale conduit donc à une augmentation de l'offre de monnaie centrale d'une valeur égale au montant du crédit accordé.

- Comme pour les prêts entre banques de second rang, les banques qui empruntent auprès de la banque centrale déposent des titres en pension auprès de cette dernière, dont la valeur correspond au montant du crédit apporté.
- Dès août 2007, dans le cadre de la crise des *subprimes*, la Banque centrale américaine a injecté des liquidités sur le marché interbancaire pour faire face à sa paralysie (climat de défiance et refus des banques de se prêter mutuellement des liquidités).

Les clés pour comprendre

Le taux d'intérêt

De nombreux produits (obligations, crédits aux ménages...) présentent des revenus et une valorisation qui dépendent d'un taux d'intérêt. L'**intérêt** désigne la **rémunération** d'un prêt versé au prêteur par l'emprunteur. Il s'agit d'un revenu déterminé par le **montant du prêt** et le niveau du **taux d'intérêt**. Ce dernier est donc le prix de l'emprunt, généralement exprimé en pourcentage. Les taux d'intérêt varient en fonction de plusieurs variables.

L'impact du risque

Le taux d'intérêt dépend en partie du risque qu'encourt le prêteur. Plus le **risque de crédit*** est élevé (risque que le débiteur ne rembourse pas), plus le taux d'intérêt demandé sera important. Des taux d'intérêt élevés peuvent ainsi refléter des doutes importants de la part des prêteurs sur la capacité des emprunteurs à rembourser (c'est-à-dire sur leur solvabilité). Les agences de notation, en notant les différents produits, informent sur le niveau de risque de chacun.

La durée du crédit

Le taux d'intérêt va aussi dépendre de la **durée du crédit** (maturité). Quand un individu prête une somme à un autre, il renonce temporairement à son utilisation afin d'obtenir dans le futur une somme plus importante (du fait de l'existence d'intérêt). Ainsi, plus la durée du prêt est longue, plus l'emprunteur devra verser des intérêts importants pour compenser cette privation temporaire. Sur le marché interbancaire, différents taux d'intérêt sont ainsi fixés en fonction de la durée du prêt. L'**EONIA** (Euro Over Night Index Average) désigne la valeur de ce taux pour les emprunts à 24 heures. Le taux d'intérêt représente ainsi, en partie, le prix du temps.

BANQUE CENTRALE

*Une banque centrale est une institution publique qui, au sein du système bancaire, émet les **billets** de banque, met en œuvre la **politique monétaire**, conserve les **réserves de change** du pays et assure la fonction de **prêteur en dernier ressort***.*

Les fonctions de la banque centrale

Gérer le système monétaire

• La banque centrale (dite « banque de premier rang ») assure le fonctionnement du **système bancaire** en jouant un rôle de « **banque des banques** ». Chaque banque dispose en effet d'un compte à la banque centrale dans lequel sont inscrites les réserves en monnaie centrale qu'elle possède, et ce qu'elle doit aux autres banques.

• La banque centrale gère aussi les **réserves de change** de l'économie nationale puisque les banques doivent s'adresser à elle pour s'approvisionner en devises*, ou transformer leurs devises en monnaie nationale lorsqu'elles ne peuvent équilibrer leurs opérations en échangeant entre elles.

Réguler l'offre de monnaie

• La banque centrale émet **deux types de monnaie** qui constituent une dette pour elle et figurent donc au passif de son bilan : les **pièces et billets**, pour lesquels elle a un monopole d'émission, et de la **monnaie scripturale**.

• La banque centrale est chargée de **contrôler la masse monétaire*** en circulation dans l'économie car elle est garante de la valeur de la monnaie, mesurée par son **pouvoir d'achat***. En effet, une quantité excessive de monnaie en circulation par rapport à la production de biens et services fait baisser la valeur de la monnaie et génère donc de l'**inflation***. Cependant, la banque centrale doit aussi veiller à ce que la monnaie soit **émise en quantité suffisante** pour financer les échanges et ne pas freiner l'activité économique.

• La banque centrale **adapte son offre** de monnaie en fonction de la conjoncture : en période de crise, elle va chercher à injecter des liquidités dans l'économie pour favoriser la reprise, alors qu'en période de forte croissance, elle va être plus attentive au contrôle de la masse monétaire pour ne pas qu'il y ait de surchauffe et donc d'inflation. La banque centrale conduit ainsi la politique monétaire.

La fonction de prêteur en dernier ressort

En période de crise, la banque centrale joue un rôle de **prêteur en dernier ressort** : elle peut créer de la monnaie centrale à titre exceptionnel, pour éviter la faillite d'une institution dont la défaillance pourrait entraîner une série de faillites par **effet « domino »** et, ainsi, déboucher sur une crise systémique* (effondrement du système économique).

Les instruments de la politique monétaire

L'action sur les taux d'intérêt

• Afin d'influencer les taux d'intérêt* (et notamment ceux pratiqués par les banques vis-à-vis de leurs clients), la banque centrale peut injecter de façon plus ou moins importante des liquidités sur le marché interbancaire.

- En augmentant la quantité de monnaie centrale en circulation, l'action de la banque centrale conduit à une baisse des taux d'intérêt sur le marché interbancaire.
- La banque centrale peut aussi modifier ses **taux directeurs**. Les banques peuvent en effet obtenir des prêts de liquidité auprès de la banque centrale à des taux différents de ceux du marché interbancaire. Les taux d'intérêt pratiqués sur le marché interbancaire dépendent fortement des taux pratiqués par la banque centrale.

Les autres instruments

- La banque centrale peut aussi agir en imposant aux banques un **niveau de réserves obligatoires** en monnaie centrale plus ou moins élevé. Le taux de réserve obligatoire est en 2012 de 1 % des dépôts et titres de créance à court terme détenus par les banques pour la zone euro.
- En cas de crise, elle peut mettre en œuvre des mesures exceptionnelles afin d'éviter une crise trop brutale. La BCE a ainsi consenti aux banques des crédits d'un montant illimité sur 24 heures au taux d'intérêt de 1 % pour aider au refinancement des banques fragilisées par la crise des *subprimes*.

Les clés pour comprendre

La banque centrale et ses fonctions

Les fonctions de la banque centrale :

- Définition et mise en œuvre de la politique monétaire : baisse des taux d'intérêt et du coût du crédit (stimulation de la demande globale) ou hausse des taux d'intérêt et du coût du crédit (freinage de l'inflation)
- Monopole d'émission des billets et des pièces (monnaie fiduciaire)
- Contrôle de la masse monétaire en circulation
- Participation au contrôle et à la régulation du système financier en cas de danger de crise systémique : prêteur en dernier ressort
- Gestion de la valeur internationale de la monnaie et interventions sur le marché des changes

Cf. fiches 32, 49, 50, 76

52 PRODUIT INTÉRIEUR BRUT

Le PIB est un **indicateur de la valeur de la production** au niveau national. Il se calcule en additionnant les **valeurs ajoutées*** des unités résidentes, augmentées de la TVA et des droits de douane et diminuées des subventions sur les produits. Il est **utilisé pour calculer la croissance économique***. Une croissance annuelle de 3 % signifie que le PIB a augmenté en volume de 3 % sur un an.

L'intérêt du PIB

Une mesure de l'activité économique

- Pour mesurer la production au niveau national, il est nécessaire de définir un **indicateur** qui permette de sommer des productions de biens et services aussi disparates que des chaises, des voitures, des services éducatifs, etc. Pour cela, nous utilisons un indicateur qui se fonde sur la **valeur monétaire des différentes productions**.
- Le PIB* ne découle néanmoins pas d'une simple addition de la valeur des différentes productions car une telle opération reviendrait à **calculer deux fois** les biens qui ont été utilisés en tant que **consommations intermédiaires***. En se fondant sur la **somme des valeurs ajoutées**, on évite cet écueil et on ne mesure que la valeur créée au niveau de chaque organisation productive.

Un outil utile de comparaison

La valeur du PIB par tête (PIB/nombre d'habitants) est souvent utilisée pour comparer différents pays entre eux. Une forte augmentation du PIB par tête est généralement considérée comme une évolution positive pour un pays, car elle peut être synonyme de progrès économique car elle implique qu'en moyenne, chaque habitant a accès à plus de biens et services, ce qui contribue a priori à l'accroissement du bien-être et **du niveau de vie*** des ménages.

Le PIB, un indicateur critiqué

Les limites du PIB

- Utiliser le PIB comme indicateur de bien-être revient à ne pas considérer **la façon dont est répartie la production***, car si toute la hausse de la production profite à une infime partie de la population (société très inégalitaire), la moyenne est trompeuse et la croissance ne contribue pas à une augmentation du bien-être de la population dans son ensemble.
- De plus, le calcul du PIB **n'intègre pas l'incidence de la production hors marché**. Ainsi, un PIB élevé peut être compatible avec une très forte **pollution** qui joue négativement sur le bien-être de la population. À l'inverse, les **externalités*** **positives** générées par certaines activités, comme l'éducation, ne sont pas intégrées dans le calcul du PIB car ces phénomènes ne font pas l'objet d'une évaluation monétaire. Par exemple, une mère éduquée n'est pas seulement plus productive dans son travail : elle est aussi plus apte à aider ses enfants à faire leurs devoirs. Cet impact positif sur l'éducation de ses enfants n'est pas mesuré dans le calcul du PIB.

• Enfin, le PIB intègre dans son calcul ce qui est considéré comme de la production au sens de la comptabilité nationale, sans tenir compte de l'utilité sociale des activités. Ainsi, sont **exclues** de la mesure du PIB toutes les **activités domestiques**, comme l'aide aux devoirs des enfants, qui sont source de bien-être. À l'inverse, une société dans laquelle le nombre d'accidents de la route augmenterait verrait son PIB croître car il faudrait réparer les voitures, soigner les blessés, etc., alors que le bien-être de la population aurait, lui, décru.

Les indicateurs alternatifs au PIB

• L'indice de développement humain (**IDH***) est un indice créé par le programme des Nations unies pour le développement (PNUD) en 1990. L'IDH est compris entre 0 et 1 (plus le chiffre est élevé, plus le développement est grand) et intègre dans son calcul la valeur de **l'espérance de vie à la naissance**, le **revenu national brut** (RNB) par habitant en parité de pouvoir d'achat*, et la durée de la **scolarisation**.

• De nombreux indicateurs alternatifs au PIB ont été développés. On peut distinguer **deux grands groupes d'indicateurs** : ceux qui restent fidèles au PIB mais redéfinissent ce qu'il doit prendre en compte (exemple d'un calcul de PIB vert comme le Happy Planet Index), et ceux qui l'abandonnent au profit de variables plus qualitatives, comme le sentiment de sécurité ou de bien-être (exemple de l'indice de santé sociale).

Les clés pour comprendre

Composantes de l'indice de développement humain

L'IDH – trois dimensions et quatre indicateurs

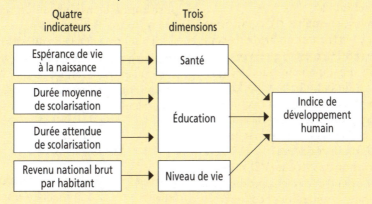

Définitions

▶ **PIB** = somme des valeurs ajoutées + TVA + droits de douane – subventions sur les produits.

▶ **Valeur ajoutée** = valeur de la production – valeur des consommations intermédiaires (biens et services utilisés par une entreprise au cours du processus de production).

▶ **Externalités** = conséquence d'une activité économique qui ne fait pas l'objet d'une transaction marchande.

53 ÉQUILIBRE EMPLOIS-RESSOURCES

Rendre compte de la situation économique d'un pays nécessite, de la part des économistes, d'évaluer son niveau d'activité, résultat des décisions de l'ensemble des agents. Si, sur le plan comptable, les créations de **ressources** et d'**emplois** s'équilibrent, il existe néanmoins des déséquilibres macroéconomiques qui prennent la forme de l'**inflation***, du **chômage*** ou du **déficit commercial** (importations supérieures aux exportations).

La détermination de l'équilibre

La demande globale*

Du côté droit de l'équation figurent les **emplois** :
– la **consommation finale des ménages (C)**, qui est l'ensemble des achats de biens et services utilisés directement par les **ménages** pour leur propre consommation ;
– les **achats publics (G)**, qui correspondent à la consommation finale et aux investissements des **administrations publiques** ;
– les **investissements (I)***, qui correspondent à la **formation brute de capital fixe (FBCF)**, c'est-à-dire aux achats de biens d'équipement durables (plus d'un an), de bâtiments et de logiciels des agents économiques privés ;
– les **exportations (X)**, c'est-à-dire les ventes de biens et services par les résidents aux non-résidents ;
– la **variation des stocks (VS)**, qui est la différence entre les biens produits sur les périodes antérieures et commercialisés au cours de la période considérée et les biens produits durant la période considérée et qui seront commercialisés à une période ultérieure.

L'offre* globale

Du côté gauche de l'équation figurent les ressources :
– le **produit intérieur brut (PIB)***, qui correspond à l'ensemble des biens et services produits sur le territoire national au cours d'une période (une année, généralement) et se mesure par la somme des valeurs ajoutées* des agents résidents (étrangers ou nationaux) ;
– les **importations (M)**, qui sont les achats de biens et services par les résidents aux non-résidents.

Un équilibre comptable

Certaines décisions des agents économiques aboutissent à la **mise à disposition** de biens finis ou de services (les ressources) lorsque d'autres décisions aboutissent à leur **utilisation** (les emplois). De la confrontation de ces deux types d'opérations résulte l'équilibre emplois-ressources, présenté généralement sous la forme suivante :

$$PIB + M = C + G + I + X + VS$$

Dans la comptabilité nationale, cet équilibre retrace la manière dont ont été utilisés dans une économie donnée les biens et services, en évaluant les richesses créées et leur utilisation. C'est un **équilibre comptable**, qui par construction est nécessairement équilibré. Il ne faut pas le confondre avec un **équilibre économique** qui suppose que les décisions des offreurs et demandeurs soient compatibles, ce qui n'est pas toujours le cas.

Les liens entre déséquilibres et dynamique de la demande globale

Un déséquilibre entre offre et demande intérieure

Le déséquilibre le plus fréquent est la conséquence d'une **demande intérieure** différente des **capacités de production** du pays.

• Si la demande est supérieure, le manque de production devra être pallié par des importations accrues, induisant un **déficit commercial (M > X)**. Si les importations sont insuffisantes, une augmentation des **prix*** peut apparaître **(loi de l'offre et de la demande)**.

• Si la demande globale est inférieure à l'offre globale, on assistera à une accumulation des stocks en fin de période et, à la période suivante, à un ralentissement des créations ou à des destructions d'emplois, générant du chômage en raison du ralentissement de la production*.

Une anticipation de la conjoncture

• La comparaison dans le temps de l'évolution de l'équilibre emplois-ressources permet de formuler des hypothèses sur les déséquilibres macroéconomiques à venir. Si la demande globale augmente plus vite que la production nationale, cela peut engendrer une augmentation des prix, compte tenu de l'autorégulation du marché, et/ou une hausse des importations pour satisfaire les consommateurs nationaux. Il est alors envisageable que l'offre nationale augmente à la période suivante pour regagner des parts de marché.

• La **mondialisation*** génère, par définition, une interdépendance croissante des économies. Par exemple, un déficit commercial a des conséquences négatives sur l'évolution du PIB et une augmentation de la demande intérieure peut entraîner une augmentation de la production chez un partenaire commercial.

Les clés pour comprendre

Ressources et emplois de biens et services à prix courants
(en milliards d'euros pour l'année 2009)

Ressources 2 383,8 (offre globale)	=	Emplois 2 383,8 (demande globale)
Produit intérieur brut (PIB) : 1 907,1 Importations (M) : 476,6		Consommation finale des ménages (C) : 1 084,6 Achats publics (G) : 469,8 Dépenses de consommation des ISBLSM : 28,2 Investissements privés (I) : 392,1 Exportations (X) : 439,6 Acquisitions, nettes de cessions, d'objets de valeur : 0,9 Variation des stocks (+ ou – VS) : – 31,4

D'après Tableaux de l'économie française 2011, INSEE, comptes nationaux (base 2000).

54 CROISSANCE ÉCONOMIQUE

La croissance peut se définir, selon l'économiste François Perroux (1903-1987), comme « l'augmentation soutenue, pendant une ou plusieurs périodes longues, d'un indicateur de dimension : pour une nation, le produit global en termes réels ». Cet indicateur est généralement le **PIB*** (en volume), ou le **PIB/tête**.

Quels sont les facteurs de la croissance ?

La croissance extensive

• Pour produire davantage, il est possible d'utiliser plus de capital physique grâce à l'**investissement*** (processus d'**accumulation du capital***). Ainsi, aux États-Unis, le capital par personne employée (hors logement), c'est-à-dire l'**intensité capitalistique**, est passée de 14 000 dollars en 1890 à 112 000 dollars en 1992 (en dollars 1990).

• Il est aussi possible d'augmenter la **quantité annuelle de travail**. Celle-ci est égale au niveau de l'emploi (nombre d'actifs) multiplié par la durée annuelle du travail par actif. On constate en France (et dans tous les pays développés à économie de marché, PDEM), d'un côté, une hausse de la **population active***, et, de l'autre, une baisse de la **durée annuelle du temps de travail** (de 3 000 heures par actif à la fin du XIXe siècle à 1 461 heures en 2005). Au final, la **quantité annuelle de travail** a baissé d'un tiers en France depuis un siècle.

Le progrès technique

• Sur la période 1996-2002, la variation de la quantité de travail et de capital explique 60 % de la croissance de l'Europe des Quinze. Il existe donc un **résidu** responsable des 40 % restants : le **progrès technique***. Celui-ci a pour conséquence une hausse de la **productivité globale des facteurs*** (PGF).

• Ainsi, une partie de la croissance ne provient pas d'une hausse de la quantité de facteurs, mais de l'**amélioration de leur utilisation**. On parle de **croissance intensive**. L'origine du progrès technique se trouve dans la capacité d'**innovation*** de l'économie, dans le **capital humain*** et dans la formation d'un **capital technologique**.

Quel rôle pour l'État ?

Atteindre la croissance potentielle à court terme

• La **croissance potentielle*** correspond au niveau qu'une économie peut atteindre en utilisant l'ensemble des facteurs de production disponibles sans produire de l'inflation.

• Si le niveau effectif de la croissance (celui observé par l'évolution du PIB) est inférieur à la croissance potentielle, l'État peut intervenir pour stimuler l'économie en mettant en œuvre des **politiques conjoncturelles*** de relance.

Augmenter la croissance potentielle à long terme

• L'action de l'État vise aussi à augmenter la croissance potentielle de l'économie sur le **long terme**. L'État peut en effet, par son action, **encourager l'innovation**, et **favoriser** ainsi le **progrès technique**. Le soutien public à la recherche et à l'éducation est donc un puissant moteur de croissance. La qualité des infrastructures (réseaux de transport, notamment) joue aussi.

- Les théories de la **croissance endogène*** insistent sur le fait que le progrès technique « ne tombe pas du ciel » et que les **structures** de l'économie et l'**action** de l'État sont plus ou moins propices à son développement. L'État joue un rôle majeur dans la définition des « **règles du jeu** » des **échanges** (que Douglass C. North appelle « **institutions** »). L'État définit et garantit le respect des **droits de propriété** (notamment ceux de la propriété intellectuelle, à travers les brevets), et est à l'origine du **droit du travail**, du **droit commercial**, etc. Certaines institutions sont plus ou moins favorables à la croissance : un pays dans lequel les droits de propriété seraient mal définis découragerait l'investissement, car les investisseurs n'auraient pas de garantie de pouvoir tirer profit de leur action. D'autres « règles du jeu » peuvent jouer sur la croissance, comme les dispositifs fiscaux, les règles du fonctionnement du **marché*** du **travail** (nature du contrat de travail, cadre légal de licenciement, formation continue, protection sociale), ou encore la politique de la concurrence.

Les clés pour comprendre

La France et l'économie numérique

La fin du « paradoxe de Solow »

Les années 1980 marquent le début de l'utilisation à grande échelle des nouvelles technologies de l'information et des télécommunications (**NTIC**), ce que l'on a appelé l'**économie numérique**. L'économiste américain R. Solow s'étonnait, au milieu des années 1980, de « voir des ordinateurs partout, sauf dans les chiffres de la productivité » et de la croissance, c'est-à-dire qu'il lui semblait paradoxal que le progrès technique se diffuse dans une économie sans que cela ne fasse augmenter la croissance. À partir du milieu des années 1990, on observe « la fin du paradoxe de Solow ». La productivité globale des facteurs augmente et entraîne une hausse de la croissance économique. Les innovations liées aux NTIC transforment en profondeur le fonctionnement de l'économie.

Le retard français

Cependant, l'impact des NTIC sur la PGF est plus faible en France. Pour P. Aghion et E. Cohen, les institutions françaises ont été performantes durant les Trente Glorieuses pour permettre le rattrapage de l'économie française, mais elles sont aujourd'hui un frein à l'innovation et limitent la hausse de la croissance potentielle. Par rapport aux pays les plus innovants, la France se caractérise par une faiblesse relative dans divers domaines essentiels au progrès technique : investissement* dans l'enseignement supérieur, passerelles entre recherche fondamentale et développement industriel, investissements en R & D dans les secteurs à forte technologie, financement des activités innovantes. La France est aussi pénalisée par un taux d'emploi inférieur et des rigidités sur le marché du travail.

55 PROGRÈS TECHNIQUE

Selon Eurostat, entre 2006 et 2008, plus de 50 % des entreprises* de l'Union européenne ont au moins produit une **innovation**. Dans nos économies, qualifiées de « fondées sur la connaissance », l'obsolescence accrue des technologies et la nécessité d'offrir des produits nouveaux placent l'impératif d'innovation **au cœur des enjeux économiques de l'entreprise**, mais aussi **des pays**. Les innovations sont source de **progrès technique*** car elles contribuent à accroître l'efficacité de la production*.

Progrès technique et innovation

Le progrès technique

• Le **progrès technique** englobe l'ensemble des changements dans le type de produits fabriqués, dans les procédés de production, dans l'organisation du travail et dans les structures des marchés.

• Au niveau macroéconomique, il peut être considéré comme un troisième facteur de production* en plus du travail* et du capital*. Le terme de « résidu » est parfois employé pour expliquer la partie de la croissance* qui ne provient pas de l'accumulation du capital* et du travail. Celle-ci est évaluée entre 50 et 80 % selon les pays et les périodes.

L'origine du progrès technique

• Le progrès technique est lié à la **mise en œuvre** d'une innovation. L'économiste définit l'innovation comme un dispositif nouveau, effectivement mis en œuvre ou vendu, qui peut prendre la forme d'un produit (bien ou service), d'un procédé (mise en œuvre de nouvelles techniques pour la production de biens ou services), d'une organisation (changement dans la division du travail par exemple), ou d'une méthode marketing (mise en franchise ou promotion sur Internet par exemple).

• La mise en œuvre d'une innovation permet d'**améliorer la productivité globale des facteurs*** et est ainsi source de progrès technique. Ainsi, l'innovation dans l'organisation du travail proposée par Ford a permis d'accroître très fortement l'efficacité de la production de voitures.

L'innovation

Un processus économique

• Les économistes distinguent, depuis **Joseph Schumpeter**, trois stades dans le processus de changement technique.
– L'**invention** renvoie à la production de connaissances nouvelles (sans lien obligatoire avec la sphère économique) : c'est, par exemple, la création par Johannes Gutenberg de l'imprimerie à caractères mobiles au XVe siècle.
– L'**innovation** transforme cette invention **en application économique** : il s'agit de la vente de l'invention ou de sa mise en œuvre dans le processus de production. Pour qu'il y ait innovation, le degré de nouveauté, dans la technologie (produit ou procédé) par exemple, doit être avéré.
– Enfin, lorsque l'innovation est adoptée à une grande échelle par une large population, on parlera de **diffusion**.

• Les sources de l'innovation sont diverses. Schumpeter a insisté sur le rôle de l'**entrepreneur**, agent économique doté de qualités hors du commun **capable de prendre des risques** et d'impulser le processus d'innovation. La **recherche**, dans des laboratoires privés ou publics, est une autre source. La **pratique**, en répétant les mêmes gestes, permet aussi d'apprendre et d'améliorer la façon de produire. Enfin, la **diffusion des connaissances** augmente la capacité de la société à en créer de nouvelles. Schumpeter a insisté sur le rôle de l'entrepreneur, agent économique hors du commun capable de prendre des risques, dans la dynamique de l'innovation. L'acuité d'innovation ne se limite toutefois pas à l'initiative de quelques entrepreneurs innovants mais se retrouve aussi dans les activités rationalisées de recherche et développement.

Un enjeu pour l'entreprise

• Dans un monde économique de plus en plus compétitif, l'innovation est le moyen privilégié pour l'entreprise de s'affranchir de la **concurrence*** et de gagner des **parts de marché**, car elle lui permet de diminuer son **coût*** unitaire de production et donc de vendre moins cher.

• De plus, si l'entreprise met en vente sur le marché un nouveau **produit** qu'elle est seule à offrir, elle sera en **monopole*** jusqu'à ce qu'une firme concurrente l'imite. Durant ce temps, elle peut, dans une certaine mesure, augmenter son **prix*** de vente sans craindre que les consommateurs achètent à ses concurrentes.

Les clés pour comprendre

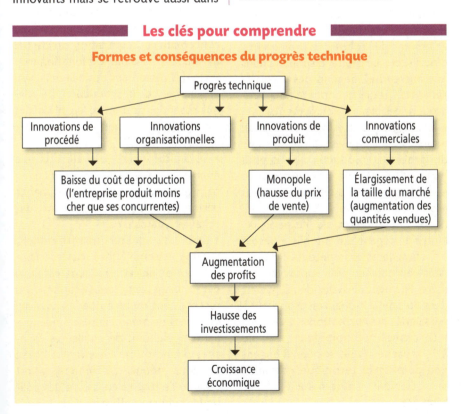

Formes et conséquences du progrès technique

56 CAPITAL

Les économistes définissent le **capital***, au sens large, comme un stock d'**actifs** susceptible d'engendrer un flux de **revenus***. Néanmoins, ses formes sont multiples et il prend des significations diverses selon le contexte d'utilisation. Si le capital est un **déterminant** de l'activité de **production***, son accumulation* est aussi fondamentale pour le **bien-être** des populations.

Le capital, un facteur de production

Investissement et accumulation du capital

• Le **capital physique*** représente l'ensemble des biens d'équipement (biens durables). Ces biens sont utilisés au cours du processus productif pour produire d'autres biens.. Ainsi, une entreprise qui fabrique des voitures a besoin de robots, d'ordinateurs, d'outils, etc. Le capital disponible dans une entreprise* dépend des **investissements*** passés qui ont été faits pour acquérir ces biens d'équipement.

• Il existe un autre type de capital, moins tangible, qui est utilisé au cours du processus productif : le **capital humain***. Il désigne la **connaissance** et les **compétences** que les individus acquièrent au travers de l'éducation, de la formation et de l'expérience. Notre entreprise automobile a besoin de travailleurs compétents, chacun dans leur tâche, pour pouvoir produire. Elle peut ainsi décider d'investir dans du capital humain en proposant à ses salariés des **formations**.

• Le **capital technologique**, assimilé à la capacité d'une société d'engendrer du **progrès technique***, est aussi un élément déterminant pour produire.

Les autres formes de capital

D'autres formes de capital ne résultent pas forcément d'un investissement initial.

• Le **capital naturel*** désigne les facteurs de production et les services issus de la nature (par exemple les gisements miniers, ou encore les rivières, pour la force hydraulique nécessaire à la production d'électricité). De nombreuses inquiétudes émergent aujourd'hui concernant la dégradation du capital naturel, du fait d'une exploitation trop forte des ressources et de la pollution engendrée par la production. Il apparaît essentiel de mettre en place des modes de production plus économes en capital naturel.

• Le **capital social*** joue aussi un rôle important dans l'activité productive : par exemple, les relations de confiance permettent le développement des échanges marchands.

• Enfin, le **capital institutionnel***, comme ensemble des cadres mentaux, juridiques et politiques, est aussi déterminant : des études économiques récentes ont montré que les pays qui disposent de médias libres et indépendants présentent de meilleures capacités d'innovation. En effet, la classe politique, moins corrompue, y est capable de mettre en œuvre des politiques publiques efficaces.

Accumulation du capital et croissance

Depuis les travaux de **Robert Solow** en 1956, les économistes admettent que la croissance résulte de l'accumulation des **facteurs de production*** et du progrès technique.

Croissance extensive

Une croissance est dite extensive lorsqu'elle repose principalement sur l'**accumulation du travail* et du capital**, ce qui induit des gains de productivité limités. La mobilisation de terres en jachère relève de cette logique, car elle augmente la quantité de capital utilisé.

Croissance intensive

La croissance intensive repose principalement sur de forts **gains de productivité***. Ceux-ci seront d'autant plus importants que l'organisation productive dispose en quantité et en qualité des différents types de capital. Par exemple, les travailleurs sont d'autant plus productifs qu'ils disposent d'outils pour travailler et sont capables de bien les utiliser, que les ressources naturelles sont abondantes pour les fabriquer, qu'ils disposent de technologies avancées, que la coopération entre travailleurs est fréquente et que la loi leur garantit le respect de leur **contrat de travail***.

Les clés pour comprendre

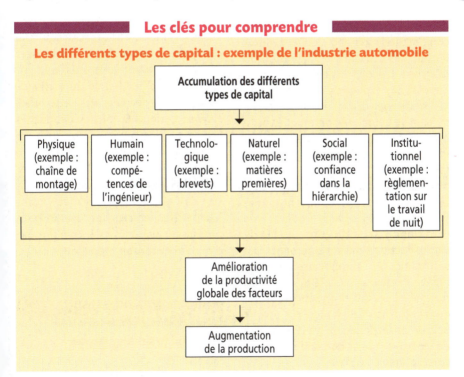

Les différents types de capital : exemple de l'industrie automobile

Cf. fiches 24, 52, 54, 55, 59, 65, 81

57 CRISE ÉCONOMIQUE

La croissance économique* n'est pas un processus stable et continu, mais s'accompagne de crises* : il y a alors **ralentissement de la production*** et **montée du chômage***. À l'inverse, si la croissance économique est trop forte, l'inflation* et le déséquilibre du commerce extérieur menacent. La crise correspond au retournement brutal de la conjoncture économique qui marque la fin d'une période d'expansion dans un **cycle économique**. Par extension, il s'agit d'une phase de contraction durable et de **dépression*** de l'activité économique.

Les crises dans l'analyse économique

Des crises transitoires

- Les économistes classiques considèrent les crises comme des accidents conjoncturels qui ne peuvent durer du fait des capacités d'adaptation du **marché***. L'économiste français Jean-Baptiste Say explique ainsi au début du XIXe siècle avec la « loi des débouchés » qu'au niveau macroéconomique **toute offre crée sa propre demande** car toute production génère des revenus (profits pour l'entreprise*, salaires* des salariés, intérêts pour les créanciers) qui permettent aux consommateurs d'acheter les biens produits. Il ne peut donc y avoir de crise durable de surproduction, mais **seulement** une surproduction **temporaire**, rapidement résorbée grâce à la flexibilité du marché (si des tables ont été produites de façon trop abondante, leur prix va baisser et la demande va augmenter de façon à ce que la demande de tables corresponde à l'offre).

- À la fin du XIXe siècle, les économistes néoclassiques prolongent ces analyses en démontrant, sous certaines conditions, l'existence d'un **équilibre général** de tous les marchés : des crises durables sont, en théorie, impossibles et les déséquilibres constatés ne peuvent survenir qu'en raison de l'intervention perturbatrice de l'État* sur les marchés.

Des crises structurelles

À la faveur de la grande dépression des années 1930, John Maynard Keynes conteste l'idée d'une capacité naturelle du système économique à retrouver automatiquement la prospérité. Il critique l'idéologie libérale du « laissez-faire » qui découle de cette idée. Keynes critique la loi des débouchés et montre que la crise est possible car **rien ne garantit que toute offre crée sa propre demande** : il peut exister des équilibres de sous-emploi* en raison d'une demande anticipée* insuffisante (les entreprises, pessimistes, produisent peu ; les salariés n'ont pas d'emploi et consomment peu).

Les crises financières

L'instabilité sur les marchés financiers

- Une crise financière résulte généralement de la combinaison d'une **crise boursière** (ou krach boursier) et d'une **crise bancaire**. Lorsque la conjoncture est favorable, l'optimisme des agents économiques les incite à prendre plus de risques et à s'endetter davantage : les banques prêtent plus facilement et le crédit augmente. Sur les marchés financiers, les comportements d'**imitation** des agents (qu'on appelle « mimétiques ») créent des phases de confiance excessive durant lesquelles les prix des actifs financiers augmentent fortement par rapport à leur valeur réelle. Il se forme alors des « bulles spéculatives ».

• Les crises financières sont essentiellement liées à l'éclatement de ces bulles, lorsque les opérateurs sur les marchés financiers prennent soudainement conscience de la surévaluation du prix des actifs et décident de les revendre en même temps (krach boursier). Ces bulles spéculatives créent une forte instabilité économique : durant les périodes d'euphorie, l'endettement risque de devenir excessif, tandis que le retournement brutal des marchés financiers peut provoquer un **appauvrissement** des agents économiques.

De la crise financière à la récession

• Dans une économie où le niveau d'endettement est élevé, les pertes des banques sur les marchés financiers se transmettent ensuite rapidement à l'activité économique car le crédit qu'elles octroient aux agents (ménages, entreprises) joue un rôle considérable : la contraction du crédit s'accompagne d'une baisse du prix* des actifs immobiliers et boursiers qui réduit la valeur du patrimoine des ménages, pousse à la remontée du **taux d'épargne** par crainte de l'avenir, freine la **consommation***, réduit l'incitation des entreprises à **investir** en raison de la baisse des **profits**, et conduit à la chute de la production, à la baisse des revenus distribués et à une vague de **destruction d'emplois***.

• L'action massive des **banques centrales*** est alors nécessaire pour éviter un effondrement du crédit.

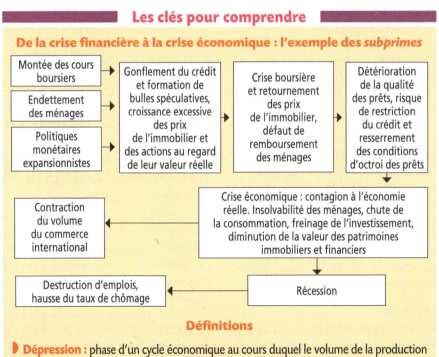

Les clés pour comprendre

De la crise financière à la crise économique : l'exemple des *subprimes*

Définitions

▶ **Dépression** : phase d'un cycle économique au cours duquel le volume de la production diminue.

▶ **Récession** : ralentissement du rythme de croissance de la production.

58 FLUCTUATION ÉCONOMIQUE

Ensemble des **mouvements de baisse ou de hausse du rythme de la croissance économique**. Un **cycle économique** correspond à une succession de phases d'expansion et de récession.

Fluctuations, cycle et crises

Les phases de l'évolution économique

- L'analyse des fluctuations économiques repose sur l'analyse des écarts pouvant exister entre la **croissance effective** (constatée) d'un pays et sa **croissance potentielle**. Le taux de croissance potentielle se calcule en mesurant la croissance maximale de la production qui peut être réalisée sans tensions inflationnistes compte tenu des facteurs de production disponibles.
- L'écart (*output gap*) entre le taux de croissance effectif et le taux de croissance potentielle permet d'identifier la phase du cycle dans laquelle l'économie se trouve. Une croissance effective supérieure à la croissance potentielle correspond à une période d'**expansion** où existent des tensions inflationnistes (« surchauffe »). Quand la croissance potentielle est supérieure à la croissance effective, l'économie est en situation de **récession** où le chômage augmente.
- Les pouvoirs publics peuvent mettre en œuvre des **politiques contracycliques** pour lisser les fluctuations de l'économie. Ces politiques n'ont d'effets qu'à court terme et ne permettent pas d'augmenter la croissance potentielle d'un pays.

Innovations et cycles longs

- Selon **Schumpeter**, les cycles économiques sont à relier à la dynamique de l'innovation.
- Les innovations, portées par les entrepreneurs, apparaissent en **grappes** et se généralisent dans le système économique : les entreprises innovantes, en position de **monopole***, dégagent temporairement un **profit important**, tandis que les secteurs liés à ces entreprises sont incités à développer à leur tour de nouveaux produits, de nouveaux procédés, de nouvelles formes d'organisation, à conquérir de nouveaux marchés ou de nouvelles sources de matières premières (phase d'expansion).
- Cependant, la généralisation des innovations et l'imitation de celles-ci par d'autres entrepreneurs réduisent les profits, ce qui conduit à l'essoufflement de l'activité économique et à la phase de **récession**. Les cycles liés à l'existence d'innovation sont des cycles de long terme (**cycles Kondratieff**). Chaque phase dure environ 25 ans. Des cycles de court terme (**cycles Kitchin**) et de moyen terme (**cycles Juglar**) existent aussi et s'expliquent par d'autres facteurs.

Les sources de l'instabilité

Fluctuations et chocs

- L'irrégularité de la croissance peut provenir des variations de la **demande globale***. Un **choc de demande positif** (augmentation rapide de la demande) peut impulser une dynamique d'expansion. Les entreprises voient leurs commandes augmenter et accroissent leur production. Le stock de facteurs de production étant limité à court terme, les entreprises ne peuvent qu'imparfaitement répondre à cette augmentation de la demande ce qui conduit à une

hausse des prix (tension inflationniste). À l'inverse, un **choc de demande négatif** peut conduire à une récession.
• Les variations de l'**offre globale** peuvent aussi expliquer les fluctuations économiques. Un **choc d'offre négatif** lié à l'augmentation des coûts de production peut conduire à la faillite d'entreprises et entraîner une phase de récession. **Un choc d'offre positif** (amélioration des conditions de production) peut à l'inverse impulser une dynamique de croissance (phase d'expansion).

Les cycles de crédit

• L'existence de fluctuations est aussi à relier à la dynamique de l'endettement. En période d'optimisme économique, les agents s'endettent ce qui contribue à l'augmentation de l'investissement et de la consommation. Une phase d'expansion s'ouvre alors ce qui renforce l'optimisme général. Des prêts sont accordés dans des proportions de plus en plus importantes et notamment à des agents de moins en moins solvables. La croissance est ainsi soutenue par l'endettement.

• Lorsque les créanciers prennent conscience des risques qu'ils encourent et que les anticipations de croissance sont moins optimistes (retournement des anticipations), l'offre de crédit diminue. Les entreprises qui comptaient sur la possibilité d'avoir facilement accès à des crédits et qui prévoyaient de s'endetter à nouveau pour faire face aux échéances à venir se retrouvent en difficulté et une phase de récession se met en place. Les entreprises et les ménages vendent leurs actifs pour pouvoir rembourser leurs crédits ce qui conduit à une baisse des prix et augmente le poids réel de leur dette. Un mécanisme de « déflation par la dette » a lieu (Irving Fisher).

Les clés pour comprendre

Les cycles économiques

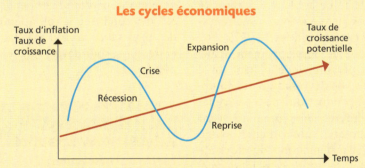

La phase de récession se transforme en dépression lorsque la crise est importante.

Définitions

▶ **Expansion :** phase du cycle économique qui se caractérise par une augmentation de la production.

▶ **Récession :** conjoncture économique d'un pays marquée par la chute du taux de croissance (mais qui peut rester positif) ou par son maintien durable à des niveaux faibles.

▶ **Dépression :** conjoncture économique marquée par la baisse de la production, par celle du PIB (taux de croissance négatif de la richesse nationale) et par un accroissement du chômage.

59 DÉVELOPPEMENT DURABLE

L'augmentation continue de la production permet d'accroître le niveau de vie des populations et constitue en général un objectif majeur des politiques économiques. Pourtant, la croissance économique* peut aussi engendrer à long terme des **effets négatifs** qui doivent être pris en compte : **épuisement des ressources non renouvelables**, pollution, etc. Il apparaît ainsi impératif de concevoir un **mode de développement qui soit compatible avec la préservation de l'environnement** : un développement durable.

Le développement durable, un thème qui émerge à la fin des années 1980

Les limites de la croissance

• Durant les années 1970, les économistes s'interrogent sur le « revers de la médaille » de la croissance. De nombreuses conférences internationales se succèdent et pointent du doigt ses conséquences sur l'environnement : **destruction de ressources naturelles**, vulnérabilité de la planète, incapacité de la biosphère à « épurer » les émissions de gaz à effet de serre (GES), etc.

• Le mode de développement actuel ne peut perdurer indéfiniment car il conduit à une **dégradation des conditions de production*** pour les générations futures. Pour produire, il est nécessaire de disposer d'un **stock de capital***. La diminution du stock de capital naturel est, de ce point de vue, problématique.

La soutenabillité du développement

• En 1987, le rapport Brundtland propose de définir le développement durable comme « un développement qui répond aux besoins du présent **sans compromettre la capacité des générations futures de répondre aux leurs** ». La croissance et le développement ne sont pas naturellement durables.

• La **soutenabilité** du développement dépend du **respect de l'environnement**, mais implique aussi une **dimension sociale** de lutte contre la pauvreté et contre la faim. Dans le cadre des Sommets de la Terre, et en particulier lors de celui de Rio en 1992, la définition qui est donnée du développement durable ajoute une dimension sociale à la dimension écologique, intégrant les questions des **inégalités***. Un développement qui serait trop inégalitaire ne pourrait perdurer car il engendrerait des conflits, à la fois à l'intérieur des pays et au niveau international, entre pays sous-développés et pays développés.

Comment rendre le développement durable ?

Le rôle de l'innovation

Afin de préserver les ressources naturelles, il faut favoriser l'émergence d'un **nouveau mode de production**, plus économe en capital naturel. Il apparaît ainsi impératif de favoriser le **progrès technique*** qui est à l'origine du développement de technologies de production « **propres** » (voitures électriques, panneaux solaires).

• L'**État*** peut inciter les entreprises à trouver des solutions innovantes en **réglementant** certaines pratiques (par l'interdiction de certains produits nocifs, par exemple) et en imposant des **quotas** dans l'utilisation de certaines ressources (quotas de pêche pour le thon rouge). Il peut également **taxer** les entreprises polluantes et **subventionner** les entreprises ou individus qui mettent en œuvre des techniques économisant des ressources naturelles : subventions aux ménages qui isolent leur logement ou installent des panneaux solaires, la mise en place d'une taxe sur les productions polluantes en dioxyde de carbone, faisant augmenter le prix relatif de ces productions sur le marché, afin de rendre des productions innovantes relativement moins chères (taxe carbone).

• L'État peut créer des **marchés* de quotas**. Les pouvoirs publics décident du volume global de pollution désiré (par exemple la quantité d'émission de CO_2 désirée) et créent, en fonction de cela, un certain nombre de titres qui correspondent à des autorisations d'émissions polluantes (par exemple, la possession d'un titre donne le droit à une entreprise d'émettre une tonne de CO_2 par an). Ces titres s'échangent sur les marchés et une entreprise qui pollue plus devra acheter les titres correspondants, ce qui augmentera ses coûts de production. De tels marchés existent aujourd'hui : c'est le cas avec les émissions de CO_2 en Europe pour les grosses entreprises.

Croissance, fluctuations et crise

Les clés pour comprendre

Croissance, développement et développement durable

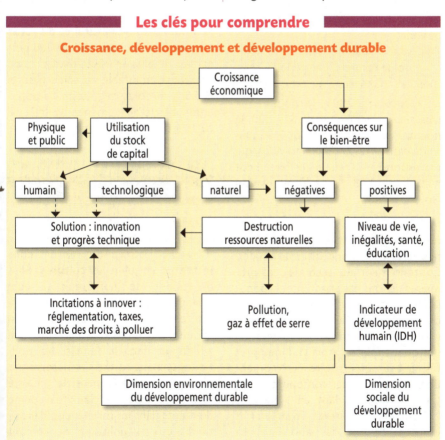

60 DÉMOGRAPHIE

La population d'un pays évolue dans le temps ; cette évolution peut se mesurer d'une année sur l'autre à partir du **solde du mouvement de population**, mais elle peut aussi s'appréhender à travers des dynamiques de plus longue période qui ont une influence sur la **croissance économique***.

L'évolution de la population sur le court terme

Le mouvement naturel

La natalité et la mortalité provoquent une variation de l'effectif d'une population : c'est le mouvement naturel.
Solde naturel = nombre de naissances − nombre de décès (sur une même période)
Taux d'accroissement naturel :

$$\frac{\text{solde naturel d'une période}}{\text{population moyenne sur cette période}}$$

En France, en 2009, le nombre de naissances vivantes est de 824 600, le nombre de décès de 548 500, soit un solde naturel de 276 100 individus, qui correspond à un taux d'accroissement naturel de 0,43 % de la population (source INSEE).

Le mouvement migratoire

• On distingue les **migrations internes** des **migrations internationales**. Contrairement aux secondes, les premières ne font pas augmenter la population totale. Il faut distinguer les **flux de migrations** (flux entrant d'immigrants et flux sortant d'émigrants) des **quantités** (ou stocks) d'immigrés résidant sur un territoire à un moment donné. Il ne faut pas confondre **immigré** (individu résidant en France né à l'étranger de parents étrangers) et **étranger** (critère de nationalité). La population française compte 8,3 % d'immigrés (2008), et 5,7 % d'étrangers (chiffre 2005).

• Le **solde migratoire** est la différence, sur une période donnée, entre le **nombre d'immigrés** et le **nombre d'émigrés**. Il est évalué à environ 75 000 personnes en 2009, et produit un taux d'accroissement d'environ 0,11 % de la population totale.
• Au final, l'**accroissement de la population française** correspond à la **somme du solde naturel et du solde migratoire**, soit environ 350 000 personnes de plus en 2009, dont près de 75 % est imputable au solde naturel et 25 % au solde migratoire. La population totale a augmenté de 0,54 % (0,43 + 0,11) durant l'année 2009.

La dynamique de la population sur le long terme

Les facteurs d'évolution sur le long terme

• **Natalité** et **fécondité** varient **dans le temps** et selon les **cultures**. Elles dépendent de nombreux facteurs biologiques et sociaux, comme l'âge des femmes, la formation des unions, les interdits sexuels, la place donnée à l'enfant dans la famille, les politiques de natalité, etc. On observe par exemple des **différences de natalité** suivant les **milieux sociaux** (davantage d'enfants dans les milieux populaires), tandis que la **politique** de l'enfant unique a eu un impact significatif sur la fécondité des Chinoises, et donc sur le taux de natalité du pays.

• La natalité et la fécondité, tout comme la mortalité, varient également en fonction des **conditions de vie** et de l'**histoire** : l'hygiène, la nourriture, les progrès de la science engendrent une baisse de la mortalité. La fin d'une guerre provoque généralement un bond de la natalité. Quant à la fécondité, elle baisse quand la mortalité infantile se fait plus rare.

La transition démographique

• Ces variations de mortalité et de natalité ont, depuis 200 ans, eu un impact considérable sur l'accroissement de la population mondiale : estimée à 250 millions au début de l'ère chrétienne, celle-ci passe de 1,7 milliard en 1900 à 3,3 milliards en 1965 et **7 milliards** en 2011.

• On parle de **transition démographique** pour décrire le phénomène d'une **baisse de la mortalité** liée au développement (économique, social et médical) **suivie**, dans un second temps, **d'une baisse de la natalité**. En effet, la mortalité baisse quand les populations sont **mieux nourries** (amélioration des rendements agricoles) et **mieux soignées** (vaccins, amélioration de l'hygiène), tandis que la natalité ne diminue pas encore : le taux d'accroissement naturel augmente alors. Cette hausse dure le temps de la phase de transition (achevée pour les PDEM, mais amorcée pour l'Inde, la Chine, le Maghreb et l'Afrique subsaharienne) ; ensuite, la natalité s'ajuste et diminue. On s'attend donc à une future réduction du taux de croissance naturel des pays en développement.

Les clés pour comprendre

La population européenne

Le vieillissement de la population

Le vieillissement, ou augmentation de la part des plus de 65 ans dans la population résulte de deux facteurs qui peuvent se combiner : baisse de la fécondité (vieillissement par le bas) et progrès de la longévité (vieillissement par le haut).
Tous les pays ne sont pas confrontés de la même façon au vieillissement de leur population. En 2011, les plus de 65 ans représentent 16,6 % de la population française, 20 % de la population allemande, mais 10 % de la population irlandaise.

L'évolution de la population européenne

Si la population de France augmente, celle de l'Allemagne et de pays d'Europe de l'Est diminue. La population européenne représente un dixième de la population mondiale en 2008.
Elle a seulement été multipliée par 1,3 entre 1950 et 2008, tandis que la population mondiale (6,8 milliards) a été multipliée par 2,7. L'Asie, qui représente près des deux tiers de la population mondiale en 2008, a presque triplé sa population sur la même période tandis que l'Afrique l'a plus que quadruplée, pour atteindre 987 millions d'habitants en 2008.

Définitions

▶ **Taux de natalité :** rapport du nombre de naissances vivantes de l'année à la population totale moyenne de l'année.

▶ **Taux de fécondité :** à un âge donné, nombre d'enfants nés vivants des femmes de cet âge au cours de l'année, divisé par le nombre de femmes ayant cet âge dans population.

SPÉCIALISATION INTERNATIONALE

La spécialisation économique internationale désigne le fait que chaque État se spécialise dans la **production*** **de certains biens** pour en **exporter** une partie et **importe les biens** dont il a **abandonné la production** à d'autres pays. Ce phénomène est aussi qualifié de **division internationale du travail**. De grands débats ont lieu, entre les économistes, pour expliquer la spécialisation internationale.

Spécialisation et avantage productif

Les avantages absolus

• Adam Smith développe en 1776 la théorie des avantages absolus : un pays dispose d'un avantage absolu dans la production d'un bien s'il est **plus efficient dans la production de ce bien**. Smith préconise que chaque pays se spécialise dans la production des biens pour lesquels il dispose d'un avantage absolu, abandonnant ainsi la production des autres biens.

• Smith démontre qu'en divisant ainsi le travail, il existe un gain mutuel à l'échange*. La **spécialisation*** engendre en effet des **gains de productivité** qui permettent, à quantité de facteurs de production* donnée, de **produire plus** qu'en situation d'autarcie (c'est-à-dire en situation où il n'y a pas d'échange).

Les avantages comparatifs

• Dans le cadre de sa « théorie des avantages comparatifs* », David Ricardo affirme en 1817 qu'un pays a intérêt à se spécialiser **même s'il ne détient aucun avantage absolu** dans la production d'un bien. Les pays doivent se spécialiser dans la production des biens pour lesquels ils disposent d'un **avantage comparatif***, c'est-à-dire des biens dans la production desquels ils sont relativement **les plus efficients** (par rapport aux autres biens).

• Cette théorie revient à préconiser une spécialisation dans la production de biens pour lesquels le **coût d'opportunité*** de production est le plus faible. La spécialisation procure alors un **gain** aux deux parties concernées, et au monde dans son ensemble, puisque les facteurs de production sont utilisés dans tous les pays à leur **productivité* maximale**.

Spécialisation et dotations factorielles

Le théorème « HOS »

• Les théoriciens néoclassiques (les Suédois **H**eckscher et **O**hlin, et l'Américain Paul **S**amuelson) prolongent les analyses de David Ricardo en montrant que les pays doivent se spécialiser en fonction de leurs dotations factorielles* relatives. Un pays qui disposerait relativement de **plus de capital*** que de **travail*** devrait, dans cette optique, se spécialiser dans la production de biens qui demandent relativement plus de capital que de travail pour être produits.

• Selon le théorème « HOS », l'extension du libre-échange* permet la convergence mondiale de la rémunération des **facteurs de production** (salaires, profits). En effet, dans les pays spécialisés dans des productions nécessitant l'emploi d'une main-d'œuvre abondante (comme la Chine), la hausse des exportations permet une hausse de la production et un accroissement de la demande de travail dans le pays. Ceci doit engendrer une hausse des salaires*, qui se rapprochent alors de ceux pratiqués dans les pays développés.

L'analyse néo-technologique

• Les théories plus récentes du commerce international, développées en particulier par l'économiste américain **Paul Krugman**, montrent que les avantages comparatifs sont davantage **construits** que **donnés au départ** (comme le sont les ressources naturelles). La spécialisation et l'échange international permettent en effet à chaque pays d'exporter des biens et de devenir plus compétitif grâce à des efforts d'**innovation*** et de **recherche-développement** au sein de la concurrence mondiale.

• Ces théories montrent que les **gains** du libre-échange sont **cumulatifs** : chaque nation peut **produire une plus grande quantité** de biens (économies d'échelle), le **consommateur** a accès à une **plus grande diversité** de biens pour satisfaire ses besoins, et **bénéficie de prix* moindres** (grâce à la concurrence qui incite les firmes à réduire leurs prix).

Les clés pour comprendre

Les avantages comparatifs de D. Ricardo

Pour expliquer sa théorie, David Ricardo donne l'exemple suivant : supposons que le Portugal doive utiliser 90 heures de travail pour produire une pièce de drap et 80 heures pour un litre de vin, contre 100 heures pour une pièce de drap en Angleterre et 120 heures pour le vin.

	Drap	Vin
Angleterre	100	120
Portugal	90	80

Le Portugal dispose d'un avantage absolu dans la production de vin et de drap. Pour autant, le Portugal a intérêt à abandonner la production de drap pour laquelle l'Angleterre dispose d'un avantage comparatif et à se spécialiser dans la production de vin pour laquelle le Portugal est relativement plus efficient (par rapport au drap).

En effet, en se spécialisant selon ces principes, l'Angleterre utilisera les 120 heures libérées par l'abandon de la production de vin à la production de drap. L'Angleterre disposera ainsi de 220 heures au lieu de 100 pour produire des draps, et pourra ainsi en produire 2,2 unités. De même, le Portugal utilisera les 90 heures libérées par l'abandon de la production de drap, pour les utiliser à la production de vin : il disposera ainsi de 170 heures pour la production de vin et celle-ci sera alors de 2,125 unités. Au total, 2,2 draps sont produits contre 2 auparavant et 2,125 litres de vin contre 2 auparavant. La spécialisation et l'échange ont entraîné un gain. La façon dont ce gain est réparti va dépendre du prix des biens. Les gains à l'échange peuvent ainsi être répartis de façon très inégale entre les pays.

62 LIBRE-ÉCHANGE

Le **libre-échange*** est une politique commerciale qui vise à supprimer toute entrave à la circulation des biens et services entre les pays (droits de douane, quotas). Le libre-échange s'oppose ainsi aux **politiques protectionnistes** qui préconisent des mesures limitant les importations de biens et services (à travers des droits de douane, des restrictions quantitatives ou des subventions aux produits nationaux) et stimulant les exportations.

Le développement du libre-échange

Une source de gains

- Selon les **théories classiques** du commerce international, développées par **Adam Smith** et **David Ricardo**, les échanges internationaux sont **bénéfiques** car ils permettent une division internationale du travail. Il faut donc supprimer toute entrave au commerce international.
- Le libre-échange permet par ailleurs de développer la **concurrence** entre les pays et les entreprises, ce qui incite à l'**innovation*** et à la recherche de **compétitivité prix*** et **hors prix*** au bénéfice des consommateurs, dont le **pouvoir d'achat* s'améliore** par l'importation de biens moins onéreux.
- La compétition internationale réduit les **rentes de monopole** acquises par certaines industries nationales, agrandit les marchés, augmente la **production*** des entreprises et leur permet de réaliser des **économies d'échelle** (permettant des baisses des prix), tandis que les consommateurs ont accès à une plus grande **diversification** des biens.

Un processus historique

- Le libre-échange a été mis en place en Angleterre avec l'abolition des *corn laws* (lois sur les blés) en 1846, puis le traité de libre-échange franco-britannique de 1860. À la fin du XIXe siècle, il est remis en question par de nombreuses **lois protectionnistes** (en Europe et aux États-Unis).
- Le libre-échange a été promu par le **GATT** (Accord général sur les tarifs et le commerce) après la Seconde Guerre mondiale, puis par l'**OMC** à partir de 1995. Les droits de douane ont ainsi nettement diminué dans le monde, malgré le maintien de protections non tarifaires. À partir des années 1990, les ex-pays socialistes et les pays émergents ont tous infléchi leur politique commerciale dans le sens du libre-échange.

Le libre-échange en débat

La tentation protectionniste

- Dès le XIXe siècle, des auteurs nationalistes comme Friedrich List défendent des mesures de **protectionnisme*** comme moyen de développer les **industries naissantes** à l'abri de la concurrence des pays plus avancés (comme l'Angleterre). John Maynard Keynes, quant à lui, les perçoit comme un **instrument de lutte contre le chômage*** car la réduction des importations permet de limiter les fuites de **monnaie*** hors du circuit national et accroît l'efficacité des politiques de relance par la **consommation***.

• Les thèses en faveur du protectionnisme ont connu un certain renouveau avec la prise en compte de **l'imperfection des marchés*** : dans une situation oligopolistique, les États peuvent avoir intérêt à mener une « politique commerciale stratégique », par exemple en subventionnant les entreprises nationales dans certains secteurs moteurs de l'économie (automobile, aéronautique).

Les formes de protectionnisme

• On distingue le protectionnisme tarifaire, qui comprend l'ensemble des taxes (**droits de douane**) payées par les importateurs, et le protectionnisme non tarifaire, qui comprend les **quotas** (qui fixent* un montant maximal d'importations), les **normes techniques** et **interdictions** qui viennent restreindre et fausser les flux d'échange, et les **subventions** aux entreprises nationales.

• De nombreuses réglementations internationales **interdisent** néanmoins le recours au **protectionnisme** du fait des inconvénients que généreraient de telles décisions : hausses des prix qui pénalisent les consommateurs et les entreprises, retards dans l'introduction des innovations, etc. Il semblerait que la question pertinente ne soit pas de limiter les échanges, mais d'œuvrer pour une **meilleure répartition des gains liés à l'échange**.

Les clés pour comprendre

Bienfaits et limites du libre-échange

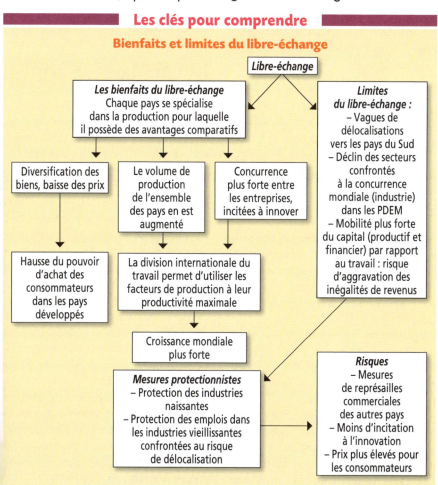

Cf. fiche 61

63 UNION ÉCONOMIQUE ET MONÉTAIRE (UEM)

Il s'agit d'un accord entre les pays membres de l'Union européenne visant à créer une monnaie* unique (l'euro) avant le 1er janvier 2002 et à transférer leur souveraineté monétaire à une banque centrale* unique : la Banque centrale européenne.

L'intégration économique

Définition

L'union monétaire de l'Europe s'inscrit dans le processus d'intégration économique et commerciale qui caractérise la construction européenne. **L'intégration économique** résulte d'accords entre les nations en vue de constituer un ensemble aux réglementations, aux institutions et aux politiques économiques définies sur une base commune.

Cinq étapes

L'économiste Béla Balassa a défini les cinq étapes successives de l'intégration économique internationale :
– la **zone de libre-échange**, où les droits de douane et restrictions quantitatives (quotas, contingentements) sur les biens et les services sont supprimés entre les pays partenaires ;
– l'**union douanière** : les pays constituent une zone de libre-échange, mais définissent également une politique commerciale commune par rapport au reste du monde et fixent un tarif extérieur commun ;
– le **marché commun** : les pays membres instituent la liberté d'échange des biens et des services, ainsi que la liberté de circulation des travailleurs et des capitaux ;
– l'**union économique** : les pays tentent d'harmoniser les règles de la concurrence et de réduire les obstacles aux échanges à l'intérieur du marché commun (reconnaissance mutuelle des diplômes, convergence des systèmes de protection sociale* pour faciliter la mobilité des travailleurs, etc.)
– Enfin, dans le cadre de l'**Union économique et monétaire (UEM)**, les États* membres approfondissent la concertation des **politiques économiques**, décident d'une politique monétaire* unique et instaurent une banque centrale commune qui émet une seule monnaie.

La zone euro

Des adhésions successives

• La zone euro, qui regroupe les pays de l'Union européenne (UE) ayant adopté l'**euro**, compte aujourd'hui 17 membres. Elle a vu le jour au **1er janvier 1999** lorsque les banques centrales nationales de onze États membres de l'Union européenne ont transféré à la **Banque centrale européenne** leurs compétences en matière de politique monétaire*. En **2001, la Grèce** a adhéré à la zone euro et en **2007, la Slovénie** est devenue le treizième pays participant, puis **Chypre** et **Malte** ont rejoint à leur tour ce qu'on appelle parfois « l'euroland ». La **Slovaquie** a intégré l'UEM en **2009** et l'**Estonie** en **2011**.
• La création de la zone euro et celle d'une nouvelle institution supranationale, la Banque centrale européenne, ont constitué une étape importante du processus d'intégration européenne entamé dans les années 1950.

Les conditions d'adhésion

• Pour intégrer la zone euro, les États membres doivent satisfaire à des **critères de convergence monétaires et financiers** (limitation des dettes* et des déficits publics*, de l'inflation*, des taux d'intérêt*, interdiction des dévaluations…).

• Le **système européen des banques centrales** (SEBC), institué en juin 1998, est composé de la BCE et des banques centrales nationales (BCN) de tous les États membres de l'UE, qu'ils aient ou non adopté l'euro. L'**Euro-système** comprend la BCE et les BCN des pays ayant adopté l'euro : il coexiste donc avec le système européen des banques centrales tant qu'il existe des États membres de l'UE qui ne font pas partie de la zone euro.

Les clés pour comprendre

La monnaie unique en question

Avantages de la monnaie unique

L'instauration d'une monnaie unique :
– permet de **limiter les incertitudes** liées aux fluctuations des **cours de change** (pour les entreprises notamment) ;
– entraîne une **baisse des coûts de transaction*** (plus de commissions de change notamment), ce qui favorise un développement des échanges à l'intérieur de l'Union ;
– garantit une **plus grande transparence** en termes de prix* et de coûts, ce qui améliore les conditions de la concurrence sur le marché unique ;

Enfin, appuyée sur une vaste zone commerciale, l'euro peut acquérir un **statut de monnaie internationale** et concurrencer, à terme, le dollar américain en tant que monnaie de facturation des échanges ou en tant que monnaie de réserve de change des banques centrales.

Inconvénients

Néanmoins, la zone euro demeure une construction institutionnelle originale, caractérisée par une **politique monétaire unique** mais par des **politiques budgétaires* nationales**. La politique monétaire de la BCE peut difficilement s'adapter aux conjonctures économiques spécifiques de chaque pays de la zone euro, et les mécanismes de solidarité financière entre les pays membres restent limités en l'absence d'un véritable gouvernement économique de la zone euro, à l'instar des mécanismes de redistribution qui existent dans un **État fédéral*** comme les États-Unis.

La crise des **dettes souveraines** en Europe a montré que ces contradictions institutionnelles suscitent l'inquiétude des **marchés financiers** et des **agences de notation** qui évaluent pour les investisseurs les risques des placements associés à chaque pays.

64 MONDIALISATION

En économie, la mondialisation* peut se définir comme **l'internationalisation et l'interpénétration croissantes des économies**. L'internationalisation signifie que les économies sont davantage ouvertes : plus de biens et services, capitaux* et personnes circulent entre les pays ; le commerce international* se développe. L'interpénétration signifie que les économies sont de plus en plus liées, interdépendantes, intégrées les unes aux autres.

La mondialisation contemporaine et ses spécificités

- Le phénomène de mondialisation n'est pas nouveau. Dès le XIXe siècle a lieu une **première mondialisation**, dont l'ampleur est équivalente à la mondialisation contemporaine en raison de la révolution des communications (exemple de l'invention du télégraphe), des flux migratoires ou des flux internationaux de capitaux. Au cours du XXe siècle, l'intégration économique recule jusqu'aux années 1970.
- On assiste alors au début d'une **seconde période** de mondialisation. Celle-ci est marquée par l'essor des **échanges intra-branches**, des échanges **de biens intermédiaires** (biens utilisés au cours de la production), des échanges **de services**, mais aussi du développement des **investissements directs à l'étranger** (IDE*) et des **investissements de portefeuille**. La taille des marchés* augmente, l'intégration commerciale concrétise les efforts de promotion du libre-échange* entreprises à partir des accords du GATT. L'intégration financière est plus profonde qu'au XIXe siècle, on parle de « globalisation financière* ». La mondialisation contemporaine se caractérise également par une intégration plus poussée de la production.

Les firmes multinationales (FMN*) développent des stratégies de compétitivité fondées sur la décomposition internationale du processus de production (DIPP) : les étapes de la production* sont divisées et réalisées dans différents pays en fonction des caractéristiques locales.

Les effets de la mondialisation

- La mondialisation a contribué à la croissance économique* mondiale par l'extension de la taille des marchés, l'accroissement de la compétitivité des firmes, la constitution d'une épargne* mondiale. Mais elle soulève également de nombreuses interrogations. Dans les PDEM, et notamment en France, la mondialisation est associée aux débats portant sur le creusement des **inégalités* salariales** et la **pauvreté***, le développement de la **flexibilité du marché du travail***, les **délocalisations***, la désindustrialisation, les crises financières, les **migrations internationales** provenant des pays du Sud, la conséquence de l'arrivée des BRICS sur les **avantages comparatifs*** et les **déséquilibres commerciaux**.
- Les économies sont **interdépendantes** et il n'est plus possible de les penser isolément. Par exemple, l'émergence de l'Inde et de la Chine provoque un doublement du nombre d'actifs sur le marché du travail mondial, qui tire

les **salaires*** des actifs non qualifiés **vers le bas** dans les PDEM. Du côté de la finance globalisée, l'**interdépendance croissante** s'observe par le degré de plus en plus élevé de corrélation des cours boursiers à travers le monde. Dans 85 % des cas, les rentabilités boursières évoluent dans le même sens en France et aux États-Unis.

Quelle action publique dans la mondialisation ?

• L'interdépendance accrue des économies produit une **perte d'autonomie de l'intervention de l'État*** : les politiques économiques menées isolément au niveau national sont **moins efficaces** que par le passé et il apparaît de plus en plus crucial pour les États de mettre en œuvre des politiques **coordonnées**. Par ailleurs, des **problématiques mondiales** émergent (par exemple, les questions du **réchauffement climatique**, des **crises financières**, des **pandémies**) et il apparaît impératif de mettre en place une **gouvernance au niveau mondial**. La gouvernance peut prendre des modalités diverses : institutions plurilatérales (G7, G20), multilatérales (OMC, FMI), ou spécialisées (Comité de Bâle).

• De multiples débats existent sur le type de gouvernance à mettre en place et de nombreux pays (en particulier les pays émergents) demandent à être mieux intégrés dans les prises de décisions, ce qui explique le passage du G7 au G20.

Les clés pour comprendre

Définitions

▶ **Échange intra-branche :** commerce qui a lieu au sein d'une même branche de l'industrie ou des services.

▶ **IDE :** investissement direct à l'étranger. Investissement dans un pays étranger qui conduit à la prise de contrôle de 10 % (ou plus) du capital de l'entreprise dont les actions ont été acquises.

▶ **PDEM :** les pays développés à économie de marché sont les pays ayant atteint un certain niveau de développement (exemple de la France, des États-Unis, etc.).

▶ **BRICS :** acronyme qui désigne le groupe de pays Brésil, Russie, Inde, Chine et Afrique du Sud, qui sont des grandes puissances émergentes.

▶ **Gouvernance mondiale :** ensemble des méthodes et institutions qui permettent de gérer des questions communes au niveau mondial. La gouvernance mondiale consiste notamment à se demander comment gérer les problèmes de l'intégration des économies sans faire appel à un gouvernement, puisque celui-ci n'existe pas au niveau mondial. Notion à différencier de la gouvernance d'entreprise, qui renvoie à la structure et à l'exercice du pouvoir dans les entreprises.

65 DÉCOMPOSITION INTERNATIONALE DU PROCESSUS DE PRODUCTION

Processus de **décomposition du processus de production*** d'un bien en plusieurs opérations prises en charge par des unités de production **implantées dans différents pays**. Ce processus participe au processus de division internationale du travail.

Une stratégie internationale des firmes

Le commerce intra-firme
- La montée en puissance des **firmes multinationales** (**FMN***) s'est accompagnée de la croissance des échanges internationaux de biens et services au sein de ces entreprises de taille mondiale (**commerce intra-firme***). Grâce à leurs réseaux de filiales et de sous-traitants, les FMN **décomposent la fabrication de leurs produits**, surtout lorsque ceux-ci nécessitent de multiples opérations (comme les avions, les voitures, les ordinateurs).
- Ces opérations sont alors réalisées dans de nombreux sites de production situés dans des pays différents. Cette **décomposition internationale des processus productifs** (DIPP) est facilitée par la baisse des **coûts de transport** et par les **économies d'échelle** réalisées par les entreprises.

Une division internationale du travail
- Les filiales des firmes multinationales sont alors **spécialisées** dans un seul des stades du processus de production (assemblage, commercialisation, recherche), tandis que la maison-mère unifie la gamme de produits sur le marché* mondial et décide de la localisation des unités de production.
- La firme peut alors exporter certaines pièces détachées afin de faire réaliser l'assemblage dans des pays où les **conditions de production** sont plus favorables (abondance de la main-d'œuvre, faible fiscalité, etc.).

Les stratégies de localisation de la production

Les délocalisations
- Les stratégies des firmes ont entraîné des politiques d'**externalisation** des activités (sous-traitance) et des mouvements de **délocalisations***. Les délocalisations désignent le **départ d'activités** du territoire national **vers l'étranger** pour bénéficier des écarts de coût des facteurs de production* (travail*, capital*) ou de tout autre avantage lié au pays d'accueil (proximité avec les marchés, faible fiscalité).
- Les vagues de délocalisations ont d'abord concerné les activités industrielles qui emploient une part importante de **main-d'œuvre non qualifiée** (textile-habillement, équipement automobile), transférées vers les pays où le coût du travail est plus faible. Elles touchent désormais les activités industrielles **plus sophistiquées** (informatique) et les services (comptabilité).

Délocalisations et emploi
- Les délocalisations suscitent des inquiétudes dans les pays développés : la fermeture de sites industriels risque de paupériser les régions confrontées à la désindustrialisation.

- **Pourtant, ces craintes doivent être nuancées :**
- les études disponibles sur la question montrent que l'impact des délocalisations **reste limité** et n'explique qu'une partie faible du **chômage*** global (même si l'effet a tendance à s'intensifier et à se concentrer sur certains secteurs) ;
- il faut également prendre en compte l'**effet positif** du développement des pays émergents, qui importent des produits en provenance des pays développés (PDEM) (aéronautique, produits de luxe).

Les clés pour comprendre

Les firmes à la recherche des avantages compétitifs

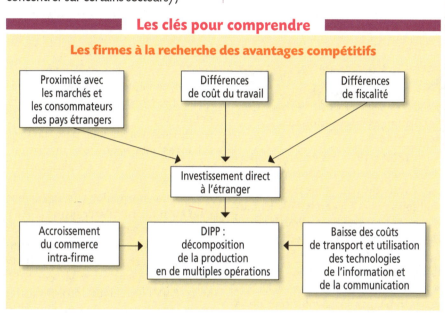

66 COMMERCE INTERNATIONAL

Le commerce international* correspond à l'ensemble des **échanges de biens et de services** entre agents qui résident sur des **territoires économiques différents**. Depuis le XIXe siècle, il se développe à un rythme supérieur à celui de la croissance économique*. Quelles sont les grandes caractéristiques de l'histoire du commerce mondial depuis deux siècles ?

Histoire du commerce international

Les échanges internationaux avant 1945

• De 1800 à 1913, les échanges internationaux par tête sont multipliés par 25, tandis que la production* est multipliée par 2,2. En 1913, le taux d'exportation (rapport exportations/PIB*) des pays européens est de 33 %. Les acteurs majeurs sont la France, l'Angleterre et l'Allemagne.

• Le développement des échanges est rythmé par les **évolutions de la croissance** (essor durant les périodes de croissance, recul au moment des crises*), les **politiques commerciales** (accords de **libre-échange***, retour au **protectionnisme***) et les **progrès** en matière de transport et de communication. Les années d'entre-deux-guerres, marquées par la crise des années 1930, voient les principales puissances économiques pratiquer des stratégies non coopératives (retour au protectionnisme).

Les échanges internationaux après 1945

• De 1945 à 1975, on assiste au développement des échanges essentiellement entre pays développés à économie de marché (PDEM), avec un rôle essentiel tenu par les États-Unis. À partir de 1975, les pays en développement (PED) s'inscrivent davantage dans cette dynamique. On assiste à un rééquilibrage Nord/Sud, dont ne profite pourtant pas l'Afrique. Par ailleurs, les services voient leur part dans les échanges internationaux augmenter, et les échanges sont de plus en plus régionaux.

• Ces transformations s'expliquent par l'essor du **multilatéralisme** (GATT et OMC font reculer les pratiques protectionnistes) ; **l'intégration régionale** (hausse des échanges entre pays de la région) ; le développement des IDE* et la DIPP (échanges intra-firmes) ; et le développement des nouvelles technologies de l'information et de la communication (**NTIC**), qui facilitent la communication.

Multilatéralisme et régionalisme

Des stratégies différentes

• Le **multilatéralisme** consiste à supprimer les barrières douanières entre un nombre toujours plus important de pays. Ainsi, les accords du GATT sont signés en 1947 par 23 pays, alors que plus de 150 pays sont aujourd'hui membres de l'Organisation mondiale du commerce (OMC), qui succède au GATT en 1995. Le multilatéralisme s'appuie sur l'application de la **clause de la nation la plus favorisée** : tout avantage douanier accordé à un pays doit être accordé aux autres pays.

• Le **régionalisme** consiste, au contraire, à développer des **accords préférentiels** entre quelques pays : ce qui est accordé aux pays membres ne l'est pas aux autres. Il peut aussi s'accompagner de **politiques commerciales stratégiques** qui, à travers des pratiques protectionnistes, favorisent les intérêts des entreprises* de la région au détriment de celles des autres pays.

Des stratégies complémentaires

• Les accords préférentiels peuvent cependant être considérés comme **une étape préalable** à un développement multilatéral. En effet, il est plus facile de se mettre d'accord à quelques pays plutôt qu'à beaucoup. C'est pourquoi l'article 24 des accords du GATT prévoit la possibilité de signer des accords régionaux tant qu'il n'y a pas de frein à l'élargissement du libre-échange.

• La forte augmentation du nombre de pays membres de l'OMC, depuis les années 1990, rend paradoxalement les négociations multilatérales actuelles plus difficiles (échec du cycle de Doha débuté en 2001). Certains pays développent alors des accords régionaux pour **résoudre ces limites**. Le nombre de ces accords passe de 100 en 1994 à 200 en 2004.

Les clés pour comprendre

La France dans le commerce mondial

Depuis 2004, le déficit commercial français se creuse. Comment expliquer ce décrochage des exportations françaises ? Une faible compétitivité prix* ne suffit pas à en rendre compte. D'autres déterminants doivent être considérés. Les exportations françaises sont spécialisées sur des biens à faible élasticité revenu. Elles profitent donc peu de la hausse de la demande*. Elles contiennent moins d'innovation* technologique, leur compétitivité hors prix* est donc inférieure. Elles sont plutôt orientées vers des échanges intra-européens où la demande est peu dynamique, et relativement moins présentes dans les pays émergents où la demande est dynamique.

Définitions

▶ **IDE :** investissement direct à l'étranger. Investissement dans un pays étranger qui conduit à la prise de contrôle de 10 % ou plus du capital de l'entreprise dont les actions ont été acquises.

▶ **DIPP :** décomposition internationale du processus de production. Processus de décomposition du processus de production d'un bien en plusieurs opérations prises en charge par des unités de production implantées dans différents pays.

▶ **Commerce intra-firmes :** échanges ayant lieu au sein d'une firme (par exemple, entre la maison-mère et ses filiales).

▶ **Protectionnisme :** politique commerciale ou ensemble de mesures prises par un gouvernement visant à empêcher ou limiter les importations de biens et services.

▶ **GATT :** *General Agreement on Tariffs and Trade*. Accord datant de 1947 visant à réduire les obstacles aux échanges internationaux.

▶ **OMC :** Organisation mondiale du commerce, organisation internationale qui a pour objectif d'assurer l'ouverture du commerce.

67 FIRMES MULTINATIONALES

Les firmes multinationales (FMN*) sont des entreprises qui possèdent **au moins une unité de production (filiale) à l'étranger**. On parle aussi de firmes *transnationales* ou *globales*. La très forte augmentation du nombre de FMN est conjointe à l'essor du **commerce international*** et conduit à une décomposition internationale des processus productifs (**DIPP**). Sur quels critères les FMN décident-elles de leur présence dans un autre pays ? Quelles sont les conséquences du développement des FMN sur le commerce international ?

Les FMN : définition et caractéristiques

L'essor des FMN

Pour l'ONU, une entreprise* est dite multinationale si elle réalise un **investissement direct à l'étranger** (**IDE***), c'est-à-dire un investissement* lui permettant de contrôler les décisions de l'entreprise dont elle a acquis des parts.

- Le développement d'une FMN passe donc par des stratégies de **fusions-acquisitions** avec des entreprises étrangères, ou par la **création de filiale(s)**. Les conventions internationales considèrent qu'il y a IDE si l'investisseur détient au moins 10 % de l'entreprise. En 2006, l'ONU comptabilise 78 000 entreprises multinationales et 780 000 filiales à l'étranger, contre respectivement 35 000 et 150 000 en 1992.
- Le développement des FMN a été possible par le **développement des NTIC**, qui ont facilité les communications entre filiales et maison-mère, et par la **baisse du coût des transports**.

Les caractéristiques des FMN

- Dans les 100 premières FMN, 84 % sont originaires des PDEM, 24 % provenant des États-Unis. Le poids des firmes des pays émergents augmente progressivement : elles représentent 12 % des 500 premières FMN en 2005, contre 5 % en 1988.
- Les flux d'IDE sont essentiellement des **flux Nord-Nord** (les FMN s'installent surtout au Nord) : en 2003, plus de 65 % des IDE entrants concernent l'Europe de l'Ouest, le Japon et les États-Unis.

Les motivations des FMN

- Le développement des FMN répond notamment à une logique de recherche de **compétitivité** : la **DIPP** permet de réduire les **coûts de production** et de pénétrer plus facilement les **marchés* étrangers**. Par exemple, le marché chinois de l'automobile est aujourd'hui la cible de tous les constructeurs des PDEM.
- Cette présence sur un marché est d'autant plus importante dans le cas de services, ce qui explique pourquoi certaines banques françaises ont aujourd'hui plus de salariés à l'étranger qu'en France.

FMN et commerce international

Exportations et IDE : substitution ou complémentarité ?

- Quand les **coûts de distance** et **d'implantation** sont faibles et que les **économies d'échelle** possibles dans la production d'un bien sont peu importantes, la stratégie d'une entreprise sera de **privilégier les IDE** pour produire ce bien dans différents pays, plutôt que de centraliser la production* et d'exporter ensuite. Les IDE entraînent dans ce cas une diminution du commerce international*.

• Néanmoins, le développement de la DIPP montre aussi que les FMN cherchent plutôt à utiliser les **avantages comparatifs*** des différents territoires, c'est-à-dire les atouts qu'un pays a en plus que d'autres (compétences des habitants, ressources naturelles...), et qui rendent la production dans ce pays plus intéressante. Il ne s'agit plus alors de produire le même bien dans des pays différents, mais d'y réaliser des **étapes différentes** de la confection du produit, selon les atouts de chacun. Avec ce type de stratégie, exportations et IDE augmentent parallèlement.

Le développement du commerce intra-firme

• Les entreprises multinationales sont à l'origine de près de deux tiers du **commerce international**, et permettent d'expliquer la hausse des échanges commerciaux.

• Les échanges à l'intérieur du réseau même de chaque entreprise multinationale représentent un tiers du commerce mondial. Il s'agit du **commerce intra-firme***.

Mondialisation et intégration européenne

Les clés pour comprendre

La DIPP, le cas de l'iPhone

68 COMPÉTITIVITÉ

Selon Jean-Louis Mucchielli, la compétitivité désigne **l'aptitude à affronter des situations de concurrence** et à rivaliser avec autrui. Cette aptitude confère à l'agent économique qui la détient une capacité à conserver ou à augmenter ses parts de marché. C'est donc un déterminant important du commerce international*.

Une notion multidimensionnelle

Au niveau du produit et d'une entreprise

• Sur un marché* où plusieurs producteurs offrent des biens ou services substituables, les économistes parlent de **compétitivité prix*** pour désigner la capacité à proposer des **produits à un prix inférieur** à celui des concurrents.

• La **compétitivité hors prix*** renvoie aux explications structurelles des performances en termes de **qualité** des produits, de **contenu technologique**, de **conditionnement**, etc. La **différenciation des produits** en est généralement à l'origine (les voitures de marques allemandes ont la réputation d'être plus fiables que les voitures françaises, les voitures italiennes d'avoir un design plus élaboré).
Une entreprise* compétitive présentera une croissance à long terme de sa production* supérieure à celle de ses concurrents grâce à un avantage de **prix***, de **qualité**, ou de **coût**.

Au niveau d'une nation

• La compétitivité macroéconomique est définie par l'OCDE comme « la capacité de nations ou d'ensembles supranationaux de générer de façon durable un **revenu*** et un **niveau d'emploi*** relativement élevés, tout en étant et restant exposés à **la concurrence** internationale ». Cela induit que l'amélioration de la compétitivité des entreprises implantées sur le territoire national ne peut se faire à n'importe quelle condition, sous peine de ne pas être compatible avec la compétitivité nationale. Par exemple, la modération salariale, permettant de maintenir des prix faibles à l'exportation, ne renforce pas forcément la compétitivité du pays concerné.

• Ainsi, selon Paul Krugman et de nombreux économistes, la compétitivité d'une nation ouverte au **commerce international** doit être ramenée à sa capacité à générer des **gains de productivité***, seuls capables de concilier défense de parts de marché à l'exportation et niveau élevé de revenu et ainsi bien-être des populations.

Performance à l'exportation et compétitivité

De nombreuses études choisissent de limiter leur analyse de la compétitivité à la **capacité d'un pays à exporter**, qui n'est qu'un déterminant parmi d'autres de la capacité de générer un revenu* et un niveau d'emploi* élevés.

Une baisse des parts de marché

Depuis une décennie, les parts de marché (en valeur) de la France dans le commerce international, comme celles de la plupart des pays développés, ne cessent de diminuer (– 16 % de 2000 à 2009 pour la France). Cela s'explique par un effet de structure dû à la **forte croissance* de pays émergents** comme la Chine, l'Inde ou le Brésil.

Pour autant, cela ne permet pas de rendre compte du fait qu'en Europe, seule l'Allemagne est parvenue à accroître sa part de marché (en valeur) dans les échanges mondiaux (+ 2 % entre 2000 et 2009) et dispose, notamment, d'un avantage de compétitivité sur chaque marché par rapport à la France. Selon le CEPII, dans une étude de septembre 2011, l'explication des sources de la compétitivité se trouve du côté des facteurs d'offre*.

L'origine de la compétitivité

Relativement à l'Allemagne, la France a connu une dégradation de sa compétitivité prix sur la période 2000-2008 (hausse du prix relatif de ses exportations d'environ 4 %).

Le différentiel de performance à l'exportation entre les deux pays s'explique par un ensemble de facteurs relevant de la **compétitivité hors prix** : qualité, image de marque, service après-vente, réseau de distribution, etc.

Mondialisation et intégration européenne

Les clés pour comprendre

Coût de la main-d'œuvre et exportations

Évolution du coût de la main-d'œuvre relativement à l'Allemagne

Source : *Lettre du CEPII* n° 313, 2011.

Croissance annuelle des exportations en quantité par marché relativement à l'Allemagne (2002-2007)
Différences en points de pourcentages

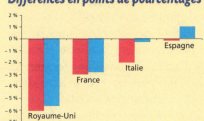

Source : *Lettre du CEPII* n° 313, 2011.

La compétitivité hors prix : l'exemple de l'Espagne

L'Espagne est le pays qui a connu l'augmentation la plus importante du coût de sa main-d'œuvre, relativement à l'Allemagne (d'environ 25 % de 2000 à 2008). Néanmoins, sur une période quasi identique, c'est le seul pays à avoir gagné des parts de marché sur l'Allemagne, cela grâce à l'amélioration de sa **compétitivité hors prix**. Le coût de la main-d'œuvre n'est donc pas le déterminant le plus important de la capacité d'un pays à exporter ; sa capacité à se positionner dans une **gamme supérieure** de produits est **fondamentale**.

69 ÉGALITÉ

Le traitement de la question des inégalités* dans les sociétés démocratiques est complexe. D'une part, parce qu'il existe des inégalités qui renvoient à des domaines différents, et d'autre part parce que leur interprétation dépend du **sentiment du juste ou de l'injuste** d'une situation. Ce sentiment d'**équité*** découle de conceptions variées de la justice sociale, qui conduisent à diverses politiques de lutte contre les inégalités.

Égalité, équité

De quelle égalité parle-t-on ?
Les formes d'égalité* que la société valorise se répartissent en trois domaines.
• L'égalité des droits suppose que les individus se voient appliquer les **mêmes règles juridiques** et soient traités de manière identique (égalité de traitement). En France, il est interdit par la loi de traiter différemment un homme d'une femme dans l'accès à un métier (sauf exceptions, par exemple pour jouer le personnage d'une femme au théâtre).
• L'égalité des chances suppose que les individus aient la **même probabilité d'accès** aux **positions sociales** les plus valorisées, et cela indépendamment de leur origine sociale.
• L'égalité des résultats (ou des situations) suppose que les individus **possèdent** de manière égale des **ressources** économiques ou sociales (par exemple les revenus, le patrimoine, les diplômes…).

Différence, inégalité, inéquité
• Le terme d'inégalité est employé pour caractériser une situation où une ressource n'est pas **uniformément répartie**. Ce terme est néanmoins réservé à des ressources qui sont objectivement des facteurs de hiérarchisation sociale, comme le revenu* : on ne va pas parler d'inégalité entre les personnes qui ont des grandes mains et celles qui ont des petites mains car la variable « taille de la main » n'a pas d'importance dans nos sociétés, et n'est pas au fondement de la stratification sociale*.
• Une situation inégalitaire n'est par ailleurs pas forcément **inéquitable**. En fonction de la conception de justice valorisée, on peut en effet considérer que certaines inégalités sont justifiées et légitimes.

Faut-il corriger les inégalités ?

Les différents principes de justice
• Le principe de justice distributive considère que les inégalités de résultats sont **légitimes** si elles sont **proportionnelles aux efforts** individuels : si je travaille deux fois plus de temps, il est juste que ma rémunération double. Il exprime donc l'idée de méritocratie*. Tous les individus doivent néanmoins être en mesure d'atteindre les différentes positions sociales s'ils fournissent les efforts nécessaires : il doit donc y avoir **égalité des chances**.
• Le principe de justice corrective considère que les inégalités de résultats sont injustes par nature, notamment du fait qu'à effort égal, les individus ne parviennent pas aux mêmes résultats en fonction de leur milieu d'origine. En effet, ne détenant pas le même niveau de culture*, de langage,

les mêmes contacts, certains ont beaucoup plus d'efforts à faire que d'autres pour « réussir » socialement (il n'y a donc jamais de véritable méritocratie). Les inégalités de résultats étant ainsi vouées à se reproduire, il est du devoir de l'État* de lutter contre cette situation.

Réduire les inégalités de résultats

• Réduire les inégalités de résultats en développant l'**assistance*** peut créer du lien social* (en évitant la pauvreté* et l'exclusion). L'assistance est également source d'**efficacité économique** car elle permet la **consommation*** des individus les plus pauvres (constituant ainsi des débouchés pour les entreprises). Elle peut néanmoins conduire à démotiver les « vainqueurs » potentiels de la compétition et déresponsabilise les « vaincus » potentiels en créant de l'**assistanat**.

• Le principe de justice corrective insiste sur la lutte contre des inégalités **qui excluent** (une société démocratique ne peut abandonner à leur sort les « vaincus »). Le principe de **justice distributive** insiste, lui, sur la responsabilité, l'autonomie et la liberté individuelles (une société démocratique ne peut limiter les libertés individuelles, qui sont sources d'initiative et d'esprit d'entreprise).

État, politiques économiques, justice sociale

Les clés pour comprendre

La discrimination

Les inégalités de traitement remettent en cause l'égalité des droits

En France, les **discriminations*** fondées sur l'origine ethnique, la religion, les croyances, le sexe sont condamnées par la loi car elles remettent en cause le principe d'égalité des droits. Cependant, il n'existe pas, en France, de statistiques concernant l'appartenance à des « ethnies » ; il est donc difficile d'établir s'il existe ou non une discrimination ethnique.

La discrimination positive

La **discrimination positive** est, selon le Conseil d'État, « une catégorie particulière de discrimination justifiée, mise en œuvre par une politique volontariste et dont l'objectif est la réduction d'une inégalité ». Par exemple, la création des **zones d'éducation prioritaire** (politique d'éducation) alloue davantage de moyens matériels à certains établissements scolaires pour améliorer les résultats scolaires, tandis que la mise en place de **quotas** oblige la représentation d'une population dans un effectif selon un pourcentage donné (quota d'handicapés dans les entreprises ou quota de femmes sur les listes électorales).

Définitions

▶ **Équité** : jugement moral que l'on porte sur le type d'égalité que l'on décide de pro-mouvoir. Est équitable ce que l'on considère comme juste.

▶ **Méritocratie** : système dans lequel la position sociale occupée par un individu est liée à son mérite (talent, effort, etc.).

70 ÉTAT SOCIAL

Intervention de l'État en matière de protection sociale* afin de couvrir les citoyens contre les risques sociaux (maladie, chômage, vieillesse, etc.) et la diminution de leurs ressources (au sens strict, on peut parler d'**État-providence***). Dans un sens plus large, l'État social englobe les mécanismes d'assurance collective obligatoire, le droit du travail, les services publics et la politique économique et sociale. Il s'est développé au XXe siècle suite à l'émergence de la **question sociale** au XIXe siècle du fait de l'aggravation de la pauvreté* engendrée par l'industrialisation.*

La protection sociale

De l'assistance à l'assurance

• Jusqu'au XIXe siècle en France, les individus devaient se prémunir seuls contre les risques sociaux (**prévoyance individuelle**). Certains systèmes de prévoyance collective comme les mutuelles de salariés pouvaient exister mais relevaient d'initiatives privées et ne dépendaient pas de l'État. Les individus les plus pauvres vivaient de la charité.

• L'État français a au cours du XIXe siècle développé un rôle d'assistance en offrant aux plus démunis des aides financés par l'impôt. Il est considéré que chaque citoyen a le droit de se voir assurer des conditions économiques et sociales qui respec-tent sa dignité et lui permettent d'exercer réellement ses droits politiques (égalité civile, égalité devant le vote).

• À partir du XXe siècle, des assurances sociales publiques réservées aux travailleurs se développent. Ces derniers doivent **cotiser** pour **s'assurer** contre l'existence de **risques** de perte de revenu liés, par exemple, à un accident du travail, à la perte d'un emploi*, à une maladie, etc. L'État verse des prestations sociales en cas de **réalisation du risque**.

L'universalisation de la protection sociale

• Le système français de sécurité sociale, dont les contours actuels ont été définis par Pierre Laroque en 1945, s'inscrit ainsi dans une logique professionnelle : la protection sociale est réservée aux travailleurs et leurs familles qui ont cotisé.

• Avec la montée du chômage et les transformations de la famille, le système semble de moins en moins adapté et l'État étend peu à peu sa couverture à tous les citoyens. Des prestations d'assistance sont créées telles que le RMI (intégré aujourd'hui dans le RSA) ou la couverture maladie universelle (CMU). Mais plus que d'un retour à une logique d'assistance, nous assistons à une universalisation progressive de la protection sociale, l'assurance contre les risques sociaux s'étendant peu à peu à tous les citoyens (et n'est donc pas limitée aux plus pauvres).

Une crise de l'État social ?

Un problème de financement

En France, le ralentissement de l'économie (à partir des années 1970), le vieillissement de la population et la création de nouvelles prestations pèsent sur le financement de la protection sociale. L'État-providence connaît une **crise de solvabilité**. De nouveaux prélèvements sont mis en place comme la contribution sociale généralisée (CSG) qui est un impôt. La France remodèle ainsi peu à peu la logique de financement de son système par les cotisations sociales (mouvement de fiscalisation du financement de la protection sociale).

Un État social critiqué

• L'État-providence est aussi critiqué pour son manque d'efficacité. Il n'a pas su véritablement adapter son architecture au développement de nouvelles formes de pauvreté lié à la précarisation du travail et au développement des familles monoparentales. La pauvreté concerne ainsi aujourd'hui principalement les femmes seules avec enfants, les personnes sans qualification et les chômeurs de longue durée.

• Une crise de légitimité frappe aussi l'État providence. La baisse du consentement à l'impôt et la dénonciation de l'existence d'effets pervers liés à l'intervention de l'État (comme les **trappes à inactivité** lorsque l'écart est trop faible entre les revenus d'assistance et les revenus du travail) ont conduit à affaiblir la légitimité du système français de protection sociale. Certains préconisent ainsi une réduction du périmètre d'action de l'État-providence avec une diminution des prélèvements et des prestations sociales. Le risque serait alors d'évoluer vers une **dualisation** de la société (société à deux vitesses) avec d'une part des citoyens qui ont les moyens de s'assurer auprès d'institutions privées pour compléter les aides de l'État et d'autre part ceux qui doivent se contenter des prestations publiques.

Les clés pour comprendre

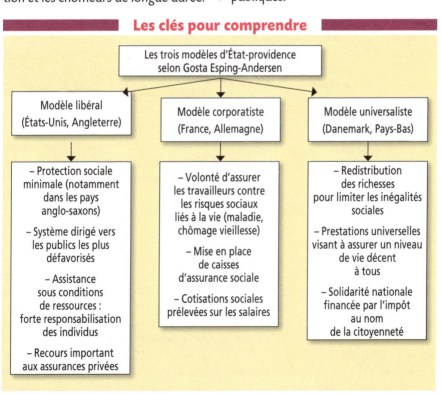

Cf. fiches 69, 101, 102

SERVICES COLLECTIFS

Les pouvoirs publics disposent de plusieurs moyens pour contribuer à la **justice sociale***. Outre la redistribution*, la protection sociale* et les mesures de lutte contre les discriminations*, ils peuvent recourir à la production de services collectifs* (ou services publics). Il s'agit d'activités d'**intérêt général** prises en charge par une institution publique (administration ou entreprise publique) ou privée (entreprise* privée), mais sous le contrôle d'une institution publique.

La notion de service public

Des finalités diverses

Les services publics remplissent aujourd'hui quatre fonctions principales.
• Certains services publics ont une finalité d'**ordre** et de **régulation**, comme la défense nationale, la protection civile ou la justice.
• D'autres ont pour but la **protection sociale et sanitaire** ; le service hospitalier entrent dans cette catégorie.
• Une troisième catégorie dispose de **fonctions éducatives et culturelles**, comme l'enseignement (Éducation nationale), la recherche (CNRS) ou le service public audiovisuel (France Télévision, Radio France).
• Enfin, certains services publics ont un **caractère économique**, par exemple, le transport ferroviaire assuré par la SNCF.

Un régime juridique singulier

Trois grands principes organisent le régime juridique du service public.
• La **continuité du service public** repose sur la nécessité de répondre aux besoins d'intérêt général **sans interruption**, tout en reconnaissant le droit de grève pour la plupart des agents (pour les policiers ou les militaires, la grève est interdite).
• Selon le principe d'**égalité** devant **le service public**, toute personne a un droit égal d'accès au service public, selon un **tarif identique**, et tous les usagers doivent être traités de la même façon (principe de neutralité de l'action de l'agent public qui ne peut, par exemple, discriminer quelqu'un selon sa couleur de peau).
• L'**adaptabilité** ou **mutabilité** consiste à faire **évoluer** le service public selon **les changements de besoins** des usagers (par exemple, en faisant évoluer les horaires d'ouverture) et les changements techniques.

Construction européenne et service public

Une exception au principe de concurrence

• Dans les traités sur l'Union européenne instituant la Communauté européenne, les services publics apparaissent comme une **exception au principe de concurrence*** qui doit prévaloir sur les marchés*.
• Le terme « services publics » est remplacé par ceux de « **services d'intérêt général (SIG)** », qui sont des **services marchands et non marchands** d'intérêt général soumis à des obligations spécifiques de services publics, et de « **services d'intérêt économique général** (SIEG) », sous-ensemble des SIG désignant les services de **nature économique** soumis à des obligations de services publics (transports,

services postaux, énergie, communication). Ces derniers, uniquement, sont soumis au principe de concurrence : l'éducation, la défense ou la justice sont donc protégées.

Le service universel

• Dans son *Livre vert* (2003) et son *Livre blanc* (2004), la Commission européenne rappelle que les SIG constituent un **élément essentiel du modèle de société européen**, visant l'amélioration de la qualité de vie de tous les citoyens et la lutte contre l'exclusion sociale.

• Cette idée est compatible avec la suppression de certains monopoles* publics et avec l'ouverture à la concurrence puisque le maintien d'un « **service universel** » est affirmé. Ce dernier désigne un service minimum donné, dont la qualité est spécifiée, accessible à tout utilisateur et à un prix* accessible. Il peut donc être fourni par une **entreprise privée** suivant un **cahier des charges spécifique** afin d'éviter certaines conséquences négatives de la logique concurrentielle. Par exemple, dans le secteur des télécommunications, quelle que soit la rentabilité de son rattachement au réseau, tout usager doit bénéficier du service dans le respect du principe d'égalité devant le service public.

État, politiques économiques, justice sociale

Les clés pour comprendre

Les délégations de service public (DSP)

Caractéristiques

Les délégations de service public sont des contrats administratifs (appelés « conventions ») par lesquels une personne morale de droit public (une administration) confie à une personne publique ou privée (une entreprise ou un particulier) la gestion, pour une durée limitée, d'un service public dont elle a la responsabilité. Les recettes d'exploitation constituent la rémunération du service.

Exemples

Le bénéficiaire peut avoir pour mission de construire des ouvrages ou d'acquérir des biens nécessaires au service. On distingue ainsi plusieurs types de DSP, comme la **concession de travaux publics** avec service public pour la construction d'un ouvrage (autoroutes, par exemple), la **concession de service public** qui n'est pas liée à la construction d'un ouvrage public ou l'**affermage**, qui consiste à gérer des structures existantes.

DSP et marchés publics

Les marchés publics portent sur la construction de bâtiments publics, la fourniture d'équipements nécessaires au fonctionnement de l'administration (papier, informatique, par exemple) ou des prestations de services (par exemple, le nettoyage des locaux administratifs). Bien que le mode de rémunération ne soit pas le même à l'origine (prix versé par l'administration pour les marchés publics), les régimes juridiques des DSP et des marchés publics se sont rapprochés ces dernières années, pour satisfaire aux principes de concurrence et de transparence du droit européen.

Cf. fiches 25, 69, 75, 101, 102, 104

72 RETRAITES

La **retraite*** est la situation d'un individu qui a **cessé son activité professionnelle** et qui présente les conditions pour bénéficier d'un **revenu de remplacement** (**pension** de retraite). L'équilibre du régime des retraites dépend de l'évolution des variables **démographiques** (fécondité, espérance de vie), des paramètres **économiques** (taux de chômage*, gains de productivité*), mais résulte également de **choix politiques** (niveau des cotisations sociales* pour la retraite selon différents niveaux et catégories de revenu, niveau des pensions, etc.).

Contraintes sur le financement des retraites

Des difficultés croissantes
Les économies des pays développés doivent faire face à deux difficultés majeures :
– un **nombre croissant** de retraités bénéficiaires de droits, du fait du **vieillissement de la population** ;
– une **réduction des cotisations sociales** versées au système de retraite, en raison de la réduction du nombre d'actifs occupés (chômage) et de l'entrée tardive des jeunes sur le marché du travail (avec de moins en moins de cotisants sur longue période).

Les deux types de régimes de retraite
• Le système de retraite par **répartition*** repose sur le principe d'un transfert **des actifs vers les inactifs**. Les **actifs cotisent** (une partie de leur salaire est prélevée sous forme de cotisations sociales) et les retraités (ex-actifs) reçoivent des pensions financées par les fonds accumulés dans les caisses de retraite et alimentées par les cotisations des actifs. Il s'agit d'un système fondé sur le principe de la **solidarité entre les générations** : les actifs d'hier ont cotisé durant leur activité pour financer les pensions des retraités d'hier, et les actifs d'aujourd'hui cotisent pour recevoir demain des pensions financées par les travailleurs de demain.
• Dans le second régime de retraite par **capitalisation***, **l'actif salarié épargne lui-même** afin de se constituer des ressources pour sa période de retraite : le niveau de retraite est donc lié à la capacité de chaque individu à accumuler préalablement un capital.

L'enjeu de la réforme du système de retraites

Un arbitrage délicat
• Les contraintes démographiques et le ralentissement économique pèsent fortement sur le régime par répartition en réduisant le nombre d'actifs, et en abaissant le rapport retraités/cotisants (**ratio de dépendance***). Les partisans du régime par capitalisation font valoir qu'un tel système permet d'éviter le problème de l'évolution défavorable de ce ratio.
• Pourtant, la crise financière récente a montré que le rendement des fonds de pension (États-Unis) qui gèrent les placements des futurs retraités peut être gravement réduit, tandis qu'un tel système risque de creuser les inégalités* et de compromettre la solidarité intergénérationnelle.

Les réformes mises en œuvre

Pour faire face à ces déséquilibres, la plupart des pays développés ont engagé des réformes de leurs régimes de retraite : hausse de l'âge de la retraite, hausse des cotisations ou création de fonds de réserve.

• En France, la réforme de 1993 a augmenté la durée requise pour bénéficier du régime à taux plein, allongé le nombre d'années prises en compte pour le calcul du salaire de référence et du taux de remplacement*, soit le pourcentage de son ancien salaire* que l'on perçoit une fois arrivé à la retraite.

• La réforme de 2003 concerne à la fois le secteur public et le secteur privé : à partir de 2009, la durée de cotisation augmente pour tenir compte des gains d'espérance de vie (41 ans en 2012, puis 41,75 ans en 2020) dans le secteur privé, tandis que la durée de cotisation dans le secteur public doit rejoindre progressivement celle du régime général (160 trimestres en 2008).

• En 2010, l'âge du départ à la retraite à taux plein a été porté de 60 à 62 ans.

Les clés pour comprendre

Réformer le système de retraite par répartition : des choix politiques sous contraintes

	Augmentation des cotisations	Augmentation de la durée de cotisation	Baisse du montant des pensions
Comment la mesure résout-elle les problèmes de financement ?	Accroissement des recettes des caisses d'assurance vieillesse	Accroissement des recettes dans le temps, pour un même niveau de cotisations	Réduction des dépenses des caisses d'assurance vieillesse
Quelles conséquences ?	Hausse des charges sociales – Salariés : baisse du salaire net – Employeurs : augmentation du coût du travail	– Allongement de la durée du travail, durée plus longue pour obtenir une retraite à taux plein – Répartition de l'effort entre les revenus du travail et du capital à déterminer	Baisse des charges sociales
Risques	– Baisse de la demande des consommateurs – Baisse des profits des entreprises, des investissements et de l'emploi	– Aggravation des inégalités entre les travailleurs selon la pénibilité du travail	– Appauvrissement des retraités (baisse de la consommation) – Aggravation des inégalités entre actifs et inactifs

73 PRÉLÈVEMENTS OBLIGATOIRES

Les prélèvements obligatoires* regroupent **l'ensemble des impôts** (TVA, impôt sur le revenu, sur les sociétés, etc.) et des **cotisations sociales*** qui ne donnent pas droit à une contrepartie immédiate. Les citoyens n'ont pas le choix d'acquitter ces prélèvements et c'est pour cette raison qu'ils sont dits **obligatoires**. Les prélèvements obligatoires permettent aux **collectivités publiques** de **financer leur action** et constituent ainsi un déterminant majeur de leur **budget**.

Les différents prélèvements obligatoires

Les impôts directs
Les impôts directs sont les **impôts directement payés à l'administration par le contribuable**. L'impôt sur le revenu des personnes physiques (IRPP), l'impôt sur les sociétés, la contribution sociale généralisée (CSG) en sont des exemples.

Les impôts indirects
Les impôts directs sont des **impôts payés au fisc par un intermédiaire**. La TVA est un exemple d'impôt indirect : elle est versée par les entreprises à l'État, mais le montant de la taxe est répercuté sur le prix de vente des biens et services et est donc, au final, supporté par les consommateurs.

Les cotisations sociales
Les cotisations sociales regroupent l'ensemble des prélèvements obligatoires que les **administrations de sécurité sociale et des régimes privés de protection sociale** effectuent. Le paiement des cotisations sociales ouvre droit à la couverture de certains **risques sociaux**, comme le risque chômage*, le risque maladie, le risque vieillesse, etc. Les cotisations sociales s'inscrivent donc dans une **logique d'assurance* obligatoire**.

La structure des prélèvements obligatoires

Des prélèvements peu progressifs
• Le taux de prélèvement obligatoire rapporte au montant du PIB* le montant total des prélèvements obligatoires supportés par les agents économiques. L'ampleur et la structure des prélèvements obligatoires d'un pays sont un **reflet des choix politiques et sociaux** qui ont été faits : un taux élevé reflète une forte intervention de la puissance publique dans l'économie. Au sein d'un système fiscal, on distingue :
– des **prélèvements progressifs**, pour lesquels les taux moyens d'imposition croissent à mesure que le revenu augmente,
– des **prélèvements proportionnels**, pour lesquels le taux moyen d'imposition est le même pour tous les niveaux de revenus.
Un système fiscal est dit globalement redistributif lorsque les prélèvements progressifs y occupent une place prépondérante par rapport aux prélèvements proportionnels (les impôts sont alors davantage supportés par les plus favorisés).
• En calculant le taux d'effort des impôts directs payés par les différents ménages, nous pouvons voir que ce dernier croît faiblement avec leur revenu, notamment parce que coexistent à côté

de l'IRPP (un des impôts sur le revenu), qui est progressif, des impôts quasi proportionnels qui limitent la redistribution opérée par l'IRPP. Piketty, Saez et Landais, dans un ouvrage de 2011, ont montré que si on inclut tous les prélèvements obligatoires, **le système de prélèvements français est très faiblement progressif et est même régressif à partir d'un certain niveau de revenu**.

Un système complexe et peu harmonisé

• Le système de prélèvements obligatoires français est très complexe du fait, notamment, de l'existence de **régimes dérogatoires**. Il est très difficile, par exemple, d'établir un lien clair entre niveau de revenu et taux d'imposition, tant les prélèvements auxquels est soumis un individu peuvent varier du fait de situations particulières (droit à déduction fiscale si un investissement* est réalisé dans les DOM ou si des services à domicile sont utilisés, par exemple).

• Les prélèvements obligatoires sont par ailleurs **peu harmonisés** au niveau européen ou au niveau mondial. Les différences de taux de prélèvements favorisent la **concurrence fiscale**. Les États cherchent en effet à réduire leur fiscalité pour attirer les capitaux et les travailleurs qualifiés. Il peut sembler opportun de rapprocher les différents taux d'imposition comme cela a été fait en Europe avec les taux de TVA, qui ont été partiellement harmonisés. Un rapprochement des taux serait particulièrement judicieux en ce qui concerne la taxation du capital*, qui est très mobile.

Les clés pour comprendre

Les prélèvements obligatoires en France en 2010	(en milliards d'euros)	(en euros par adulte et par mois)	(en % du revenu national)
Revenu national PIB corrigé des transferts de revenu avec le reste du monde	1 680	2 800 €	100 %
Prélèvements obligatoires (total)	817	1 350 €	49 %
Impôts sur le revenu	146	240 €	9 %
dont : impôt sur le revenu (IRPP)	52	80 €	3 %
dont : contribution sociale généralisée	94	160 €	6 %
Impôts sur le capital	62	100 €	4 %
dont : impôt sur les bénéfices des sociétés (IS)	35	60 €	2 %
dont : taxe foncière (TF), impôt sur la fortune (ISF) et droits de successions (DMTG)	27	40 €	2 %
Impôts sur la consommation (TVA et autres impôts indirects)	224	370 €	13 %
Cotisations sociales	386	630 €	23 %
dont : contisations maladie, famille, formation, etc.	164	270 €	10 %
dont : cotisations retraite et chômage	221	370 €	13 %

Source : Landais, Piketty et Saez, 2011.

Définitions

▶ **Fiscalité :** sous-ensemble des prélèvements obligatoires qui ne comporte que les impôts.

▶ **Taux de prélèvements obligatoires** = $\dfrac{PO}{PIB}$

▶ **Taux d'effort** = $\dfrac{\text{montant de la taxe}}{\text{revenu}}$

Si un ménage touche 1 500 euros par mois et un autre 3 000, et qu'ils ont tous deux 100 euros de taxes à payer, l'effort pour payer cette taxe est plus important pour le ménage dont le revenu est le plus faible.

74 BUDGET DE L'ÉTAT

En comptabilité nationale, l'**État*** est représenté par l'ensemble des administrations publiques (les **APU**). On distingue l'**État central**, les organismes divers d'**administration centrale** (ex. : CNRS), les **collectivités locales** et les administrations de **sécurité sociale** (hôpitaux, régimes de sécurité sociale et régimes de retraite complémentaire). Chaque administration possède un budget qui lui est propre.

Le déficit public

Les recettes et les dépenses publiques

Le budget des administrations publiques est constitué de dépenses* et de recettes.

• On distingue : les **dépenses de personnel**, celles qui assurent les **fonctions régaliennes** de l'État (justice, police, armée, administration générale), l'**intervention économique** de l'État, et le paiement du service de la **dette publique*** (somme à rembourser aux créanciers). Depuis 1960, la part des dépenses publiques dans le PIB* est passée de 30 % à 6,6 % en 2010. Les prestations sociales* représentent 45 % des dépenses, les dépenses de fonctionnement 35 %, les intérêts de la dette 4 %, 10 % de subventions et 6 % d'investissements.

• Les recettes proviennent des **prélèvements obligatoires***. Les **impôts** représentent 53,2 % des recettes en 2008, les **cotisations sociales*** 36,4 %. Lorsque les dépenses sont supérieures aux recettes, il y a un **déficit public*** et l'État doit alors recourir à l'**emprunt**. Le **déficit budgétaire** correspond uniquement au déficit de l'État central, tandis que le **déficit public** englobe les déficits de l'**ensemble des administrations**.

Faut-il limiter le déficit public ?

• La part du déficit public dans le PIB augmente en France à partir du milieu des années 1970. De 3,3 % en 2008, elle est passée à 5,2 % en 2011. Pour limiter le déficit, il faut soit **réduire les dépenses**, soit **augmenter les prélèvements obligatoires** (soit faire les deux à la fois). Mais cela est plus difficile en temps de crise économique* car les recettes baissent à cause du ralentissement de l'activité. En effet, les revenus* des entreprises* et des ménages étant plus faibles, les prélèvements acquittés par ces derniers diminuent. Par ailleurs, les dépenses augmentent (en raison du fonctionnement de la protection sociale, plus sollicitée en temps de crise, à travers par exemple les allocations chômage*).

• Limiter le déficit n'est pas nécessairement souhaitable : en maintenant les dépenses, le déficit soutient l'activité économique et stabilise la conjoncture, jouant alors le rôle de stabilisateur automatique. Par ailleurs, certaines dépenses comme celles dédiées à la recherche et à l'éducation sont essentielles, à moyen et long terme, pour la **croissance potentielle***.

La dette publique

Le financement de la dette publique

• La dette publique est constituée de l'**encours total des emprunts publics**. L'emprunt doit être remboursé avec un taux d'intérêt* (qui représente la charge de la dette). Lorsque les taux d'intérêt augmentent, la **charge de la dette** augmente. En 2010, l'émission de titres sur le marché obligataire représente près de 90 % du financement de la dette publique (contre moins de 20 % en 1978).

• Dans le cadre du traité de Maastricht, l'État ne peut pas demander à la Banque centrale* européenne de lui financer directement son déficit par un crédit. En revanche, la BCE peut acheter des obligations d'État sur le marché obligataire.

L'évolution de la dette publique et sa soutenabilité

• La dette publique française représente 85,8 % du PIB fin 2011, pour un montant de 1 717,3 milliards d'euros, contre 59 % en 2002 et 30,6 % en 1985. En 2010, la dette puplique s'élève à 80 % en Allemagne, 100 % aux États-Unis, 200 % au Japon. La dette de l'État central (ou **dette souveraine**) représente les **trois quarts** de la dette publique.

• Un État est **solvable** s'il possède des **ressources** qui lui permettent de faire face à ses remboursements futurs. Lorsque la croyance dans l'insoutenabilité de la dette augmente (on pense que l'État ne pourra pas rembourser ses dettes), les prêteurs demandent des **primes de risque** (pour compenser le risque de non-remboursement), ce qui alourdit la charge de la dette (puisque les taux d'intérêt sont plus élevés). L'État doit ainsi faire face à des remboursements plus élevés, ce qui inquiète les créanciers et conduit à ce que les nouveaux prêts soient octroyés à des taux d'intérêt encore plus élevés. Un cercle vicieux se met en place.

État, politiques économiques, justice sociale

Les clés pour comprendre

Les fonctions économiques de l'État

Selon l'économiste Robert Musgrave, les fonctions économiques de l'État sont au nombre de trois :

La fonction d'allocation des ressources

L'État produit certains biens et services et finance le fonctionnement de l'administration (l'État tient compte de l'existence de défaillances de marché qui empêchent l'allocation optimale des ressources). Par exemple, il produit des biens tutélaires (éducation, santé), adopte une politique de la concurrence, ou taxe les biens polluants pour limiter leur consommation.

La fonction de répartition

L'État modifie la répartition des revenus afin de réduire les inégalités et la pauvreté. Il agit au nom d'un principe de justice sociale.

La fonction de stabilisation (ou de régulation)

L'État intervient sur le niveau de l'activité pour limiter les situations de surchauffe (par exemple, en augmentant les impôts) ou pour stimuler l'activité quand la croissance est faible (par exemple, en augmentant les dépenses publiques ou en baissant les impôts). L'État intervient sur d'autres déséquilibres macroéconomiques, comme le déficit de la balance extérieure.

75 INTERVENTION PUBLIQUE

L'**État*** dispose de différents instruments pour modifier l'équilibre sur un marché* : il peut jouer sur les **prix*** par des systèmes de **taxes** et de **subventions**, ou mettre en place des **prix plafond** (prix maximaux) ou des **prix plancher** (prix minimaux). Il peut jouer sur les **quantités** en instaurant des **quotas** ou en produisant lui-même. Il peut enfin jouer sur les **règles** en modifiant la réglementation existante.

L'action sur les prix

Les taxes et subventions

En subventionnant ou taxant les agents, l'État modifie les incitations des agents à produire ou à acheter, et peut ainsi jouer sur l'équilibre du marché.

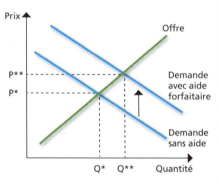

Ci-dessus sont représentés les effets d'une **subvention forfaitaire** de la demande* (somme fixe versée à tous les acheteurs) : augmentation du prix et des quantités échangées.

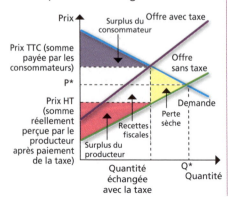

Les effets d'une **taxation*** **proportionnelle** de l'offre (somme proportionnelle au prix) : augmentation du prix et baisse des quantités échangées.

Limiter les variations de prix

L'État peut aussi limiter les variations de prix en imposant, par exemple, un prix minimum, comme c'est le cas sur le marché du travail* avec le **salaire minimum**. La mise en place de prix plancher ou plafond engendre des phénomènes de **rationnement*** (déséquilibre entre l'offre et de la demande).

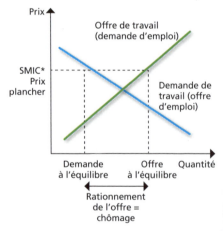

L'action sur les quantités

Les quotas

L'État peut limiter les quantités produites en imposant un **quota maximal** à ne pas dépasser.

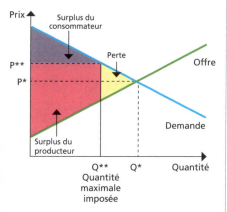

La production publique

Pour favoriser la production d'un bien, l'État peut décider d'en assurer tout ou partie de la production*. En France par exemple, l'État propose des services éducatifs (école publique).

Modifier l'environnement économique

La réglementation

L'État peut décider d'agir de façon indirecte sur le marché en imposant des **normes de qualité** sur les biens échangés (imposer par exemple des normes sanitaires sur les produits alimentaires), des règles d'échange (imposer par exemple la signature d'un contrat), etc. Cette action peut, au final, modifier le prix de marché et les quantités échangées, mais de façon indirecte.

Redéfinir les droits de propriété

En modifiant les **droits de propriété*** existants, l'État influence le fonctionnement des marchés. Ainsi, en imposant des durées plus ou moins longues pour les brevets sur les médicaments, la législation va jouer sur la date d'apparition de médicaments génériques, et donc sur le degré de concurrence existant sur le marché.

Les clés pour comprendre

L'exemple de la régulation du marché du logement

La situation du marché du logement à Paris est généralement considérée comme problématique : prix très élevés, offre insuffisante. Il apparaît nécessaire que l'État intervienne pour réguler ce marché. Différents moyens sont utilisés par l'État :
– il verse des aides au logement aux locataires pour les aider à supporter le poids du logement dans leur budget, ce qui contribue à accroître la demande de logement pour un prix donné ;
– il verse des subventions aux propriétaires qui construisent un bien en vue de le louer pour favoriser l'offre de logement neuf ;
– il joue sur la formation des prix en limitant les hausses possibles de loyer d'une année sur l'autre ;
– il joue sur les quantités en imposant la présence de 20 % de logements à loyers modérés dans certaines communes, sous peine du paiement d'une amende ;
– il joue sur l'environnement économique en imposant certaines caractéristiques minimales que doivent avoir tous les biens loués (chauffage, logement salubre, etc.).

76 POLITIQUE CONJONCTURELLE

La politique économique est constituée par l'ensemble des **décisions prises par les pouvoirs publics** afin d'atteindre, au moyen de divers instruments, des objectifs concernant la **situation économique** d'un territoire donné (région, nation, union monétaire). Les politiques économiques conjoncturelles* visent des objectifs de **court terme** (où les effets se font sentir quelques mois à une ou deux années après la mise en œuvre des décisions) et sont liées à la fonction de stabilisation* de l'État*. Elles cherchent à agir sur les déséquilibres macroéconomiques et à soutenir la croissance du PIB* en cas de ralentissement de la conjoncture.

Politique monétaire et politique budgétaire

La politique budgétaire

La politique budgétaire* consiste à **utiliser le budget** de l'État (par une action sur les dépenses publiques* et les recettes fiscales, et donc sur la demande globale* dans l'économie) pour atteindre certains objectifs choisis par le gouvernement afin de réguler l'activité.

• Cette régulation* est en partie automatique : quand la croissance* est faible, les dépenses augmentent (indemnisation du chômage*, par exemple) et les recettes fiscales diminuent (le budget de l'État est en déficit), tandis que quand la croissance est forte, les dépenses baissent et les recettes augmentent (le budget devient excédentaire). Le budget de l'État stabilise alors spontanément l'activité économique : les économistes appellent ce mécanisme les **stabilisateurs automatiques**.

• L'État peut aussi décider de **tolérer un déficit** pour **relancer l'économie** et lutter contre le chômage : il augmente alors les dépenses publiques et diminue les prélèvements obligatoires*. À l'inverse, il peut décider de **réduire le déficit public*** (baisse des dépenses et hausse des prélèvements obligatoires) afin de **lutter contre l'inflation***. En effet, par exemple, des dépenses élevées peuvent entraîner une augmentation de la demande globale plus forte que l'offre* de biens et services, générant un phénomène d'inflation par la demande.

La politique monétaire

• La politique monétaire* est décidée par la **banque centrale*** (généralement indépendante du pouvoir politique), dont la mission est de **réguler** finement la **quantité de monnaie*** en **circulation** dans l'économie (masse monétaire*) : plus la quantité de monnaie centrale est abondante, plus les banques vont avoir la possibilité de créer beaucoup de monnaie ; et inversement quand la banque centrale en restreint l'émission.

• La banque centrale doit fournir les liquidités **nécessaires au bon fonctionnement** et à la **croissance*** de l'économie, tout en veillant à la **stabilité de la monnaie**. Grâce au **taux d'intérêt directeur**, elle exerce une influence sur les taux d'intérêt* des banques commerciales et, par ce biais, sur le coût du crédit aux ménages et aux entreprises*.

La régulation conjoncturelle

Politique de relance et politique de rigueur

• Lorsque l'activité économique ralentit, les politiques conjoncturelles de **relance** visent à accroître la demande globale afin de stimuler la production* et l'emploi*. Ceci peut passer par la hausse des dépenses publiques, la redistribution des revenus (relances budgétaires), ou par la baisse des taux d'intérêt directeurs (relance monétaire).

• Les politiques de **rigueur** visent à freiner la demande globale pour lutter contre l'inflation, qui détériore le pouvoir d'achat* des ménages, réduit la compétitivité prix* des entreprises et creuse le déficit commercial. Elles peuvent pour cela mettre en œuvre une baisse des dépenses publiques, une hausse des impôts (rigueurs budgétaires), ou encore des mesures de limitation de la progression des salaires.

Les limites de la régulation conjoncturelle

• Dans une économie mondialisée, les politiques conjoncturelles de relance se heurtent à deux types de contraintes qui en limitent l'efficacité :
– la contrainte **commerciale**, puisque la stimulation des revenus des ménages peut se traduire par un accroissement des importations de biens étrangers et limiter l'impact positif sur la production nationale ;
– la contrainte **financière**, puisque les États empruntent des capitaux sur les marchés financiers, qui surveillent les politiques conjoncturelles mises en œuvre, ainsi que les capacités de remboursement des différents États et les risques de défaut de paiement qui pourraient survenir sur la dette publique*.

• La politique budgétaire de relance (déficit budgétaire) peut alimenter la crainte d'un défaut de remboursement du pays, et la politique monétaire de relance (baisse des taux d'intérêt) peut faire craindre une accélération de l'inflation, entraînant des sorties de capitaux vers les pays où les placements financiers sont plus rémunérateurs.

Les clés pour comprendre

Les politiques conjoncturelles

	LA POLITIQUE BUDGÉTAIRE	
	Politique de relance	Politique de rigueur
Effet sur l'activité économique	Relance, hausse du PIB et de l'emploi	Ralentissement, baisse du PIB et de l'emploi
Risques	Accélération de l'inflation, aggravation de l'endettement public	Chute de la demande globale, hausse du chômage
	LA POLITIQUE MONÉTAIRE	
	Politique de relance	Politique de rigueur
Taux d'intérêt	Baisse des taux d'intérêt directeurs par la banque centrale	Hausse des taux d'intérêt directeurs par la banque centrale
Masse monétaire	Augmentation du volume de crédit et de la masse monétaire en circulation	Restriction du crédit et baisse de la masse monétaire en circulation
Risques	Accélération de l'inflation et baisse du pouvoir d'achat de la monnaie	Freinage de la croissance du PIB, aggravation du chômage

Cf. fiches 51, 63, 74, 77, 101, 102

77 POLITIQUE STRUCTURELLE

La politique structurelle* vise à **modifier les structures** mêmes de l'économie. Elle s'inscrit dans le **long terme** et cherche à rendre ces structures plus **propices à la croissance*** en favorisant, notamment, la compétitivité des entreprises et des territoires.

Quelles sont les différentes formes de politiques structurelles ?

Des politiques variées

- La politique industrielle représente l'ensemble des actions qui visent à assurer le **développement** et la **compétitivité des entreprises*** (quel que soit le secteur d'activités ; il existe une politique industrielle d'activités de services). On distingue des instruments d'**intervention directe** (financement d'entreprises publiques, aides financières à des secteurs en déclin ou, au contraire, en expansion) et des instruments d'**intervention indirecte** (réglementation*, normes, fiscalité*, aménagement du territoire, politique commerciale ou politique de change).
- La politique territoriale vise à agir sur certains espaces géographiques. Cette politique peut consister à **stimuler l'activité économique** dans des zones « en retard » (création de zones franches) ou « en crise », mais aussi à **renforcer les avantages** des zones « compétitives » pour attirer les **IDE*** (création de pôles de compétitivité).
- On peut également citer la politique de la concurrence* et la politique de réglementation des marchés* (notamment du travail*), ce qui englobe la fiscalité pesant sur les différents acteurs, ainsi que toutes les politiques visant à favoriser la **recherche-développement**.

Les justifications des politiques structurelles

- La politique structurelle vise à améliorer le potentiel de croissance d'une économie. Elle encourage l'**innovation*** et permet le développement d'**infrastructures favorables** aux entreprises (exemple de la création du réseau autoroutier à partir des années 1960).
- L'État* pallie aussi les **insuffisances du marché***, notamment quand de très lourds investissements* sont nécessaires et ne sont pas assumés par les entreprises privées. L'État peut nationaliser certains secteurs afin de les **moderniser** et d'en faire des industries de pointe pour l'économie nationale.

Comment ont évolué les politiques structurelles en France depuis 1945 ?

Essor des politiques volontaristes après 1945

- La période d'après-guerre se caractérise par des politiques structurelles volontaristes. Ce volontarisme (intervention directe) est une réponse aux **insuffisances du marché** affichées durant la crise des années 1930, et au défi de la **reconstruction**. Il prend la forme de la création du Commissariat général au Plan.
- La planification met l'accent sur de grands **programmes** (énergie, aéronautique, nucléaire, sidérurgie), sur

l'existence de **grandes entreprises publiques** (Renault) et sur des **services publics** (les PTT). Le Plan joue le rôle de « réducteur d'incertitude » dans une économie en pleine mutation.

Des politiques redéfinies à partir des années 1980

On assiste à un **désengagement** progressif de l'État qui conduit à des transferts d'activités publiques vers le secteur marchand par le biais des **privatisations**. L'intervention directe de l'État est **jugée inefficace** et responsable d'une hausse des prélèvements obligatoires*. La politique structurelle se limite ainsi de plus en plus à une politique de la concurrence et à la redéfinition du système fiscal dans un sens plus favorable aux entreprises.

Les clés pour comprendre

Vers un renouveau de la politique industrielle ?

Repenser les enjeux de la politique industrielle

Aujourd'hui, la politique structurelle doit s'adapter aux enjeux de la concurrence mondiale, de l'innovation et de l'environnement. Au sein de l'UE, la stratégie de Lisbonne consiste à faire de l'innovation l'élément permettant à la fois de protéger les entreprises européennes de la concurrence mondiale, de trouver des solutions aux problèmes environnementaux et de faire augmenter la croissance potentielle.

Les transformations nécessaires de la politique structurelle en France

La France, dans une tradition volontariste, soutient les grands « champions nationaux », mais elle manque de PME innovantes, notamment dans les secteurs des nouvelles technologies. Il semble de plus en plus nécessaire pour l'État de jouer un rôle actif afin de favoriser la constitution de pôles de compétitivité composés d'entreprises innovantes. Il existe en effet un intérêt au regroupement des entreprises (effet d'agglomération). Les acteurs de l'innovation (universités, recherche publique, entreprises privées) situés dans un même espace géographique échangent de la connaissance, des savoir-faire. Ces échanges stimulent l'innovation, la croissance et l'emploi. Un cercle vertueux se met en place (comme dans la Silicon Valley). Les effets externes positifs liés à la diffusion de la connaissance font que le territoire est attractif.

État, politiques économiques, justice sociale

Cf. fiches 54, 56, 59, 67, 74

78 POLITIQUE DE LA CONCURRENCE

La **politique de la concurrence*** est un type de politique structurelle* dont l'objectif est de **maintenir la concurrence** sur un marché*. Elle vise à **contrôler les ententes** entre entreprises* (cartels, etc.) et les concentrations ; **elle lutte contre les abus de position dominante*** et contribue à la **diffusion de l'information** à destination des consommateurs afin qu'ils puissent comparer, de façon précise, la qualité des différents produits qui leur sont proposés à la vente.

La naissance de la politique de la concurrence

Les objectifs

- Le pouvoir de marché* des entreprises peut être limité en veillant à l'**atomicité du marché** (nombreux vendeurs et demandeurs) ou en s'assurant que la **pression concurrentielle** soit **forte** sur les marchés oligopolistiques ou monopolistiques (suppression des barrières à l'entrée ou à la sortie des marchés). Ainsi, la politique de la concurrence permet une **baisse des prix*** et contribue à l'augmentation du **pouvoir d'achat*** des consommateurs.
- Soumises à une concurrence accrue, les entreprises sont poussées à **innover** et à être **efficaces** pour rester compétitives. La politique de la concurrence génère donc à long terme des **gains de productivité*** et est ainsi favorable à la croissance* et à l'emploi*.

Le cas des États-Unis et de l'Europe

- La politique de la concurrence se développe de façon précoce aux États-Unis avec l'adoption du *Sherman Act* en 1890. Cette loi interdit les ententes entre firmes, sanctionne les abus de position dominante. En 1914, le *Clayton Act* et le *Federal Trade Commission Act* la complètent, encadrant, notamment, les concentrations.
- La politique de la concurrence émerge plus tardivement en Europe, avec notamment l'adoption du traité de Rome en 1957. Il faut attendre les années 1980 pour que la France développe une véritable politique de la concurrence avec, entre autres, la mise en place du Conseil de la concurrence en 1986.

La surveillance des accords entre entreprises

Les accords horizontaux

La politique de la concurrence lutte contre la constitution de cartels, qui désignent une **entente entre plusieurs firmes rivales** afin de limiter la concurrence et de maintenir des prix élevés. Ainsi, les deux leaders mondiaux de ventes aux enchères d'œuvres d'art, les maisons Sotheby's et Christie's, ont été condamnées car elles s'entendaient sur le prix des commissions qu'elles imposaient lors des ventes.

Les accords verticaux

Les **relations entre une entreprise et ses fournisseurs ou ses distributeurs** sont également encadrées par la politique de la concurrence. Ainsi, une entreprise ne peut imposer à ses distributeurs un prix de revente aux consommateurs (mais peut seulement faire des recommandations). À l'inverse, la loi protège les fournisseurs qui se verraient imposer par une entreprise très puissante des prix d'achat trop bas (exemple des centrales d'achat des supermarchés vis-à-vis de leurs fournisseurs).

Le contrôle des concentrations

Le contrôle des fusions

Les fusions entre entreprises qui pourraient conduire à l'émergence d'une entreprise disposant d'un trop fort **pouvoir de marché*** sont interdites. Ainsi, toutes les entreprises dont le chiffre d'affaires est supérieur à un certain montant et qui voudraient fusionner avec une autre entreprise doivent demander l'autorisation des autorités de la concurrence.

Le démantèlement d'entreprises

Les entreprises en situation de monopole* ou de quasi-monopole peuvent, dans certains cas, **profiter de leur position** pour imposer des prix élevés et mettre en œuvre des stratégies d'élimination de tout concurrent potentiel (par exemple, en pratiquant de façon transitoire des prix artificiellement très bas – **prix prédateurs** – dès qu'un nouveau concurrent veut entrer sur le marché, ce dernier n'ayant pas la trésorerie pour assumer une telle guerre des prix). Les autorités de la concurrence interdisent ces pratiques et peuvent imposer un **démantèlement de l'entreprise.**

État, politiques économiques, justice sociale

Les clés pour comprendre

Des exemples d'intervention pour renforcer la concurrence

Abus de position dominante

Microsoft a été condamné en 2004 par la Commission européenne à verser une amende de 497 millions d'euros pour abus de position dominante. Microsoft profitait en effet de son quasi-monopole sur le marché des systèmes d'exploitation pour imposer son lecteur Windows Media et ses logiciels.

Fusions-acquisitions

En 1992, Nestlé prend le contrôle du groupe Source Perrier SA (Perrier, Contrex, Volvic, St-Yorre, Vichy). La Commission européenne autorise le rachat à la condition que le groupe Nestlé vende Volvic au groupe BSN et vende les sources de Vichy, Thonon, St-Yorre et Pierval à un groupe tiers (afin que le marché ne soit pas duopolistique).

Entente sur les prix

Treize sociétés exploitant des marques de parfums et cosmétiques de luxe (dont Chanel, Guerlain et Dior) et trois distributeurs (Sephora, Marionnaud, Nocibé) se sont vu imposer en 2006 une amende de 45,4 millions d'euros pour entente verticale sur les prix. Les marques s'étaient entendues avec les distributeurs pour que leurs produits soient vendus au détail à un prix unique, supprimant de ce fait toute concurrence potentielle entre les différents points de revente.

79 GROUPE SOCIAL

Chaque société est constituée d'une multitude de groupes d'une grande diversité : classes d'élèves, membres de réseaux sociaux* sur Internet, partis politiques... Néanmoins, toute « collection d'individus » ne peut être considérée comme un groupe social*. De plus, les sociologues distinguent plusieurs types de groupes sociaux.

Le groupe social : une association particulière

La spécificité du groupe social

- Un groupe social est un **ensemble d'individus ayant des interactions**, réunis par un **sentiment d'appartenance** et **reconnus par la société** comme faisant partie de ce groupe.
- Il se distingue donc d'un simple **agrégat physique** (personnes dans une file d'attente) ou d'une **catégorie statistique** (la PCS cadre). Par exemple, les victimes d'un même escroc forment un groupe social à partir du moment où elles apprennent qu'elles ne sont pas les seules et décident de se battre ensemble pour être indemnisées. Notons que, pour cela, elles n'ont pas forcément besoin d'avoir des interactions directes (se rencontrer). De plus, la taille du groupe, ainsi que sa durée d'existence, sont très variables.

L'emprise du collectif sur les individus

- Un groupe social est donc une **construction sociale** reposant sur la **conscience d'appartenance** et la **reconnaissance**. Il constitue dès lors un élément important du **comportement** des individus. L'appartenance à un groupe social confère un statut particulier à ses membres, qui implique de tenir un certain rôle social*. **Luc Boltanski** a notamment expliqué que la catégorie statistique « cadre » aussi à un groupe social lorsque les membres adoptent un **rôle** de cadre, c'est-à-dire que l'appartenance **consciente** à ce groupe **implique des comportements caractéristiques**. Alors que catégorie statistique et groupe social sont deux concepts distincts, il peut arriver, comme dans cet exemple, qu'ils recouvrent une même réalité puisque c'est de la mobilisation du groupe social « cadre » qu'est née la PCS du même nom.
- La **socialisation***, en transmettant les normes* et valeurs* caractéristiques du groupe, revêt donc une importance toute particulière dans l'analyse des groupes sociaux. Le groupe social peut se constituer en **acteur collectif**, par exemple à partir du moment où les cadres vont défendre des **intérêts communs**.

Des groupes sociaux divers

Groupes primaires et groupes secondaires

- Les sociologues établissent une première distinction reposant sur deux critères qui sont le **degré d'intimité** entre membres du groupe et le **type de relations**, directes ou indirectes.
- Les **groupes primaires***, comme la famille ou les amis, sont caractérisés par un **fort degré d'intimité** et des relations **directes**. Dans le cas

contraire, on parlera de **groupes secondaires***: dans l'exemple précédent des victimes d'un escroc, les relations sont plutôt indirectes et le degré d'intimité faible. Les cadres, les partis politiques et les associations en sont d'autres exemples. Alors que les premiers sont plutôt stables, les seconds sont généralement temporaires.

Groupes d'appartenance et groupes de référence

• Cette typologie repose sur la distinction entre le rôle qui est assigné à un individu et celui qu'il souhaiterait avoir. Le **groupe d'appartenance*** est le groupe auquel appartient l'individu. Il **définit** le rôle social que l'individu devrait adopter : la société attend par exemple d'un professeur que ses comportements soient conformes à son statut. Le **groupe de référence*** est celui que **voudrait intégrer** l'individu et sur lequel il va chercher à aligner son rôle : le professeur peut aspirer à devenir une star de la chanson et adopter ce qu'il pense être un **comportement conforme à son souhait** (il recourt à la **socialisation anticipatrice***).

• Le plus souvent, le groupe de référence est un **groupe de statut*** **plus élevé** que le groupe d'appartenance, c'est-à-dire que le **prestige** et l'**honneur social** qui lui sont attachés sont plus valorisés. Cela peut parfois engendrer chez l'individu ayant un groupe de référence différent de son groupe d'appartenance un **comportement déviant** en raison d'un état de frustration relative.

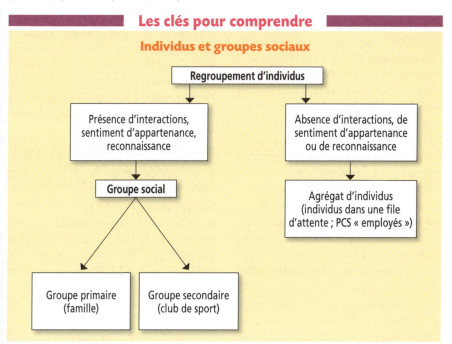

Cf. fiches 81, 90, 91, 94, 116

80 SOCIABILITÉ

Lorsque l'on utilise la notion de sociabilité* en sociologie, ce n'est pas pour parler de la qualité d'un individu (certains individus seraient sociables, d'autres non), mais pour rendre compte de l'ensemble des **relations qu'un individu entretient avec les autres**, c'est-à-dire son **réseau social***. Ces relations peuvent prendre plusieurs formes et renvoyer à l'existence de ressources spécifiques aux individus d'un même réseau social.

Comment rendre compte de la sociabilité ?

Les différentes formes de sociabilité

- Les relations de sociabilité peuvent se décliner autour du critère du libre choix : ce que l'on appelle le lien électif (électif = élu, c'est-à-dire voulu par un individu). Ce lien électif, qui caractérise les relations amicales, s'accompagne d'une **liberté** et d'une **réciprocité** dans le choix (relations par affinités, ou affinitaires), d'une **égalité** dans les relations (d'où l'expression « groupe de pairs »), et d'une **faible institutionnalisation**. C'est ce que l'on retrouve, par exemple, avec le principe des réseaux sociaux sur Internet.
- Les relations familiales sont plutôt semi-électives : on ne choisit pas ses parents, mais la liberté de maintenir, ou pas, des liens avec certains membres de sa famille existe.
- Les relations de travail sont celles qui sont le moins électives, car elles s'accompagnent d'une inégalité dans les relations professionnelles, et d'un cadre institutionnalisé qui implique des droits et des devoirs formels.

La mesure de la sociabilité

- Pour mesurer l'étendue et l'intensité de la sociabilité, on peut utiliser deux méthodes. On peut s'interroger sur la sociabilité d'un individu en représentant son réseau social à l'aide d'un graphe. On fait alors apparaître ses relations avec les autres.
- Il est aussi possible de se pencher sur des critères qui permettent de rendre compte de la sociabilité à partir de **comportements des individus** : les sorties entre amis, les invitations et réceptions à des repas, la pratique d'activités sportives, la participation à des syndicats ou à des associations, etc. On mène alors des enquêtes pour mesurer la **fréquence** (nombre de fois durant une période donnée) et l'**amplitude** (importance) de ces comportements.

Les caractéristiques de la sociabilité et ses évolutions

Des pratiques diverses

- On constate que **les jeunes** ont une sociabilité à la fois plus intense et plus tournée vers l'extérieur que les plus âgés : 88 % des 14-24 ans se rendent au cinéma au moins une fois dans l'année, contre 56 % des 40-49 ans et 17 % des 65 ans et plus.
- La **sociabilité masculine** est également plus tournée vers l'extérieur : 37 % des hommes disent sortir régulièrement le soir en semaine, contre 26 % des femmes.
- La sociabilité augmente avec le **statut social** : la probabilité d'aller voir une pièce de théâtre est 3,6 fois plus

élevée pour un cadre que pour un non-cadre.

Sociabilité et isolement

• Une enquête menée par l'INSEE entre 1983 et 1997, intitulée « Les Français se parlent de moins en moins », montre la baisse du nombre de personnes avec lesquelles chaque individu discute durant la semaine. Le pourcentage de personnes vivant seules a progressé ces dernières années : plus de 33,1 % des ménages, contre 26 % en 1990.

• Ceci entraîne le développement d'un **isolement** plus subjectif que réel : le **sentiment de solitude**. En effet, vivre seul s'accompagne généralement d'une sociabilité externe plus forte, mais qui ne compense pas l'absence de contacts au sein du foyer. Ce sentiment de solitude peut néanmoins s'articuler avec une **solitude objective**, ce qui est le cas chez les personnes âgées.

Les clés pour comprendre

La représentation des réseaux sociaux à l'aide d'un graphe

Soit un individu A, et l'ensemble de ses relations : les individus B, C, D, E, F, G, H.
Les flèches indiquent les relations entre individus (par exemple, E n'a pas de relations avec B).
A possède des relations denses au sein de deux groupes différents : les groupes A-B-C-D et A-E-F-G. Il existe des « **liens forts** » (traits épais).
A possède aussi un lien faible avec l'individu H car ils se voient peu fréquemment (trait en pointillé).
Comme les individus d'un groupe se connaissent, les informations qui y circulent sont connues de tous. Cette situation a deux conséquences :
– A a une place particulière, car il sert de « **pont** » entre deux groupes. Il est le seul parmi l'ensemble des individus à avoir les informations de tout le monde en même temps. Cette position (appelée « trou structural » par le sociologue R. Burt) lui confère un avantage stratégique : il peut utiliser ces informations pour améliorer sa situation personnelle.
– Les liens forts font circuler des informations que tout le monde possède au sein du groupe, tandis que les liens faibles (entre A et H) assurent l'accès pour A à une information qui n'est pas partagée et qui a donc plus de valeur. C'est ce que **M. Granovetter** appelle la force « **des liens faibles** ».

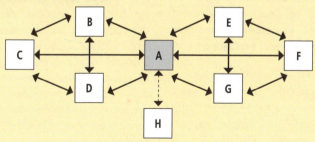

81 CAPITAL SOCIAL

La notion de **capital social*** désigne l'ensemble des **ressources** dont un acteur peut bénéficier grâce à ses **relations sociales**. Au-delà de cette dimension individuelle, le capital social désigne aussi un **contexte social** favorable aux échanges entre individus, et donc au développement économique. Ce concept connaît un fort développement à la frontière de l'économie, de la sociologie et la science politique.

Le capital social comme ressource pour les individus

Une ressource collective

- Pour James Coleman, le capital social fonctionne comme une ressource **collective**. Les **réseaux sociaux*** favorisent les **relations de confiance** entre les individus qui en sont membres car le **contrôle social*** y est **fort** et car chacun sait que certaines **normes*** sont respectées par tous. Cette confiance favorise les **échanges** entre les membres, dont chaque individu tire profit. Le réseau social est donc producteur d'**externalités*** qui forment le capital social.
- Coleman donne l'exemple des réseaux de diamantaires juifs new-yorkais qui limitent les frais d'assurance lors des échanges de diamants grâce au fort contrôle social du groupe : les diamantaires se font mutuellement confiance et réduisent ainsi leurs dépenses individuelles en assurance.

Une ressource individuelle

- Dans la lignée des travaux de **Marc Granovetter**, le capital social peut aussi être considéré comme une ressource **individuelle**, liée au contrôle d'informations. En effet, dans les groupes auxquels ils appartiennent, les individus acquièrent des informations qui peuvent être différentes d'un groupe à l'autre. Ainsi, un individu peut disposer d'une information du fait de son appartenance à un groupe et **l'utiliser dans un autre groupe**, parce qu'il est le seul à la posséder. Ce contrôle de l'information confère à l'individu un rôle stratégique qu'il peut mobiliser en sa faveur.
- Ce qui est important dans le réseau social, c'est moins les liens produits par une forte cohésion sociale (« les liens forts »), que les autres types de liens, appelés « liens faibles » (connaissances, voisins, amis d'amis, etc.).
- En effet, les liens faibles donnent accès à des informations plus variées et ouvrent ainsi plus d'opportunités aux individus.

Capital social et position sociale

- Chez **Pierre Bourdieu**, le capital social se définit comme un ensemble de ressources liées à la possession d'un réseau durable de relations. Ces ressources dépendent de l'étendue du réseau, et surtout des **capitaux économique (patrimoine, revenu), culturel** (diplôme, etc.) et **symbolique** (prestige) détenus par les membres du réseau. Les personnes des classes dominées, marquées par une faible possession des différents capitaux, sont donc dépourvues de capital social. Au contraire, dans la bourgeoisie, le capital social fait l'objet d'un travail d'instauration et d'entretien.
- Michel Pinçon et Monique Pinçon Charlot montrent ainsi que la

fabrication du « grand bourgeois » passe par la sociabilité* mondaine au cours de laquelle « il doit sans arrêt être reconnu comme un grand bourgeois ». La sociabilité doit permettre d'éliminer tout passager clandestin* (les nouveaux riches). Si le capital social est une ressource qui a un rendement individuel, il s'inscrit comme un outil au cœur des rapports de domination de classes.

Capital social et développement

Développement économique

• Pour **Robert Putnam**, le capital social se définit comme l'ensemble des caractéristiques de l'**organisation sociale** : les réseaux, les normes* et la confiance, qui facilitent la coopération des individus.

• Putnam propose d'étudier les écarts de développement économique entre l'Italie du Nord et l'Italie du Sud à partir des inégalités de capital social : dans le Nord, les réseaux sociaux sont développés, entraînant des logiques de réciprocité, de confiance. Les activités économiques se développent. Au Sud, au contraire, la confiance est plus faible et l'activité économique moins dynamique.

Développement humain

• La seconde étude majeure de Putnam porte sur les États-Unis. Au titre évocateur de « Bowling alone », il y décrit un **recul de la sociabilité** au profit d'une montée de l'individualisme. Les Américains pratiquent toujours le bowling, mais ne le font plus dans des associations : ils le pratiquent seuls.

• Selon Putnam, ce recul du capital social est inquiétant car il influence la santé de la population, son niveau d'éducation, ainsi que la croissance économique* – c'est-à-dire des indicateurs de développement humain. Ceci explique pourquoi cette notion a connu un succès important auprès des organismes internationaux (Banque mondiale, OCDE) : ils y voient un élément à faire promouvoir par les institutions* publiques.

Groupes et réseaux sociaux

Les clés pour comprendre

Le capital social a un impact important sur l'accès à l'emploi

Aux États-Unis

Dans son étude sur le **marché du travail** des cadres à Boston de 1974, Granovetter montre qu'un tiers des emplois ont été pourvus par des cadres qui n'en cherchaient pas et qu'un tiers des emplois ont été créés spécifiquement pour une personne. Ces individus ont obtenu un poste du fait de leur réseau social, et non suite à une recherche active et à une réponse à une offre publique.

En France

Dans le cas français, Michel Forsé évaluait en 1997 à 36,5 % les emplois obtenus par candidatures spontanées et réponses aux annonces, soit autant que les emplois trouvés par l'intermédiaire de réseaux sociaux (famille, relations de travail, amis). Par ailleurs, les emplois trouvés par contacts personnels sont associés à davantage de satisfaction au travail et mieux payés.

Cf. fiches 80, 86, 189, 194

82 STRATIFICATION SOCIALE

Selon Pitrim Sorokin, la stratification sociale* renvoie à la façon dont la population est différenciée en **strates hiérarchiquement superposées**. Les sociologues retiennent deux catégories de représentation de la stratification sociale. Une première permet de **classer tous les individus** ou groupes, des plus démunis aux mieux pourvus, selon une ou plusieurs variables qui forment une ou plusieurs échelles sociales. Le revenu* forme ainsi une **échelle continue** qui peut prendre toutes les valeurs dans un ensemble des possibles (de 0 euro à 1 million en passant par 10 551 euros, par exemple). La seconde envisage la société comme un **ensemble limité de groupes distincts** dans lequel une hiérarchisation en continu est impossible : les structurations en **classes sociales*** ou en **groupes de statuts*** relèvent de cette catégorie.

La place dans le système productif

Revenu et profession

- Un des critères principaux de différenciation entre individus renvoie à la **place** de chacun dans le **système productif**. Cette place détermine la **profession** et le **revenu**. Or la société valorise socialement les hauts revenus, ainsi que certaines professions (médecins, chefs d'entreprise, etc.).
- Les critères ne se recoupent pourtant pas nécessairement. Certains métiers sont socialement valorisés, sans pour autant s'accompagner d'une place élevée dans la hiérarchie des revenus (journalistes).

Les professions et catégories socioprofessionnelles (PCS)

- La classification des **PCS** est créée par l'INSEE en 1954 (modifiée en 1982). C'est une classification **multidimensionnelle** et **partiellement hiérarchisée**, qui est fondée sur : la profession individuelle, le statut juridico-économique (différence salarié/indépendant), la qualification des salariés, la position hiérarchique, la taille de l'entreprise*, le secteur d'activité (de l'entreprise et non de l'individu) et l'opposition public/privé. Certains critères sont hiérarchiques (avoir plus ou moins de qualification), d'autres ne le sont pas (travailler dans le public ou le privé).
- On distingue **8 groupes** : les agriculteurs exploitants ; les artisans, commerçants et chefs d'entreprise ; les cadres et professions intellectuelles supérieures (CPIS) ; les professions intermédiaires (PI) ; les employés ; les ouvriers ; les retraités ; les autres personnes sans activité professionnelle.
- Cette classification est cependant critiquée car **les transformations du marché* du travail*** ont fabriqué des clivages au sein des groupes sociaux*. Les employés qualifiés et les employés non qualifiés ne sont pas touchés de la même manière par la **précarité*** de l'**emploi*** : la classification des PCS ne rend pas compte de ces oppositions entre individus stables et personnes vulnérables.

Les autres critères de classification

Les variables sociales

• Il existe d'autres variables à partir desquelles il est possible de constituer des groupes sociaux hiérarchisés. Ces variables sont par exemple celles du **genre** (inégalités hommes/femmes), de l'**âge**, ou de la **localisation géographique**.

• Le genre est au cœur d'**inégalités*** de salaires, d'inégalités de responsabilités professionnelles (on parle de « plafond de verre »), et d'inégalités de représentation dans les mandats électifs (moins de 20 % des députés sont des femmes). Les critères économiques ne sont donc pas les seuls à l'origine de la stratification sociale.

Un clivage générationnel ?

• Les générations nées à la fin des années 1930 et au début des années 1940 ont connu un avantage décisif par rapport aux générations précédentes, et par rapport à celles qui leur ont succédé, en termes d'accès aux professions de cadres ou professions intermédiaires, ainsi qu'en termes de progression du niveau de vie. On parle d'**inégalités inter-générationnelles**.

• Celles-ci peuvent être à l'origine d'un conflit générationnel entre cette génération née au tournant des années 1940 et celle qui est née à partir du milieu des années 1960. Ces clivages générationnels alimentent les débats sur le **déclassement***.

Les clés pour comprendre

La dynamique de moyennisation de la société française

Les différentes dimensions de la moyennisation de la société

Entre 1962 et 2005, la part des cadres et professions intellectuelles supérieures (CPIS) et des professions intermédiaires (PI) passe de 16 % à 34 %. Ces PCS absorbent les enfants des couches populaires qui rentrent sur le marché du travail (mobilité structurelle ascendante). Durant cette période, les disparités socio-économiques reculent : la **consommation de masse** permet aux groupes populaires d'avoir accès à des consommations dont ils étaient privés auparavant (vacances, propriété, etc.). La structure sociale se « **centre** » sur ces couches moyennes salariées qualifiées, ce qui se traduit aussi par la diffusion de leurs valeurs et normes (**libéralisme culturel**).

Une moyennisation contestée

Les pratiques culturelles restent encore fortement marquées par des différences d'origine sociale. À partir des années 1980, le chômage de masse freine le recul des disparités socio-économiques ; c'est le retour de la pauvreté en France et la montée des problématiques d'exclusion. La part des PI et CPIS augmente moins dans la population active, la dynamique de mobilité sociale ascendante se ralentit.

83 CLASSES SOCIALES

Le concept de **classe sociale*** renvoie à l'idée de **groupes sociaux* clairement distincts** qui seraient porteurs d'intérêts divergents. On a ainsi souvent opposé la classe ouvrière aux capitalistes. Cette vision des classes sociales est-elle pertinente ? Les classes sociales existent-elles vraiment ?

Des approches distinctes

L'approche réaliste
- Pour Karl Marx, les classes sociales sont des collectifs structurés et actifs qui se définissent dans le **système de production**. La classe d'appartenance d'un individu dépend de sa position économique (propriétaire ou non des moyens de production). Marx parle de classe en soi pour désigner le groupe d'individus occupant la même place dans le système économique et de classe pour soi pour qualifier un groupe dont les membres ont pris **conscience** de leur appartenance collective et sont entrés en **conflit*** avec une autre classe (lutte des classes).
- Cette approche est qualifiée de holiste, la classe dictant leur rôle à ses membres, et de réaliste, les classes étant définies dans la réalité, de façon objective et ne résultant pas d'une construction élaborée par les chercheurs.

L'approche nominaliste
- Reprenant l'apport de Max Weber, certains sociologues voient dans la classe sociale un **outil de classement** élaboré par le chercheur alors que dans la réalité, il existerait une continuité des situations qui ne permettraient pas de distinguer clairement des groupes différents (position nominaliste) : le sociologue décide arbitrairement de poser, par exemple, des critères de revenus* afin de définir des classes telles que la classe populaire, la classe moyenne et la classe supérieure.
- Cette approche est aussi qualifiée d'**individualiste** car les classes sont considérées comme des agrégats d'individus.

Des critères non économiques ?
- Marx, comme Weber, ont défini les classes sociales à partir de critères économiques. Pourtant, comme l'a noté Weber, la dimension économique n'est pas la seule à structurer la vie sociale : les pratiques, le **statut social**, **le pouvoir**, comptent aussi.
- C'est pourquoi certains sociologues, comme Pierre Bourdieu et Louis Chauvel, élargissent la notion de la classe sociale et rajoutent aux critères économiques des critères plus culturels (partage d'un mode de vie commun, par exemple).

La fin des classes ?

La moyennisation de la société
- Beaucoup ont associé l'émergence d'une **classe moyenne** pendant les Trente Glorieuses et la **montée de l'individualisme** à la fin des classes sociales. Henri Mendras parle ainsi d'une moyennisation de la société et de la fin de la lutte des classes.
- La plupart des travaux se sont portés sur le **déclin de la classe ouvrière** car c'est surtout autour de cette classe que s'est développée la vision d'un monde scindé en groupes opposés. Celle-ci peut être considérée comme obsolète pour diverses raisons : baisse numérique de la catégorie sociale des

ouvriers, déclin du mouvement ouvrier suite au recul de l'influence du Parti communiste, crise du syndicalisme.
- Dans cette logique, on assisterait à l'émergence d'une société **moins inégalitaire** et **plus individualisée**, où chacun choisit son style de vie en fonction de ses goûts et aspirations (il n'y aurait plus d'**influence** de classe). De plus, dans les sociétés postindustrielles, une multitude de critères est nécessaire pour définir un individu, au-delà du critère économique : la profession est certes importante, mais l'âge, le sexe, ou le mode vie le sont aussi.

Un concept toujours pertinent
- S'il y a consensus pour parler d'un **brouillage des classes sociales** avec la multiplication des critères d'appartenance des individus, il semble néanmoins **abusif de parler de la fin des classes** sociales. Louis Chauvel montre ainsi qu'il existe toujours des **inégalités*** de revenu, de patrimoine* ou de réussite scolaire largement structurées. Celles-ci permettent toujours de définir des **groupes** relativement distincts, au sein desquels la **reproduction sociale** est importante.
- C'est la **conscience de l'appartenance** à un groupe qui est avant tout **en déclin**. Michel Pinçon et Monique Pinçon-Charlot affirment que seule la classe bourgeoise a conscience d'elle-même, constituant ainsi une classe sociale au sens plein du terme.

Les clés pour comprendre

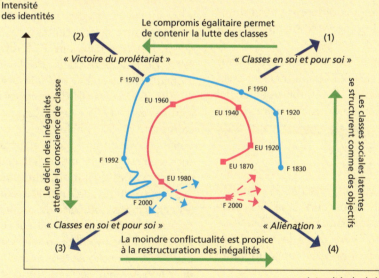

Note : Les points figurent la France et les États-Unis à différentes dates. Les poistions sont relatives et restituent l'idée de dynamiques générales de différentes périodes.
Source : louis.chauvel.free.fr

En combinant les deux critères, d'identité et d'inégalité, Louis Chauvel propose une évolution chronologique, qui passe par quatre phases, des sociétés française et américaine.
(1) L'existence de fortes inégalités conduit à ce que les individus prennent conscience de leur appartenance collective et entrent en lutte pour défendre leurs intérêts (années 1950 pour la France).
(2) La lutte permet d'obtenir des avantages sociaux et, ainsi, de réduire les inégalités (années 1970).
(3) Cette baisse des inégalités entraîne une baisse de la conscience de classe (années 2000).
(4) Du fait d'une moindre conscience de classe et donc d'une faible mobilisation collective, de nouvelles d'inégalités se développent.

84 MOBILITÉ SOCIALE

La **mobilité sociale*** est une problématique centrale des sociétés dans lesquelles les **positions sociales** ne sont plus transmises, mais **acquises** par les individus au cours de leur vie, ce qui est le cas des sociétés démocratiques comme l'a souligné Alexis de Tocqueville. Quelles formes et quelle ampleur prend la mobilité sociale ?

Les formes de la mobilité sociale

La mobilité intergénérationnelle

• La **mobilité sociale intergénérationnelle*** correspond au fait qu'un individu appartienne, à l'âge adulte, à une catégorie sociale différente de celle de son père. Un individu fils d'ouvrier qui appartient à la PCS « professions intermédiaires » est ainsi qualifié de mobile (à la différence des **immobiles**, qui occupent la même position que celle de leur père).

• Les **tables de mobilité** permettent de la mesurer ; elles permettent aussi de mesurer l'**immobilisme social** lorsque les individus originaires d'une catégorie sociale restent dans cette catégorie.

D'autres formes de mobilité sociale

• Lorsque l'on observe la mobilité d'un individu au cours de sa vie professionnelle sans faire référence à la situation de son père, on parle de **mobilité intragénérationnelle***, ou de **mobilité biographique**.

• La mobilité sociale peut être **verticale** (déplacement dans la hiérarchie sociale) ou **horizontale** (une mobilité **sans conséquence** sur la position dans la hiérarchie sociale), comme en cas de mobilité au sein de l'entreprise pour un **niveau hiérarchique identique**, ou de **changement de secteur** d'activité. On parle de mobilité **ascendante** quand un individu occupe une position plus élevée dans la hiérarchie sociale que celle de son père ou que celle qu'il occupait précédemment.

Mesurer l'évolution de la mobilité sociale

Mobilité structurelle et mobilité nette

• La **mobilité observée*** (appelée aussi mobilité totale, ou mobilité brute) mesure le pourcentage de fils qui se trouvent dans une **PCS différente de leur père** (taux absolus de mobilité). Par exemple, en 2003, selon l'INSEE, 83 % des fils d'employés ne sont pas dans la PCS « employés ».

La mesure de la mobilité sociale doit tenir compte du fait que la structure sociale n'est pas la même au cours du temps. Ces évolutions entraînent des opportunités de mobilité entre les générations : on parle de **mobilité structurelle**. Les fils d'agriculteurs ont ainsi connu une **mobilité sociale « forcée »** liée au déclin de leur PCS d'origine. Inversement, certains groupes en essor doivent « recruter » ailleurs.

• La **mobilité totale** se décompose ainsi entre une **mobilité structurelle** et une **mobilité nette**. Cette dernière correspond à la mobilité des individus qui ne doit rien aux modifications de la structure sociale*. Cependant, il est difficile de dissocier la mesure de ces deux types de mobilité.

La fluidité sociale

• L'analyse en termes de **fluidité sociale** renvoie à la comparaison de la probabilité d'accéder à un groupe social* donné (par exemple, le groupe des cadres) comparé à un autre (par exemple, le groupe des ouvriers) pour différentes catégories d'individus (par exemple, les fils de cadres et les fils d'ouvriers). Elle est basée sur l'analyse d'*odds ratio*. On sait ainsi que les fils de cadres ont plus de chance que les fils d'ouvriers de devenir cadres plutôt qu'ouvriers. La fluidité sociale se focalise ainsi sur l'inégalité des chances relatives (taux relatifs de mobilité).

• On dit que la société est plus fluide si l'égalité des chances relatives progresse. Il est possible de constater une augmentation de la mobilité observée alors que la fluidité sociale reste constante. En France, la fluidité sociale a augmenté des années 1950 aux années 1990 et diminue depuis 2000.

Les clés pour comprendre

Mobilités nette, structurelle, totale, ascendante et descendante

On considère, pour trois périodes différentes, le pourcentage de personnes mobiles sur l'ensemble des hommes actifs âgés de 40 à 59 ans ayant eu un emploi (mobilité totale).

	1977	1993	2003
Mobilité totale	57 %	65,0 %	65,0 %
Part de la mobilité structurelle	35 %	33,8 %	38,5 %
Part de la mobilité nette	65 %	66,2 %	61,5 %

Source : INSEE, « enquêtes FQP 1977, 1993, 2003 ».

On considère, pour trois périodes différentes, l'ensemble des hommes et des femmes âgés de 30 à 59 ans.

	1983	1993	2003
Part d'immobiles	43,7 %	40,4 %	39,4 %
Part des mobiles ascendants	37,7 %	39,5 %	38,7 %
Part des mobiles descendants	18,6 %	20,1 %	21,9 %

Source : INSEE, enquêtes Emploi 1983-2003.

85 DÉCLASSEMENT SOCIAL

À partir des années 1970, le ralentissement économique et la dégradation du marché* du travail* ont entraîné un accroissement de la **mobilité sociale*** descendante. On a pu évoquer une « panne de l'ascenseur social ». Les difficultés croissantes des jeunes diplômés et la persistance d'un chômage* de masse ont aggravé les **inégalités*** entre les générations et alimenté un **sentiment de frustration** face à des espoirs d'ascension sociale déçus.

Le déclassement intergénérationnel

Le « descenseur social »
• Selon le sociologue Camille Peugny, est déclassé tout individu qui ne parvient pas à **maintenir la position sociale de ses parents**. L'analyse sociologique retient donc l'angle de la **mobilité intergénérationnelle*** : devenir employé ou ouvrier lorsque son père est cadre constitue une mobilité sociale descendante et une forme de déclassement social.

• La période des **Trente Glorieuses** (1945-1973) s'était accompagnée d'une **amélioration des perspectives de mobilité sociale ascendante** pour les générations nées dans les années 1940 (une « aspiration vers le haut ») : vers l'âge de 40 ans, parmi les individus nés entre 1944 et 1948, ceux qui s'élevaient au-dessus de la position de leurs parents (**mobilité ascendante**) étaient 2,2 fois plus nombreux que ceux qui avaient descendu les échelons de la hiérarchie sociale (mobilité descendante). Pour ceux nés entre 1964 et 1968, le rapport chute à 1,4. La forte mobilité ascendante constatée pendant les Trente Glorieuses résulte en partie du fait qu'au cours de cette période, le nombre de cadres et de professions intermédiaires a fortement augmenté, entraînant une forte mobilité **structurelle** ascendante.

Angoisse collective et réalité statistique
• Si l'augmentation de la mobilité intergénérationnelle descendante est au final assez limitée, elle alimente les angoisses collectives des familles, qui surestiment en partie le risque encouru de voir leur enfant déclassé. Le déclassement est vécu par les individus comme un **échec social** de nature à alimenter **la crise du politique** (abstention lors des élections, montée des extrêmes).

• Selon Éric Maurin, **l'angoisse du déclassement** concerne l'immense majorité des actifs en France, alors que le déclassement ne frappe en réalité qu'une faible partie d'entre eux. Cette crainte individuelle est liée à la crainte de la perte d'un emploi* dans le secteur privé, de la dégradation des conditions de travail dans le secteur public, et des difficultés d'insertion professionnelle rencontrées par les jeunes.

Le déclassement à l'embauche

Une autre mesure du déclassement
• Le terme de déclassement a aussi été utilisé pour désigner le fait que certains individus étaient **surdiplômés** par rapport au niveau de qualification requis pour le poste qu'ils occupent (déclassement à l'embauche). Ainsi, 64 % des jeunes recrutés dans la fonction publique sont titulaires d'un diplôme

supérieur à celui requis pour passer le concours.

• Si le diplôme reste le meilleur rempart contre le chômage, la valeur économique des diplômes a diminué : être bachelier ne suffit plus pour accéder à des emplois de cadres ou à des professions intermédiaires.

La massification scolaire

• Tout au long du XXe siècle, le nombre d'**enfants scolarisés** a été en augmentation. On parle d'un phénomène de **massification scolaire** pour désigner le fait que l'école n'est plus réservée à une élite. La proportion de bacheliers parmi les jeunes est ainsi passée de 10 à 79 % entre les années 1960 et aujourd'hui. Le nombre de postes de cadres ou de professions intermédiaires n'ayant pas augmenté dans le même temps de la même façon (la proportion de cadres dans la population active* est passée de 5 % à 15,8 %), une partie des nouveaux diplômés n'a pas pu trouver d'emplois à des niveaux auxquels ils auraient dû pouvoir prétendre.

• Les sociologues appellent « **paradoxe d'Anderson*** » (car identifié par le sociologue Charles Anderson en 1961) le phénomène selon lequel les enfants qui ont des diplômes plus élevés que leurs parents n'ont pas nécessairement une position sociale plus favorable.

• La baisse de la valeur des diplômes sur le marché du travail ne doit pas conduire à penser que la massification scolaire était une erreur d'un point de vue économique, car elle a permis d'**accroître le niveau de formation** de la main-d'œuvre, la rendant ainsi plus productive.

Les clés pour comprendre

L'évolution de la mobilité ascendante

Proportion de cadres supérieurs et professions intermédiaires parmi les enfants d'employés et d'ouvriers qualifiés selon la génération (à l'âge de 40 ans)

Génération	Hommes	Femmes
1944-1948	33	27
1949-1953	29,5	24,5
1954-1958	28	24,5
1959-1963	25,5	22
1964-1968	25	23,5

Source : Camille Peugny, *Le Déclassement*, Grasset, 2009.

86 LIEN SOCIAL

S'interroger sur le lien social* revient à tenter de répondre à la question suivante : comment les hommes forment-ils une société ? Le lien social, selon **Serge Paugam**, désigne à la fois le désir de vivre ensemble, la volonté de relier des individus dispersés et l'ambition d'une **cohésion sociale*** plus profonde, c'est-à-dire d'une plus grande stabilité et d'une force des liens plus significative entre membres d'un groupe ou d'une société.

L'évolution des formes de solidarité chez Durkheim

Lien social et individualisme

- La question du lien social traverse toute l'œuvre de Durkheim, qui s'interroge sur la possibilité de **concilier** autonomie croissante de l'individu (montée de l'individualisme) et cohésion sociale. Cette problématique apparaît alors que l'intégration sociale*, processus d'**acquisition des normes* et valeurs*** dominantes, est remise en cause par la fragilisation des instances de socialisation traditionnelles (notamment la religion) dans la société industrielle de la fin du XIXe siècle.

- Pour autant, tout en devenant plus autonome, l'individu dépend plus étroitement de la société car il s'est **spécialisé** dans la production d'un bien ou d'un service, et a besoin d'échanger avec les autres pour disposer de l'ensemble des biens et services désirés.

De la solidarité mécanique à la solidarité organique

- Dans les sociétés traditionnelles, caractérisées par la solidarité mécanique*, le lien social repose sur la **similarité** d'individus ayant une **conscience collective forte** (valeurs et croyances communes). La division du travail* y est faible.

- La solidarité organique* est caractéristique des sociétés modernes, dans lesquelles la division du travail est forte. Le fondement du lien social se trouve dans la **complémentarité** d'individus autonomes (comparables à des organes du corps humain) dont la **conscience individuelle** prend le pas sur la conscience collective. Le lien social repose sur le fait que la division du travail rend les individus **interdépendants**.

- Le passage d'un type de solidarité* à l'autre est rendu possible par un accroissement de la densité matérielle (une population plus nombreuse, l'urbanisation et les facilités accrues de communication facilitent les échanges) et morale (relations sociales plus fréquentes et intenses).

Quel lien social dans la société contemporaine ?

Des instances d'intégration multiples

Les sociologues s'accordent aujourd'hui sur le fait que le lien social repose sur l'entrecroisement d'un ensemble de liens divers. Serge Paugam propose une typologie fondée sur quatre liens.

- Le **lien de participation organique** est toujours fondamental et s'appuie, comme chez Durkheim, sur la complémentarité des fonctions dans l'organisation du travail. L'école et le monde du travail en constituent les principales instances d'intégration sociale*.

• Les instances de socialisation secondaire* (le couple, l'entreprise, etc.) concourent à la création du **lien de participation élective**, comme celui que crée le couple et qui donne un certain degré de choix à l'individu.

• Le **lien de filiation** repose sur la socialisation familiale.

• Enfin, la nation participe à la construction du **lien de citoyenneté**, à travers la construction de droits et devoirs applicables à tous les citoyens.

Un lien social recomposé

• Dans nos sociétés contemporaines, où le **primat de l'individu** n'a jamais été aussi prégnant, se développe un discours pessimiste selon lequel le lien social tendrait à se déliter car les instances de socialisation ne joueraient plus leur rôle d'intégration (montée du chômage*, des divorces, du taux d'abstention aux élections, etc.).

• **François de Singly** estime au contraire que **l'individualisme crée du lien** et que le modèle d'intégration a tout simplement **changé**. L'individu a, dans ce cadre, le pouvoir de définir ses appartenances à tel ou tel groupe, de décider de sa vie, de résister aux évidences d'une identité imposée par les autres. Par exemple, la famille n'a pas perdu son rôle intégrateur : les nouvelles structures comme les familles recomposées permettent aux individus de tisser un nouveau réseau*, et l'aide intergénérationnelle en cas de coups durs demeure toujours aussi importante.

Les clés pour comprendre

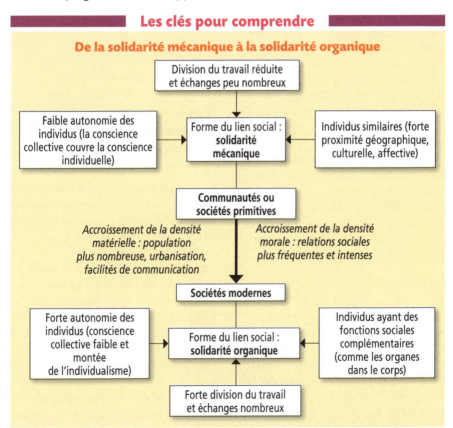

De la solidarité mécanique à la solidarité organique

87 EXCLUSION SOCIALE

Processus de fragilisation du lien social* qui se traduit par des difficultés d'intégration* à la société d'un nombre croissant d'individus, l'exclusion peut aboutir à une rupture du **lien social**, du fait d'une exclusion de l'emploi*, de la consommation*, des relations sociales et familiales, etc.

Les causes de l'exclusion

Des causes économiques

• Durant les Trente Glorieuses (1945-1973), la **pauvreté** touche principalement des personnes **durablement éloignées du marché* du travail***. Elle concerne ainsi principalement les personnes âgées et celles qui ne sont pas en mesure de travailler (handicapés, individus trop faiblement qualifiés pour être embauchés, etc.).

• À partir des années 1970, la pauvreté **s'accroît** dans les pays riches, dans un contexte de ralentissement de la croissance, de dégradation du marché du travail et de **chômage*** persistant : l'exclusion concerne de plus en plus d'individus et menace directement la cohésion sociale. L'apparition de **nouvelles formes de pauvreté** et les difficultés de **l'État social*** pour y faire face ne permettent plus d'envisager l'exclusion comme un phénomène marginal qui frappe une petite partie de la population, installée dans la **précarité***.

Un phénomène multidimensionnel

• L'exclusion d'un individu est rarement totale ; il est donc difficile d'en délimiter les contours : un individu exclu du travail par un chômage de longue durée peut être bien inséré dans divers **réseaux de sociabilité*** (amis, associations, partis politiques, etc.). Mais l'exclusion peut conduire à une véritable marginalisation sociale lorsqu'il se produit un cumul de **handicaps sociaux** (pauvreté, échec scolaire, faible qualification, ruptures familiales, etc.).

• On peut être **exclu de l'emploi*** (les chômeurs de longue durée), de l'**éducation** (les illettrés), du **logement** (les sans-domicile-fixe), de la **santé** (handicapés, malades mentaux, sidéens), ou de la **justice** (détenus). Lorsque l'on veut recenser les exclus, les sociologues s'attachent à rechercher tous les handicaps sociaux qui peuvent conduire à une mise à l'écart de la société (par exemple, être illettré), à la non-participation de certains individus ou de certains groupes à la vie collective.

Un processus de marginalisation sociale

Un processus de désaffiliation

• L'analyse sociologique a montré que l'exclusion sociale est un **processus** qui se fait par **étapes** : l'individu, autrefois intégré, est privé de travail et perd progressivement les avantages qui lui sont attachés, comme les réseaux sociaux* et les liens de solidarité. Ce processus peut conduire à la **marginalisation** et l'**isolement social**. **Robert Castel** appelle ce processus d'affaiblissement des liens sociaux (qui peut toucher tous les individus) la **désaffiliation* sociale**.

• Si l'exclusion résulte souvent du cumul de plusieurs causes, le facteur déclenchant est l'exclusion du marché du travail : la rupture professionnelle et la perte de l'emploi limitent la consommation, peuvent créer des ruptures familiales et engendrer des problèmes de santé (on parle ainsi de chômage d'exclusion).

La disqualification sociale

• Serge Paugam, à partir d'une enquête sur les titulaires du revenu minimum d'insertion (aujourd'hui revenu de solidarité active), évoque un processus de **disqualification sociale** : durant la **phase de fragilité**, les personnes exclues à la suite d'un échec professionnel prennent conscience de la distance qui les sépare du reste de la population et vivent un sentiment d'infériorité sociale ; la **fragilité** peut ensuite conduire à une phase de **dépendance** car la perte d'emploi entraîne une dégradation des conditions de vie (perte de revenus, endettement) et la prise en charge des difficultés se fait de plus en plus par les services d'action sociale. Ceci peut entraîner un sentiment de **honte** et d'**infériorité** sociale. À cette phase de dépendance peut succéder une phase de **rupture**, caractérisée par la misère et une forte marginalisation.

• L'étude de Paugam sur la disqualification sociale montre que les minima sociaux sont un moyen efficace d'échapper à la **stigmatisation sociale*** : un revenu*, même faible, peut permettre une resocialisation.

Les clés pour comprendre

Le processus de « disqualification sociale » selon S. Paugam

Phase de fragilité	Phase de dépendance	Phase de rupture
La perte d'emploi entraîne une perte de sociabilité et une résignation qui affectent les liens familiaux (rupture conjugale) et peuvent conduire à un isolement	L'individu devient dépendant des aides sociales et des services sociaux. Dans ses relations avec autrui, l'individu subit une stigmatisation et éprouve un sentiment d'infériorité sociale face à la dégradation de ses conditions de vie et la dévalorisation de son statut social	L'individu cumule plusieurs handicaps et un sentiment d'inutilité. Les liens sociaux sont rompus, et l'individu peut être désocialisé (perte des repères, d'estime de soi, etc.)

88 NORMES SOCIALES

Pour pouvoir vivre ensemble, « faire société », les individus doivent partager une certaine vision du monde et leurs comportements doivent s'inscrire dans des limites connues et acceptées. Ils doivent donc adhérer de façon plus ou moins étroite à un **pacte social**, c'est-à-dire à des **valeurs*** et des **normes*** communes. Celles-ci définissent, à une époque et dans un lieu donnés, ce qui est valorisé, admis ou interdit.

L'origine des normes sociales

Les valeurs comme idéaux

- Les sociologues définissent généralement les **valeurs** comme des **idéaux collectifs** qui permettent de déterminer, dans une société donnée, les **critères du désirable**. Les valeurs permettent aussi de définir **ce qui est juste ou pas**, ce qui est du domaine de l'acceptable (par exemple, peut-on faire travailler un enfant ?).

- Les **sources** de ces valeurs sont multiples. On peut citer la **tradition**, la **morale**, la **philosophie**, la **religion** ou encore la **politique**. Par exemple, alors quand la peine de mort a été abolie en 1981, une majorité de la population française acceptait pourtant l'idée de tuer un être humain pour le punir de ses fautes, ce qui n'est plus le cas aujourd'hui. Il est légitime de penser que la politique a fait ici évoluer les valeurs des Français.

Des valeurs aux normes

- Les **normes sociales** sont des **règles de conduite qui découlent des valeurs** défendues. Ainsi, de la valeur « respect d'autrui » découle la norme : « ne pas agresser les autres ». Les normes **guident les comportements** individuels et collectifs dans une société. On peut les distinguer selon leur nature et leur degré d'explicitation.

- Les **usages** ou **règles de bonne conduite** s'appuient sur des obligations implicites, par exemple en matière de politesse ou de façon de se vêtir. Les **mœurs** représentent des impératifs moraux, **généralement implicites**, par exemple dans l'attitude à avoir avec les membres de sa famille* selon leur place (parents, grands-parents, ou frères et sœurs).

- Enfin, les **normes juridiques,** telles les lois ou règlements, reposent sur des prescriptions **explicites**.

Les infractions à chaque type de normes sont réprouvées de façon plus ou moins sévère.

Le rapport aux normes

Des individus déterminés ?

- Pour **Émile Durkheim**, les individus intériorisent les normes sociales au cours du processus de **socialisation***. Les individus apprennent à respecter les normes car des sanctions sont mises en œuvre quand ils les enfreignent ; ils intègrent ainsi le modèle de conduite à suivre. Les normes sociales préexistent aux individus et s'imposent à eux. On parle d'une vision **déterministe** de l'individu : celui-ci est déterminé par la société.

- La tradition **interactionniste** met l'accent sur la façon dont les normes émergent au cours des interactions sociales et sur la façon dont les individus jouent avec ces normes. **Erving Goffman** explique ainsi que l'essentiel n'est pas de respecter les normes sociales, mais de « garder la face », c'est-à-dire de donner le change. **Howard Becker** met, quant à lui, l'accent sur les « entrepreneurs moraux » qui, grâce à un lobbying, parviennent à modifier les normes en vigueur dans la société (en rendant illégale la marijuana aux États-Unis, par exemple).

Les conflits

Il existe généralement dans une société des **conflits* de valeurs** : tout le monde ne partage pas forcément la même conception de ce qui est juste, désirable, etc. Il en découle que tous les groupes sociaux* ne partagent pas les mêmes normes ; la société n'est pas un tout homogène. Il existe généralement des hiérarchies entre les différentes normes sociales : certains groupes sociaux sont dominés et les normes sociales qu'ils partagent considérées comme **déviantes*** (exemple des groupes dits « gothiques »). Le fonctionnement de la société n'est pas menacé tant que ces conflits sont gérés pacifiquement (par le débat démocratique et non par la violence) et qu'il existe un certain nombre de règles de base qui sont respectées par la plupart des individus.

Les clés pour comprendre

Des valeurs aux normes

Sources des valeurs
La tradition, la morale, la philosophie, la religion ou encore la politique
Exemple : la Bible, les travaux sur la justice d'Aristote, etc.

↓

Valeurs
Principes de justification du bien et mal, du juste et de l'injuste, de l'acceptable et de l'inacceptable
Exemple : le respect

↓

Normes
Règles qui guident les conduites individuelles et collectives dans une société
Exemple : le respect implique de vouvoyer une personne que l'on ne connaît pas

---

Culture, socialisation et contrôle social

185 *Cf. fiches 89, 90, 91, 94, 96, 97, 182, 186, 187*

89 CULTURE

La **culture*** se définit comme l'ensemble des **manières de faire et de penser propres à une collectivité**. Cette notion renvoie donc aux **valeurs*** et **normes*** présentes dans un **groupe social***. La définition de cette notion soulève, en sciences sociales, des difficultés, puisqu'il s'agit de rendre compte, de manière objective, d'éléments renvoyant à des valeurs.

Définir la notion de culture

Des sens multiples
- À partir du XVIIIe siècle, le terme de culture désigne l'« éducation de l'esprit ». Est cultivé celui qui a des **connaissances** dans les domaines scientifiques, littéraires, etc. La notion de culture a ici un sens normatif : certains hommes « ont de la culture », d'autres n'en n'ont pas.
- Une définition objective de la culture va s'imposer au début du XXe siècle. Elle renvoie aux **manières de faire et de penser** propres à chaque groupe social. Dans cette optique, tout individu appartient à une ou des cultures. Comparer la culture française à la culture brésilienne va alors consister à **comparer les différentes valeurs et normes sociales** existantes, dans les deux pays (par exemple, les traditions culinaires).

Une définition complexe
Étudier la culture suppose d'être attentif à différents risques.
- Le premier est celui de l'ethnocentrisme, qui consiste à appliquer un **jugement de valeur** sur les cultures qui ne sont pas celles de l'observateur : par exemple, considérer que les cultures dans lesquelles les individus mangent avec les doigts sont inférieures à la nôtre.
- Le sociologue doit éviter d'adopter une posture naturaliste, qui consiste à considérer les cultures comme un état de fait et non comme le résultat d'un **processus**, d'une **construction** sociale.
- Le sociologue doit enfin se garder de toute vision **trop unifiée de la culture** d'une société : s'il existe une culture dominante (le français s'est ainsi imposé comme langue sur le provençal), des sous-cultures se développent aussi (la culture musicale noire américaine des années 1930 avec le jazz). Celles-ci peuvent se transformer en contre-cultures quand elles rejettent explicitement la culture dominante et cherchent à la faire évoluer (le mouvement le Black Power des Noirs américains durant les années 1960).

Les différences culturelles : observation et transformation

Il faut différencier l'analyse anthropologique de la culture, qui renvoie à l'étude de la vie sociale dans son ensemble, de l'étude des pratiques culturelles*. Ces dernières sont un sous-ensemble de la vie sociale et se distinguent d'autres pratiques sociales (alimentaires, politiques, etc.).

Observer les différences culturelles
- Les anthropologues cherchent à étudier les **traits caractéristiques**

de groupes dans des **sociétés traditionnelles**, par exemple en étudiant une tribu dans la forêt indonésienne. Les **ethnologues** et les **sociologues**, eux, vont étudier la **culture** de groupes sociaux des **sociétés modernes** en faisant apparaître des goûts, des croyances, des comportements communs (la culture ouvrière, par exemple).

• Les chercheurs peuvent réduire leur champ d'étude aux **pratiques culturelles** qui engagent des dispositions esthétiques (c'est-à-dire qui renvoient à des goûts) et participent à la définition de **styles de vie** (c'est-à-dire qui renvoient à des identités) : la lecture, la fréquentation des équipements culturels, etc.

La transformation des cultures

• Lorsque des groupes d'individus aux cultures différentes rentrent en contact direct et continu, cela provoque un phénomène d'**acculturation**, c'est-à-dire des **changements dans les modèles culturels** d'un des deux groupes, qui peuvent avoir plusieurs conséquences ; on parle :

– de **syncrétisme** lorsqu'une culture originale naît de la **fusion** des deux cultures (par exemple, la musique classique et le jazz influencent la création de la bossa nova, dans le Brésil des années 1960) ;

– de **déculturation** lorsqu'une culture **domine l'autre** et impose ses traits culturels. Il y a alors **ethnocide** : le groupe dominé perd ses traits culturels spécifiques ;

– d'**assimilation** lorsqu'une culture **intègre certains des éléments issus d'une autre** culture, ou quand un individu **perd sa spécificité culturelle** en faisant l'acquisition de celle du groupe qu'il intègre (un immigré qui intègre la culture du pays d'accueil).

• Les cultures se transforment aussi lorsque de nouvelles **valeurs ou normes s'imposent** dans la société sans que cela résulte d'un contact avec l'extérieur (le rejet de la peine de mort en France, par exemple).

Les clés pour comprendre

Qu'est-ce que la culture de masse ?

Un essor à partir des années 1960

Durant la période des Trente Glorieuses, la **production et la consommation de masse des biens culturels** se développent (films diffusés à l'échelle mondiale, romans édités en de très nombreux exemplaires, etc.). Ce développement est accentué par l'essor des **NTIC** et par la **mondialisation** croissante des échanges. Cet essor de la culture de masse suscite la crainte d'une **uniformisation culturelle**, d'une baisse de la créativité et de l'originalité qui seraient source d'aliénation.

Des réceptions différenciées

Les études sociologiques ont montré que les individus ne percevaient pas de façon homogène cette culture de masse, et la réinterprétaient en fonction de leur culture d'origine. L'appartenance à un groupe social va ainsi servir de **filtre** à la réception des biens culturels. La culture de masse à l'échelle mondiale ne produit pas une culture mondiale uniforme : dans les pays occidentaux, les adolescents fréquentent en groupe les fast-foods pour y trouver de la convivialité, tandis qu'en Chine, c'est un lieu d'intimité pour les jeunes couples qui cherchent à se mettre à l'abri du regard des autres.

90 RÔLE SOCIAL

L'attitude d'un serveur dans un café ou d'un professeur dans une classe sont **codifiées** : il serait très surprenant qu'un serveur s'assoie à la table de ses clients quand il est fatigué ou qu'un professeur passe un coup de téléphone au milieu d'un cours. L'exercice du métier de garçon de café ou de professeur implique le respect d'un certain nombre de **normes* de comportement**. Le **rôle*** d'un individu est défini par l'ensemble des **comportements que les autres attendent de lui** en fonction de la **position** qu'il occupe. Une personne ne peut s'écarter du modèle de comportement qu'elle est censée respecter sans faire face à une forte désapprobation.

Des rôles différenciés

Des statuts multiples

- Le **statut** est la **position** qu'un individu occupe **dans un système social** donné. Chacun exerce **différentes fonctions** correspondant à **différents statuts**.
- Une personne peut ainsi avoir un statut de mère quand elle se trouve dans sa famille*, avoir un statut de professeur sur son lieu de travail, ou encore une fonction d'élève dans un cours de plongée. L'appartenance à divers **groupes sociaux*** confère différents statuts.

Du statut au rôle

- Pour chaque statut donné, la société associe un ensemble de rôles, fixant ainsi un cadre dans lequel il est censé évoluer. Le concept de rôle est à la base de toute **interaction sociale**. En fonction du statut de la personne, on attend d'elle qu'elle se comporte d'une certaine façon dans son rapport aux autres.
- Il peut exister des **conflits de rôles** quand les rôles associés à nos différents statuts préconisent d'adopter des comportements différents : par exemple, la fonction de cadre peut réduire le temps dévolu à la fonction de père de famille. Être un bon père signifierait travailler moins, alors qu'être un bon cadre impliquerait un engagement plus fort dans le travail.
- Du fait de cette multiplicité des statuts et des rôles, les individus peuvent jouer avec les attentes sociales qui pèsent sur eux et mettre en avant une logique ou une autre, en fonction de leur intérêt personnel. Il n'y a ainsi **pas de déterminisme du rôle** : chaque individu dispose d'une marge de **liberté** dans l'interprétation de celui-ci.

La construction sociale des rôles

Des rôles qui évoluent

- La définition d'un rôle associé à un statut n'est pas stable dans le temps : celui-ci évolue au gré de l'évolution de la société. Il n'est ainsi plus admis aujourd'hui qu'un professeur frappe un élève récalcitrant. L'évolution du regard porté sur la violence physique a conduit à redéfinir le rôle du professeur.
- Les rôles sont **construits socialement** et leurs définitions peuvent évoluer en fonction, notamment, de la mobilisation d'un certain nombre d'individus.

Des rôles différenciés

- Un même statut peut déterminer des rôles différents en fonction, notamment, du sexe de l'individu, de son âge ou d'autres paramètres.
- Le comportement attendu d'un élève de 5 ans n'est pas le même que celui d'un élève de 15 ans. De la même façon, le rôle d'une mère n'est pas perçu de la même façon que le rôle d'un père alors qu'ils ont le même statut (parent). On parle de rôles différenciés.

Les clés pour comprendre

Statuts, rôles et genre

Statut : position qu'un individu occupe dans un système social donné.
Exemple : être parent (père pour un homme, mère pour une femme)

↓

Rôle : ensemble des comportements que les membres d'une société attendent d'un individu en fonction de son statut.
Le rôle associé au statut de parent est différent en fonction du sexe de la personne considérée, du fait d'une socialisation différentielle

↓   ↓

Rôle masculin : du fait de sa fonction de père, on attend que l'homme prenne en charge les activités sportives des enfants (entre autres) et soit une figure d'autorité

Rôle féminin : du fait de sa fonction de mère, on attend que la femme prenne par exemple en charge la préparation du repas des enfants, le choix de leurs habits, etc., et incarne une figure de douceur

Culture, socialisation et contrôle social

Cf. fiches 79, 88, 91, 94, 96

91 SOCIALISATION

Permettre l'**adaptation de chaque individu** au monde social qui l'entoure et garantir un certain degré de **cohésion sociale*** sont deux enjeux fondamentaux pour toute société. La **socialisation*** est le processus par lequel chaque individu **construit son identité** tout au long de sa vie en fonction des différentes **normes sociales*** qui prévalent dans la société et des interactions qu'il engage avec les autres membres de la société.

La socialisation

La socialisation de l'enfant

- La socialisation de l'enfant, ou **socialisation primaire***, est le moment privilégié au cours duquel celui-ci intériorise les **valeurs***, **normes** et **rôles*** qui lui sont transmis. L'enfant est particulièrement réceptif : il construit sa personnalité et acquiert les dispositions qui lui permettront, tout au long de sa vie, d'appréhender le monde.
- Il existe différentes **instances de socialisation**, c'est-à-dire des **milieux** ou des **institutions qui participent à la socialisation** en organisant les interactions qui la produisent. La **famille***, l'**école**, les **groupes de pairs** et les **médias** sont les principales instances de socialisation primaire. Si ces instances se coordonnent souvent, elles entrent aussi fréquemment **en conflit**. **Pierre Bourdieu** a notamment mis en lumière l'écart de **culture*** entre les familles populaires et l'école.

La socialisation secondaire

- Les acquis de l'enfance sont amenés à **se transformer** au cours de la vie **adulte**, lors de la **socialisation secondaire***. Les individus s'intègrent en effet à de nouveaux **groupes sociaux*** comme une entreprise*, une association ou le couple, et doivent alors **adapter leur comportement**.
- Les normes sociales en vigueur sont parfois **en rupture** avec les normes acquises lors de l'enfance. Se pose alors le problème de la cohérence temporelle entre les exigences des différentes **instances de socialisation**. Des phases de transition et de restructuration de l'**identité sociale** vont se succéder aux différents âges de la vie. Les sociologues parlent de « **socialisation transitionnelle** » pour rendre compte du **franchissement** d'une phase de vie à une autre.
- Il est important de noter que la socialisation secondaire ne conduit généralement qu'à une transformation **marginale** des valeurs et rôles acquis lors de la socialisation primaire, cette dernière étant prépondérante dans le processus de socialisation.

Des socialisations différenciées

Le sexe

- En fonction de leur groupe d'appartenance, de leur sexe, etc., les individus sont amenés à acquérir des normes, valeurs et rôles différents : on parle de « **socialisation différentielle** ». Ainsi, les mêmes traits de caractère ne sont pas valorisés chez les **garçons** et les **filles**, des jeux différents leur sont proposés ; c'est aussi le cas pour les styles vestimentaires, etc.
- Cette socialisation différenciée des filles et des garçons conduit à produire des **individus fortement différenciés** : si, à la naissance, les différences sont

faibles, la distinction sexuelle devient ensuite un critère déterminant de définition d'un individu. Les filles n'aiment pas spontanément le rose, les poupées et la cuisine : on leur apprend à aimer et à se conformer à tout ce qui est considéré comme féminin. Les sociologues utilisent le concept de « genre » pour désigner la **construction sociale du sexe**.

La classe sociale

• L'appartenance à des **classes*** ou **catégories sociales** différentes conduit aussi les individus à connaître des socialisations différenciées car les **normes sociales** en vigueur dans chaque groupe ne sont **pas les mêmes**. Pierre Bourdieu a notamment montré que les familles populaires et bourgeoises n'avaient pas les mêmes attentes en termes de comportements à table. Alors que, pour les classes populaires, le repas est placé sous le signe de l'abondance (plats copieux, soupe, pâtes, pommes de terre, etc.) et de la liberté (nombre restreint de règles à respecter), la bourgeoisie introduit une grande rigueur dans le respect des règles (pas de précipitation sur les plats, respect de leur ordre d'apparition).

• Cette socialisation différenciée en fonction de la catégorie sociale d'appartenance explique en partie la reproduction sociale. Les individus préfèrent en effet en général nouer des liens d'amitié ou d'amour avec des personnes dont ils se sentent proches, avec lesquels ils partagent des normes de comportement et de jugement, et évoluent ainsi avec des **personnes issues de la même catégorie sociale** qu'eux.

Culture, socialisation et contrôle social

Les clés pour comprendre

Définitions

▶ **Socialisation :** ensemble des mécanismes de transmission des valeurs, normes et rôles qui régissent le fonctionnement de la vie en société. Manière dont les individus les intériorisent.

▶ **Socialisation primaire :** socialisation qui a lieu dans l'enfance. Période fondatrice, de par sa force et son exclusivité, pendant laquelle l'enfant s'imprègne du monde social qui l'entoure.

▶ **Socialisation secondaire :** ensemble des processus de socialisation ultérieurs à l'enfance qui permettent à l'individu de s'intégrer à des sous-ensembles particuliers de la société comme le couple, le groupe professionnel, une association ou un parti politique.

▶ **Socialisation différentielle :** processus de socialisation qui conduit à ce que différentes catégories d'individus acquièrent des normes, des valeurs et des comportements différents.

▶ **Socialisation anticipatrice :** ensemble des valeurs et normes d'un groupe social qu'un individu acquiert en vue de l'intégrer.

Cf. fiches 79, 88, 89, 90, 92, 94, 96, 189

LA FAMILLE

La famille est le premier **groupe social*** que chaque individu côtoie, elle est au cœur de la **socialisation primaire***. Mais comment définir la famille ? Comment comprendre sa diversité dans le temps, l'espace ? Compte tenu des transformations contemporaines qu'elle connaît, quel est son rôle aujourd'hui dans la création du lien social* ?

Qu'est-ce que la famille ?

Une institution sociale

- La famille est un groupe social défini par des **relations de parenté** fondées sur des relations d'**alliance** (unions), de **filiation** (relation entre générations) et de **germanité** (relations entre frères et sœurs). Ces relations renvoient à des **règles**. Certaines règles semblent universelles, comme la prohibition de l'inceste (condamnation de relations sexuelles au sein d'une même famille), étudiée par Claude Lévi-Strauss.
- Les **normes*** sociales qui définissent ce que sont les relations familiales **légitimes** varient néanmoins le plus souvent entre les sociétés. Ainsi, chez les Nuers (Soudan), une femme stérile est considérée socialement comme un homme. Elle peut épouser une autre femme et choisir un homme comme géniteur pour avoir des enfants.
- La famille est une **institution sociale**. Elle peut prendre des formes diverses dans le temps et l'espace.

Une définition statistique

- Une famille est un **groupe social d'au moins deux personnes**, comprenant soit un couple, marié ou non, et ses enfants célibataires s'il en a (eux-mêmes sans enfants) ; soit un parent isolé et ses enfants célibataires de moins de 25 ans (**famille monoparentale**).
- La famille ne se confond pas avec le **ménage**, qui correspond à l'ensemble des occupants d'un même logement ayant un budget en commun. Deux étudiants en colocation forment un ménage, mais pas une famille ; une personne vivant seule est comptabilisée comme un ménage, mais pas comme une famille. En 2007, l'INSEE comptabilise 27 millions de ménages et 17,5 millions de familles. Les couples avec enfants représentent 44,4 % des familles.

Famille et solidarité : la famille produit-elle du lien social ?

La famille refuge

La famille produit du lien social parce qu'elle est à la fois source de **soutien** et de **reconnaissance**. Le soutien familial concerne les formes de protection rapprochée que la famille rend possible, notamment à travers la **solidarité intergénérationnelle** : transferts en nature (aide à la garde des enfants par les grands-parents, par exemple) et monétaires entre membres de générations différentes. Dans la génération des 49-53 ans, 89 % réalisent des échanges de services à destination des 68-92 ans (c'est-à-dire leurs parents) ; et 33 % des 68-92 ans font des dons d'argent aux 49-53 ans (c'est-à-dire leurs enfants) ainsi qu'aux 19-36 ans (leurs petits-enfants).

La famille déstabilisée

- Les transferts intergénérationnels sont limités par le **capital* économique** des familles. Or, dans les milieux populaires, la capacité à réaliser ces transferts est relativement plus réduite. La montée des divorces et des séparations fragilise le lien social. Ces derniers produisent de l'**isolement** relationnel chez les femmes (qui se remettent moins en couple que les hommes après une rupture), tandis que, chez les hommes, ils se traduisent par un risque de rupture avec leurs enfants : près de 50 % des pères ne voient pas leurs enfants régulièrement quatre ans après leur séparation.

- La rupture du lien conjugal peut déboucher sur des situations de **pauvreté*** et d'**exclusion** lorsqu'elle s'accompagne de **précarité économique**, ce qui est notamment le cas des familles monoparentales où l'adulte est une femme. Ces dernières sont relativement moins diplômées et qualifiées que celles qui vivent en couples, et leur risque de pauvreté monétaire est supérieur.

Les clés pour comprendre

Évolution des principaux indicateurs démographiques pour la France métropolitaine

	Fécondité[a]	Âge moyen de la maternité	Naissances hors mariage (%)	Mariages (milliers)	Âge moyen au premier mariage (femmes)	Divorces (milliers)	PACS (milliers)	% des familles monoparentales[b]
1970	2,47	27,2	6,8	394	22,6	40,0	–	9,4
1980	1,94	26,8	11,4	334	23	81,1	–	10,2 (1982)
1990	1,78	28,3	30,1	287	25,5	107,6	–	13,2
2000	1,88	29,4	43,2	298	28,0	114	22,1	17,5 (1999)
2010	2,01	30,1	54,9	243	29,8 (2009)	127 (2009)	203,9	

a : mesurée par l'indicateur conjoncturel de fécondité.
b : enfants de moins de 25 ans.

Source : INSEE.

La lecture de ce tableau souligne l'importance du **recul du mariage**, de la hausse des **naissances hors mariage**, de la hausse des **divorces**, de l'augmentation des **PACS**, et la hausse de la part des **familles monoparentales**. Ces évolutions montrent en quoi les liens au sein de la famille sont de plus en plus choisis librement, en dehors d'institutions comme le mariage. La famille ne disparaît pas, mais **se transforme**. La dimension élective des liens familiaux est à la fois à la source de sa création (l'amour produit l'union) et de sa disparition (l'absence de sentiments produit la rupture).

93 PRATIQUES CULTURELLES

Les **pratiques culturelles*** sont des pratiques qui engagent des **dispositions esthétiques** et participent à la définition de **styles de vie**. Elles sont donc l'expression à la fois des goûts et des identités des individus. On y retrouve la **lecture**, la fréquentation d'**équipements culturels** (musée, théâtre, cinéma), l'usage de différents **médias** (notamment télévision), les **pratiques amateurs** (musique, théâtre, peinture...).

La diversité des pratiques culturelles

Des pratiques en hausse
- Avec l'essor des mass médias, de la consommation* de masse, de l'industrie des biens culturels, les dépenses de consommation « culture, loisirs » des ménages prennent une **place de plus en plus importante dans leurs budgets**. Placées en 7e position sur 11 dans le budget des ménages en 1960, elles sont désormais classées en 4e position sur 11 en 2000 (INSEE).
- La **nature** et l'**intensité** des pratiques culturelles varient toutefois fortement d'un ménage à l'autre. **La lecture baisse** depuis le début des années 1970 : le nombre de gros lecteurs (plus de 20 livres par an) a chuté. Ce recul de la lecture s'observe pour tous les niveaux de diplômes.

Des pratiques différenciées
- Les cadres et professions intellectuelles supérieures sont ceux dont les taux d'équipement en télévision et le temps passé devant la télévision sont les plus faibles ; a contrario, les ouvriers sont ceux pour lesquels ces indicateurs sont les plus élevés (ils regardent pendant 2 h 56 la télévision par jour en 1998, contre 1 h 09 pour les cadres). 43 % des cadres affirment se rendre à la fois dans des musées, des théâtres et des monuments historiques (fréquentation conjointe des trois équipements durant une année) contre seulement 4 % des ouvriers. Les professions intermédiaires sont en tête des pratiques amateurs (photographie).
- D'autres critères que l'origine sociale jouent : le **niveau de diplôme** affecte positivement la fréquentation de spectacles vivants et des musées, ainsi que la pratique de la danse. L'avancée dans l'âge réduit l'écoute de musique ; les jeunes sont ceux qui fréquentent le plus les cinémas. Le **lieu d'habitation** (ville ou campagne) implique un accès différent aux équipements culturels (musées). La lecture de livres est corrélée positivement avec le genre (femmes), la PCS (cadres), le diplôme (> bac + 2), le revenu, et la taille du ménage (personne seule).

Comment expliquer ces différences de pratiques culturelles ?

Des socialisations différenciées
- Les pratiques culturelles consistent à exprimer des goûts, une appétence pour certaines esthétiques. Ces goûts sont le résultat de la **socialisation*** des individus qui prend d'abord forme dans la famille. La socialisation primaire* marque de manière particulièrement forte la structure des goûts des

individus. C'est pourquoi on observe une relation très forte entre appartenance sociale et pratique culturelle.

• Chez Pierre Bourdieu, les pratiques culturelles sont corrélées avec la possession de capital* économique et de capital culturel*. Le capital culturel peut être appréhendé par la possession de biens culturels (des livres), d'un diplôme (le capital culturel est alors **institutionnalisé**) ou par un habitus culturel (on parle de capital culturel **incorporé**).

Des pratiques culturelles hiérarchisées

• Dans la sociologie de Bourdieu, les pratiques culturelles sont hiérarchisées. Certaines sont jugées socialement plus **légitimes** que d'autres : lire un essai est plus légitime que lire une BD. Or, les pratiques les plus légitimes sont celles qui se retrouvent le plus chez ceux qui possèdent les capitaux. Il y a homologie entre pratique culturelle et position sociale.

• Les pratiques culturelles fonctionnent donc comme des **pratiques distinctives** entre classes sociales. Écouter de la musique classique permet ainsi de témoigner de sa supériorité sociale, de se distinguer vis-à-vis d'un individu qui écouterait du rap et dont le comportement sera méprisé par les dominants qui imposent leur conception de la culture.

Les clés pour comprendre

La métaphore des omnivores

Les pratiques musicales évoluent

L'approche de Bourdieu consiste à classer les pratiques suivant leur plus ou moins grande légitimité et à considérer que les groupes sociaux n'ont pas les mêmes pratiques. Or, on constate que certaines pratiques, comme les goûts musicaux, ne rentrent plus dans ce schéma. Les individus fortement diplômés écoutent de nombreux genres musicaux, et notamment des genres jugés peu légitimes (musique de variété par exemple) ; ils n'écoutent pas que de l'opéra ou de la musique classique. On parle d'individus « omnivores ».

... mais restent toujours socialement distinctives

Néanmoins, leurs pratiques se distinguent toujours de celles des classes populaires, chez qui le nombre de genres musicaux écoutés reste très réduit (on parle d'individus « univores »). Ce qui fait alors la distinction entre les fortement diplômés et les faiblement diplômés correspond à la capacité des premiers à avoir des pratiques actives, et les seconds à vivre une méconnaissance passive. Si les premiers n'écoutent pas certains styles musicaux, c'est par goût (« j'écoute de tout sauf du rap »), tandis que pour les seconds, les styles qu'ils n'écoutent pas sont ceux qu'ils n'ont pas l'opportunité d'écouter et ne connaissent pas.

94 DÉVIANCE

Le concept de **déviance*** renvoie à l'idée de **transgression des normes sociales***. Est déviant celui qui transgresse la norme. Ce concept est plus large que celui de **délinquance*** qui renvoie à la transgression des normes juridiques. Le lien entre déviance et transgression des normes est néanmoins complexe car toutes les personnes qui enfreignent une norme sociale ne sont pas forcément considérées comme déviantes, tandis que certaines personnes peuvent être considérées à tort comme déviantes. Est déviant celui qui a été désigné comme tel.

Une définition mouvante

L'évolution des normes sociales
Ce qui est considéré comme déviant à une époque peut ne plus l'être par la suite. Ainsi, pendant très longtemps, on a considéré en France qu'il était tout à fait inconvenant pour une femme de porter un pantalon. Les femmes qui ne respectaient pas cette norme sociale faisaient l'objet d'une forte réprobation et étaient considérées comme déviantes.

La pluralité des normes sociales
- Les normes sociales sont aussi **différentes** d'une société à l'autre et d'un **groupe social*** à un autre : ce qui peut être considéré comme déviant dans un groupe peut ne pas l'être dans un autre.
- Il existe, dans toute société, une **pluralité de normes sociales** qui peuvent parfois s'opposer. Il faut donc toujours préciser par rapport à quel point de vue un comportement est considéré comme déviant. Ainsi, les « gothiques » sont considérés comme déviants vis-à-vis des **normes dominantes** dans la société, mais sont considérés comme normaux au sein de leur propre groupe. La définition de la déviance est **relative**.

La transgression des normes

La désorganisation sociale
- Les phénomènes de déviance peuvent résulter d'un défaut de **socialisation*** : les individus ont imparfaitement intériorisé les normes sociales et ne les respectent pas (exemple d'un adulte qui se cure le nez en public).
- **Durkheim** reliait les phénomènes de déviance aux situations d'**anomie***, dans lesquelles les **règles sociales** sont **affaiblies**. La déviance serait ainsi à relier à la **désorganisation sociale** et à un **manque d'intégration sociale***.

Les tensions sociales
Merton propose une explication de la déviance différente : celle-ci ne serait pas à relier à un déficit d'intégration, mais aux **tensions existant dans la société**. Il montre que des individus qui auraient parfaitement intériorisé les **valeurs*** de la société dans laquelle ils vivent pourraient **choisir** de ne pas respecter les normes sociales s'ils n'ont pas accès aux **moyens légitimes** d'atteindre les **buts fixés par la société**. Un individu qui vole pour s'acheter des habits de marque emprunte ainsi des moyens illégitimes pour adopter une attitude conforme aux attentes de la société de consommation.

Être étiqueté comme déviant

• Il ne suffit pas de transgresser une norme pour être considéré comme déviant. Il faut qu'il y ait eu un **processus de désignation publique du déviant**. **Howard Becker** expliquait ainsi que le déviant est celui auquel cette **étiquette** a été appliquée avec succès.

• On parle de **déviance primaire*** pour qualifier la transgression d'une norme sociale et de **déviance secondaire*** pour désigner la déviance qui a été reconnue publiquement comme telle. Il est ainsi possible d'être un **déviant secret** ou d'être qualifié de **déviant à tort**, car ce qui compte, ce n'est pas tant la transgression elle-même que la **réaction du groupe**.

• Dans l'explication de l'émergence de la délinquance, la primauté est donnée à la **perception d'autrui**.

Les clés pour comprendre

Transgression des normes et déviance

	Est considéré comme déviant	N'est pas considéré comme déviant
A transgressé une norme	Individu pleinement déviant	Individu secrètement déviant
N'a pas transgressé une norme	Accusé à tort	Individu conforme

Définitions

▶ **Délinquance :** fait d'adopter un comportement contraire à la loi (par exemple, voler dans un magasin).

▶ **Déviance :** fait d'adopter un comportement jugé non conforme à la norme (par exemple, discuter en classe avec son voisin).

▶ **Déviance primaire :** fait de ne pas respecter une norme (par exemple, tricher à un examen).

▶ **Déviance secondaire :** fait d'être considéré comme déviant (par exemple, se faire prendre par le surveillant en train de tricher).

Culture, socialisation et contrôle social

Cf. fiches 86, 91, 95, 96, 97, 183, 188, 189

95 STATISTIQUES DE LA DÉLINQUANCE

La **délinquance*** désigne l'ensemble des **comportements punis par la loi**. Il s'agit d'un type particulier de **déviance***. Le déviant est un individu qui enfreint une **norme***, qu'elle soit sociale (ne pas se mettre les doigts dans le nez en public) ou juridique (ne pas voler). La mesure des actes délinquants est délicate car il s'agit d'actes **socialement réprouvés**, qui sont donc souvent **dissimulés**. Différentes sources de données et différentes techniques doivent ainsi être mobilisées pour que leur évolution soit étudiée de façon rigoureuse.

Les statistiques administratives

L'influence des pratiques et des lois sur les chiffres

- La plupart des chiffres cités dans le débat public proviennent des données fournies par les **services de police et de gendarmerie** (infractions enregistrées, faits élucidés, personnes mises en cause et nombre de personnes écrouées ou mises en garde à vue). Seules les **plaintes officielles**, ayant fait l'objet d'un procès-verbal, sont prises en compte dans ces données.
- Ces statistiques sont très sensibles aux **pratiques policières et de gendarmerie**. Ainsi, un renforcement des contrôles policiers va mécaniquement entraîner une constatation plus grande d'infractions, et les chiffres de la délinquance vont augmenter **sans que la délinquance soit réellement en hausse**. De même, si les policiers font preuve de plus de fermeté, des procès-verbaux vont être rédigés de façon plus systématique pour des affaires mineures, qui pouvaient auparavant être traitées de façon informelle, et le nombre d'infractions va augmenter de façon **artificielle**.
- Les statistiques administratives sont par ailleurs très sensibles à l'**évolution de la loi**. Lorsqu'un nouveau crime ou délit est créé, certains actes qui étaient auparavant légaux vont être considérés comme délinquants. Les chiffres de la délinquance vont alors augmenter sans que, dans la réalité, les comportements aient changé : seule la façon dont on considère ces actes a évolué.

Délinquances réelle et mesurée

- Les statistiques administratives présentent ainsi des limites pour mesurer la réalité des comportements délinquants. La différence entre la **délinquance « réelle »** et la **délinquance enregistrée** représente « le **chiffre noir de la délinquance** ».
- Certains comportements délinquants sont sous-estimés du fait du refus des victimes de déposer plainte. Ainsi, les victimes de viol ou de violence domestique ont moins tendance à porter plainte que les victimes de vol, qui déclarent très souvent le préjudice subi car elles ont besoin d'une preuve de dépôt de plainte pour être indemnisées par l'assurance.

Les enquêtes de victimation et de délinquance autodéclarée

La voix des victimes

- De nouveaux outils ont été mis en place pour mieux appréhender les actes délinquants. Les **enquêtes de victimation*** consistent à interroger les membres d'un échantillon de population sur des faits dont ils ont pu être victimes au cours d'une période de temps délimitée. Ces enquêtes ont de nombreux avantages : elles procurent une information ignorée des services officiels ; elles permettent de mesurer la propension des victimes à porter plainte ; elles fournissent plus d'informations sur les victimes et la manière dont celles-ci ont vécu le méfait subi.

• Elles comportent néanmoins elles aussi des faiblesses, car elles sont très sensibles aux représentations sociales des victimes. Ainsi, lorsqu'on demande à deux personnes ayant subi le même préjudice de déclarer si elles ont subi des violences au cours du mois dernier, elles ne répondront peut-être pas de la même façon, les réponses variant en fonction de la représentation de ce que chaque personne considère comme un acte violent.

La voix des délinquants

Les enquêtes de délinquance autodéclarée consistent à demander à un échantillon d'individus quels actes délinquants ils ont commis. Elles sont difficiles car il faut que les personnes interrogées aient confiance dans le secret statistique. Les enquêtes qui ont été conduites auprès d'adolescents ont mis en évidence des taux de délinquance spectaculaires (notamment dans la consommation de cannabis des jeunes issus de milieux aisés, très fortement sous-estimée par les statistiques administratives).

Les clés pour comprendre
Le sentiment d'insécurité

Il est important de distinguer la **réalité** de l'activité délinquante et le **sentiment d'insécurité** qu'éprouvent les individus. En France, diverses études ont été conduites pour mesurer le sentiment d'insécurité. Deux aspects sont distingués.

La préoccupation générale concernant la société

Le sentiment d'insécurité global est très lié à l'évolution du débat public et n'est pas lié à l'évolution réelle de la délinquance. Quand les questions de sécurité sont mises en avant, les individus déclarent plus largement qu'il existe un problème de sécurité. Le sentiment d'insécurité va souvent de pair avec une crispation identitaire et une volonté d'un retour à l'ordre, d'un renforcement des repères collectifs.

La peur pour soi et pour ses proches

Au niveau personnel, le sentiment d'insécurité n'est pas lié au **risque réel** d'être victime d'un acte délinquant et ne traduit pas non plus l'expérience objective passée de la victimation. Par exemple, les personnes âgées expriment un plus fort sentiment d'insécurité, alors qu'il s'agit de la population la moins touchée. Il s'agit surtout de la traduction d'un sentiment de **vulnérabilité** physique ou sociale : les personnes en situation de précarité se sentent davantage en insécurité. L'environnement dans lequel chacun évolue (le bruit, les tags, les dégradations, etc.) joue aussi beaucoup à cet égard.

96 CONTRÔLE SOCIAL

Le **contrôle social*** est le processus par lequel la société assure le maintien des règles en incitant les individus à avoir des comportements conformes aux **normes***. Il assure donc une certaine stabilité à la société, garantissant ainsi la cohésion sociale* en luttant contre la **déviance***. Néanmoins, les manières dont ce processus est exercé évoluent et s'adaptent à chaque époque.

Le contrôle social et ses effets

Les formes du contrôle social

- Le **contrôle social** est défini au sens strict par l'ensemble des **sanctions**, positives ou négatives, qu'encourent les auteurs de conduite déviante. Il est à relier au processus de **socialisation*** et aux instances qui le portent (famille*, école…).
- La socialisation confère aux individus une capacité à maîtriser leurs propres comportements et à les conformer aux normes qu'ils ont intégrées ; cette forme d'autocontrôle est appelée le **contrôle social** interne.
- Le **contrôle social** externe vise à sanctionner la transgression des normes. Il peut prendre la forme de **contrôle social** formel*, assuré par des groupes sociaux et des institutions spécifiques (police, justice, ordre des médecins…), dont les sanctions sont généralement édictées sous une **forme écrite et impersonnelle** (par exemple, la loi). Il peut prendre aussi la forme de **contrôle social** informel* à caractère **non institutionnel** lors d'interactions sociales (par exemple, sourire à un individu laissant sa place à une personne âgée dans le bus, ou regard désapprobateur dans le cas contraire).

Les effets des sanctions

- Si les sanctions positives (récompenses, sourires…) ont pour objectif d'encourager les comportements qui les produisent, les sanctions négatives sont censées produire un effet de dissuasion*. Selon **Maurice Cusson**, cet effet sera d'autant plus important que la sanction ne fait aucun doute, qu'elle est rapide et sévère. C'est cette idée qui guide certaines politiques de sécurité, comme la volonté de sanctionner systématiquement la première infraction de tout jeune délinquant, dans des délais brefs, en n'excluant pas les peines de prison pour des délits mineurs. L'objectif est alors de rendre le **coût de l'acte déviant plus important** que les avantages qu'il procurerait.
- La sanction peut aussi avoir un effet de stigmatisation* qui amplifierait les pratiques déviantes (un jeune passé par la prison a une probabilité de récidive plus importante).

L'évolution du contrôle social

Un rôle accru des instances spécialisées

- Les sociologues notent que, bien que les **sociétés** soient **de plus en plus sûres** (par exemple, le nombre d'homicides constatés par la police et la gendarmerie est passé de près de 1 600 en 1995 à moins de 800 en 2010), la demande de sécurité n'a jamais été aussi grande.

• Les **instances spécialisées** ne limitent plus le contrôle social formel aux crimes et délits, et investissent de **nouveaux domaines** de la vie quotidienne en créant de nouvelles catégories de déviance. Par exemple, le droit de la famille* s'étend en pénalisant les violences familiales, alors que la correction physique des enfants relevait auparavant de la sphère privée. On peut aussi noter l'obligation de mettre sa ceinture de sécurité en voiture, ou encore les sanctions financières pour lutter contre l'absentéisme scolaire.

Le rôle grandissant des nouvelles technologies

• L'utilisation des **nouvelles technologies**, notamment de l'information et de la communication, joue un **rôle grandissant** dans le contrôle social. Elles ont pour objectif la **prévention de la délinquance** (caméras de vidéosurveillance dans les lieux publics, régulateurs de vitesse sur les automobiles) **et le contrôle des agissements** et déplacements des individus (mise en place de logiciels de contrôle de l'accès à Internet dans certaines entreprises*, détails des individus contactés par téléphone portable, bracelets électroniques, ou encore constitution de fichiers-clients grâce à Internet). La scientifisation de la police est une autre illustration du rôle accru des nouvelles technologies dans le contrôle social.

• Si ces évolutions constituent parfois une avancée sur le plan de la réduction des risques et de la protection des biens et des personnes, elles sont aussi un facteur de **limitation de la liberté individuelle** et de développement de la **suspicion** qui peut dégrader le **lien social***.

Les clés pour comprendre

Les formes du contrôle social

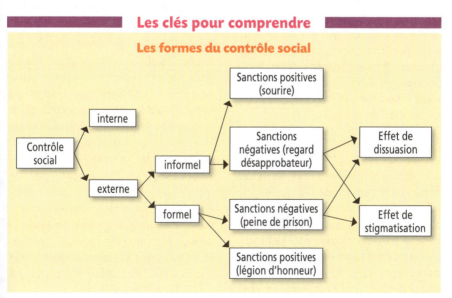

97 ANOMIE

Étymologiquement, l'anomie* désigne l'**absence de règles, de lois, d'ordre**. Même si le sens diffère selon les sociologues, ces derniers l'utilisent pour faire référence à une situation de déséquilibre, d'ordre social perturbé, de **cohésion sociale* remise en cause**, inhérente aux phases de transition de l'évolution des sociétés. L'existence de situations d'anomie est vue comme une des **explications des comportements déviants***.

L'anomie chez Durkheim

Des règles inadaptées ou insuffisantes

- Dans *De la division du travail social* (1893), **Émile Durkheim** définit l'anomie comme un état anormal, pathologique, de la société moderne dans laquelle les règles sociales deviennent incertaines ou inadaptées. Cette situation peut provenir d'une division du travail* trop poussée.
- L'anomie peut émerger, par exemple, en situation de guerre ou de crise économique* intense, où les individus perdent leurs repères. Les changements brutaux dérèglent le fonctionnement de la société et conduisent à une incertitude pour les individus sur les normes* à suivre.

Suicide et anomie

- Dans *Le Suicide* (1895), Durkheim fait de l'anomie une des variables explicatives du suicide : il qualifie de suicides anomiques ceux qui découlent d'un **déficit de régulation*** dans la société (règles sociales mal définies). L'idée de Durkheim est que cette perte de repères plonge les individus dans un grand désarroi qui peut générer, chez certains, des pensées morbides.
- Durkheim donne l'exemple du problème posé lorsque les normes sociales ne bornent plus les désirs des individus. Les **désirs** deviennent **insatiables** (« plus on aura, et plus on voudra avoir ») et les individus se heurtent à ce qu'il est effectivement possible d'obtenir (engendrant un sentiment de frustration pouvant conduire au suicide). Selon Durkheim, la société doit donner des **bornes** et des **objectifs** pour éviter cette croissance exponentielle et néfaste des désirs.

L'explication de l'anomie

Anomie et tensions sociales

Robert K. Merton remet, à la fin des années 1930, le concept d'anomie au goût du jour. L'anomie résulte, selon lui, d'une **contradiction** entre les **objectifs valorisés par la société** et les **moyens légitimes** dont disposent les individus pour atteindre ces objectifs. Par exemple, nombre de sociétés valorisent l'enrichissement par le travail, alors que beaucoup d'individus n'arrivent pas à trouver d'emploi*. L'anomie engendre ainsi de la déviance* car elle conduit certains individus à ne pas respecter les normes sociales (par exemple en cherchant à s'enrichir par le vol).

Anomie et changement social

- **Jean-Daniel Reynaud** propose de redéfinir l'anomie, dans un sens proche de celui de Durkheim, comme un défaut de **régulation sociale**. L'anomie désigne pour lui le processus de **production** et de **transformation des règles**, dont les termes ne sont pas fixés une fois pour toutes. Elle permet, au-delà de la contrainte, le changement et l'évolution des règles.

• Pour lui, cependant, l'anomie est un phénomène courant (« anomie d'ajustement » lors d'affaiblissement modéré des règles sociales), pouvant parfois se transformer en phénomène grave (« anomie de crise » lors de déficits de régulation importants).

Les clés pour comprendre

Des objectifs aux moyens

Merton distingue cinq modes d'adaptation individuelle aux objectifs et aux moyens. À l'exception du conformisme, tous les autres modes sont déviants.

Types de conformité/ déviance	Moyens	Objectifs
Conformisme	+	+
Innovation	–	+
Ritualisme	+	–
Évasion	–	–
Rébellion	+ / –	+ / –

▸ **Le conformisme** consiste à atteindre les objectifs valorisés par la société par des moyens légitimes.

▸ **L'innovation** consiste à atteindre les objectifs valorisés par la société par des moyens illégitimes.

▸ **Le ritualisme** consiste à obéir aux normes sociales, de façon mécanique sans comprendre le sens de son action.

▸ **L'évasion** est le mode d'adaptation le moins répandu. Les individus vivent en retrait de la société. Merton cite les malades mentaux, les parias, les exilés, les vagabonds, les clochards, les ivrognes chroniques, les drogués.

▸ **La rébellion** correspond aux individus qui contestent l'ordre social, ne lui reconnaissent ni légitimité ni autorité. Comme pour l'évasion, il n'y a pas de respect des buts et des moyens légitimes, mais les rebelles cherchent à modifier les normes qui prévalent dans la société ; ils ne replient pas sur eux-mêmes.

98 POUVOIR POLITIQUE

Le pouvoir est, selon Max Weber, « toute chance de faire triompher, au sein d'une relation sociale, sa propre volonté, même contre des résistances ; peu importe sur quoi repose cette chance ». Le pouvoir suppose donc avant tout une relation sociale, et implique qu'un individu impose sa volonté à un autre. L'exercice du pouvoir n'est pas le même au sein d'une famille, d'une entreprise ou d'un État. Il faut donc cerner la spécificité du pouvoir politique.

Les fondements du pouvoir politique

La spécificité du pouvoir politique

- Le pouvoir politique est un type spécifique de pouvoir. Il concerne l'ensemble des membres de la société. Les décisions prises par les détenteurs du pouvoir politique s'imposent à tous. Un pouvoir va ainsi être qualifié de politique s'il obtient avec succès une obéissance de tous.
- Le pouvoir politique exerce ainsi une fonction de régulation des tensions. Ces tensions traversent toutes les sociétés humaines, concernant le partage des richesses ou la protection de la société vis-à-vis des dangers extérieurs.

La domination

- **Max Weber** distingue la domination et la **puissance**, la seconde pouvant correspondre à une situation où la soumission est arrachée par la violence. Il y a **domination*** (ou autorité) lorsque le rapport de commandement est fondé sur la croyance en la légitimité* de celui qui commande, c'est-à-dire qu'il y a une reconnaissance par ceux qui obéissent du bien-fondé des ordres donnés.
- La légitimité peut prendre trois formes selon Weber :
– la légitimité traditionnelle est fondée sur la croyance dans le caractère sacré des traditions et des coutumes. Elle est source du pouvoir du chef traditionnel, héritier d'une tradition ;
– la légitimité charismatique est fondée sur la croyance dans les qualités extraordinaires d'un chef (de Gaulle, Staline, Mao, Hitler...) ;
– la légitimité rationnelle légale désigne, enfin, une forme de domination politique fondée sur la croyance en la légalité des décisions des autorités politiques : les individus obéissent moins à des personnes ou à des institutions qu'à des règles abstraites et impersonnelles, qui organisent par exemple la désignation ou la destitution pacifiques des dirigeants (par le biais des élections).

Le pouvoir politique dans l'État moderne

Le pouvoir d'État

- Le pouvoir politique est souvent assimilé au pouvoir de l'État, même si l'anthropologie montre qu'il a existé des sociétés sans État.
- L'ordre politique* peut se définir comme l'ensemble des institutions et des relations politiques qui caractérisent une société. Dans les sociétés féodales, l'édifice politique est fragmenté entre une pluralité de seigneurs et change sans arrêt en fonction des alliances, des transmissions

héréditaires, des guerres. À partir du XIVe siècle, on assiste en France, avec l'essor de la monarchie, à une centralisation et à une institutionnalisation progressive du pouvoir politique. L'État peut se définir comme un pouvoir politique institutionnalisé.

La spécificité de l'État moderne

• La **domination rationnelle légale** trouve sa principale expression dans l'État moderne et, surtout, dans l'administration et la bureaucratie*. Un État dispose du monopole de la coercition légitime sur un territoire et une population. Cela signifie qu'il est le seul à pouvoir imposer aux personnes soumises à son pouvoir des décisions prises de façon unilatérale. Les citoyens sont en effet obligés de respecter la loi.
• L'État possède aussi le monopole **fiscal**, car il est le seul à pouvoir lever l'impôt, et le monopole **militaire**, car il a le monopole de la violence légitime. Le pouvoir politique est la seule entité qui puisse légitimement autoriser la force pour faire respecter les décisions prises par les gouvernants.

La diversité des formes de l'État

On distingue l'État unitaire et l'État fédéral.
• L'**État unitaire*** implique l'unité du territoire. Le pouvoir politique est confié à un gouvernement unique qui représente l'État sur le plan international. L'État unitaire centralisé peut se conjuguer à un certain degré de déconcentration territoriale (les préfets, en France, sont les représentants du pouvoir central), ou de décentralisation si les collectivités locales disposent d'une liberté d'administration, si les représentants locaux sont élus, et si des compétences locales sont explicitement attribuées.
• L'**État fédéral*** dispose d'une Constitution qui prévoit le partage des compétences avec les États fédérés, et la législation de l'État fédéral l'emporte sur celle des États fédérés (seul l'État fédéral peut signer des traités), même si les États fédérés conservent une certaine autonomie.

Les clés pour comprendre

La combinaison des formes de domination

La réalité peut parfois **combiner diverses sources de la légitimité**, et l'on peut prendre l'exemple historique de la période napoléonienne pour le comprendre.

Les formes de la domination à travers l'exemple de Napoléon Ier

- Légitimité charismatique → Victoires militaires, charisme personnel de l'empereur
- Légitimité rationnelle légale → Administration et organisation de l'État centralisées et de type bureaucratique
- Légitimité traditionnelle → Noblesse de cour autour de l'empereur

99 RÉGIME POLITIQUE

Le régime politique est le **mode d'organisation des pouvoirs** au sein de l'État*. Il constitue un sous-ensemble du **système politique** qui inclut l'**organisation économique** (système productif) et l'**organisation sociale** (structure sociale).

La typologie des régimes politiques

Régimes totalitaires et régimes autoritaires

• Les **régimes totalitaires** (Allemagne d'Hitler, URSS de Staline, Chine de Mao) se définissent par : une **idéologie officielle** ; un **parti unique**, strictement hiérarchisé et dirigé par un seul homme ; un **système de terreur** et une police politique ; un **monopole** absolu des moyens de **communication**, un monopole absolu des moyens de **combat** ; une **économie contrôlée** par l'État.

• Les **régimes autoritaires**, quant à eux, n'organisent **pas de confrontation électorale** régulière et libre (c'est ce qui les sépare des démocraties libérales) et limitent les libertés, mais ils n'ont pas d'idéologie officielle (c'est ce qui les sépare des régimes totalitaires). La réalité du pouvoir peut être le fait d'un tyran, ou bien être collégiale (avec une caste, une ethnie).

Les démocraties pluralistes

• Les **régimes politiques démocratiques** impliquent une **compétition politique** pluraliste* et une **destitution pacifique** des gouvernements qui remettent en jeu leur pouvoir*.

• La **démocratie*** repose en priorité sur les principes d'**égalité** et de **liberté** : tous les hommes sont égaux devant la loi (mêmes devoirs, mêmes droits) et libres dans le cadre des lois. À ce titre, la démocratie respecte les **libertés fondamentales** et, notamment, la liberté d'exprimer son opposition. Elle suppose le **suffrage universel** et l'**éligibilité**, à tous les postes politiques, des citoyens qui répondent aux conditions d'âge et de capacité civile. Les démocraties pluralistes occidentales reposent également sur l'**État de droit***.

Les régimes politiques démocratiques

Les régimes présidentiels

Les **régimes présidentiels*** se caractérisent par l'**autonomie réciproque** du gouvernement et des assemblées : le Président ne peut dissoudre le Parlement, et celui-ci ne peut renverser le gouvernement.

• Le pouvoir exécutif et le pouvoir législatif ont la même source de légitimité : ils sont, en effet, élus l'un et l'autre **directement par le peuple** (l'élection du chef de l'État se fait au suffrage universel direct). Il n'existe pas de moyens de pression réciproques des pouvoirs exécutifs et législatifs, et leurs tâches sont séparées (l'adoption des lois revient aux chambres et l'exécution est dévolue au Président).

• Le Président est doté d'un pouvoir fort, mais son mandat est court et ne peut être renouvelé indéfiniment ; il n'a pas de droit de dissolution de la chambre. Le pouvoir législatif, lui, ne peut mettre en cause le président, sauf dans des cas de contrôle pénal (procédure d'*impeachment* aux États-Unis).

Les régimes parlementaires

Les **régimes parlementaires*** se caractérisent par le fait que le gouvernement est politiquement responsable devant une assemblée législative qui peut être dissoute.

- Le **chef de l'État, sans rôle politique majeur**, incarne l'unité de la nation ; il peut être désigné par l'hérédité (comme dans les monarchies constitutionnelles, à l'instar de l'Angleterre) ou par l'élection. Il dispose du droit de dissolution et peut devenir un recours en cas de crise institutionnelle.

- Dans les régimes parlementaires qui comportent **deux chambres**, l'une est élue au suffrage universel direct et exerce un contrôle fort sur le gouvernement ; l'autre, désignée au suffrage indirect, exerce une fonction de modération (chambre haute). Le **chef de gouvernement** incarne les choix politiques d'une **majorité parlementaire** ; son gouvernement est solidaire et responsable devant la chambre, qui peut le renverser.

Les clés pour comprendre

La Constitution de la Vᵉ République : un régime politique semi-présidentiel

```
┌──────────────┐                              ┌─────────────────────────────┐
│   Conseil    │                              │  Président de la République │
│constitutionnel│                             │  Exécutif fort, mandats limités│
└──────┬───────┘                              │   (2 successifs au max.)    │
       │                                      │   (régime présidentiel)     │
       │      responsable devant       nomme  └─────────────────────────────┘
       │      l'Assemblée nationale      │                │
       │      (régime parlementaire)     ▼                │
       │                        ┌─────────────────┐   peut dissoudre
   vérifie la                   │ Premier ministre,│    (régime
   constitutionnalité           │  gouvernement   │   parlementaire)
   des lois                     └─────────────────┘
       │                                ▲
       │                             contrôle
       ▼                                │
       ┌──────────────────────────────────────┐
       │       Parlement (bicaméral)          │
       │  ┌──────┐          ┌──────────────┐  │
       │  │Sénat │          │  Assemblée   │  │
       │  └──────┘          │  nationale   │  │
       │                    └──────────────┘  │
       └──────────────────────────────────────┘
           ▲                    ▲                      ▲
   élisent les           élisent les députés    élisent au suffrage
   sénateurs             au suffrage            universel direct
   au suffrage           universel direct       depuis 1962
   universel                                    (régime présidentiel)
   indirect
           │                    │                      │
       ┌──────────────────────────────────────┐
       │             Électeurs                │
       │ (hommes et femmes de plus de 18 ans) │
       └──────────────────────────────────────┘
```

100 DÉMOCRATIE

La **démocratie*** est un régime politique fondé sur le gouvernement et la souveraineté du peuple (*démos* : « peuple » ; *kratein* : « puissance, force »).

Les fondements de la démocratie

Les valeurs de la démocratie

• La démocratie est le « gouvernement du peuple, par le peuple, et pour le peuple » selon la formule d'Abraham Lincoln, reprise par la Constitution française de 1958. Chaque **citoyen** bénéficie des **mêmes droits** et est soumis aux **mêmes obligations**, et chaque voix représente le même poids politique (**un homme = une voix**).

• La démocratie nécessite la **séparation des pouvoirs** entre les trois fonctions principales de l'État qui sont confiées à trois organes bien distincts (fonction **législative**, **exécutive** et **judiciaire**), dans le but de préserver la **liberté**. Les trois pouvoirs* s'équilibrent mutuellement et empêchent le basculement vers l'arbitraire et le despotisme.

Démocratie directe et démocratie représentative

• La ville d'Athènes, en Grèce, est le berceau de la démocratie au VIe siècle avant J.-C. La démocratie athénienne autorise une **démocratie directe**, car l'assemblée des citoyens (l'*ecclesia*) prend les décisions importantes de la vie de la Cité. Elle implique cependant une définition **élitiste** de la citoyenneté, puisque les femmes, les étrangers et les esclaves en sont **exclus**.

• Dans les sociétés démocratiques actuelles, le caractère impraticable de la démocratie directe (hormis le référendum) a justifié la généralisation des principes de la **démocratie représentative*** : le peuple souverain **délègue** à un petit nombre de mandataires, par un vote au **suffrage universel**, le soin d'exprimer sa volonté. Un nombre restreint d'intervenants devient alors dépositaire du pouvoir du peuple et l'exerce en son nom jusqu'à la prochaine consultation électorale.

La démocratie représentative critiquée

Les limites de la représentation

• Selon **Karl Marx**, la démocratie représentative n'est pas une véritable démocratie car elle **masque l'inégalité** des rapports sociaux au sein de la société capitaliste. Dans sa lignée, la critique sociologique contemporaine de la démocratie représentative s'appuie sur les phénomènes de domination au sein du monde social : pour **Pierre Bourdieu**, les citoyens sont inégalement dotés en capital culturel* et ne comprennent pas tous aussi clairement les enjeux mis sur l'agenda politique par les élites politiques (du fait de leur culture, de leurs connaissances, de leur milieu social).

• Par ailleurs, la représentativité de ces élites est régulièrement critiquée (à cause de la surreprésentation des cadres et professions libérales à l'Assemblée nationale, notamment). Le **taux d'abstention*** monte lors des élections nationales et locales, et la **participation*** politique s'affaiblit, en particulier au sein des classes populaires.

Démocratie délibérative, démocratie participative

• Selon le philosophe Jürgen Habermas, l'affaiblissement de la démocratie représentative justifierait l'émergence d'une **démocratie délibérative*, ou participative***, favorisant la **discussion** et l'**argumentation** entre les citoyens au sein de l'espace public. Diverses initiatives s'inspirent de cette idée de refonder la **souveraineté populaire**, avec pour but d'inclure une partie des citoyens traditionnellement peu engagés dans les institutions représentatives (partis politiques, syndicats*) : **universités populaires**, **ateliers d'urbanisme populaire**, théâtres, forums... Dans cette conception, toutes les personnes concernées par un projet (implantation d'un incinérateur, construction d'une ligne TGV, etc.) doivent pouvoir participer aux débats de manière égalitaire.

• La démocratie participative soulève pourtant des critiques, car elle donnerait un avantage aux militants déjà habitués au débat public, et elle favoriserait la **démocratie d'opinion**.

Les clés pour comprendre

Les différentes formes de la démocratie

```
                    Démocratie
        ┌───────────────┼───────────────┐
   Démocratie       Démocratie       Démocratie
   directe          représentative   participative
```

Démocratie directe	Démocratie représentative	Démocratie participative
L'assemblée du peuple décide directement et vote les lois, sans élire des intermédiaires qui représentent les citoyens	Le peuple exerce indirectement le pouvoir par l'intermédiaire des représentants élus	Procédures et moyens qui permettent une plus forte implication des citoyens dans la vie politique et les décisions publiques

Définitions

▶ **Pouvoir législatif :** pouvoir chargé de voter la loi.

▶ **Pouvoir exécutif :** pouvoir chargé d'appliquer la loi décidée par le pouvoir législatif et de gérer la politique courante de l'État.

▶ **Pouvoir judiciaire :** pouvoir qui contrôle l'application de la loi et sanctionne en cas de non-respect de celle-ci.

101 ÉTAT DE DROIT

L'État de droit* est un système institutionnel dans lequel l'État* se soumet lui-même à un certain nombre de règles juridiques qui protègent les individus contre les décisions arbitraires du pouvoir* politique.

Le fondement des libertés

Un pouvoir soumis à la loi

• L'État de droit constitue un **système institutionnel** dans lequel la puissance publique se soumet au droit, et où existent des **tribunaux** qui font respecter ces règles, comme dans le cadre des juridictions de l'ordre administratif en France (tribunaux administratifs).

• L'État de droit s'est forgé dans l'histoire afin de protéger les citoyens contre les risques d'**abus du pouvoir**. En Angleterre, une Grande Charte des libertés a été adoptée en 1215, l'*Habeas Corpus* a été institué en 1679. Aux États-Unis et en France, les révolutions politiques de la fin du XVIIIe siècle instaurent le système des droits (abolition des privilèges, égalité civile, etc.). Après 1789, en France le citoyen n'obéit plus à l'autorité du roi (monarchie absolue de droit divin), mais à des lois que le pouvoir est chargé d'appliquer.

État de droit et État de police

• Les principes de l'État de droit constituent un des fondements des **régimes politiques*** démocratiques. L'État de droit s'oppose à l'**État de police**, dans lequel le pouvoir politique ne se soumet pas aux règles de droit et aux jugements de tribunaux indépendants, généralement dans les régimes politiques totalitaires et autoritaires.

• Il ne faut toutefois pas assimiler État de droit et :
– **système démocratique** : dans un système où la loi serait contraire à la démocratie* (exemple de lois interdisant la liberté de la presse ou de lois racistes), un État qui respecterait la loi ne serait pas démocratique pour autant ;
– **État minimum** (d'inspiration libérale) : le respect de l'État de droit est compatible avec une intervention de l'État dans le domaine économique et social, au titre de l'État-providence*.

Un système fondé sur la hiérarchie des normes

Le respect des textes de loi

• Selon les juristes, l'État de droit s'appuie sur la **hiérarchie des normes** car chaque norme tire sa légitimité de son respect et de sa conformité aux normes supérieures. Au sommet de la hiérarchie des normes juridiques se trouve la **Constitution**, suivie des traités, des lois, des règlements, etc.

• Les lois doivent donc toutes être conformes à la Constitution, ce que contrôlent les cours constitutionnelles (Cour suprême aux États-Unis, Tribunal constitutionnel fédéral en Allemagne). En France, le Conseil constitutionnel vérifie la conformité des textes de lois au **« bloc de constitutionnalité »** (textes fondateurs comme la Constitution, la Déclaration des droits de l'homme et du citoyen). Par exemple, en France, l'adoption de la monnaie unique et du traité de Maastricht en 1992 avait nécessité une révision de la Constitution, afin de transférer la politique monétaire* à la Banque centrale* européenne (BCE).

Le principe de légalité
- Les décisions de l'État sont ainsi soumises au principe de légalité : l'administration est soumise à la règle de droit.
- L'État de droit s'appuie, en France, sur le respect des droits civiques*, qui sont l'ensemble des protections et libertés individuelles dont jouissent les citoyens dans le cadre des lois (protection contre les discriminations*, par exemple). Il repose également sur le principe de la **séparation des pouvoirs** (exécutif, législatif et judiciaire), développé par le philosophe Montesquieu, qui garantit une indépendance des différentes juridictions par rapport au pouvoir politique.

Les clés pour comprendre

La hiérarchie des normes en droit français

- **Bloc de constitutionnalité** (Constitution de 1958, Préambule de la Constitution de 1946, Déclaration des droits de l'homme et du citoyen, Charte de l'environnement)
- **Bloc de conventionnalité** Droit international (traités et conventions internationales)
- **Bloc de légalité** (lois)
- **Règlement** (décrets, arrêtés)
- **Actes administratifs** (circulaires, directives)

102 — ÉTAT-NATION

Ensemble d'individus rassemblés autour d'institutions politiques, d'un sentiment d'appartenance à une même nation, dans le cadre d'un territoire géographiquement déterminé.

L'État comme « la nation juridiquement organisée »

La nation est un groupe social secondaire de très grande taille. On distingue deux grandes conceptions de la nation, la conception française (subjective) et la conception allemande (objective).

La nation comme « vouloir vivre ensemble »

La conception française correspond à une conception élective, et a été définie par Ernest Renan. Selon lui, « L'existence d'une nation est un plébiscite de tous les jours, comme l'existence de l'individu est une affirmation perpétuelle de la vie ». Elle se conçoit ainsi comme le résultat d'un accord libre et volontaire entre des individus désireux de poursuivre un projet commun (un « vouloir vivre ensemble »). En ce sens la nation est une « communauté de citoyens », c'est-à-dire un ensemble d'hommes et de femmes qui partagent la volonté de vivre ensemble et d'élaborer les lois sous lesquelles ils vivent.

La conception ethno-culturelle de la nation

• La conception allemande est, au contraire, ethno-culturelle : pour des auteurs comme Herder et Fichte, la nation serait le produit d'une certaine culture, le partage d'une même langue, la possession de semblables racines ou d'un même sang. La nation repose donc sur la possession d'un certain nombre de traits communs (langue, race, sang, culture, coutumes, religion) fondés sur l'hérédité.

• Les conséquences de ces différentes conceptions philosophiques de la nation apparaissent principalement au niveau de l'acquisition de la nationalité : tandis que selon l'approche française, un individu peut acquérir la nationalité par la simple acceptation d'un destin commun, selon l'approche ethno-culturelle, la nationalité est relativement fermée à celui qui ne serait pas de race, de sang ou de culture nationale.

L'émergence des États-nation

La communalisation nationale

La nation résulte d'un processus de communalisation (Max Weber), c'est-à-dire d'un processus de construction de liens communautaires, par lesquels les individus se définissent une appartenance commune. Ce processus est complexe et diffère au cours du temps et dans l'espace. Il ne suppose pas l'existence préalable de traits communs. Par exemple, la nation française s'est construite à partir de populations qui avaient des langues différentes (langue d'oc, breton, alsacien, picard, etc.), des droits différents (droit romain et tradition orale d'origine germanique), etc. C'est à travers des expériences historiques communes et des décisions politiques que la communalisation nationale se produit, parfois sur la base d'un récit en partie mythique. En France, on peut citer par exemple Jeanne d'Arc (brûlée en 1 431), la Résistance pendant la Seconde guerre mondiale, etc.

La construction historique de l'État
- La construction historique de l'État résulte d'un processus d'institutionnalisation d'un pouvoir qui revendique avec succès le monopole de la violence physique légitime et le monopole fiscal. Selon Norbert Elias, cette construction étatique est le produit d'une concurrence entre divers pouvoirs dont certains vont parvenir à s'imposer. Par exemple, en France la dynastie capétienne s'impose après la victoire contre les Anglais et les bourguignons, le rattachement de la Provence et de la Bretagne à la monarchie française, etc.
- Dans certains cas, la construction étatique s'appuie sur une communalisation nationale préalable (exemple de la Hongrie face à l'Autriche, de la Pologne face à la Russie, etc.). Dans d'autres cas, c'est la construction étatique qui sert de cadre et de facteur déterminant à la construction nationale. C'est le cas de la France et de nombreux États issus de la décolonisation qui se construisent une identité nationale dans des frontières définies par les colonisateur, en dépit de l'hétérogénéité culturelle, linguistique et religieuse des populations concernées.

Les clés pour comprendre
Une crise de l'État-nation ?

Une fragilisation de l'État-nation
La mondialisation de l'économie réduit l'efficacité de la politique économique dans le cadre national. Le recul de l'État se traduit, depuis les dernières années du XXe siècle, par un désengagement de la sphère de la production. À l'échelon supranational, les États-nation ont consenti d'importants transferts aux institutions européennes (monnaie), et le droit européen prime désormais sur le droit national dans les traités. Au niveau local, on constate également une montée des revendications régionalistes et des tensions communautaires, qui proposent une allégeance culturelle et ethnique en lieu et place de l'allégeance citoyenne.

Un espace toujours important de souveraineté
Toutefois, l'État-nation conserve de larges prérogatives en matière de souveraineté économique et sociale (budget), et il demeure un échelon pertinent à l'échelle internationale et dans le cadre de la construction européenne (principe de subsidiarité*).

103 SYSTÈME POLITIQUE EUROPÉEN

La construction européenne a donné naissance à un cadre institutionnel original et unique dans lequel se mêlent méthode intergouvernementale et méthode communautaire. Ce système a été qualifié par Jacques Delors (ancien président de la Commission européenne) « d'objet politique non identifié ». Quelles sont ces caractéristiques ? Comment évolue-t-il ?

« Un objet politique non identifié »

Les institutions européennes
- Si l'on cherche à décrire le système politique européen, il est nécessaire de détailler les différentes institutions existantes. Le conseil européen réunit l'ensemble des chefs d'État et définit les orientations générales de l'Union européenne. La commission européenne soumet des propositions de lois au Parlement européen et au conseil de l'Union européenne (droit d'initiative). Elle est aussi l'organe exécutif de l'Union européenne.
- Le Parlement européen est la seule instance de l'Union européenne dont les membres sont élus par les citoyens européens. Il exerce avec le conseil de l'Union européenne la fonction législative (procédure de codécision). Le conseil de l'Union européenne est l'institution qui représente les intérêts des États membres. Il réunit les différents ministres des gouvernements des États membres de l'Union européenne par compétence. Par exemple, le Conseil ECOFIN rassemble les 27 ministres de l'économie et des finances. Le parlement, la commission et le conseil de l'Union forment le triangle institutionnel européen.

Entre fédération et confédération
- Le pôle intergouvernemental est celui où se prennent des décisions entre États (Conseil de l'Union européenne) ; la décision correspond alors à une recherche de compromis des intérêts étatiques. Du côté du pôle communautaire (Commission et Parlement européen), les décisions concernent des institutions strictement européennes qui s'inscrivent donc davantage dans une logique fédéraliste (la Commission représente « l'intérêt général de l'UE »).
- L'UE est plus qu'une confédération, car il existe un pôle communautaire, mais moins qu'une fédération, car il existe un pôle intergouvernemental. La construction européenne a conduit à ce que plus de compétences soit attribuée à l'Europe (avec des transferts de souveraineté* et un développement d'une logique supranationale), tout en ayant des États qui souhaitent maintenir leurs rôles dans les processus de décision (importance de la méthode intergouvernementale).

Enjeux futurs

La question des frontières de l'UE
- L'UE a connu une augmentation importante de pays membres avec l'entrée, à partir des années 1980, d'anciennes dictatures (Espagne, Portugal, Grèce), puis des ex-pays du bloc de l'Est. Entre 2004 et 2007, l'UE passe de 15 pays membres à 27. L'augmentation du nombre de pays membres a poussé à modifier les règles de décision au sein du Conseil des ministres, avec le

développement du vote à la majorité qualifiée, puis du vote à la double majorité qualifiée.
• Parmi les candidats à l'entrée dans l'UE, celle de la Turquie fait débat. Certains défendent l'idée selon laquelle ce pays pourrait constituer un pont entre l'Europe et le monde musulman ; d'autres mettent, au contraire, l'accent sur les différences culturelles, les disparités de développement économique, l'évolution démographique d'un pays à forte natalité, et l'inopportunité de partager des frontières communes avec l'Iran, l'Irak ou la Syrie.

Vers une démocratie postnationale ?
• La création d'une citoyenneté* européenne conduit à s'interroger sur l'existence, au niveau européen, d'une sphère publique dans laquelle les citoyens échangent, délibèrent, et à laquelle ils se sentent appartenir. Existe-t-il une dynamique de démocratie postnationale ? Alors que la citoyenneté européenne s'accompagne du droit de vote aux élections européennes, le taux de participation des électeurs migrants (qui ne votent pas dans leur pays) est très faible.
• Pourtant, l'espace public européen voit le développement d'eurogrèves, des revendications directement adressées à l'UE (agriculteurs), mais aussi des manifestations « récréatives » qui imprègnent le quotidien (Eurovision, Arte, Euronews).

Systèmes politiques

Les clés pour comprendre

La question de l'approfondissement : éclatement de la zone euro ou fédéralisme ?

La crise de la dette publique engagée depuis 2010 soulève des questions sur le fonctionnement de la gouvernance européenne et son devenir. Plusieurs scénarios peuvent se jouer.

Degré d'intégration	Moins d'intégration politique européenne → Plus d'intégration politique européenne				
Fonctionnement de la gouvernance européenne	Disparition de la zone euro	Le pôle intergouvernemental se renforce ; le pôle communautaire recule	Le pôle communautaire se renforce ; le pôle intergouvernemental recule	La logique fédérative est poussée encore davantage	L'Europe devient une fédération
Conséquences	L'UE n'est plus qu'une zone de libre-échange dans laquelle les pays conservent toute leur souveraineté	Les décisions européennes découlent de compromis entre État dans une tentative de limiter les transferts de souveraineté des États vers l'Europe. Développement de la coordination entre États	La Commission reprend une place centrale dans la dynamique de l'intégration et sollicite la Cour de justice européenne pour sanctionner les pays qui ne respectent pas les traités	La représentativité des institutions européennes augmente grâce à l'élection du président de la Commission européenne au suffrage universel	Transfert à l'UE de nouvelles missions : fédéralisme budgétaire sur le modèle américain. Cela nécessite davantage d'intégration politique et repose la question de la Constitution européenne

104 LA GOUVERNANCE MULTINIVEAUX DANS L'UE

L'Union européenne s'est dotée d'institutions politiques qui ont des effets sur la conduite de l'**action publique***. Comment ces institutions prennent-elles des décisions, et comment celles-ci se diffusent-elles dans les États-membres ?

Les caractéristiques institutionnelles et politiques

Le triangle institutionnel européen
- Depuis le traité de Lisbonne (2009), l'Union européenne (UE) dispose d'un cadre institutionnel appelé le **triangle institutionnel**.
- Le Conseil européen impulse les grandes orientations et la Commission possède l'initiative **législative**, sauf pour ce qui concerne les politiques étrangère et de sécurité européenne. Les **propositions** de lois de la Commission européenne sont examinées par le Parlement et le Conseil des ministres qui **votent et adoptent**, éventuellement, un acte législatif (procédure de codécision).

La répartition des compétences
- L'UE possède des **compétences exclusives**, comme la conduite de la **politique monétaire*** pour les pays de la zone euro. Il y a alors **transfert** d'une partie des compétences des États* vers l'UE, ce qui implique une **perte de souveraineté*** nationale. Les États membres gardent, néanmoins, de très nombreuses compétences exclusives (ex. : politique culturelle, fixation du budget de l'État). Les États peuvent toutefois décider de **se coordonner** entre eux pour définir un cadre commun d'action (le Pacte de stabilité et de croissance, par exemple).
- Il existe aussi des **compétences partagées** entre l'UE et les États-membres.

L'UE et les États membres sont tous deux habilités à prendre des décisions dans ces domaines. Les États membres ne peuvent exercer leurs compétences que dans le cas où l'UE a décidé de ne pas exercer la sienne. En général, les compétences se répartissent selon le **principe de subsidiarité*** : il s'agit d'un principe de répartition et de coordination de compétences entre différents échelons administratifs : l'idée est de ne faire basculer l'action au niveau européen que pour **améliorer l'efficacité de l'intervention** publique ; l'UE n'intervient que si son action est plus efficace que celle des États-membres (exemples de la PAC, de la protection du consommateur, etc.).

La gouvernance européenne

Les différents acteurs de la gouvernance européenne
- Les politiques publiques sont définies et mises en place par des acteurs institutionnels situés à des niveaux territoriaux différents. Dans le cas de la France, ces différents échelons territoriaux sont : l'Union européenne, l'État central, les collectivités territoriales (régions, départements, mairies).
- Les **lobbies** (groupes de pression) et les **experts** jouent aussi un grand rôle dans l'élaboration des propositions d'actes législatifs à Strasbourg (Parlement), Luxembourg (Conseil de l'Union) ou Bruxelles (Commission européenne).

L'application des décisions

• Les textes juridiques adoptés au niveau européen sont **plus ou moins contraignants** pour les États membres (les **règlements**, **directives** ou **décisions** sont **obligatoires**, les **avis et recommandations** ne le sont pas). Les directives fixent un objectif à atteindre, mais laissent aux États membres le choix des moyens pour atteindre cet objectif.

• L'action de l'UE passe aussi par le **budget européen** : les dépenses sont consacrées à la politique agricole (40 %), aux politiques structurelles* (30 %) et, dans une moindre mesure, à la recherche et développement technologique, à l'énergie et aux transports, à l'éducation et à la culture.

Les clés pour comprendre

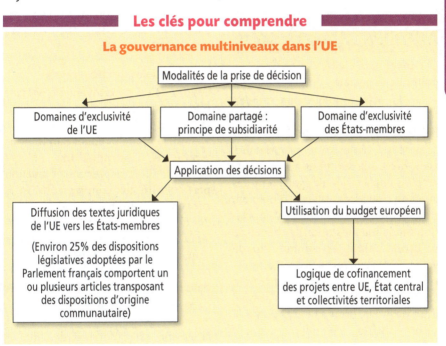

La gouvernance multiniveaux dans l'UE

105 CITOYENNETÉ

La **citoyenneté*** est le statut d'une personne à qui l'on reconnaît des **droits**, des **devoirs** et une **égalité juridique** avec les autres membres de la communauté politique. La citoyenneté est souvent rattachée à la **nation**, même si un certain nombre de débats existent aujourd'hui sur l'émergence d'une citoyenneté au-delà du cadre national (citoyenneté européenne, citoyenneté mondiale).

Les fondements de la citoyenneté

La citoyenneté civile, politique et sociale

• Sur le plan juridique, un citoyen français est une personne de **nationalité française** qui jouit de droits **civils** comme se marier, être propriétaire, avoir droit à la sûreté et à l'accès aux emplois publics. Il jouit également des **libertés fondamentales** (d'opinion, d'expression, de religion, d'association ou de manifestation) et bénéficie de **droits politiques** comme ceux de voter, d'être élu, ou celui de choisir ses représentants. Le citoyen jouit enfin de **droits sociaux** : droit au travail, droit de grève, droit à l'éducation, à la sécurité sociale.

• Le citoyen doit aussi remplir des **obligations** : respecter les lois, contribuer à la dépense publique en payant ses impôts, s'informer et participer au débat public, ou à la défense du pays.

La citoyenneté à la française

• La citoyenneté est historiquement liée à la démocratie* et repose sur l'existence **de sujets libres et égaux** au sens de la *Déclaration des droits de l'homme et du citoyen* du 26 août 1789.

• Dans les sociétés démocratiques, la cohésion sociale* repose avant tout sur le **principe de citoyenneté** (« vivre ensemble » signifie : « être citoyen ensemble »), et non sur le lien personnel au Roi, ou sur l'appartenance religieuse.

Deux modèles de citoyenneté

Les modèles de citoyenneté varient selon l'histoire singulière des nations et leurs spécificités culturelles.

• Ainsi, le modèle républicain français repose sur l'**individualisme universaliste** : l'État ne reconnaît **aucune particularité** aux communautés et la citoyenneté repose principalement sur des **droits généraux** attachés aux individus eux-mêmes. Les particularismes sont rejetés dans la **sphère privée** et ne sont pas reconnus en tant que tels dans l'espace public, les communautés ne jouissant pas de droits spécifiques.

• Cette conception de l'égalité citoyenne est différente de l'**individualisme particulariste** et du **multiculturalisme**, en vigueur dans les pays anglo-saxons. Ceux-ci attribuent des **droits culturels** et reconnaissent l'**existence des communautés** dans le débat public.

La citoyenneté européenne

Europe et citoyenneté

• La citoyenneté est généralement associée à l'**État-nation***. Les **transferts de souveraineté*** dans le cadre de la construction européenne ont néanmoins modifié les rapports entre citoyenneté et État.

• Le traité de Maastricht a ainsi institué une **citoyenneté de l'Union européenne** qui se superpose à la citoyenneté nationale en ajoutant la **reconnaissance juridique** d'un certain nombre **de droits**, comme ceux de circuler et de séjourner librement sur le territoire de l'Union, le droit de vote et d'éligibilité aux élections européennes et municipales dans l'État membre de résidence, ou le droit de pétition devant le Parlement européen.

Une société civile européenne ?

• L'idée de dépasser le cadre de la nation dans la conception de la citoyenneté s'appuie sur la volonté de faire émerger une **démocratie post-nationale** (au-delà de la nation). La construction d'un véritable espace public européen s'appuierait notamment sur la reconnaissance et l'expression de la société civile organisée* (organisations syndicales et patronales, ONG, associations) au titre de la démocratie délibérative* (qui intègre les citoyens dans le débat public).

• Si certains insistent sur le caractère **mobilisateur** de la citoyenneté européenne comme moyen de dépasser la nation en tant que communauté politique légitime, d'autres critiquent la **faible identification** des citoyens aux institutions de l'Union (marquée par le niveau élevé de l'abstention lors des élections européennes) et l'avancement vers un projet de fédéralisme qui fait débat.

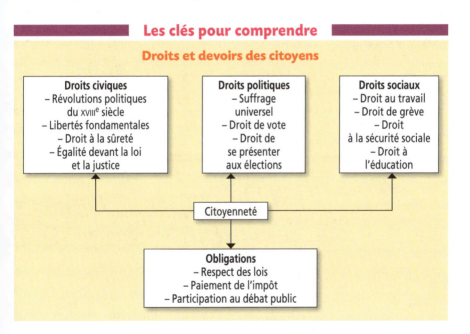

219

106 ACTION PUBLIQUE

L'action publique* renvoie aux différentes **étapes** au cours desquelles émergent et s'élaborent des **politiques publiques**. Un moment crucial est celui où certains problèmes sociaux deviennent des problèmes politiques et rentrent dans l'**agenda politique***.

Comment émergent les politiques publiques ?

Du problème social au problème politique

- Un problème social (par exemple, le mal-logement) devient un problème public à partir du moment où des acteurs sociaux estiment que **la puissance publique doit intervenir** pour changer une situation et que cela devient l'objet de discussions dans l'espace public. L'accès au logement est, de ce point de vue, un problème public : certains défendent la nécessité de construire plus de logements sociaux, d'encadrer le montant des loyers ; d'autres s'y opposent.
- Le problème public devient un problème politique quand l'autorité publique s'en empare et l'intègre à son agenda politique (les politiques que l'autorité publique mène ou va mener) ; par exemple, durant les années 1950-1960, la construction par l'État des grands ensembles de logements sociaux. La mise en agenda dépend de « fenêtres d'opportunité » : il existe des moments où il est plus facile que d'autres d'introduire un problème public dans les politiques publiques (changement de majorité, événement ayant suscité l'émotion dans l'opinion publique – par exemple, l'incendie meurtrier d'un hôtel meublé).

La multiplication des territoires

L'État n'est pas le seul acteur à élaborer et mettre en œuvre des politiques.
- Depuis les lois de décentralisation, l'État français partage en effet des compétences avec les **collectivités territoriales**. Par exemple, les mairies sont chargées de l'entretien des bâtiments scolaires des écoles primaires, les départements des collèges, les régions des lycées et l'État de ceux de l'enseignement supérieur.
- L'**intégration européenne** conduit, quant à elle, à une **gouvernance multi-niveaux*** entre UE et États-membres. Il y a donc une multiplication des échelles spatiales de l'action publique, c'est-à-dire une diversification de la territorialisation.

Comment les acteurs agissent-ils sur l'élaboration des politiques publiques ?

La diversité des acteurs et des groupes d'intérêt

- Le problème public n'apparaît pas de manière « naturelle » : il s'agit d'une **construction sociale** dans laquelle interviennent plusieurs acteurs. On distingue notamment les acteurs de la **société civile** (syndicats*, groupes d'intérêt*) et des acteurs **politico-administratifs** (hommes politiques, fonctionnaires).

- Le problème public peut apparaître suite à une **mobilisation sociale** importante provenant de la société civile (rôle des Restos du Cœur dans la question du traitement de la pauvreté durant les années 1980), ou à partir de l'**action de fonctionnaires** (la lutte contre le tabagisme est plus le fruit du travail des fonctionnaires du ministère de la Santé que d'une demande sociale).

Des acteurs en compétition

- Les acteurs qui interviennent dans l'émergence d'un problème public sont nombreux. Ils peuvent **se mobiliser** et chercher à **défendre des intérêts** ou des croyances spécifiques. Ils forment alors des groupes d'intérêt. Ces groupes peuvent **coopérer entre eux**, mais aussi **entrer en concurrence** pour imposer *leur* représentation du problème public et ainsi obtenir une action des pouvoirs publics qui suivent *leurs* recommandations.
- Les acteurs en concurrence sont dans une « arène » (un espace **où sont débattues les idées relatives à l'action publique**), et le vainqueur est celui qui impose son approche du problème en éliminant des approches alternatives : faut-il renforcer la répression contre les toxicomanes ou renforcer la prévention et les soins ? Le problème des accidents de la route est-il un problème technique (absence d'air bag, par exemple) ou est-il lié à des conduites dangereuses ?

Les clés pour comprendre

Le rôle des groupes d'intérêt

Définitions

Au sens strict, les groupes d'intérêt sont des **groupes de pression** : organisations constituées autour de la défense d'un intérêt particulier, dont le but est d'exercer une influence sur le pouvoir politique. L'UE a ainsi vu se développer une intense activité de groupes de pression à Bruxelles.

Au sens large, les groupes d'intérêt sont des groupes qui **participent au débat public** et visent à **influencer** les pouvoirs publics (point commun avec les groupes de pression), d'autres groupes (par exemple des partis politiques), et surtout l'opinion publique à travers l'utilisation des médias. Les **répertoires d'action collective** mobilisés sont l'expertise (les *think tanks*), la négociation (les syndicats), la protestation (les Enfants de Don Quichotte).

Les relations avec les partis politiques et l'État

Les **groupes d'intérêt** se distinguent des partis politiques car ils ne participent pas directement à la compétition électorale et défendent des intérêts spécifiques. Certains groupes sont cependant proches de partis politiques (SOS Racisme et le parti socialiste, par exemple).

Des **groupes de pression** participent à l'élaboration de politiques publiques, normes législatives et réglementaires (par exemple, les syndicats).

L'État et les collectivités locales distribuent des aides matérielles et symboliques qui facilitent le développement de certains groupes d'intérêt et, au contraire, en éliminent d'autres (ceux qui sont privés de ces moyens).

107 OPINION PUBLIQUE

L'opinion publique est définie comme l'ensemble des représentations, construites socialement, de l'avis supposé de l'ensemble de la population sur les questions d'actualité (Hermet, Badie, Birbaum et Braud). Sa mesure, à travers les sondages d'opinion, est au cœur des préoccupations des politiques.

Qu'est-ce que l'opinion publique ?

Démocratie et espace public

Le développement de la démocratie est lié à l'émergence d'une opinion publique. Les individus peuvent librement débattre dans l'espace public ce qui conduit à la formulation de courants d'idées suite à la délibération collective (Habermas). La participation aux débats publics a longtemps été le fait des élites. Avec la généralisation du suffrage universel et le développement des médias, l'espace public s'est peu à peu ouvert.

Opinion individuelle et opinion publique

Tous les individus n'ont pourtant pas forcément une opinion sur les débats publics et l'influence des opinions individuelles dans l'espace public dépend de la position sociale occupée. L'opinion d'un leader syndical aura ainsi plus de poids que celle d'un individu sans responsabilités particulières. Il existe par ailleurs des divergences d'opinions et l'état de l'opinion à un moment donné dépend des rapports de force entre les différents groupes mobilisés existants (associations, partis, etc.). L'opinion publique n'est ainsi pas la somme des opinions individuelles.

Vote et sondage d'opinion

La mesure de l'opinion

- Les sondages apparaissent en France après la Seconde Guerre mondiale, et se généralisent en 1965 pour l'élection du président de la République au suffrage universel. Ils occupent aujourd'hui une place de plus en plus importante et, à quelques mois d'une échéance importante, leur fréquence est presque pour les sondages concernant les intentions de vote.
- Il s'agit d'une **technique d'investigation** dont le but est de déterminer l'opinion publique sur un sujet du débat public ; elle repose sur une enquête par interviews identiques adressées à tous les membres d'un échantillon de la population (souvent quelques centaines de personnes). Les caractéristiques de la méthode choisie, notamment la constitution rigoureuse d'un échantillon représentatif (groupes de personnes censées représenter fidèlement la société dans son ensemble), permettent de considérer les résultats valides pour la population totale.

Les limites des sondages d'opinion

Les sondages d'opinion ont été fortement critiqués. En effet, en considérant l'opinion publique comme la simple somme des opinions individuelles, ils ne tiennent pas compte des rapports de force existant dans la société. Par ailleurs en imposant des problématiques aux sondés, les sondeurs les conduisent à se prononcer sur des sujets sur lesquels les sondés n'ont pas d'opinion et contribuent ainsi à façonner l'opinion publique que les sondages sont censés mesurer. De ce fait, l'opinion publique telle que produite par les sondages d'opinion ne serait qu'une construction statistique sans réel fondement.

Les clés pour comprendre

L'influence des sondages d'intention de vote

Il convient de distinguer les enquêtes d'intention de vote et les sondages d'opinion. L'impact des sondages sur le vote fait l'objet de nombreuses études qui n'aboutissent pas à des résultats homogènes : certaines mettent en avant l'incitation des électeurs à porter leur voix sur le vainqueur anticipé par les sondages (effet d'entraînement), tandis que pour d'autres l'électeur serait conduit à voter pour le perdant (par exemple un individu votant traditionnellement à l'extrême gauche aux élections présidentielles peut être amené à voter pour le parti socialiste s'il estime que le candidat de ce parti risque de ne pas être au second tour et qu'il ne veut absolument pas d'un second tour entre deux partis de droite).

Un autre impact sur le vote correspond au fait que les sondages convainquent une part des électeurs que le résultat est joué d'avance. Cela peut les conduire à l'abstention (cette explication a été privilégiée par les soutiens d'Édouard Balladur, lors de la présidentielle de 1995, pour légitimer qu'il ne soit qualifié pour le second tour), ou à ne plus voter au premier tour pour les « petits » candidats (qui obtiendront moins de 15 % des votes).

108 MÉDIAS ET COMMUNICATION

La question de l'impact des médias et de la communication sur les attitudes politiques est récurrente depuis presque un siècle. Alors que le sens commun lui attribue une grande importance, les résultats scientifiques sont beaucoup plus nuancés.

L'effet des médias

Un impact limité

- La science politique se saisit de cette problématique dans les années 1930, avec la montée des régimes totalitaires qui utilisent des techniques modernes de propagande, comme la radio, pour diffuser leurs idées et influencer les citoyens.
- Les premiers travaux empiriques, publiés en 1944, sont menés aux États-Unis pour l'élection présidentielle. Une équipe de chercheurs organisée autour de **Paul Lazarsfeld** aboutit à la conclusion qu'il faut relativiser le pouvoir des médias sur les électeurs. En effet, malgré une exposition plus importante aux médias durant la campagne électorale, les électeurs « filtrent » les informations selon leurs prédispositions politiques (un électeur de droite privilégiera les informations favorables à la droite), renforçant ainsi eux-mêmes leurs convictions. Peu d'électeurs changent ainsi de camp du fait des médias.

Un impact indirect

- L'essor des médias (en particulier de la télévision puis, plus récemment, d'Internet) impose de reconsidérer ces conclusions. Des travaux plus récents mettent en avant l'idée que les médias n'imposeraient pas à l'électeur un choix de vote, mais plutôt un choix des sujets auxquels il doit s'intéresser. Certains ont, par exemple, attribué une part de la responsabilité de la présence du candidat d'extrême droite au second tour de l'élection présidentielle en 2002 aux médias. Ces derniers avaient focalisé leur attention sur les problèmes d'insécurité, bien qu'aucun n'ait appelé à voter pour le FN.
- Les médias influenceraient donc la **hiérarchisation des enjeux** par les citoyens (intérêt prioritaire pour le chômage* ou la sécurité), mais leur livreraient aussi des **clés d'interprétation** de la responsabilité des politiques menées.

L'impact de la communication

La modernisation de la communication politique...

- Durant la campagne électorale, les candidats s'affrontent par médias interposés, en recourant à des slogans, à des « petites phrases », des photos les mettant en scène, des clips de campagne, etc. **Nonna Mayer** met en avant trois phases illustrant cette modernisation : les campagnes **traditionnelles** (importance de l'action des militants et des relations de face-à-face électeurs-candidats), les campagnes **modernes** à partir des années 1960 (usage croissant de la télévision et des sondages, recul du rôle des militants), et les campagnes **postmodernes** à partir des années 1980.
- Ces dernières seraient caractérisées par la **multiplication des sources d'information** (par exemple, la multiplication des journaux et chaînes de

télévision), Internet prenant une place de plus en plus importante. Le poids grandissant du rôle des conseillers en communication en est aussi une caractéristique.

... et ses effets sur le vote
• Censée inciter à aller voter, la communication a un impact aléatoire sur la mobilisation politique. De plus, les choix initiaux des électeurs sont rarement modifiés.
• Durant la campagne électorale, les choix de communication fabriquent une image des candidats, dont nombre d'études montrent que, pour les élections présidentielles, elle est l'élément déterminant du vote, avec la proximité idéologique du camp politique et le contenu du programme.

Les clés pour comprendre
Internet et communication politique

Un média interactif
À l'heure où près des trois quarts des Français ont accès à Internet de leur domicile (d'après le CREDOC), cet outil, par son utilisation grandissante par les candidats et les citoyens, change les caractéristiques des campagnes électorales. Il permet aux candidats de toucher une nouvelle catégorie d'électeurs (surtout les plus jeunes, qui traditionnellement se mobilisent moins que leurs aînés). Il est par ailleurs plus facile, pour les électeurs, d'**accéder à l'information politique** (de qualité variable selon le site qui la publie). Grâce à l'interactivité, Internet favorise le **dialogue politique** en permettant les échanges en ligne.

Impact sur la participation politique
L'étude de Vedel et Cann, lors des dernières élections présidentielles, conclut à un impact limité d'Internet sur la participation politique. Ce sont les citoyens les plus intéressés par la politique et les plus militants, c'est-à-dire ceux qui ont la propension à voter la plus forte, qui s'y informent et interviennent le plus. Internet n'amènerait pas de nouveaux publics à la politique. Plus que de susciter le débat, il conduit le plus souvent à l'**affirmation de ses propres idées** et à des **échanges** entre personnes qui ont les **mêmes opinions**.

Systèmes politiques

109 ORGANISATION

E. Friedberg définit les organisations* comme « des ensembles humains formalisés et hiérarchisés en vue d'assurer la coopération et la coordination de leurs membres dans l'accomplissement de buts donnés ». Comment les hommes agissent-ils lorsqu'ils doivent coopérer pour mener des activités visant la réalisation d'un objectif commun ?

L'organisation bureaucratique

La rationalisation des activités humaines

• Selon Max Weber (sociologue du début du XXe siècle), dans les sociétés modernes, les relations humaines sont de plus en plus des relations « **rationnelles en finalités** » : les individus « rationnels » agissent en adoptant les moyens utilisés aux buts qu'ils cherchent à atteindre. Il est ainsi rationnel d'épargner une partie de ses revenus* dans le but de se constituer un patrimoine*, plutôt que de consommer l'intégralité de ses revenus.

• L'organisation du travail a elle aussi été rationalisée. L'organisation bureaucratique est celle qui vise à organiser le travail* de manière « rationnelle ». La **bureaucratie***, chez Weber, est le modèle de la grande organisation moderne et efficace, caractéristique de l'**État*** et de la fonction publique.

Les caractéristiques du modèle bureaucratique

• Au sein de l'organisation bureaucratique, les relations entre individus sont **hiérarchisées** en fonction de leurs compétences (elles sont marquées par une distribution verticale du pouvoir*) ; les postes de travail sont affectés selon des **critères de qualification** ; les procédures de travail sont **prévues** ; leur exécution, **contrôlée**. Il y a donc une **dépersonnalisation** des relations de pouvoir. La domination qui s'exerce dans la bureaucratie n'est basée ni sur les coutumes, ni sur le charisme du chef, mais sur le respect du règlement (**domination rationnelle-légale**).

• Le modèle bureaucratique met l'accent sur les **règles formelles** dont le suivi et l'exécution doivent permettre d'atteindre de la manière la **plus efficace** possible les objectifs fixés par la hiérarchie. Les organisations de type bureaucratique se développent au début du XXe siècle avec des personnalités comme F.W. Taylor ou H. Fayol.

Le modèle bureaucratique en débat

La critique de l'efficience bureaucratique

• Si les activités bureaucratiques sont menées dans un cadre rationnel, on s'attend à ce qu'elles permettent d'obtenir le meilleur résultat possible. C'est ce que l'on retrouve avec l'idée du *one best way* de Taylor. Or cela suppose que les acteurs de l'organisation possèdent toute l'information nécessaire pour faire des choix « optimaux ». Herbert Simon (Prix Nobel d'économie en 1978) critique cette approche et considère que les individus prennent des décisions sans disposer de toute l'information. Dès lors, ils ne choisissent pas forcément la meilleure solution possible, mais celle qui leur semble satisfaisante, compte tenu des informations disponibles. Ils font ainsi preuve d'une « **rationalité limitée** ».

• Par ailleurs, pour le sociologue américain R. K. Merton, plus le mode d'organisation se rapproche de l'idéal-type webérien, plus les dysfonctionnements sont importants et réduisent son efficacité. Ces dysfonctionnements proviennent de l'apparition d'une « **personnalité bureaucratique** » : les bureaucrates appliquent les procédures à la lettre, ce qui fait disparaître toute innovation et crée des rigidités.

Les acteurs ont des marges de liberté au sein des organisations

• M. Crozier montre que le pouvoir au sein de l'organisation bureaucratique n'est pas donné par l'organigramme ou le règlement officiel : certaines situations permettent aux acteurs de l'organisation d'avoir un **pouvoir** dont ils se servent pour améliorer leur situation **personnelle**.

• Un individu peut, par exemple, être le seul à maîtriser un savoir-faire (dans ce cas, il peut facilement contrôler son propre rythme de travail), ou avoir un accès à des informations et à des relations que d'autres n'ont pas (rôle du capital social*). Les acteurs sociaux mettent en place des **stratégies** pour augmenter leur pouvoir dans l'organisation.

Les clés pour comprendre

La coordination des rapports sociaux au sein de l'entreprise

Distinguer institution et organisation

Selon Douglass C. North, les institutions sont « les règles du jeu dans la société ou, plus formellement, les contraintes créées par les hommes qui régissent les interactions politiques, économiques et sociales », tandis que les organisations sont les acteurs du jeu. L'entreprise est une organisation dans laquelle différents acteurs coopèrent pour réaliser « l'accomplissement de buts donnés ». Cette coopération passe par l'application d'un pouvoir qui prend la forme d'un règlement, de relations d'agence, c'est-à-dire de règles du jeu. Dans le cadre de la gouvernance d'entreprise, les individus ne sont pas passifs face au pouvoir et développent des stratégies individuelles.

Coopération et conflit dans l'entreprise

La coopération peut produire des conflits et des actions collectives, car tous les acteurs de l'entreprise ne sont pas nécessairement d'accord avec les buts visés (conflit sur le partage de la valeur ajoutée entre salariés et capitalistes) ou avec les moyens à mettre en œuvre pour y parvenir (conflit sur la gestion du temps de travail). La résolution de ces conflits passe par la domination d'un des protagonistes du conflit ou par l'élaboration d'un compromis entre les parties prenantes. Le conflit n'est pas un échec de la coopération, mais une de ses modalités de régulation.

110 PARTI POLITIQUE

Au sens large, les **partis politiques*** sont des **organisations*** durables, avec une base territoriale, visant à conquérir le **pouvoir*** par voie électorale (La Palombara et Weiner). Ils se développent avec le suffrage universel à partir du milieu du XIXe siècle et contribuent au fonctionnement démocratique.

Le maillon central du processus électoral

La mobilisation électorale

- Le caractère durable des partis leur confère un **rôle essentiel** dans la manière dont s'organisent et se déroulent les **élections politiques**. La mobilisation électorale dépend en grande partie de l'**offre politique**, c'est-à-dire du nombre, de la nature et des programmes des partis.
- Un **système multi-partisan**, comme la France (UMP, PS, Modem, EELV, NPA, FN...), offre à l'électeur une plus grande possibilité de trouver une offre politique qui corresponde à ses attentes, par rapport à un système bipartisan comme aux États-Unis (partis démocrate et républicain). Le recrutement des adhérents, ou militants, a pour fonction de diffuser le contenu du programme établi, mobilisant ainsi les électeurs.

La politisation des électeurs

- Le **contenu des programmes** des partis renvoie à des **idéologies**, **valeurs*** et symboles politiques qui permettent de tracer une **ligne de clivage** politique, même si celle-ci n'est pas figée. Par exemple, le **degré de responsabilité individuelle** dans la définition de son **statut social*** est traditionnellement une différence entre partis de droite (prépondérance des choix individuels) et partis de gauche (prépondérance des déterminismes sociaux).
- En **sélectionnant les enjeux** (par exemple, la sécurité des personnes a été le thème central des élections présidentielles de 2002 et 2007), en articulant les intérêts des différentes catégories sociales et en fixant l'**agenda politique***, les partis créent le **débat électoral** à travers des thèmes de controverse qui permettent à l'électeur de se positionner dans le champ politique et d'opérer des choix plus ou moins éclairés.

La sélection des gouvernants

Les partis comme pourvoyeurs du personnel politique

- En puisant dans leur **vivier d'adhérents** ou en allant chercher des personnalités de la société civile, les partis **sélectionnent les candidats** qui deviendront les représentants du peuple. L'**étiquette partisane** (appartenance à tel ou tel parti) est, dans nombre d'élections, une condition nécessaire, en tant que gage de visibilité et de transparence des idées, pour se faire élire (surtout pour les élections nationales et dans les grandes villes).
- L'activité du **Parlement** est structurée selon une **logique partisane** (même si les élus conservent une certaine marge d'autonomie) : les députés de la majorité et de l'opposition se constituent en groupes politiques correspondant à des partis ou à des regroupements de partis (début

2012, l'Assemblée nationale comptait quatre groupes différents : « UMP », « Socialiste, radical, citoyens et divers gauche », « Nouveau centre » et « Gauche démocrate et républicaine ») pour soutenir ou, au contraire, s'opposer à la politique gouvernementale.

Les effets des modes de scrutin

Le **mode de scrutin*** choisi a aussi une influence importante sur la sélection des gouvernants, et constitue donc un enjeu politique fondamental dans les **démocraties représentatives***.

- Le **scrutin majoritaire** permet au(x) candidat(s) ayant eu le plus de voix d'emporter l'élection, ceux arrivés seconds n'étant pas représentés (exemple de l'élection présidentielle ou législative en France). Il favorise ainsi les candidats issus des grandes formations.

- Le **scrutin proportionnel** permet aux petits partis d'obtenir des sièges au **prorata** des voix obtenues. Généralement, à partir d'un seuil, plus le nombre de voix est important et plus le nombre de sièges l'est (exemple de l'élection au Parlement européen). En 1986, le FN a pu entrer à l'Assemblée nationale en raison d'un passage ponctuel au scrutin proportionnel.

Participation politique et conflits sociaux

Les clés pour comprendre

Le rôle des partis politiques

Principales fonctions des **partis politiques** dans le fonctionnement démocratique → Mobilisation électorale et politisation des électeurs
→ Sélection des gouvernants

Modes de scrutin → Sélection des gouvernants

Définitions

▸ **Mode de scrutin :** règles qui définissent la façon dont les sièges sont pourvus au cours des élections.

▸ **Mode de scrutin uninominal :** les électeurs doivent voter pour une personne (par exemple : les élections présidentielles).

▸ **Mode de scrutin plurinominal (ou « de liste ») :** les électeurs votent pour une liste (par exemple : les élections municipales).

Cf. fiches 98, 100, 109, 114

111 SYNDICAT

Selon l'organisation internationale du travail (OIT), un **syndicat*** est une **organisation*** de salariés qui s'étend **au-delà** des frontières **de l'entreprise***, dans le but de **protéger** ou d'**améliorer**, à travers l'action collective*, le statut économique et social de ses adhérents. Distincts des partis politiques*, les syndicats participent aussi, depuis leur autorisation en 1884, au fonctionnement des démocraties, notamment par leur **rôle de régulateurs** des conflits* du travail.

Contribution au fonctionnement démocratique

Les rôles des syndicats

• Les syndicats assurent tout d'abord un rôle de **défense des intérêts des salariés** en leur **communicant les informations** obtenues lors de comités d'entreprise, ou en engageant des **actions de protestation** en cas de conflits avec l'employeur.

• Pour autant, les relations professionnelles ne se réduisent pas aux pratiques et règles qui structurent les rapports entre employeurs et salariés à différents niveaux (entreprise, branche, pays), mais englobent aussi **les relations avec l'État et les tiers-intervenants** (consultants), selon Christian Thuderoz. Les syndicats représentatifs sont alors des acteurs du **dialogue social** entre **partenaires sociaux***.

• Enfin, ils participent, à **parité** avec les organisations patronales, à la **gestion des caisses nationales** d'assurance maladie, d'allocations familiales, d'indemnisation des chômeurs (ASSEDIC) et de retraites.

Les moyens d'action

• Les syndicats ont une fonction de **régulation des conflits** à travers :
– la **négociation** avec les autres partenaires sociaux, qui leur permet de signer des conventions collectives* ;
– la grève (arrêt du travail concerté), autorisée depuis 1864 ;
– la manifestation.

• Au niveau de l'entreprise, ils disposent d'un local pour se réunir et ont un **droit d'affichage** de documents syndicaux et la possibilité. Le **comité d'entreprise** peut de plus mobiliser son **propre expert-comptable** afin d'être en mesure de contester les affirmations de la direction.

Transformations

La désyndicalisation

• Les niveaux de taux de syndicalisation varient fortement d'un pays à l'autre, selon qu'il s'agit d'un **syndicalisme de militants**, dont l'action collective est l'objectif principal et les cotisations des militants ne constituent qu'une faible part du financement (France), ou d'un **syndicalisme d'adhérents** permettant d'accéder à différents services de conseil ou d'aide sociale (Suède, Belgique). En France, en 2007 (selon l'OCDE), moins de 8 salariés sur 100 étaient syndiqués (en Suède, plus de 70 l'étaient).

• Aucun pays n'échappe à une baisse du taux de syndicalisation, mais la France présente la plus forte diminution : de 36 % après la Seconde Guerre mondiale à 7,8 % en 2007. Les sociologues retiennent **plusieurs motifs** :

le déclin de l'industrie, l'évolution des qualifications, la hausse de la part des établissements de petite taille, l'affaiblissement du mouvement ouvrier, l'institutionnalisation et la bureaucratisation des syndicats (fonction de gestion, financement partiel par les autorités publiques) au détriment de la représentation des salariés.

La recomposition

• L'institutionnalisation entraîne une incapacité des syndicats à maintenir un militantisme vivace au plus près du terrain ainsi qu'un fort décalage entre les préoccupations des salariés de la base et le fonctionnement des syndicats (jugés trop rigides et trop conciliants à l'égard des pouvoirs publics). De nombreuses coordinations*, d'organisation plus souple, ont vu se regrouper des personnes défendant leurs intérêts professionnels en dehors des syndicats. En 1988, le mouvement de protestation des infirmières a mené à la création d'une coordination nationale.

• Débordant les canaux habituels de la négociation afin d'imposer leurs propres revendications, ces nouvelles structures ne sont pas sans poser problème dans la régulation des conflits : manque d'interlocuteurs clairement déterminés, ou représentativité parfois autoproclamée.

Participation politique et conflits sociaux

Les clés pour comprendre

Partenaires sociaux

Partenaires sociaux

- **Syndicats** (Confédération générale du travail-CGT ; Confédération française démocratique du travail-CFDT ; Force ouvrière-FO ; Confédération française des travailleurs chrétiens-CFTC ; Union nationale des syndicats autonomes-UNSA ; Confédération générale des cadres-CGC...)

- **Employeurs et organisations d'employeurs** (Mouvement des entreprises de France-Medef ; Confédération générale des petites et moyennes entreprises-CGPME...)

Définitions

▶ **Partenaires sociaux :** organisations patronales et syndicales.

▶ **Paritarisme :** modalité de gestion des relations sociales dans laquelle les partenaires sociaux (représentés à égalité) décident des réformes à mener (droit du travail, protection sociale, etc.).

▶ **Relations professionnelles :** ensemble des relations entre les organisations des salariés, des organisations patronales et l'État.

▶ **Convention collective :** accord entre les organisations patronales et syndicales qui porte sur les salaires, les conditions de travail, etc. Cet accord ne peut que prévoir des dispositions plus favorables aux salariés que celles définies par le code du travail. Il s'applique à l'ensemble des salariés d'une entreprise ou d'une branche professionnelle (exemple de la branche métallurgie).

Cf. fiches 109, 112, 116, 117

112 COMPORTEMENTS POLITIQUES

Les **comportements politiques*** désignent l'ensemble des pratiques sociales liées à la vie politique. Ils renvoient notamment aux **comportements électoraux*** des individus, mais aussi, de façon plus large, à leur participation à des manifestations ou à un **mouvement social***, à leur adhésion à un **parti politique***, etc. La façon dont s'expriment les opinions politiques varie dans le temps, et les comportements politiques ne sont pas figés.

La participation politique conventionnelle

Définition
La participation politique conventionnelle inclut le **vote**, ainsi que les comportements liés au **processus électoral** (tenir un bureau de vote, par exemple), l'**adhésion à un parti politique** ou à un **syndicat*** et l'ensemble des comportements politiques réguliers fortement encadrés par des règles ou une tradition. Ces comportements politiques ont longtemps été prédominants et sont ceux qui ont fait l'objet de l'attention la plus marquée.

Des pratiques en recul
Cette forme de participation politique connaît un net recul, particulièrement chez les jeunes : l'**abstention*** est de plus en plus importante en France, et les individus adhèrent de moins en moins aux partis politiques. On parle d'une **crise du militantisme** partisan traditionnel (le nombre d'adhérents du parti communiste est passé de 1 million en 1945 à 140 000 aujourd'hui). Les individus préfèrent un **engagement à la carte** (refus de suivre mécaniquement la ligne officielle d'un parti dont on se sent proche, par exemple) et se méfient des structures trop contraignantes.

La participation politique non conventionnelle

Définition
La participation politique non conventionnelle renvoie à l'ensemble des **comportements protestataires, peu encadrés** par des règles clairement définies, et qui confrontent directement les citoyens au pouvoir, sans passer par les représentants traditionnels (pétitions, occupations de bâtiments, grèves de la faim, etc.). Il n'existe pas de limite claire qui permettrait de distinguer, de façon univoque, les pratiques conventionnelles des non conventionnelles (les manifestations du 1er mai sont assez conventionnelles, alors que celles organisées par les altermondialistes le sont moins). Il semble ainsi plus pertinent de considérer que la participation politique peut simplement relever d'une logique plus ou moins conventionnelle.

Des pratiques en essor
- Les formes de la participation politique dites « non conventionnelles » se développent, et les enquêtes montrent que le « potentiel protestataire » est élevé (proportion de gens qui se déclarent prêts à signer une pétition, manifester, participer à

une occupation de locaux, etc.). Les « nouveaux mouvements contestataires » se sont multipliés (DAL, RESF, ATTAC, etc.), de nouveaux enjeux écologiques et culturels apparaissent et suscitent des mobilisations (Act Up, Greenpeace, etc.).

• Il n'y a donc pas **dépolitisation**, mais **redéfinition des pratiques politiques**. La participation politique non conventionnelle relativement importante des jeunes se fonde sur un désir d'autonomie, et sur la volonté de pouvoir suivre ses convictions au plus près, sans compromis. Ce refus des étiquettes politiques et des pratiques politiques conventionnelles est à relier à la montée de l'individualisme.

L'évolution des répertoires d'action collective

• Charles Tilly a montré que les moyens d'action utilisés par les participants à une action collective dépendent de la période considérée, chaque époque proposant un répertoire particulier de moyens d'action possibles.

• La révolution industrielle a conduit à une large redéfinition des répertoires* de l'action collective. Avant celle-ci, l'action collective se situait à un **niveau local** et se plaçait sous la protection d'un notable pour porter ses revendications et les légitimer (l'exemple type en est la révolte paysanne). À partir du milieu du XIXe siècle, elle prend un tour plus national et ne fait plus appel à des soutiens extérieurs pour défendre les revendications. Le mouvement ouvrier est ainsi représenté par des organisations spécialisées que sont les syndicats, et dont les membres sont eux-mêmes issus du monde ouvrier. La cible est le pouvoir* politique central et de nouveaux moyens de protestation sont utilisés, comme la grève ou la manifestation.

Les clés pour comprendre

Actions politiques protestataires pratiquées par les 18-30 ans

Actions politiques protestataires (ont déjà...)	1981	1990	1999	2008	2008 (30 ans et plus)
... signé une pétition	47 %	46	62	64 %	64 %
... participé à une manifestation	34 %	30	41	48 %	40 %
... participé à un boycott	14 %	9	9	16 %	15 %
... participé à une grève sauvage	12 %	3	8	11 %	12 %
... occupé des bureaux ou des usines	7 %	2	3	5 %	10 %

Source : enquête Valeurs 2008, ARVAL/INJEP.

113 SOCIALISATION POLITIQUE

Les pratiques politiques individuelles sont toujours le fruit d'une **interaction** entre un **contexte structurel** (normes sociales*) et une **histoire personnelle**. L'analyse des déterminants structurels des pratiques politiques a fait l'objet de nombreuses études depuis le début du XXe siècle. On désigne par « socialisation politique* » **l'ensemble des mécanismes de construction des identités politiques individuelles** (valeurs partagées, mode d'expression privilégié, etc.).

L'influence de la famille

L'influence sur les valeurs

• Les transmissions intrafamiliales sont déterminantes dans la construction de l'identité politique. Les travaux d'Anne Muxel ont montré que **l'influence familiale** est **très forte** au niveau du clivage gauche/droite et, d'une façon générale, dans la transmission de valeurs*. 72 % des jeunes disent avoir la même appartenance idéologique que leurs parents (droite, gauche ou ni de droite ni de gauche).

• Pour Anne Muxel, le rôle déterminant joué par la transmission familiale s'explique par une **socialisation politique** très précoce fondée sur l'**observation**, au quotidien, du **comportement des parents** dans diverses situations. L'enfant se rend très vite compte, au travers des réactions de ses parents, de leur positionnement idéologique. Cela influence son rapport au monde.

L'influence partisane

• S'il existe une **continuité générationnelle** forte au niveau du positionnement sur le clivage gauche/droite, la famille a **peu d'influence sur les pratiques politiques particulières** (choix partisan, rapport à la politique, etc.). Il n'y a donc pas de reproduction mécanique des comportements politiques des parents, mais plutôt transmission d'un cadre idéologique qui structure de façon large les pratiques des enfants.

• Annick Percheron parle de la constitution d'un « **fond de carte** » **lors de l'enfance**, sur lequel va se construire l'identité politique. Cette importance des transmissions interfamiliales varie en fonction des **configurations familiales** et, surtout, en fonction de l'évolution du **contexte social et politique** dans lequel évoluent et grandissent les enfants.

Vote et expériences politiques

Des générations politiques

• L'identité politique est aussi très largement influencée par les **expériences que les individus vont vivre** au long de leur vie (socialisation secondaire*). Anne Muxel a ainsi montré que les **effets de génération** jouaient de façon très forte sur la structuration idéologique des individus, du fait des expériences différentes qui sont vécues : les jeunes ayant participé aux mouvements lycéens-étudiants de 1986 ont par exemple développé un rapport plus actif à la politique que d'autres individus. On a aussi beaucoup parlé de « la génération Mai 68 ».

• D'une façon plus large, les pratiques politiques des **nouvelles générations**, qui évoluent dans une société où la scolarisation est plus forte, où on assiste à une **montée de l'individualisme** et à une **baisse de l'intégration religieuse**, sont influencées par ces modifications sociétales. De plus, l'identité politique des individus nés ces trente dernières années sera nécessairement différente de celle de leurs parents, même si ces derniers transmettent des valeurs à leurs enfants.

L'appartenance à des groupes

- Au-delà des effets de génération qui peuvent exister, l'identité politique des individus dépend aussi beaucoup des **groupes particuliers** auxquels ils ont pu appartenir. Ainsi, les individus ayant vécu Mai 68 n'ont pas été influencés de la même façon par cet événement selon qu'ils étaient membres d'un groupe trotskyste, communiste ou qu'ils étaient gaullistes.
- L'appartenance à différentes **associations**, qui ont toutes des pratiques différentes, va fortement structurer le rapport à la politique des individus : un individu ayant une sensibilité écologique n'aura pas la même identité politique s'il adhère au parti des Verts ou à Greenpeace. Au-delà des organisations, le groupe de pairs influence **les pratiques individuelles**.

Les clés pour comprendre

Préférences idéologiques des enfants de 13 à 18 ans en fonction des préférences idéologiques des parents (en %)

	Sans réponse	Gauche	Centre	Droite
Deux parents de gauche	15	59	23	3
Père de gauche, mère de droite ou du « centre »	27	34	25	14
Père de droite, mère de gauche ou du « centre »	27	31	29	13
Deux parents de droite	19	13	22	46

Données extraites d'Annick Percheron, « La socialisation politique, défense et illustration », dans Grawitz, Leca (dir.), *Traité de science politique*, PUF, 1985.

Lecture : 59 % des enfants de parents tous deux à gauche votent à gauche.

Définitions

▶ **Culture politique :** ensemble des valeurs et des traditions qui structurent les pratiques politiques.

▶ **Effet d'âge :** effet lié à l'âge de l'individu. Le fait d'être plus ou moins âgé entraîne des comportements différenciés entre les individus. Le fait que les personnes âgées soient plus croyantes que les jeunes s'explique à la fois par un effet d'âge (on a tendance à être plus croyant quand la mort approche) et un effet de génération (la modification de la société a conduit à ce que les nouvelles générations soient plus réticentes face à la religion, et il y a fort à parier qu'elles seront moins croyantes que leurs aînés quand elles auront leur âge).

▶ **Effet de génération :** effet lié à l'appartenance à une génération particulière. On parle ainsi de l'effet génération Mai 68 pour désigner la façon dont les comportements des individus ayant vécu les événements de mai 1968 ont été modifiés par cette expérience.

114 COMPORTEMENTS ÉLECTORAUX

Le vote est une forme de participation politique cruciale dans nos démocraties* modernes (participation électorale*), fondées sur l'élection des gouvernants. L'analyse des comportements électoraux* suscite un intérêt majeur car elle permet de comprendre les logiques qui sont à l'œuvre dans les choix électoraux.

La question du vote de classe

Vote et statut social

En utilisant la classification des professions et catégories socioprofessionnelles (PCS) de l'INSEE, de nombreuses études ont montré que les individus ne votaient pas de la même façon en fonction du groupe socioprofessionnel auquel ils appartenaient : les travailleurs indépendants (agriculteurs, commerçants ou artisans), qui sont propriétaires de leur moyen de production, votent en moyenne à droite, alors que les salariés votent plus pour des partis de gauche (21 % des indépendants ont voté à gauche au premier tour des élections présidentielles, contre 44 % des salariés).

La fin du vote de classe ?

- Le vote de classe a toutefois connu de fortes évolutions : l'influence du statut social sur le vote est beaucoup moins forte que par le passé. Alors que les ouvriers se prononçaient massivement pour la gauche dans les années 1960 et 1970 (70 % de vote à gauche pour les législatives de 1978), ce soutien a faibli dans les années 1980 et 1990 (52 % de vote à gauche à la législative de 1995 et 18 % de vote pour le FN, 43 % de vote à gauche au premier tour de l'élection présidentielle de 2002 et 26 % pour le FN).
- La valeur de l'**indice d'Alford** (qui mesure l'ampleur du vote de classe lors d'une élection) a diminué de 32 % en 1947 à 16 % en 1987 en France. Du fait de cette évolution, on a pu parler de la fin du vote de classe, mais il faudrait plutôt parler d'une **recomposition** et d'un **affaiblissement** de ce dernier. Les déterminismes socioprofessionnels pèsent en effet toujours sur les votes, notamment le fait d'être indépendant ou salarié. Au sein du groupe des cadres et professions intermédiaires, les professions libérales votent aussi toujours nettement plus à droite que les professeurs ou les personnes du monde du spectacle.

Les déterminants du vote

Les variables lourdes

La situation professionnelle des individus n'est pas la seule variable qui influence les choix électoraux des individus. On appelle « variables lourdes* » les variables qui influencent le vote.
- L'**appartenance religieuse** est le premier facteur explicatif du vote à l'élection présidentielle de 2002 : les catholiques pratiquants réguliers ont voté à 66 % pour la droite au premier tour, contre 63 % pour la gauche pour les « sans religion ». Les musulmans manifestent une nette préférence pour la gauche. Le critère de la religion a influencé deux fois plus le vote des individus que leur statut professionnel.
- **Toutes choses étant égales par ailleurs**, le genre, le revenu* et l'âge

semblent peu influencer le vote. Le montant du **patrimoine*** détenu influence en revanche le vote : les personnes qui disposent d'un patrimoine élevé votent beaucoup plus à droite que celles qui ont un patrimoine plus faible.

La montée du vote sur enjeu*

• Au-delà des déterminants sociaux du vote, les choix électoraux des individus dépendent aussi des **enjeux spécifiques** à chaque élection. Si cette dimension du vote a toujours existé, elle semble jouer un rôle de plus en plus fort. Le vote est plus **volatil** que par le passé (les individus votent plus facilement pour des partis différents en fonction de l'enjeu de l'élection).

• On a ainsi pu parler de l'émergence d'un **nouvel électeur**, plus rationnel, mieux informé, plus stratégique. Si cette vision est en partie exagérée, le vote étant toujours largement influencé par des variables sociales, le vote des individus est tout de même moins captif que par le passé : un candidat ne proposant pas des réponses considérées comme pertinentes pour résoudre un problème important aux yeux des individus verra son électorat diminuer, même parmi ses fidèles soutiens, et ce dans une proportion plus importante que par le passé.

Les clés pour comprendre

Déterminer les variables réellement explicatives

Analyser l'effet d'une variable

Afin d'isoler l'effet propre d'une variable, il est important de « raisonner toutes choses étant égales par ailleurs ». Par exemple, prenons l'analyse de l'effet de la religion sur le vote : on constate de manière brute que les catholiques pratiquants votent plus à droite que la moyenne. Ce groupe d'individus est aussi plus riche que la moyenne. Se pose alors la question de savoir si ces individus votent à droite car ils sont bourgeois ou parce qu'ils sont catholiques ou pour les deux raisons. Pour répondre à cette question, il faut isoler l'effet propre de chaque variable. Si l'on prenait des individus strictement identiques ayant pour seule différence leurs préférences religieuses, aurait-on des votes différents en fonction de leurs croyances ? Des outils statistiques existent pour répondre à cette question et la religion a bien un effet propre très important.

Identifier les variables sans impact

Dans d'autres cas, le fait de raisonner toutes choses étant égales par ailleurs permet de voir que certaines variables n'ont en fait pas d'effet. Ainsi, les différences de vote entre les hommes et les femmes s'expliquent par le fait que le groupe des femmes qui votent n'a pas les mêmes caractéristiques que celui des hommes (plus âgé en moyenne, professions différentes) et non du fait d'une influence propre du genre sur le vote.

237 Cf. fiches 83, 107, 108, 112, 113, 115, 148

115 ABSTENTION ÉLECTORALE

L'abstention* désigne le fait de ne pas aller voter à une élection. Le taux d'abstention se calcule en rapportant le nombre de personnes inscrites sur les listes électorales qui ne sont pas allées voter sur le total des personnes inscrites. Ne sont ainsi pas comptées comme abstentionnistes les personnes ayant voté blanc, ni les personnes qui pourraient potentiellement voter mais qui, pour des raisons diverses, ne figurent pas sur les listes électorales. Le taux d'abstention est un indicateur du lien entre les citoyens et leur représentation politique, et de la vitalité de la démocratie*.

L'évolution de l'abstention

L'abstention en hausse

• Les taux d'abstention **varient au cours du temps** ; ils diffèrent aussi en fonction du type d'élection et de l'enjeu de chacune. Une tendance générale à la hausse de l'abstention se dégage néanmoins de façon nette. Le taux moyen d'abstention aux élections législatives est de 19,4 % entre 1945 et 1956, de 21,4 % entre 1958 et 1978, de 31,8 % entre 1981 et 2007. Les élections européennes de 2009 ont été marquées par un taux d'abstention record de 59,37 %. En général, l'abstention est plus faible lors des élections présidentielles.

• Plus l'enjeu d'une élection est fort (exemple de la présence au second tour de l'élection présidentielle de 2002 du candidat FN Jean-Marie Le Pen), plus l'abstention est faible (20,2 % au second tour en 2002).

Des comportements différenciés

L'abstention est particulièrement forte dans les **catégories populaires** et chez les **jeunes**. Le sondage « jour du vote » de TNS SOFRES pour les élections européennes de 2009 fait apparaître que les hommes se sont un peu plus abstenus que les femmes (62 % contre 58 %), les jeunes plus que la moyenne (70 % pour les 18-24 ans et 72 % pour les 25-34 ans), les ouvriers (69 %) plus que les cadres (52 %), les sympathisants de la gauche (62 %) plus que ceux de la droite (58 %), les individus sans diplôme (63 %) plus que les diplômés de l'enseignement supérieur (55 %).

L'explication de l'abstention

L'abstentionnisme hors-jeu

• Les abstentionnistes « hors-jeu » sont ceux qui ne se sentent pas concernés par la vie politique et/ou qui ne se sentent pas « autorisés » à s'exprimer sur les choix politiques. Les membres des classes populaires (notamment les plus en difficulté : chômeurs de longue durée, etc.) et les personnes très âgées (au-delà de 75 ans) votent ainsi en général assez peu ; cela résulte d'un manque d'intégration sociale. Plus les individus sont intégrés par l'emploi*, par la formation, par la participation à des associations et à des syndicats*, plus ils votent. À l'inverse, plus les individus sont chômeurs ou précaires, moins ils sont diplômés, plus ils sont isolés, moins ils votent.

• Un environnement urbain dégradé, marqué par une faible sociabilité de voisinage, voire par des tensions et par un sentiment d'insécurité favorise la **non-inscription** sur les listes électorales et un haut niveau d'abstention. Les individus ont en effet le sentiment de ne pas être considérés par les politiques et se replient sur leur sphère privée.

L'abstentionnisme dans le jeu
• Les abstentionnistes « **dans le jeu** » s'abstiennent de façon intermittente et en fonction de l'enjeu des élections. Ce type d'abstention est de plus en plus répandu. L'abstention ne résulte pas ici d'un processus de dépolitisation, de repli sur la sphère privée, mais d'un mécontentement vis-à-vis de « l'offre politique » et d'un regard critique sur les institutions politiques traditionnelles.

• La participation au processus électoral est plus importante quand l'enjeu est particulièrement fort. Ce nouveau rapport au vote est à relier au mouvement d'**individualisation des valeurs** et à la montée de la **participation politique non conventionnelle** : les normes sociales* qui conduisaient à voter plutôt qu'à s'abstenir, du fait de convictions civiques ou du fait du contrôle social* (désapprobation d'autrui) tendent à s'affaiblir. La plus forte abstention des jeunes ne serait donc pas uniquement à relier à un **effet d'âge**, mais aussi à un **effet de génération** (même une fois adultes, les jeunes d'aujourd'hui voteront moins que leurs aînés).

Les clés pour comprendre

L'abstention au premier tour des élections législatives de juin 2007

En s'appuyant sur des données issues du panel électoral français de 2007, Pascal Perrineau analyse l'abstention au premier tour des élections législatives de juin 2007 (qui ont suivi l'élection présidentielle d'avril 2007).

Profil social des abstentionnistes
39,57 % des inscrits n'ont pas voté. P. Perrineau montre que les abstentionnistes sont plus souvent des femmes, sont plus jeunes que la moyenne, issus de milieux plus populaires, moins diplômés et plus détachés de la religion.

Profil politique des abstentionnistes
Ils s'intéressent légèrement moins à la politique, mais la différence avec les votants est faible : 43 % déclarent qu'ils ont « beaucoup » ou « assez d'intérêt » pour la politique. Ils ne sont pas massivement dépolitisés ; ils ont surtout un **rapport plus intermittent** avec le vote : 58 % des abstentionnistes ont déclaré participer à presque toutes les élections ou à quelques élections. 18 % des abstentionnistes sont des abstentionnistes permanents. Ce sont les personnes qui ne se déclarent ni de gauche, ni de droite qui constituent la part la plus importante de l'abstention.

Définition

▶ Taux d'abstention = $\dfrac{\text{personnes inscrites sur les listes qui n'ont pas voté}}{\text{personnes inscrites sur les listes électorales}}$

ACTION COLLECTIVE

Une action collective est une mobilisation d'individus dont l'objectif est d'atteindre un ou des buts communs (par exemple : un groupe d'élèves qui réalise un travail en commun, des salariés revendiquant de meilleures conditions de travail*, dans leur entreprise* ou au niveau national). Si l'existence d'un intérêt commun aux membres semble nécessaire, elle n'est pas suffisante pour expliquer la mobilisation. De plus, la taille des groupes influe sur leur mode de fonctionnement et leur capacité d'action.

Pourquoi participer à l'action collective ?

L'économiste Mancur Olson a montré que la mobilisation ne va jamais de soi. Pour réunir des individus dans une même action, il ne suffit pas qu'ils partagent des intérêts communs, ni qu'ils forment un groupe d'intérêt* (c'est-à-dire qu'ils soient conscients de leurs intérêts communs).

Le comportement de passager clandestin

- Un individu rationnel peut avoir intérêt à ne pas participer à une action collective, mais à attendre que les autres se mobilisent et obtiennent une situation bénéfique pour tous. L'individu échappe ainsi aux coûts de la mobilisation tout en bénéficiant de ses avantages.
- On qualifie ce comportement de « **passager clandestin** ». Par exemple, dans le cadre de revendications salariales, le passager clandestin est celui qui ne fait pas la grève et n'aura ainsi pas de retenue sur son salaire, tout en bénéficiant des augmentations salariales permises grâce à la mobilisation des autres.

Les incitations sélectives

- Pour éviter ce type de comportement, des **incitations** à la participation peuvent être mises en place. Les incitations sélectives* consistent à jouer sur l'intérêt bien compris des individus et à faire ainsi en sorte qu'il soit avantageux pour eux de participer à l'action collective. Le mécanisme repose sur la **récompense** ou la **pénalité** : par exemple, réserver les augmentations de salaires aux adhérents des syndicats* qui se sont mobilisés.

Taille du groupe et mobilisation

Taille et conditions de mobilisation

La taille du groupe est un déterminant important de la mobilisation.
- Selon Olson, les mobilisations sont plus aisées dans les groupes constitués de peu d'individus : la surveillance du comportement des membres y est plus facile ; la fréquence et la densité des interactions y sont plus grandes.
- Néanmoins, dans les groupes de grande taille, un sous-groupe peut consacrer son temps à convaincre les autres du bien-fondé de la mobilisation. Par ailleurs, les mobilisations des grands groupes ayant plus d'impact que celles des petits groupes, il peut sembler plus motivant à leurs membres de se mobiliser quand la réussite de l'action semble plus probable.

L'importance des coalitions

La construction de telle ou telle coalition peut faire basculer une mobilisation dans des sens différents. Dans des groupes à trois acteurs, il est toujours possible au troisième de jouer le rôle d'arbitre et de faire pencher la balance dans le sens qu'il souhaite. Il est ainsi fréquent que de petits partis politiques soient courtisés pour faire basculer le résultat d'une élection. Le rôle, réel ou fantasmé, que les journalistes ont attribué au « troisième homme » lors de l'élection présidentielle de 2007 illustre ce phénomène : François Bayrou, arrivé troisième au premier tour, aurait largement été sollicité durant l'entre-deux-tours par les deux candidats arrivés en tête.

Les clés pour comprendre

Passager clandestin, incitations sélectives et effets pervers

Passager clandestin et paradoxe de l'action collective

En l'absence d'incitations sélectives, Olson note que les individus rationnels seront amenés non pas à se mobiliser, mais à tenter de « profiter de l'effort des autres sans rien faire ». L'agrégation de comportements reposant sur le calcul coût-avantage mène alors à l'**absence d'action collective**. La situation est paradoxale puisque la **poursuite par chacun de son intérêt personnel** produit une **situation où personne ne gagne**. Par exemple, si des salariés ne se mobilisent pas, ils ne supporteront pas le coût de la grève mais ne bénéficieront pas non plus d'augmentations de salaires.

Incitations sélectives et motivation

L'idée qui sous-tend la mise en place d'incitations sélectives est que la compensation monétaire se conjugue avec la satisfaction morale retirée de l'action collective : nous nous mobilisons car cela est conforme à nos valeurs et nous rapporte de l'argent. Néanmoins, des travaux récents ont montré qu'au lieu de se renforcer, l'effet inverse pouvait émerger : retirer un **bénéfice personnel** d'une action conforme à notre morale peut nous inciter à ne pas la mener. Par exemple, des études ont montré que la **rémunération** du don de sang conduisait à ce que moins de sang soit donné car les individus accomplissent cet acte dans une logique de don, au nom d'un idéal de solidarité, et ne voient plus de sens à cette action si elle est faite contre paiement.

117 CONFLITS SOCIAUX

Certaines **actions collectives*** se transforment en **conflits* sociaux**. On définit ces derniers comme l'expression d'un antagonisme entre des individus ou des groupes sociaux qui défendent des **valeurs*** ou des **intérêts divergents** et cherchent à **modifier le rapport de force** à leur avantage. Certains conflits sociaux prennent la forme de **mouvements sociaux***.

Deux grilles de lecture des conflits sociaux

Conflit et intégration sociale

Il existe deux traditions sociologiques dans la manière d'appréhender le conflit social.
- Certains sociologues mettent en avant le **caractère pathologique** de celui-ci. Selon eux, l'**ordre social** est la **situation normale** et le conflit n'est qu'exceptionnel. Pour Émile Durkheim, le conflit social n'est ainsi qu'une **pathologie**, un **dysfonctionnement**, l'expression d'une situation d'**anomie**, signe d'une fragilisation du lien social.
- Selon Weber et Simmel au contraire, le **conflit** serait une **situation normale** de relation sociale. Simmel écrit que, sauf dans certains cas où les parties cherchent à éliminer l'adversaire, le conflit a une fonction de socialisation* en **renforçant la cohésion*** de chacune, et en **conduisant à des compromis** qui renforcent la société tout entière (comme dans le cas de conflits du travail).

Conflit et changement social

- De nombreux auteurs voient dans les conflits l'**origine du changement social**. Mettant en scène des classes sociales* antagonistes qui se définissent dans la lutte, Karl Marx fait ainsi du conflit le **moteur central** du changement social, dont le résultat serait, selon lui, le dépassement du système capitaliste.
- D'autres types de conflits peuvent avoir pour objectif de **lutter contre les changements**. C'est le cas lorsque des ouvriers refusent l'utilisation de nouvelles techniques de production (luddites en Grande-Bretagne en 1911-1912 où les ouvriers se révoltèrent pour briser les machines), ou se battent pour maintenir l'emploi dans leur usine (ouvriers de l'usine de Vilvoorde en Belgique en 1997).

Les mouvements sociaux

Caractéristiques

- Si le vote est un moyen privilégié pour agir en démocratie*, il n'est pas le seul. La présence de nombreux mouvements sociaux* est un indicateur du **dynamisme de la participation** politique.
- Selon Erik Neveu, tous les exemples de mouvements sociaux (grève d'ouvriers contre la fermeture de leur usine, mouvement des sans-papiers, mouvement anti-CPE des lycéens...) présentent quatre caractéristiques communes :
  – l'action que les individus mènent en commun est **concertée** et **coordonnée** ;
  – leur objectif est de **revendiquer** (hausse de salaires) ou de **défendre une cause** (égalité hommes-femmes) ;

– il s'agit d'une action contre un **adversaire identifié**, dans une logique de **conflit social** ;
– enfin, leurs procédures d'expression **échappent à la contrainte d'un cadre** juridique ou institutionnel (en plus des moments d'élection, organisation flexible et peu hiérarchisée).

Les nouveaux mouvements sociaux (NMS)

• Dans la lignée des travaux de Marx, le mouvement ouvrier est considéré comme le moteur du développement de la société moderne. Certains auteurs affirment que celui-ci a perdu de son intensité dans les années 1960-1970 et a largement laissé la place à de **nouveaux mouvements sociaux** (mouvement étudiant de 1968, mouvements antinucléaires, mouvements féministes...) qui se définissent en opposition vis-à-vis des anciens.

• Ils sont fondés sur des **clivages autres que celui des classes sociales** : jeunes, minorités ethniques, genre. Ils développent le souci de **rester indépendants** du pouvoir politique. Ils valorisent des structures **décentralisées** (coordinations), se méfiant de la lourdeur bureaucratique. Enfin, les revendications matérialistes (augmentation des salaires, par exemple) des anciens mouvements auraient laissé la place à des **demandes plus qualitatives**, sensibles à la qualité de vie (refus du nucléaire) et à la défense des identités (mouvements homosexuels).

Les clés pour comprendre

Les conflits sociaux ne diminuent pas dans le monde du travail

Évolution des formes de conflits déclarées par les représentants de la direction entre 1996-1998 et 2002-2004 (en % d'établissements)

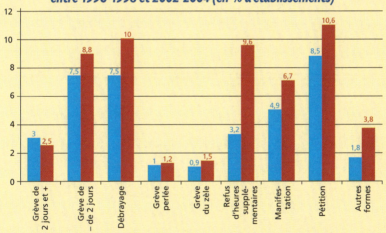

Champ : établissements de 20 salariés et plus. Sources : enquêtes réponses 1998 et 2004.

Contrairement à une idée reçue, les conflits dans le monde du travail ont plutôt tendance à augmenter (les NMS n'ont pas fait disparaître les anciens). D'après les résultats des enquêtes réponses, on peut observer que toutes les formes de conflit concernent de plus en plus d'établissements, à l'exception des grèves de deux jours ou plus. Par exemple, alors que 8,5 % des directions interrogées d'établissements de vingt salariés et plus déclaraient avoir été le lieu d'au moins un conflit prenant la forme d'une pétition entre 1996 et 1998, elles étaient 10,6 % entre 2002 et 2004.

LES OUTILS

▶ **LES SAVOIR-FAIRE**

118	Les proportions	246
119	Les pourcentages de répartition	246
120	Taux d'ouverture	247
121	Taux d'investissement	247
122	Taux d'autofinancement	248
123	Taux de participation électorale	248
124	Taux de variation	248
125	Coefficient multiplicateur	249
126	Taux global de variation	249
127	Taux moyen de variation	250
128	Élasticité-prix	250
129	Élasticité-prix croisée	250
130	Élasticité-revenu	251
131	Propensions à consommer et à épargner	251
132	Les indices simples	252
133	Les indices pondérés	253
134	Évolutions en valeur et en volume	253
135	Moyenne simple	254
136	Moyenne pondérée	255
137	Écart-type	255
138	Quantiles	255
139	La courbe de Lorenz	257
140	Méthodologie de lecture d'un texte	259
141	Lecture d'histogrammes et de diagrammes de répartition	260
142	Lecture de tableaux à double entrée	261
143	Lecture de séries chronologiques	263
144	Lecture de graphique semi-logarithmique	264
145	Lecture des courbes offre et de demande	265
146	Lecture des tables de mobilité	266
147	Corrélation et causalité	269
148	Indice d'Alford	270
149	Indice de volatilité électorale	270

▶ **LES DONNÉES CHIFFRÉES**

150	Évolution du produit intérieur brut en France depuis 1960	271
151	Évolution du taux de croissance en France depuis 1950	271
152	Croissance et productivité globale des facteurs	272
153	Les indicateurs de l'innovation	272
154	Évolution du partage de la valeur ajoutée en France depuis 1950	272
155	Évolution du taux d'épargne des ménages en France depuis 1959	273
156	Évolution des taux d'intérêts sur le marché interbancaire européen	273
157	Évolution des taux directeurs de la BCE et de la réserve fédérale depuis janvier 1999	274
158	Évolution du taux de chômage en France depuis 1975	274
159	Évolution du taux de prélèvements obligatoires en France depuis 1960	275
160	Évolution du solde du régime général de la sécurité sociale	275
161	Les salaires minimums dans quelques pays du monde	276
162	Évolution du taux d'emploi des femmes en France	276
163	Évolution du taux d'emploi des 55-64 ans en France	277
164	Évolution des inégalités de niveau de vie avant et après redistribution en France depuis 2002	277
165	Évolution du taux de pauvreté en France depuis 1970	278
166	Évolution du taux d'ouverture de la France depuis 1950	278
167	Taux d'ouverture de différents pays de l'OCDE en 2008	278
168	Évolution annuelle de la balance commerciale de la France depuis 1971	279
169	Évolution du taux de change de l'euro par rapport au dollar US depuis 1999	279
170	Évolution démographique en France et en Allemagne depuis 1960	280
171	Évolution de l'espérance de vie à la naissance depuis 1960	280
172	Évolution de la part du nombre d'enfants nés hors mariage en France depuis 1994 (en %)	281
173	Évolution du taux d'abstention aux élections présidentielles depuis 1958 (en %)	281
174	Évolution de la participation électorale aux élections présidentielles en France	282
175	Évolution du taux de syndicalisation depuis 1950 ans en France	283
176	Évolution des croyances et pratiques religieuses	283

118 PROPORTIONS

Le **calcul d'une proportion** ou d'une **part relative** permet de **mesurer ce que représente une valeur par rapport à une autre**. Le calcul de proportion permet d'effectuer des **comparaisons** dans l'espace et dans le temps utiles à l'analyse économique et sociologique.

$$\frac{\text{Valeur n° 1}}{\text{Valeur n° 2}} = \text{proportion ou valeur relative}$$

Application

Salaires mensuels nets pour les postes à temps complet selon le sexe et la catégorie sociale

	Hommes (en euros)	Femmes (en euros)	Ensemble (en euros)
Ensemble	2 219	1 795	2 069
Cadres supérieurs et chefs d'entreprise	4 375	3 347	4 083
Professions intermédiaires	2 180	1 908	2 068
Employés	1 491	1 405	1 432
Ouvriers	1 561	1 288	1 523

Source : INSEE, 2008.

En France, en 2008, le salaire mensuel net des femmes pour les postes à temps complet représentait 80,8 % de celui des hommes (1 795 / 2 219 = 0,808 = 80,8 %).
Attention : le signe % équivaut à diviser par 100. Il faut donc soit écrire (1 795 / 2 219) × 100 = 80,8 soit écrire 1 795 / 2 219 = 0,808 = 80,8 %. Il est donc faux d'écrire (1 795 / 2 219) × 100 = 80,8 %.

119 POURCENTAGES DE RÉPARTITION

Le **pourcentage de répartition** permet de mesurer ce que représente la valeur d'une partie d'un ensemble par rapport à cet ensemble :

$$\text{Pourcentage de répartition} = \frac{\text{Valeur d'une partie d'un ensemble}}{\text{Valeur de l'ensemble}}$$

Application

Les échanges mondiaux en 2009 (milliards de dollars)

Échanges de marchandises	12 147
Échanges de services	3 312
PIB mondial	57 937

Source : INSEE, 2008.

En 2009, les échanges de marchandises représentaient 20,9 % du PIB mondial.
(12 147 / 57 937 = 0,209 = 20,9 %)

120 — TAUX D'OUVERTURE

Le **taux d'ouverture (ou degré d'ouverture)** d'une économie nationale est un indicateur qui **mesure le niveau de participation aux échanges internationaux**. Le taux d'ouverture mesure, en pourcentage, l'importance relative du commerce extérieur de biens et services par rapport au PIB.
Le taux d'ouverture se calcule de la manière suivante :

$$\text{Taux d'ouverture} = \frac{\frac{\text{Exportation} + \text{Importation}}{2}}{\text{PIB}}$$

Application

En 2010, les importations françaises ont été de l'ordre de 456,9 milliards d'euros et les exportations de 388 milliards d'euros. Le PIB français s'est élevé, pour la même année, à 1 932,8 milliards d'euros. Le taux d'ouverture de l'économie française en 2010 est donc de 21,8 % ([(456,9 + 388) / 2] / 1 932,8 = 0,218 = 21,8 %).

121 — TAUX D'INVESTISSEMENT

L'investissement est une opération réalisée par un agent économique consistant à obtenir des biens de production (machines, bâtiments, équipements, etc.). Le montant de l'investissement est mesuré par la formation brute de capital fixe (FBCF). L'effort d'investissement de l'économie nationale se mesure grâce à son taux d'investissement, soit le rapport entre la FBCF et le PIB. Pour une entreprise, on effectue le rapport entre la FBCF et la valeur ajoutée.

$$\text{Taux d'investissement} = \frac{\text{FBCF}}{\text{PIB}}$$

Application

En 2010, la formation brute de capital fixe (FBCF) s'élevait à 373,3 milliards d'euros et le PIB s'élevait à 1 932,8 milliards d'euros. Le taux d'investissement était donc de 19,3 % en 2010 (373,3 / 1 932,8 = 0,193).

122 TAUX D'AUTOFINANCEMENT

L'**autofinancement** est un **mode de financement** réalisé par un agent économique **à l'aide de ses propres ressources** et non grâce au recours à des ressources extérieures (emprunt, augmentation de capital). Les ressources utilisées pour l'autofinancement sont constituées par les **amortissements, provisions** et les **bénéfices** non distribués. Le **taux d'autofinancement** mesure la **part du financement total des entreprises assurée par le financement interne** : on l'obtient en rapportant l'épargne brute à la formation brute de capital fixe.

$$\text{Taux d'autofinancement} = \frac{\text{Épargne brute}}{\text{FBCF}}$$

Application

En 2009, l'épargne brute s'élevait à 122,1 milliards d'euros et la formation brute de capital fixe (FBCF) des sociétés non financières était de 191,9 milliards d'euros. Le taux d'autofinancement était donc de 63,6 % (122,1/191,9 = 0,636).

123 TAUX DE PARTICIPATION ÉLECTORALE

Le **taux de participation électorale permet de mesurer la part des électeurs inscrits qui sont allés voter**. C'est un indicateur de la mobilisation électorale.
Il se calcule de la façon suivante :

$$\text{Taux de participation électorale} = \frac{\text{Nombre de votants}}{\text{Nombre d'inscrits}}$$

Application

Si à une élection 700 personnes sont allées voter sur 1 000 inscrits, le taux de participation est de :
700/1 000 = 0,7 = 70 %. Le taux d'abstention se déduit du taux de participation électorale. Si 70 % des inscrits sont allés voter, on peut en déduire que 30 % se sont abstenus.

124 TAUX DE VARIATION

Le **taux de variation** indique le **pourcentage de variation qui existe entre deux valeurs**. Il permet ainsi, notamment, de mesurer l'évolution dans le temps d'une variable.

$$\text{Taux de variation} = \frac{(\text{Valeur d'arrivée} - \text{Valeur de départ})}{\text{Valeur de départ}}$$

Quand le chiffre obtenu est positif, on le qualifie aussi de **taux de croissance**. Un taux de variation négatif signifie que la valeur a diminué.

Application

Si le prix d'un bien est passé de 10 euros à 12 euros, il a augmenté de 20 % [(12 − 10)/10 = 0,2 = 20 %].

Lorsque l'on connaît la valeur de départ et le taux de variation, on peut en déduire facilement la valeur d'arrivée en exprimant de façon différente la formule exposée précédemment :

Valeur d'arrivée = (1 + Taux de variation) × Valeur de départ

Application

Un bien qui valait 100 euros et dont le prix est diminué de 30 % (exemple des soldes) vaudra 70 euros (70 = (1 − 0,3) × 100).

Attention : si une valeur (par exemple la croissance économique) est passée de 2 % à 3 %, on dit qu'elle a augmenté de 1 point de pourcentage ou de 50 % [(3 % − 2 %)/2 %].

125 COEFFICIENT MULTIPLICATEUR

Le **coefficient multiplicateur** désigne le **chiffre par lequel une valeur a été multipliée**. On peut la calculer de deux façons :

$$\text{Coefficient multiplicateur} = \frac{\text{Valeur d'arrivée}}{\text{Valeur de départ}} = 1 + \text{Taux de variation}$$

Application

Si le prix d'un bien est passé de 10 euros à 12 euros (augmentation de 20 %), il a été multiplié par 1,2 (12/10 = 1 + 0,2 = 1,2).

126 TAUX GLOBAL DE VARIATION

Le **taux global de variation** désigne le **pourcentage total de variation sur plusieurs périodes**. Ainsi, si une valeur a varié de t_1 % au cours d'une première période, puis de t_2 % au cours d'une seconde période et de t_3 % au cours d'une troisième période, le taux global de variation sur les trois périodes se calcule ainsi :

Taux global de variation = $(1 + t_1/100) \times (1 + t_2/100) \times (1 + t_3/100) - 1$

Application

Si le prix d'un bien a augmenté de 2 % en 2008, 5 % en 2009 et 6 % en 2010, le pourcentage global de variation du prix entre 2008 et 2010 est égal à 3,1 % [3,1 % = 0,031 = (1+ 0,02) × (1 + 0,05) × (1 + 0,06) − 1].

127 TAUX MOYEN DE VARIATION

Le **taux moyen de variation** désigne la **variation moyenne d'une valeur sur plusieurs périodes**. Après avoir calculé le taux global de variation de la valeur au cours des périodes considérées, on peut calculer le taux moyen de variation avec la formule suivante :

$$\text{Taux moyen de variation} = (1 + \text{Taux global de variation})^{1/\text{nombre de périodes}} - 1$$

Attention ! Le taux moyen de variation ne se calcule pas en faisant la moyenne des taux de variation des différentes périodes considérées. Il faut dans un premier temps calculer le taux global de variation, puis calculer le taux moyen.

Application

Si le prix d'un bien a augmenté de 2 % en 2008, 5 % en 2009 et 6 % en 2010, le taux global de variation du prix sur les trois ans est égal à 13,5 % et le taux de croissance annuel moyen du prix est de 4,3 % (4,3 % = 0,043 = $(1 + 0{,}135)^{1/3} - 1$).

128 ÉLASTICITÉ PRIX

L'**élasticité prix** de la demande d'un bien permet de mesurer la sensibilité de la demande d'un bien par rapport à son prix. L'élasticité prix de la demande du bien A se mesure en calculant le rapport entre le taux de variation de la demande du bien A et le taux de variation du prix de ce bien.

$$E^{D/P} = \frac{\text{Taux de variation de la demande du bien A}}{\text{Taux de variation du prix de A}}$$

Application

Supposons que, suite à l'augmentation de 10 % des paquets de cigarettes, un individu décide de diminuer de 1 % sa consommation de tabac. L'élasticité prix de la demande de cigarettes est égale à : – 1 % / 10 % = – 0,1.
Il est possible d'utiliser la même formule pour calculer l'élasticité prix de l'offre.

129 ÉLASTICITÉ PRIX CROISÉE

L'**élasticité prix croisée** de la demande d'un bien permet de mesurer la sensibilité de la demande d'un bien par rapport au prix d'un autre bien. L'élasticité prix de la demande du bien A par rapport au prix du bien B se mesure ainsi :

$$E^{D/PC} = \frac{\text{Taux de variation de la demande du bien A}}{\text{Taux de variation du prix de B}}$$

Une **élasticité prix croisée négative** signifie que les biens A et B sont **complémentaires** : quand le prix du bien B augmente (et donc que sa demande diminue, généralement), la demande du bien A diminue. Une **élasticité prix croisée positive** signifie que les biens A et B sont **substituables** : quand le prix du bien B augmente, la demande du bien A augmente.

130 ÉLASTICITÉ REVENU

L'**élasticité revenu** de la demande permet de mesurer la sensibilité au revenu de la demande d'un bien. L'élasticité revenu de la demande du bien A se mesure en calculant le rapport entre le taux de variation de la demande du bien A et le taux de variation du revenu de l'individu.

$$E^{D/R} = \frac{\text{Taux de variation de la demande du bien A}}{\text{Taux de variation du revenu}}$$

Application

Supposons que, suite à une diminution de 10 % de son revenu, un individu décide de diminuer de 5 % sa consommation de viande. L'élasticité revenu de la demande de viande est égale à : – 5 % / – 10 % = 0,5.

131 PROPENSIONS À CONSOMMER ET À ÉPARGNER

La **propension moyenne à consommer** mesure la **part du revenu** qui est **affectée à la consommation**. On peut la calculer pour un ménage, un groupe de ménages ou pour l'ensemble des ménages :

$$\text{Propension moyenne à consommer} = \frac{\text{Consommation finale des ménages}}{\text{Revenu disponible brut des ménages}}$$
(ou pour un ménage : consommation du ménage / revenu du ménage)

Application

Si les revenus mensuels d'un ménage sont de 3 000 euros et si sa consommation s'élève à 2 400 euros, sa propension moyenne à consommer est de 80 %.

La **propension marginale** à consommer représente le **surcroît de consommation** entraîné par l'augmentation du revenu d'une unité (par exemple, 1 euro). Si lorsque son revenu augmente de 1 euro, un ménage consomme 0,90 euro de plus, sa propension marginale à consommer sera de 0,9 ; soit 90 %.

$$\text{Propension moyenne à épargner (ou taux d'épargne)}$$
$$= 1 - \text{Propension moyenne à consommer}$$
$$= \frac{\text{Épargne brute des ménages}}{\text{Revenu disponible des ménages}}$$

Pour le même ménage dont les revenus mensuels sont de 3 000 euros et si la consommation s'élève à 2 400 euros, sa propension moyenne à consommer est de 0,8 et sa propension moyenne à épargner est donc de 1 – 0,8 = 0,2.

La **proportion marginale à épargner** représente le **surcroît d'épargne** entraîné par l'augmentation du revenu d'une unité.

132 INDICES SIMPLES

Pour **analyser l'évolution d'une variable économique** (par exemple l'évolution du nombre de chômeurs), il est possible d'exprimer sous forme d'**indice simple** (ou élémentaire) les différentes valeurs que peut prendre la variable. L'évolution de la valeur de l'indice reflète l'évolution de la valeur de la variable. Pour calculer la valeur d'un indice à une date précise (date t), il faut tout d'abord définir une date (date t_0) et une valeur de référence (valeur V_0). L'expression « **indice de base 100 en 2007** » signifie qu'on a choisi l'année 2007 comme année de référence et qu'on a donné la valeur 100 à l'indice pour cette année. La valeur de l'indice en t se déduit alors de la formule suivante :

$$\text{Indice en t} = \frac{\text{Valeur de la variable en t} \times V_0}{\text{Valeur de la variable en } t_0}$$

L'unité d'une série en indices s'appelle le point.

Application

On souhaite observer l'évolution du nombre de chômeurs en France.

	2007	2008	2009	2010
Nombre de chômeurs (en milliers)	2 220	2 069	2 577	2 664
Indice (base 100 en 2007)	100	**93,2**	116,08	120

Source : INSEE.

Soit 2007, l'année de référence. La valeur de l'indice en 2008 est égale au rapport entre le nombre de chômeurs en 2008 et le nombre de chômeurs en 2007, le tout multiplié par 100. (2 069/2 220) × 100 = 93,2 points.
Quand on choisit une valeur de référence égale à 100, l'indice permet de visualiser facilement une variation. Si une variable passe de l'indice 100 à l'indice 110, cela signifie que l'augmentation est de 10 % ; le passage de l'indice 100 à l'indice 90 indique à l'inverse une diminution de 10 % (on passe de l'indice à la variation en % en appliquant la formule : indice d'arrivée − 100). Les indices ne donnent donc pas d'indication sur la valeur absolue de la valeur étudiée, mais ils permettent de **comparer les évolutions de variables différentes**.
Attention : l'indice peut être utilisé pour analyser les variations seulement par rapport à l'année de référence. Ainsi, on ne peut pas dire que le nombre de chômeurs a baissé de 8,8 % entre 2009 et 2010 car la valeur de l'indice a diminué de 8,8 points. Pour analyser les variations entre deux dates dont une n'est pas l'année de référence, il faut utiliser la formule classique des taux de variation.

133 INDICES PONDÉRÉS

Dans certains cas, il est utile de **mesurer l'évolution d'un ensemble de variables**. Par exemple, si l'on veut analyser l'évolution des prix à la consommation dans une économie, il faut intégrer l'évolution de différents prix (le prix des pâtes, des fruits, etc.).
Pour ce faire, les statisticiens construisent des **indices** dits **synthétiques** ou **pondérés**. Ils intègrent dans leur calcul le fait que les différentes variables n'ont **pas le même poids** dans le phénomène étudié. Par exemple, l'évolution du prix des ordinateurs ne doit pas être considérée de la même façon que celle des fruits et légumes, car ces derniers sont achetés de façon beaucoup plus fréquente par les ménages.
Un indice synthétique associe ainsi des indices élémentaires en donnant à chacun une certaine pondération : c'est le cas de l'indice des prix à la consommation calculé par l'INSEE, qui effectue une moyenne pondérée d'indices élémentaires par familles de produits et coefficients budgétaires (vêtements pour enfants, coupes de cheveux, produits laitiers, etc.).

Application

Considérons le cas d'une économie où la consommation se résume à trois biens : la viande, le pain et l'eau minérale. Si l'on considère que sur une année le prix de la viande augmente de 8 %, le prix du pain de 16 %, le prix de l'eau minérale de 24 % et que l'on cherche l'indice des prix à l'issue d'une période (indice 100 au début de la période), il serait faux de faire une moyenne entre les trois indices (108, 116, 124) car la consommation d'eau minérale peut être très faible dans cette économie. Pour calculer l'indice des prix, il faut alors tenir compte du poids relatif de chaque produit dans la consommation totale.
Si l'on dispose des coefficients budgétaires suivants :
pain = 60 % ; viande = 30 % ; eau minérale = 10 %,
l'indice des prix correspond à la moyenne pondérée des indices élémentaires de prix :
(108 × 0,3) + (116 × 0,6) + (124 × 0,1) = 114,4. L'indice des prix dans cette économie est donc passé de 100 à 114,4 en un an, et les prix ont donc augmenté de 14,4 % en moyenne.

134 ÉVOLUTIONS EN VALEUR ET EN VOLUME

Une grandeur économique évaluée **en valeur** s'exprime au **prix de l'année en cours**, c'est-à-dire à **prix courants** ou en **monnaie courante** (en euros courants). Les **prix courants** sont les prix tels qu'ils sont indiqués à une période donnée. Ils sont donnés en valeur nominale.
Une grandeur économique évaluée **en volume** s'exprime à **prix constants** ou en **monnaie constante** (en euros constants), ce qui revient à **éliminer l'effet de variation des prix**. Les prix constants sont les prix en valeur réelle, c'est-à-dire corrigés de la hausse des prix par rapport à une donnée de base ou de référence.
Le passage d'une évolution en valeur à une évolution en volume consiste à supprimer de la variation en valeur la partie qui est due à la variation des prix (on passe alors d'une valeur nominale à une valeur réelle).

$$\text{Valeur réelle} = \frac{\text{Valeur nominale}}{\text{Indice des prix}} \times 100$$

Les savoir-faire

Application

Exemple 1 :

Soit un cadre dont le salaire augmente de 200 euros. Alors qu'il gagnait un salaire nominal de 2 800 euros en 2010, il va gagner 3 000 euros en 2011. Dans le même temps, les prix ont augmenté de 2 %. Son pouvoir d'achat a-t-il augmenté ?

Si les prix ont augmenté de 2 %, cela équivaut à un indice des prix de 102 en 2011 (base 100 en 2010).
D'où : salaire réel en 2011 = (salaire nominal en 2011) / indice des prix en 2011) × 100.
Salaire réel en 2011 = (3 000 / 102) × 100 = 2 941,2 euros.

Son salaire réel a augmenté (il a en 2011 un pouvoir d'achat plus important), mais seulement de 141,20 euros (2 941,2 – 2 800), et non de 200 euros.

Exemple 2 :

Le PIB en valeur, ou PIB nominal pour l'année t, est calculé en fonction des quantités produites et des prix de l'année t. Pour mesurer la croissance économique entre deux périodes et déterminer comment ont varié les quantités produites, il faut mesurer l'évolution du PIB en volume, ou PIB réel.
En 2005, le PIB mesuré à prix courants (PIB en valeur) est de 1 718 milliards d'euros en France, contre 1 932,8 en 2010. Il a donc augmenté de : (1 932,8 – 1 718) / 1 718 = 0,125, soit 12,5 %.
Entre 2005 et 2010, les prix ont augmenté de 8,828 %. En prenant 2005 comme année de référence pour les prix, le PIB en volume aux prix de 2005 (PIB à prix constants) vaut 1 718 milliards d'euros en 2005 (1 718 / 100 × 100) et 1 776 milliards d'euros en 2010 (1 932,8 / 108,828 × 100). Il a augmenté de : (1 776 – 1 718) / 1 718 = 0,033, soit 3,38 %. Les quantités produites ont donc seulement augmenté de 3,38 % entre 2005 et 2010 : la plus grande partie de l'augmentation du PIB en valeur résulte en fait d'une hausse des prix, et non de la production.

En valeur / nominal	En volume / réel
En euros, en dollars, etc. courants	En euros, en dollars, etc. constants
Exemples : PIB en valeur, salaires en euros courants, salaire nominal, taux d'intérêt nominal...	Exemples : PIB en volume, salaires en euros constants, salaire réel, taux d'intérêt réel...

135 MOYENNE SIMPLE

La **moyenne simple** se calcule en **sommant les différentes valeurs** prises par une variable et en **divisant** cette somme **par le nombre de valeurs** qu'a prises la variable.

$$\text{Moyenne simple} = \frac{(x_1 + x_2 + x_3 + ... + x_n)}{n}$$

Application

Paul gagne 1 000 euros par mois, Jeanne 1 500 euros et Hervé 3 000 euros. La variable est ici le revenu et elle prend trois valeurs différentes. Le revenu moyen du groupe est de 1 833,30 euros (1 833,3 = [1 000 + 1 500 + 3 000] / 3).

136 MOYENNE PONDÉRÉE

La **moyenne pondérée** se calcule en sommant les différentes valeurs prises par une variable, en les pondérant par un coefficient et en divisant le tout par la somme des coefficients.

$$\text{Moyenne pondérée} = \frac{(\text{Coeff 1 } x_1 + \text{Coeff 2 } x_2 + \ldots + \text{Coeff n } x_n)}{(\text{Coeff 1} + \text{Coeff 2} + \ldots + \text{Coeff n})}$$

Application

Soit un groupe où 55 % des membres gagnent 1 000 euros par mois, 35 % gagnent 1 200 euros par mois et 10 % 5 000 euros. Le revenu moyen du groupe est égal à (1 000 × 0,55 + 1 200 × 0,35 + 5 000 × 0,1) / (0,55 + 0,35 + 0,1) = 1 470 euros.

On se sert de la formule de la moyenne pondérée pour calculer aussi, par exemple, la moyenne d'un élève quand les coefficients des différentes notes obtenues ne sont pas les mêmes.

137 ÉCART TYPE

L'**écart type** est un **indicateur de dispersion**. Il permet d'apprécier les écarts à la moyenne. Prenons le cas de deux élèves qui auraient 10 de moyenne en SES au premier trimestre, l'un n'ayant eu que des notes comprises entre 9 et 11, l'autre ayant eu des notes très différentes (par exemple des 18 et des 2).

Les deux élèves ont certes la même moyenne, mais ils ont, au final, deux profils très différents. L'un n'a que des notes proches de la moyenne, l'autre en a des très en dessous et des très au-dessus. Pour saisir ces différences de profils dans une série statistique, il est important de se doter d'outils pour mesurer l'ampleur des variations autour de la moyenne. L'écart type est un de ces outils. **Plus sa valeur est grande**, plus cela signifie que les valeurs de la série sont écartées les unes par rapport aux autres.

138 QUANTILES

Une série statistique recense pour différentes observations la valeur que prend (ou prennent) la ou les variable(s) étudiée(s). Il est par exemple possible de recenser la valeur du revenu de l'ensemble des Français. Les **quantiles** (appelés aussi fractiles) sont des paramètres de position qui **divisent la distribution statistique en un certain nombre de parties égales** : on peut regrouper les Français selon leur revenu, en formant par exemple 4, 5 ou 10 ensembles de personnes dont les revenus sont proches.

Afin de calculer les quantiles, il faut commencer par classer la distribution par ordre croissant. Pour reprendre notre exemple, il faudrait ainsi classer les individus du plus pauvre au plus riche.

On peut choisir de diviser la population totale en parts plus ou moins grandes.
– Les **quartiles** divisent la distribution en **4 parties égales**, chacune comprenant un quart des effectifs. Ainsi, Q1 est la valeur qui divise la distribution telle que 25 % des valeurs observées lui sont inférieures et 75 % lui sont supérieures. Q2 est appelée la médiane ; c'est la valeur telle que la moitié de l'effectif a une valeur inférieure et la moitié une valeur supérieure.

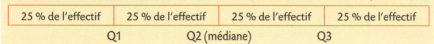

Pour garder l'exemple du revenu, le revenu médian désigne ainsi la valeur du revenu telle que 50 % des Français ont un revenu inférieur à ce montant, et 50 % un revenu supérieur. Pour un groupe de 5 élèves dont les notes (de 0 à 10, classées par ordre croissant) sont : 0, 2, 6, 7, 8, la médiane sera de 6 car la moitié des élèves a une note inférieure à 6 et l'autre moitié une note supérieure. Si le nombre d'élèves avait été pair, 6 par exemple, la médiane aurait été la moyenne de la 3e et de la 4e note.

– Les **quintiles** divisent la distribution en **5 parties égales**, chacune comprenant un cinquième des effectifs. Par exemple, Q4 est le quintile supérieur tel que 80 % des valeurs lui sont inférieures et 20 % supérieures.

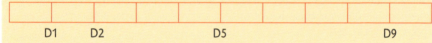

– Les **déciles** divisent la distribution en **10 parties égales**. D1 est la valeur qui divise la distribution telle que 10 % des valeurs lui sont inférieures et 90 % supérieures. D5 est la médiane.

D1   D2   D5   D9

– Les **centiles** divisent la distribution en **100 parties égales**, chacune comprenant 1 % de l'effectif total. Chaque décile est ainsi divisé en 10 parties égales.

Application

Distribution du salaire annuel brut des salariés du privé à temps complet en 2007

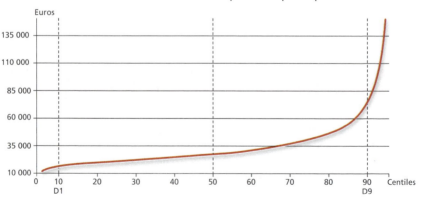

Source : INSEE, DADS exhaustif.

Le graphe page 256 permet de lire pour chaque centile de la population composée des salariés du privé à temps complet (en abscisse) la valeur du salaire annuel brut (en ordonnée). Nous voyons ainsi que 70 % des salariés du privé à temps complet de 2007 ont un salaire annuel brut inférieur à 35 000 euros.

Remarque : il ne faut pas confondre la médiane et la moyenne. Alors que le salaire annuel brut moyen des salariés du privé est de près de 32 000 euros en 2007 selon l'INSEE, la médiane est proche de 26 000 euros. Cela s'explique par le fait que les salaires les plus hauts s'écartent beaucoup plus de la médiane que les salaires les plus bas (ils ne peuvent être négatifs par exemple, alors qu'il n'y a pas de limite, en théorie, aux salaires les plus hauts ; comme on peut le voir, la pente de la courbe devient plus importante pour les derniers centiles).

139 COURBE DE LORENZ

La **courbe de Lorenz** (ou courbe de concentration) est une représentation graphique qui permet de **visualiser le degré de concentration d'une variable statistique**. Il s'agit de visualiser la façon dont est réparti un certain ensemble (par exemple, le revenu global des ménages).

Pour la construire, il faut préalablement **classer les observations par ordre croissant** (par exemple du plus pauvre au plus riche) et calculer la part des observations pour lesquelles la valeur de la variable est inférieure à un certain niveau et ce, pour différents montants (par exemple, la part des individus gagnant moins de 1 000 euros par mois, puis la part des individus gagnant moins de 1 500 euros par mois). Cette valeur définit la valeur de l'abscisse des différents points de la courbe.

Pour déterminer la valeur de l'ordonnée des points, il faut calculer pour chaque groupe considéré (par exemple, le groupe des personnes dont le revenu est inférieur à 1 000 euros par mois) la part de l'ensemble (par exemple, le revenu global des Français) détenu par les membres du groupe.

La bissectrice (ou diagonale) représente la droite d'équirépartition, illustrant une répartition parfaitement égalitaire de la variable, chaque partie de la population disposant de la même part de l'ensemble (par exemple, si les 10 % les plus pauvres possèdent 10 % du revenu total des ménages). **Plus la courbe de Lorenz s'éloigne de cette droite**, plus le **degré d'inégalité** dans la répartition est **élevé** (plus la variable est concentrée).

Application

La courbe de Lorenz sert souvent, en économie, à rendre compte de la répartition des revenus et des patrimoines à l'intérieur d'une population.
On trouve en abscisses les % cumulés du patrimoine des ménages et en ordonnées les % cumulés du revenu disponible, ou du patrimoine financier.
Dans le cas de la France (comme pour les autres pays développés), la courbe du patrimoine est plus éloignée de la bissectrice que la courbe du revenu. Ainsi, les revenus sont distribués de manière moins inégalitaire que le patrimoine (ce dernier étant plus concentré).

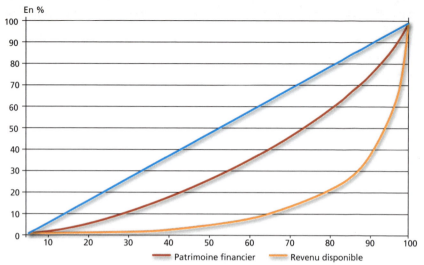

Champ : ménages dont la personne de référence n'est pas étudiante et dont le revenu déclaré est positif ou nul.
Source : enquête Revenus fiscaux 2003, INSEE-DGI pour le revenu disponible et enquête Patrimoine 2004, INSEE, montants de patrimoine financier recalés sur les données de la Comptabilité.

Lecture : en France, d'après une étude de l'INSEE datant de 2004, la moitié des ménages aux revenus les plus faibles possède 27 % de la masse des revenus disponibles (donc les 50 % les plus aisés en possèdent 73 %) tandis que la moitié des ménages les moins bien dotés possède environ 4 % de la masse totale de patrimoine financier (les 50 % les mieux dotés en possèdent donc 96 %). Les 90 % les moins dotés en patrimoine financier en possèdent environ 37 % (donc les 10 % les mieux dotés en possèdent 63 %).

Le degré de concentration est mesuré par un coefficient, appelé l'**indice de Gini**. Il se calcule en faisant le rapport entre l'aire de la surface entre la courbe de Lorenz et la bissectrice et l'aire du triangle sous la bissectrice (demi-aire du graphe).

Plus la surface entre la courbe de Lorenz et la diagonale est élevée, plus la **distribution** est **inégalitaire** et plus l'**indice de Gini** est **proche de 1**.
Plus la **distribution** est **égalitaire**, plus l'**indice de Gini** est proche de **0**.
Ainsi dans l'exemple précédent :

        0 < indice de Gini du revenu < indice de Gini du patrimoine < 1

MÉTHODOLOGIE DE LECTURE D'UN TEXTE

En sciences économiques et sociales, un texte présente de manière littéraire des notions, des développements argumentés ou des données statistiques sur un thème étudié au cours de l'année. Il existe différents types de textes : les textes qui présentent et analysent une **notion du programme**, les textes **d'opinion** dans le cadre desquels un auteur défend un point de vue, ou encore les textes **qui exposent des arguments contradictoires** pour comprendre les enjeux d'un débat.

Les étapes à respecter

Pour étudier correctement un texte, il faut tout d'abord lire attentivement le **titre**, qui permet de prendre connaissance de l'objet du texte et de repérer le thème étudié. Il faut ensuite repérer la **source** du document : S'agit-il d'un livre ? d'un extrait de presse ? L'auteur est-il un journaliste, une personnalité scientifique, ou s'agit-il d'un ouvrage collectif où seul l'éditeur est cité ? La **date** du texte doit également être clairement identifiée car elle conduit à le situer dans le temps et donne un éclairage sur le contexte économique et social de la période.

Ensuite, le texte doit être lu attentivement, et intégralement une première fois, éventuellement pour repérer les mots que l'on ne maîtrise pas en les soulignant ou en les surlignant. Ensuite, dans le cadre d'une seconde lecture attentive du texte, il s'agit de repérer les **notions clés** vues en cours, les chiffres et les évolutions marquantes, ainsi que les **arguments essentiels** qui sont évoqués. On peut ensuite résumer les idées importantes et repérer la **structure du texte** : il faut alors identifier le type de texte auquel on a affaire, et repérer les références théoriques qui s'y trouvent. Afin de collecter les informations fournies, on peut tout d'abord repérer l'idée générale, puis les idées principales qui résument chaque paragraphe.

Dans un texte, il faut faire particulièrement attention à bien distinguer les **faits** et les **opinions** : les faits sont des informations que l'on peut vérifier, et les opinions sont des interprétations ou des jugements de valeur propres à l'auteur du texte.

Le lien avec le sujet

Dans le cadre des épreuves du bac ES, il faut dégager les **informations pertinentes** présentes dans chaque document proposé en fonction de la problématique choisie et du thème étudié. Les textes représentent une source d'informations qui complète les connaissances personnelles, et permettent d'appuyer la démonstration dans le cadre de la dissertation ou de l'épreuve composée.

Les informations contenues dans les textes sont de deux ordres : d'une part, des **raisonnements** qui viennent étayer l'argumentation en mettant en évidence des relations de causalité entre des phénomènes ; d'autre part, des **informations factuelles** qui permettent d'illustrer par des exemples précis les idées développées, par des données chiffrées les raisonnements. L'argumentation est d'autant plus convaincante qu'elle articule les raisonnements théoriques et les informations factuelles.

141 — LECTURE D'HISTOGRAMMES ET DE DIAGRAMMES DE RÉPARTITION

La présentation sous forme de graphique facilite le repérage des informations importantes d'une série statistique. Les histogrammes et diagrammes permettent de rendre compte de la **répartition d'une variable statistique**. Différentes représentations existent, mais elles nécessitent toutes le recours à la même méthode pour les étudier :
1. Lecture et analyse du titre.
2. Recherche de la source, de l'année.
3. Repérage de la variable et de la manière dont elle est exprimée : unité s'il s'agit d'un effectif, proportion, indice, coefficient multiplicateur, taux de variation...
4. Repérage de l'échelle, certains graphiques en comportant deux.

Un **histogramme** est une représentation graphique d'une **série statistique de variables quantitatives**. Les aires des rectangles dont il est constitué sont proportionnelles aux effectifs de chaque classe.

Application

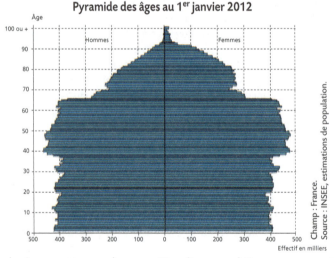

Pyramide des âges au 1er janvier 2012
Champ : France. Source : INSEE, estimations de population.

La pyramide des âges renseigne sur la composition d'une population pour une année donnée. Elle permet de lire l'effectif d'un groupe de personnes (en abscisse) selon leur âge (en ordonnée) et leur sexe (partie gauche pour les hommes et droite pour les femmes).

Ainsi, au premier janvier 2012, selon l'INSEE, il y avait 420 230 hommes ayant entre 0 et 1 an, et près de 400 000 femmes. La forme de la pyramide pour la France permet de voir que les générations ayant entre 35 et 65 ans sont les plus nombreuses en 2012.

Un **diagramme circulaire** est une représentation graphique d'une **série statistique de variables discrètes**, c'est-à-dire qui ne peut prendre qu'un nombre fini de valeurs (modalités). Elle prend la forme d'un **disque** dont la **surface de chaque secteur** est **proportionnelle aux effectifs**.
Un **diagramme en bâtons ou en bandes** est une représentation graphique d'une **série statistique de variables discrètes**. Les tailles des segments de droite ou des rectangles sont égales aux effectifs ou aux fréquences de chaque modalité.

Les deux graphiques ci-dessous représentent de deux manières différentes une même série statistique.

Répartition de la population selon le diplôme en 2010

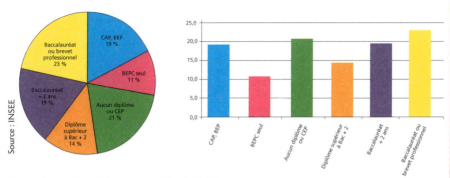

Champ : France métropolitaine, personnes âgées de 15 à 64 ans.

La surface totale du diagramme circulaire représente 100 % de la population âgée de 15 à 64 ans. Chaque part a une surface proportionnelle à l'importance de l'effectif de la modalité : celle correspondant à « aucun diplôme ou CEP » est près de 2 fois plus importante que la surface correspondant au « BEPC seul ».

Pour le diagramme en bâtons, la fréquence de l'effectif se lit en ordonnée. La hauteur de chaque bâton est proportionnelle à l'importance de l'effectif de la modalité : la hauteur correspondant à « aucun diplôme » est près de 2 fois plus importante que la hauteur correspondant au « BEPC seul ».

Ainsi, quel que soit le graphique, on peut lire que d'après l'INSEE, en France métropolitaine en 2010, 14 % de la population âgée de 15 à 64 ans avaient un diplôme supérieur à Bac + 2.

Les deux graphiques sont équivalents et peuvent être utilisés de façon indifférenciée.

42 LECTURE DE TABLEAUX À DOUBLE ENTRÉE

Un **tableau à double entrée** est un document statistique permettant de **croiser deux caractères étudiés**. Il nécessite une lecture à la fois en ligne et en colonne pour chercher les informations.

Application

Exemple 1 : Salaires mensuels moyens nets de tous prélèvements selon le sexe et la catégorie socioprofessionnelle en 2009.

	Montants mensuels nets 2009				Évolution 2009/2008 (en euros constants, en %)		
	Hommes	Femmes	Ensemble	F/H (en %)	Hommes	Femmes	Ensemble
Cadres	4 175	3 197	3 851	– 23,4	– 2,2	0,3	– 1,6
Professions intermédiaires	2 238	1 928	2 104	– 13,8	– 0,3	1,0	0,0
Employés	1 578	1 442	1 418	– 8,6	0,8	1,3	1,1
Ouvriers	1 609	1 318	1 563	– 18,1	2,1	2,2	2,1
Ensemble	2 222	1 777	2 041	– 20,1	0,9	1,9	1,1

Source : INSEE, DADS.

Champ : France ; salariés équivalent temps plein du secteur privé et semi-public.

Exemple 2 : Temps partiel selon l'âge et la durée du temps partiel en 2010 (en %)

	15-24 ans	25-49 ans	50 ans ou plus	Ensemble des 15 ans ou plus
Temps complet	77,7	83,7	79,8	82,2
Temps partiel (1)	22,3	16,3	20,2	17,8
dont				
Moins de 15 heures	3,9	1,8	4,2	2,6
De 15 à 29 heures	11,0	8,8	10,2	9,4
30 heures ou plus	3,4	5,2	4,8	5,0
Non renseigné	4,0	0,5	1,0	0,8
Ensemble	100,0	100,0	100,0	100,0
Effectifs (en milliers)	2 255	16 786	6 651	25 693

Source : INSEE, enquêtes Emploi 2010.

(1) Y compris les personnes n'ayant pas déclaré d'horaires habituels.
Champ : France métropolitaine, population des ménages, personnes de 15 ans ou plus en emploi.

Quel que soit le tableau, plusieurs étapes de lecture sont à suivre :
1. **Lecture du titre** en repérant les mots importants (dans notre exemple 1 : il s'agit de la moyenne des salaires perçus par un homme ou une femme selon sa PCS d'appartenance en un mois de travail après soustraction de tous les prélèvements en 2009).
2. **Repérer la source** et les notes éventuelles (ici l'Institut national des statistiques et études économiques, la source est donc fiable ; les salariés de la fonction publique n'entrent pas dans l'étude).
3. **Chercher en quoi les chiffres sont exprimés** (l'exemple 1 mélange des euros courants et des euros constants ; l'exemple 2 présente une fréquence exprimée en %).
4. **Faire une phrase avec un chiffre donné**.
5. Chercher le ou les **informations principales** (dans l'exemple 1, on peut noter que, quelle que soit la PCS d'appartenance, les femmes ont un salaire net moyen inférieur à celui des hommes et que les salaires nets moyens ont augmenté sur la période étudiée ; dans l'exemple 2, on peut noter que le temps partiel concerne plus les jeunes et les seniors que les personnes entre 25 et 50 ans).
6. Chercher les **informations secondaires** (plus ou moins nombreuses selon la taille du tableau). Il faut les trier compte tenu de leur importance et du rapport avec le thème du sujet étudié (on peut noter dans l'exemple 1 que les cadres font exception à la tendance générale d'augmentation des salaires nets moyens, le leur a diminué sur la période étudiée).

Application

Lecture de quelques chiffres de chaque tableau
Exemple 1 :
– En 2009, un homme appartenant à la PCS cadres percevait en moyenne un salaire net en euros courants de 4 175 euros par mois, d'après l'INSEE.
– En 2009, une femme appartenant à la PCS cadres percevait en moyenne un salaire net en euros courants inférieur de 23,4 % à celui d'un homme de la même PCS, d'après l'INSEE.
– Entre 2008 et 2009, le salaire net moyen exprimé en euros constants a augmenté en moyenne de 1,1 %, selon l'INSEE.

Exemple 2 :
– En 2010, en moyenne, 22,3 % des personnes âgées de 15 à 24 ans en emploi travaillent à temps partiel, d'après l'INSEE. Pour ne pas se tromper dans la lecture de ce type de tableau (et dire par exemple que 22,3 % des personnes travaillant à temps partiel ont entre 15 et 24 ans), il faut regarder la valeur des autres données présentes dans le tableau. On voit ici que dans la case croisant temps complet et 15-24 ans est écrit 77,7 %.
Étant donné que 77,7 + 22,3 = 100, on peut en déduire qu'on a considéré l'ensemble des jeunes de 15 à 24 ans en emploi et qu'on a regardé parmi eux ceux qui étaient à temps complet et ceux qui étaient à temps partiel.
– En 2010, en moyenne, 3,9 % des personnes âgées de 15 à 24 ans en emploi travaillent moins de 15 heures par semaine, d'après l'INSEE.

143 LECTURE DE SÉRIES CHRONOLOGIQUES

Un **graphique chronologique** décrit l'**évolution d'un phénomène** au cours du temps.
Pour observer un tel graphique, il faut pouvoir répondre aux questions : quel indicateur ? quelle période ? quelle source ?
Ainsi, il faut :
– lire le titre du tableau pour connaître l'indicateur qui est étudié ;
– noter la source ;
– être attentif à d'éventuelles notes situées généralement sous le tableau.
Dans une série chronologique, l'axe chronologique est en abscisses.

Application

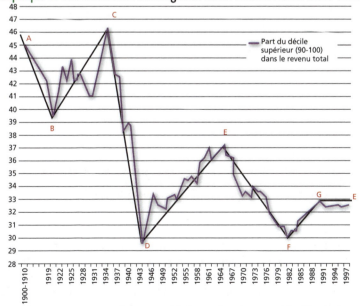

Graphique 1 : Une diminution des inégalités de revenus en France au XXe siècle

Source : Thomas Piketty, *Les Hauts Revenus en France au XXe siècle*, Grasset, Paris, 2001, annexe B, tableau B-14.

Savoir lire une donnée de la série
Modèle de lecture : selon (la source), (l'indicateur) s'élève à (chiffre série chronologique) en (date).
Par exemple : Selon T. Piketty, (dans *Les Hauts Revenus en France au XX siècle*, 2001), la part du décile supérieur (D9) dans le revenu total s'élève à 32,5 % en 1997.
Cela signifie que les individus faisant partie des 10 % des personnes ayant les plus hauts revenus s'accaparent 32,5 % du revenu national.

Savoir interpréter un tableau
– Faire ressortir une **tendance générale** : *l'indicateur change-t-il de valeur entre le début et la fin de la série chronologique ?*
Sur la période 1900-1997, la part du revenu détenu par le décile supérieur passe de 45 % à 32,5 %. On assiste donc à une baisse des inégalités de revenus.
– Faire ressortir des **grandes tendances** : *peut-on distinguer des grandes évolutions de fond, au-delà des petites variations plus conjoncturelles ?*
Pour répondre à cette question, aidez-vous d'une règle et tracez une droite entre deux points (voir droites noires sur le graphique). Choisissez vos points de telle sorte que la droite obtenue colle le plus possible à la courbe du graphique : par exemple, tirez une droite entre les points C et D. On voit clairement qu'au-delà des petites variations, une tendance générale se dégage : entre 1936 et 1946, les inégalités de revenus baissent. On observe aussi des tendances pour les périodes 1982-1990 (droite (FG) : augmentation des inégalités), 1990-1997 (droite (GE) : stabilité des inégalités). Il arrive que la droite que vous tracez « colle » moins à la courbe. Cela signifie que les fluctuations sont fortes autour de l'évolution globale constatée.
C'est le cas pour la période 1945-1965 (droite (DE)), la période 1965-1982 (droite (EF)) ou encore 1920-1936 (droite (BC)). Si la droite tracée s'éloigne de plus en plus de la courbe et n'a plus aucun sens compte tenu de l'évolution de celle-ci, il faut redéfinir les points choisis (il n'y a par exemple aucun sens à considérer la droite (AD), les écarts étant trop importants) ;
– Faire ressortir des **ruptures majeures** : *peut-on distinguer des périodes durant lesquelles les valeurs de l'indicateur changent brutalement ?*
Une manière d'observer cette évolution du rythme consiste à observer les différences de pente des droites que vous venez de tracer. Une rupture importante apparaît alors entre 1936 et 1945, et une autre rupture de moindre ampleur apparaît entre 1982 et 1990.

LECTURE DE GRAPHIQUE SEMI-LOGARITHMIQUE

Lorsqu'une donnée augmente de manière importante dans le temps, cela peut poser des **problèmes de représentation graphique**. En effet, dans un graphique traditionnel, si une variable est multipliée par 40, il faudrait que la valeur d'arrivée soit située **40 fois plus haut** que la valeur de départ sur l'axe des ordonnées, mais il faudrait alors une page entière pour faire un graphique ! La **représentation logarithmique** permet d'« écraser » **les valeurs sur l'axe des ordonnées** pour rendre compte de ce type d'évolution.

Application

On étudie l'évolution du PIB par tête depuis 2000 ans (exprimé en dollars internationaux 1990).

Dates	0	1000	1500	1600	1700	1820	1870	1913	1950	1973	1999
PIB/tête	450	400	774	894	1 024	1 232	1 974	3 473	4 594	11 534	17 921
log PIB/tête	6,11	5,99	6,65	6,79	6,93	7,12	7,59	8,15	8,43	9,35	9,79

Le PIB par habitant passe d'une valeur de 450 dollars/tête en 0, à 17 921 dollars/tête en 1999 après J.-C. Il a donc été multiplié par 40 sur la période. Les valeurs du logarithme du PIB par tête sont utilisées pour tracer le grahique (ordonnées des points).

Les périodes de forte augmentation du PIB/habitant sont caractérisées par une pente plus importante de la courbe, ce qui s'observe notamment à partir de 1820.

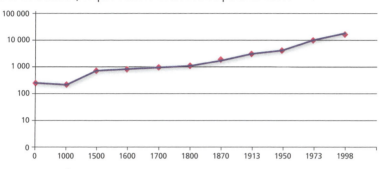

Source : Angus Maddison, *L'Économie mondiale – une perspective millénaire*, OCDE, 2001.

LECTURE DES COURBES D'OFFRE ET DE DEMANDE

Une **courbe d'offre** représente, pour différents niveaux de prix, les **quantités offertes par les producteurs**. Si l'on considère la courbe d'offre de pommes, on pourra ainsi lire sur cette courbe combien de pommes seront proposées à la vente à 50 cts l'unité, à 1 euro l'unité, etc. On considère généralement que les quantités offertes sont plus importantes quand le prix d'un bien augmente.

Une **courbe de demande** représente, pour différents niveaux de prix, les **quantités demandées par les consommateurs**. Si l'on considère la courbe de demande de pommes, on pourra ainsi lire sur cette courbe combien de pommes seront demandées à 50 cts l'unité, à 1 euro l'unité, etc. On considère généralement que la demande baisse quand le prix d'un bien augmente, les consommateurs choisissant de consommer d'autres biens moins onéreux. La sensibilité de la demande au prix est mesurée à travers le calcul de l'élasticité prix de la demande.

Représentation graphique
Il est d'usage de placer le prix en ordonnées et la quantité en abscisses. Or les quantités demandées ou offertes découlent du prix (et non l'inverse). La variable expliquée est donc la quantité, tandis que la variable explicative est le prix. Cela a une conséquence importante lorsque l'on doit lire une courbe de demande ou d'offre : **il faut d'abord considérer le prix (sur l'axe des ordonnées) pour ensuite en déduire la quantité (sur l'axe des abscisses).**

Considérons les deux graphiques suivants (prix en euros, quantité en milliers d'unités).

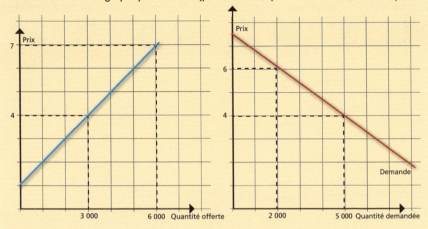

Quand le prix est de 4 euros, les producteurs offrent sur le marché 3 000 unités. Quand le prix est de 7 euros l'unité, la quantité offerte est de 6 000 unités.

Quand le prix est de 4 euros, la quantité demandée par les consommateurs sur le marché est de 5 000 unités. Quand le prix est de 6 euros, la quantité demandée est de 2 000 unités.

LECTURE DES TABLES DE MOBILITÉ

Les **tables de mobilités** sont des **tableaux à double entrée** qui permettent de **décrire la position sociale d'une génération d'individus** en fonction de la position sociale de leur père. Généralement, les individus étudiés par les tables de mobilité sont des hommes âgés de 40 à 59 ans classés par PCS, ainsi que leurs pères, également classés par PCS au moment où ils avaient le même âge (entre 40 et 59 ans). Il existe aussi des tables de mobilité décrivant la position des femmes en fonction de celle de leur père.

Table de destinées
Elle décrit le **devenir social** des individus issus des différentes PCS.

CSP du père \ CSP du fils	Agriculteur	Artisan, commerçant, chefs d'entreprise	Cadre et prof. intell. supérieure	Profession intermédiaire	Employé	Ouvrier	Ensemble
Agriculteur	22	6	9	17	9	37	100
Artisan, commerçant, chefs d'entreprise	1	21	22	24	9	24	100
Cadre et prof. intell. sup.	0	6	52	26	6	9	100
Profession intermédiaire	0	8	33	33	9	17	100
Employé	0	7	22	28	17	26	100
Ouvrier	1	8	10	23	12	46	100
Ensemble	4	9	19	24	11	34	100

Source : INSEE, enquête FQP, 2003.

Application

Lecture de la table
Pour lire la table de destinées, il faut lire en premier la ligne (elle indique la PCS du père), puis la colonne (elle indique la PCS du fils).
On rédige l'interprétation d'une donnée de la manière suivante : 52 % des fils de cadres deviennent cadres.
Dans votre phrase, l'élément de réponse « deviennent » indique une lecture en termes de destinée.

Lecture de la colonne « ensemble »
Tous les fils d'agriculteurs deviennent « quelque chose », c'est pour cela que l'on obtient une colonne « ensemble » à droite de la table. Chez les fils d'agriculteurs : 22 deviennent agriculteurs, 6 deviennent artisans, 37 ouvriers... soit un total égal à 100.

Lecture de la ligne « ensemble »
Elle indique la répartition des fils dans chaque PCS. En 2003, la population active de ces hommes est composée de 4 % d'agriculteurs, 19 % de cadres, 34 % d'ouvriers ...

Table de recrutements
Elle décrit l'origine socioprofessionnelle des individus appartenant aux différents PCS.

CSP du père \ CSP du fils	Agriculteur	Artisan, commerçant, chefs d'entreprise	Cadre et prof. int. supérieure (PIS)	Profession intermédiaire	Employé	Ouvrier	Ensemble
Agriculteur	88	12	8	11	13	18	16
Artisan, commerçant, chefs d'entre.	2	29	14	12	10	9	12
Cadre et prof. intell. sup.	1	14	24	9	5	2	8
Profession intermédiaire	1	12	20	16	9	6	11
Employé	1	10	11	11	14	7	9
Ouvrier	7	9	23	41	49	58	43
Ensemble	100	100	100	100	100	100	100

Source : INSEE, enquête FQP, 2003.

Application

Lecture de la table
Il faut lire en premier la colonne (elle indique la PCS du fils), puis la ligne (elle indique la PCS du père)
Il faut rédiger la réponse de la manière suivante : 88 % des agriculteurs sont fils d'agriculteurs.
L'élément de réponse « sont fils de » indique une lecture en terme de recrutement.

Lecture de la colonne « ensemble »
Elle indique la répartition des pères dans chaque PCS : 16 % des pères étaient agriculteurs ...

Lecture de la ligne « ensemble »
Tous les agriculteurs en 2003 ont été recrutés « quelque part », c'est pour cela que l'on obtient une ligne « ensemble » en bas de la table dans laquelle tous les totaux sont égaux à 100.
Lorsque, sur une table de mobilité, ne figurent ni la colonne « ensemble », ni la ligne « ensemble », il est possible de déterminer si cette table de mobilité est une table de destinées ou de recrutements :
– si, en prenant une ligne quelconque (donc PCS du père), on additionne tous les chiffres de chaque colonne qui correspondent à cette ligne, et que l'on obtient 100, il s'agit d'une table de destinées ;
– si, en prenant une colonne quelconque (donc PCS du fils), on additionne tous les chiffres de chaque ligne qui correspondent à cette colonne, et que l'on obtient 100, il s'agit d'une table de recrutements.

Les informations données par la lecture des tables de mobilité sociale

Immobilité sociale (diagonale)
Dans une table de destinées, les chiffres de la « diagonale » nous indiquent le pourcentage de fils qui appartiennent à la même PCS que leur père, c'est-à-dire qui n'ont **pas connu de mobilité sociale**. Ces chiffres sont plus élevés chez les cadres (52 %) et chez les ouvriers (42 %) que chez les professions intermédiaires (33 %). L'**immobilité sociale** est donc plus élevée à ces deux extrémités de la hiérarchie sociale.

Les trajets courts de la mobilité sociale
La probabilité d'appartenir à une PCS très différente de celle de son père est bien moins grande que celle d'appartenir à une catégorie proche. Les fils d'ouvriers qui quittent la PCS « ouvrier » appartiennent ainsi plus à la catégorie profession intermédiaire (23 %) que cadres (10 %), et les fils de cadre appartiennent plus à la catégorie profession intermédiaire (26 %) qu'ouvriers (9 %). On parle de prédominance des **trajets courts** ou de **mobilité de proximité**.

Le calcul de *odds ratio* (rapport des chances relatives)
En 2003, pour un fils de cadre et PIS, la probabilité d'appartenir à la catégorie cadre et PIS est de 52 %, et la probabilité de devenir ouvrier est de 9 %. Pour un fils d'ouvrier, la probabilité d'appartenir à la catégorie cadre ou PIS est de 10 %, tandis que celle de rester ouvrier est de 46 %.
En 2003, le rapport des chances relatives est donc égal à (52/9) / (10/46) = 26,6.
Cela signifie qu'un enfant de cadre (ou PIS) a 26,6 fois plus de chances de devenir cadre (ou PIS) plutôt qu'un enfant d'ouvrier.

Les limites des tables de mobilité
– La mobilité sociale n'est vue que sous l'angle des PCS. Or il existe d'autres hiérarchies sociales (le genre, par exemple).
– Il est difficile d'analyser en termes de hiérarchie le changement de statut d'un enfant d'indépendant : peut-on dire qu'un fils d'agriculteur qui devient ouvrier baisse dans la hiérarchie sociale ?
– Les mères ne sont pas prises en compte.
– Plus le nombre de PCS présenté augmente, plus les changements sont importants et l'immobilité sociale semble reculer. (Et inversement.) Il y a donc un effet d'optique.

147 CORRÉLATION ET CAUSALITÉ

Pour analyser les relations entre deux phénomènes économiques ou sociologiques A et B, il est important d'observer comment ils évoluent. On en tire ainsi des conclusions quant à leurs relations. Est-ce A qui entraîne B, B qui entraîne A, les deux phénomènes s'influencent-ils réciproquement ou dépendent-ils tous deux d'un troisième facteur ?

Observer les corrélations

L'observation permet parfois de dégager des corrélations. En observant les évolutions de deux phénomènes mesurables par deux variables A et B (dans le temps ou dans l'espace), on peut repérer trois cas de figure :
– si A et B évoluent dans le **même sens**, on dit qu'il y a une **corrélation positive** entre les deux variables : quand l'une baisse, l'autre baisse ; quand l'une augmente, l'autre augmente ;
– si A et B évoluent dans le **sens contraire**, il y a une **corrélation négative** entre les deux variables : quand l'une baisse, l'autre augmente, et vice versa ;
– si A et B ont des **évolutions indépendantes**, il n'y a **pas de corrélation** entre les deux variables : quand l'une baisse, l'autre baisse ou augmente selon les cas, sans que l'on puisse dégager une tendance nette.

Interpréter les corrélations

Lorsqu'on a repéré une corrélation entre deux phénomènes, on peut s'interroger sur les liens logiques qui peuvent les unir.
Il peut tout d'abord y avoir **corrélation sans causalité** (on ne peut repérer véritablement de lien logique entre deux phénomènes qui sont interdépendants). Dans ce cas, la corrélation est le fruit d'une **coïncidence** ou implique d'autres facteurs explicatifs. Par exemple, on constate l'existence d'une corrélation positive entre le prix du logement au mètre carré à Paris et la proportion de personnes au visage bronzé en février, mais il n'y a aucun lien de causalité entre ces deux phénomènes. La corrélation s'explique par l'existence d'une variable cachée – le revenu –, qui influence les deux variables considérées. Les individus disposant d'un revenu élevé partent plus au ski en hiver et sont donc plus bronzés et peuvent disposer de logements plus onéreux. La variable explicative est donc le revenu ; il n'y a pas de causalité entre niveau de bronzage et prix du logement.
Lorsque la corrélation témoigne de l'**existence d'un lien de causalité**, il faut ensuite déterminer le **sens de cette causalité** (A à B ou B à A). Par exemple, les enquêtes qui mesurent le degré d'optimisme des investisseurs sur les perspectives économiques (phénomène A) montrent que ce dernier est lié aux périodes de croissance économique (phénomène B). Mais est-ce cet optimisme qui stimule l'investissement productif et soutient la croissance (A à B) ? Ou bien la croissance qui permet d'augmenter les revenus distribués et incite les investisseurs à prendre davantage de risques (B à A) ? Les outils statistiques permettent d'identifier la **variable explicative** et la **variable expliquée**.
Par exemple, la corrélation négative entre l'âge des actifs et leur taux de chômage résulte d'un lien de causalité du type « le taux de chômage (variable expliquée) dépend de l'âge (variable explicative), le lien inverse n'étant ici pas pertinent.
La causalité n'est **pas forcément à sens unique** : ainsi, on peut dégager une causalité entre le degré d'inégalités et la démocratie politique qui fonctionne dans les deux sens. En effet, la démocratie soumet les orientations du gouvernement à un débat public et à la sanction électorale éventuelle et incite donc à la réduction des inégalités ; réciproquement, la diminution des inégalités favorise la participation du plus grand nombre à la vie démocratique.

Les savoir-faire

148 INDICE D'ALFORD

L'**indice d'Alford** permet de mesurer la relation entre la situation professionnelle et le vote. Il est calculé de la manière suivante :

Indice d'Alford = % des ouvriers votant à gauche − % de non-ouvriers votant à gauche

Ce calcul permet de mesurer l'intensité du vote de classe. Le graphique ci-dessous présente pour les cinq pays étudiés une diminution de la valeur de l'indice au cours du temps, traduisant une diminution du « vote de classe ». Par exemple, en France en 1947, l'indice était de 32 % alors qu'il n'était plus que de 16 % en 1987.

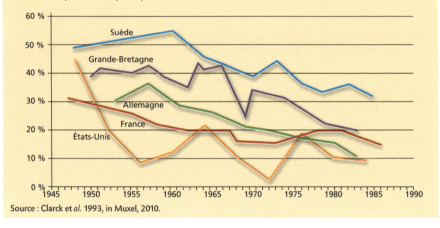

Source : Clarck et al. 1993, in Muxel, 2010.

149 INDICE DE VOLATILITÉ ÉLECTORALE

L'**indice de volatilité électorale** mesure les **transferts de vote** d'une élection à l'autre. On le mesure en évaluant les gains nets de l'ensemble des partis politiques entre deux élections nationales. Il s'exprime en pourcentage.

$$\text{Indice de volatilité électorale} = \frac{\frac{\text{somme des gains et pertes cumulés}}{\text{suffrages exprimés}}}{2}$$

D'après les travaux de Mogens Pedersen, la volatilité partisane dans les 13 pays européens de l'enquête serait passée en moyenne de 7,8 % entre 1948 et 1954 à 9,2 % entre 1970 et 1977, l'ampleur différant d'un pays à l'autre (« The dynamics of European Party Systems : Changing Patterns of Electoral Volatility », *European Journal of Political Research*, 1979).

Une augmentation de la volatilité signifie donc qu'entre les deux périodes considérées, de plus en plus d'électeurs ont choisi de **donner leur suffrage à des partis différents** d'une élection à l'autre.

150 ÉVOLUTION DU PRODUIT INTÉRIEUR BRUT EN FRANCE DEPUIS 1960

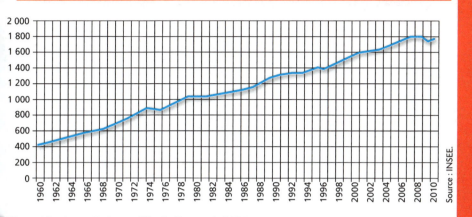

PIB en volume exprimés en milliards d'euros de 2005.
Le PIB à prix courants (valeur nominale) en 2010 était de 1 932,8 milliards d'euros.

151 ÉVOLUTION DU TAUX DE CROISSANCE EN FRANCE DEPUIS 1950

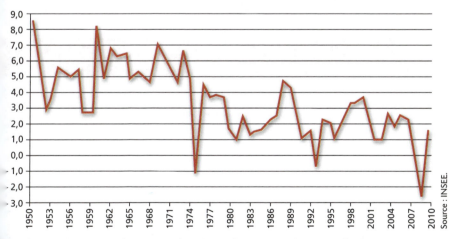

Taux de croissance = taux de variation du PIB en volume exprimé en euros de 2005.

Les taux de variation sont calculés d'une année par rapport à la précédente en prenant comme niveau de référence des prix, les prix de 2005. Pendant l'année 2010, le PIB en volume a augmenté de 1,5 % en France, ce qui traduit donc une augmentation des quantités produites.

Les données chiffrées

152 CROISSANCE ET PRODUCTIVITÉ GLOBALE DES FACTEURS

L'augmentation de la productivité globale des facteurs (PGF) explique une partie importante de la croissance économique (croissance du volume de la valeur ajoutée).

	1890-1913	1913-1950	1950-1973	1973-1980	1980-2002
Taux de croissance annuel moyen	1,80	0,91	5,36	2,47	1,94
Contribution de la productivité globale des facteurs de croissance	1,23	1,12	3,97	1,51	1,07

Source : Cette, Kocoglu et Mairesse, « Productivité et croissance », dans *Cahiers français* n° 323, 2004

Sur la période 1980-2002, la croissance économique est de 1,94 %, et 1,07 point de ce taux de croissance résulte de l'augmentation de la productivité globale des facteurs. L'augmentation de la PGF explique donc (1,07/1,94) × 100 = 55 % de la croissance.

153 INDICATEURS DE L'INNOVATION

	Dépenses de R&D en % du PIB en 2009	Nombre de chercheurs en entreprises pour 1 000 employés en 2007	Part des diplômés du supérieur dans l'emploi total en 2007	Investissement dans les TIC en % de la FBCF en 2007	Nombre de brevets (triadiques) par million d'habitants en 2007
France	2,21 %	6,2	27 %	17,3 %	39,3
Allemagne	2,82 %	6	26 %	15,4 %	76
États-Unis	2,79 %	11,3	39 %	29,1 %	55,2

Source : OCDE (2007, 2009)

154 ÉVOLUTION DU PARTAGE DE LA VALEUR AJOUTÉE EN FRANCE DEPUIS 1950

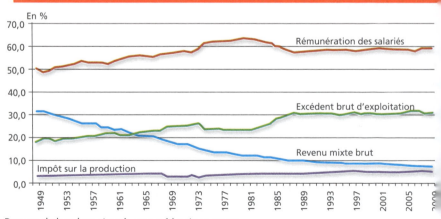

Partage de la valeur ajoutée mesuré à prix courants.

155 — ÉVOLUTION DU TAUX D'ÉPARGNE DES MÉNAGES EN FRANCE DEPUIS 1959

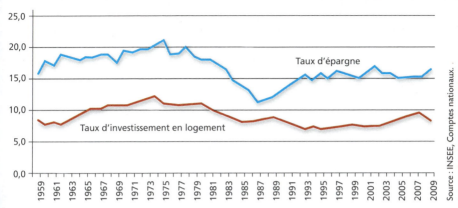

Lecture : en France, en 2009, le taux d'épargne des ménages s'élève à 16,2 %, et le taux d'investissement en logement s'élève à 8,2 %.

156 — ÉVOLUTION DES TAUX D'INTÉRÊT SUR LE MARCHÉ INTERBANCAIRE EUROPÉEN

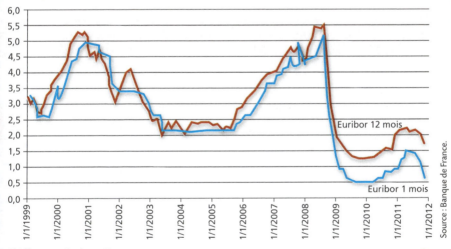

Chiffres exprimés en %.

Euribor 1 mois : taux d'intérêt sur le marché interbancaire européen pour un prêt d'une durée d'un mois.

Euribor 12 mois : taux d'intérêt sur le marché interbancaire européen pour un prêt d'une durée d'un an.

Au 9 février 2012, le taux d'intérêt pour des emprunts à 24 h sur le marché interbancaire (EONIA) était de 0,37 %. Il valait 0,65 % pour des emprunts à un mois et 1,7 % pour des emprunts à un an.

Les données chiffrées

157 — ÉVOLUTION DES TAUX DIRECTEURS DE LA BCE ET DE LA RÉSERVE FÉDÉRALE DEPUIS JANVIER 1999

Le 8 décembre 2011, le conseil des gouverneurs de la BCE a décidé que, à compter du 14 décembre 2011, le taux d'intérêt des opérations principales de refinancement de l'Eurosystème est abaissé à 1,00 % ; le taux d'intérêt de la facilité de prêt marginal est abaissé à 1,75 % ; le taux d'intérêt de la facilité de dépôt est abaissé à 0,25 %.

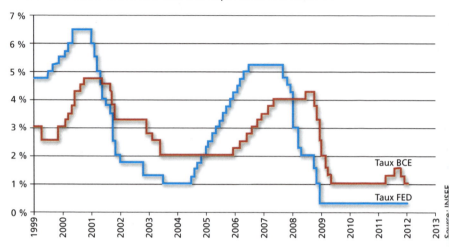

158 — ÉVOLUTION DU TAUX DE CHÔMAGE EN FRANCE DEPUIS 1975

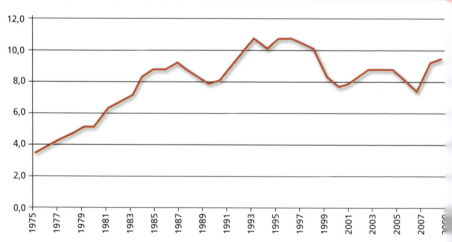

Source : INSEE, enquêtes Emploi, données corrigées de la rupture de série en 2002.

Champ : France métropolitaine, population des ménages, personnes de 15 ans ou plus (âge courant).
Lecture : en moyenne, en 2009, 9,4 % de la population active est au chômage au sens du BIT.

274

159 ÉVOLUTION DU TAUX DE PRÉLÈVEMENTS OBLIGATOIRES EN FRANCE DEPUIS 1960

Source : INSEE, Comptes nationaux (base 2005).

160 ÉVOLUTION DU SOLDE DU RÉGIME GÉNÉRAL DE LA SÉCURITÉ SOCIALE

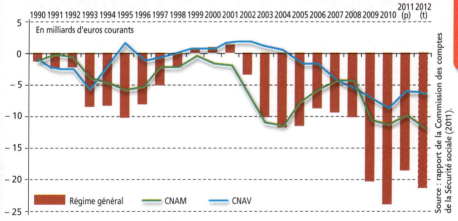

Source : rapport de la Commission des comptes de la Sécurité sociale (2011).

(p) comptes prévisionnels. (t) comptes tendanciels.
CNAM : Caisse nationale d'assurance maladie.   CNAV : Caisse nationale d'assurance vieillesse.

Le régime général est le principal régime de sécurité sociale (il existe aussi les régimes spéciaux, le régime des non-salariés non agricoles et le régime agricole) fournissant la couverture de base des risques « maladie, vieillesse, famille, accidents du travail ». Les branches « maladie » et « vieillesse » pèsent près de 85 % du solde du régime général. Il concerne la plupart des salariés, les étudiants, les bénéficiaires de certaines prestations et les simples résidents. Le solde est négatif depuis 1990 : les dépenses (prestations sociales) sont ainsi plus importantes que les recettes (cotisations sociales et impôts essentiellement) sauf pour les années de 1999 à 2001. En 2010, les dépenses excèdent les recettes de 23,9 milliards d'euros.

Les données chiffrées

161 — SALAIRES MINIMUMS DANS QUELQUES PAYS DU MONDE

En euros/mois	1999	2005	2012
Espagne	485,71	598,50	748,30
Grèce	522,00	667,68	–
France	1 035,97	1 286,09	1 398,37
Roumanie	27,31	78,70	161,91
Royaume-Uni	–	1 134,67	1 201,96
États-Unis	765,09	655,36	971,22

Source : EUROSTAT.

Note : les statistiques du salaire minimum publiées par Eurostat font référence aux salaires minimums mensuels nationaux. Les données présentées ici concernent les salaires minimums au 1er janvier de l'année. Dans certains pays, le salaire minimum national n'est pas fixé sur une base mensuelle mais sur une base horaire ou hebdomadaire. Pour ces pays, les salaires minima horaires ou hebdomadaires sont convertis en salaires mensuels. Le salaire minimum national est fixé par la loi, souvent après consultation des partenaires sociaux, ou directement par accord intersectoriel national (c'est le cas en Belgique et en Grèce). Le salaire minimum national s'applique généralement à tous les salariés, ou au moins à une grande majorité des salariés du pays. Les salaires minimums sont des montants bruts, c'est-à-dire avant déduction de l'impôt sur le revenu et des cotisations de sécurité sociale. Ces déductions varient d'un pays à l'autre.

162 — ÉVOLUTION DU TAUX D'EMPLOI DES FEMMES EN FRANCE

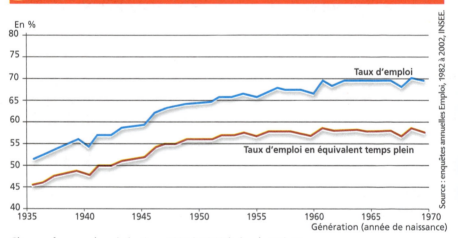

Champ : femmes des générations 1935 à 1970 âgées de 25 à 59 ans.
Lecture : les femmes nées en 1950 devraient connaître un taux d'emploi entre 25 et 59 ans estimé en moyenne à 65 % et un taux d'emploi en équivalent temps plein estimé à 56 %. Le taux d'emploi d'une classe d'individus est calculé en rapportant le nombre d'individus de la classe ayant un emploi au nombre total d'individus dans la classe. Selon l'INSEE, l'emploi en équivalent temps plein est égal au nombre total d'heures travaillées divisé par la moyenne annuelle des heures travaillées dans des emplois à temps plein. Le taux d'emploi en équivalent temps plein d'une classe d'individus est calculé en rapportant le nombre d'individus de la classe ayant un emploi converti en équivalent temps plein au nombre total d'individus dans la classe.

163 — ÉVOLUTION DU TAUX D'EMPLOI DES 55-64 ANS EN FRANCE

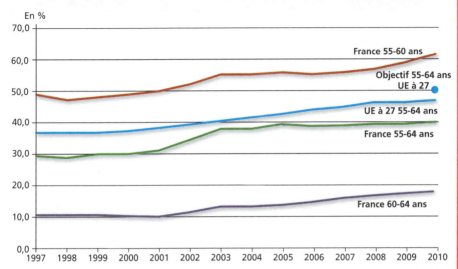

Source : INSEE (enquête Emploi-Eurostat (Labor Force Survey, indicateur de développement durable) ; rupture entre 2002 et 2003 pour les séries françaises – France métropolitaine.

En 2010, le taux d'emploi des personnes ayant entre 55 et 64 ans est de 40 % en France. Ce taux est inférieur au taux d'emploi moyen des 55-64 pour l'Union européenne à 27 (47 %). Mais il faut distinguer en France la situation des 55-60 ans, dont le taux d'emploi se situe à plus de 60 %, de celle des 60-64 ans, pour qui le taux d'emploi est de seulement 18 %. On constate, en France, une hausse continue du taux d'emploi des seniors : entre 1997 et 2010, il passe de 29 % à 40 %.

164 — ÉVOLUTION DES INÉGALITÉS DE NIVEAU DE VIE AVANT ET APRÈS REDISTRIBUTION EN FRANCE DEPUIS 2002

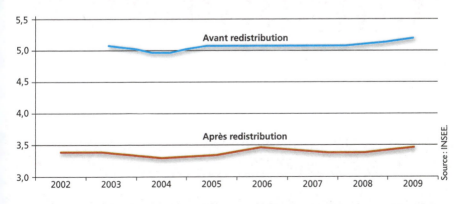

Les courbes présentent l'évolution du rapport interdécile des niveaux de vie annuels avant ou après redistribution.

165 — ÉVOLUTION DU TAUX DE PAUVRETÉ EN FRANCE DEPUIS 1970

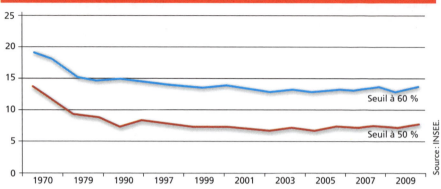

Source : INSEE.

La courbe représentant le seuil à 60 % signifie que sont considérées comme pauvres les personnes dont le niveau de vie est inférieur à 60 % du niveau de vie médian. Ainsi en 2009, 13,5 % des personnes avaient un niveau de vie inférieur à 60 % du niveau de vie médian.

166 — ÉVOLUTION DU TAUX D'OUVERTURE DE LA FRANCE DEPUIS 1950

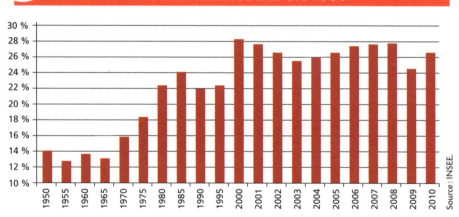

En % à prix courants (en milliards d'euros) de l'ensemble des biens et services.

Source : INSEE.

En France, en 2008, le commerce international représente 27,7 % du PIB.

167 — TAUX D'OUVERTURE DE DIFFÉRENTS PAYS DE L'OCDE EN 2008

Australie	Canada	Espagne	États-Unis	Luxembourg	Suède
24,5 %	34,3 %	29,5 %	15,2 %	156,5 %	50,5 %

Source : OCDE.

168 — ÉVOLUTION ANNUELLE DE LA BALANCE COMMERCIALE DE LA FRANCE DEPUIS 1971

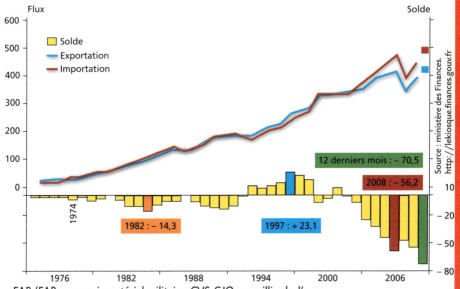

FAB/FAB y compris matériel militaire, CVS-CJO, en milliards d'euros.
En 2011, le déficit de la balance commerciale s'élevait à 70,5 milliards d'euros.

169 — ÉVOLUTION DU TAUX DE CHANGE DE L'EURO PAR RAPPORT AU DOLLAR US DEPUIS 1999

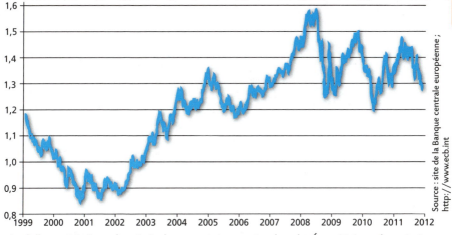

Le dollar américain est la principale monnaie internationale et les États-Unis un des principaux partenaires commerciaux des pays de la zone euro. Le taux de change euro-dollar américain revêt alors une importance particulière.
1re cotation au 4 janvier 1999 : 1 euro = 1,1789 dollar américain.
Valeur la plus faible, 26 octobre 2000 : 1 euro = 0,8252 dollar américain.
Valeur la plus élevée, 15 juillet 2008 : 1 euro = 1,599 dollar américain.
Valeur au 27 janvier 2012 : 1 euro = 1,3145 dollar américain.

170 — ÉVOLUTION DÉMOGRAPHIQUE EN FRANCE ET EN ALLEMAGNE DEPUIS 1960

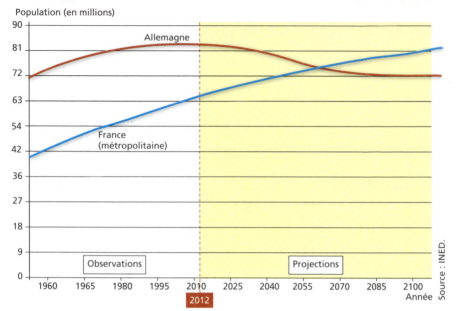

La France métropolitaine compte 63,5 millions d'habitants en 2012 ; l'Allemagne 82 millions.

171 — ÉVOLUTION DE L'ESPÉRANCE DE VIE À LA NAISSANCE DEPUIS 1960

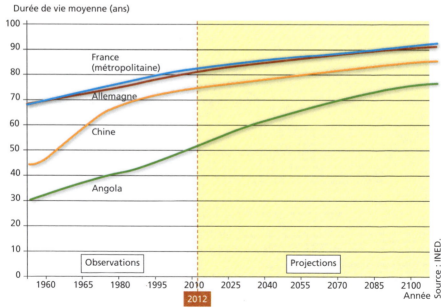

En France métropolitaine, un individu naissant en 2012 a une espérance de vie de 81,7 ans ; en Angola, celle d'un individu naissant en 2012 est de 51,5 ans.

172 — ÉVOLUTION DE LA PART DU NOMBRE D'ENFANTS NÉS HORS MARIAGE EN FRANCE DEPUIS 1994 (EN %)

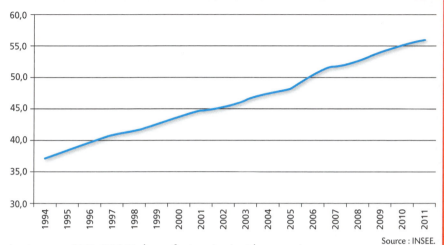

Source : INSEE.

Lecture : en 2011, 55,8 % des enfants naissaient hors mariage.

173 — ÉVOLUTION DU TAUX D'ABSTENTION AUX ÉLECTIONS PRÉSIDENTIELLES DEPUIS 1958 (EN %)

* Pas de second tour : Charles de Gaulle élu au 1er tour.

Source : INSEE.

Les données chiffrées

281

174 ÉVOLUTION DE LA PARTICIPATION ÉLECTORALE AUX ÉLECTIONS PRÉSIDENTIELLES EN FRANCE

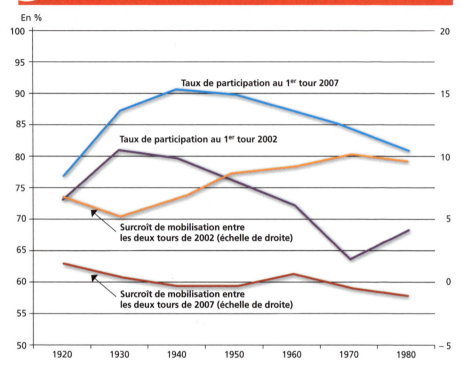

Source : INSEE, enquête Participation électorale 2002-2004, enquête Participation électorale 2007-2008.

Champ : électeurs inscrits en France métropolitaine.

Lecture : 68 % des inscrits nés dans les années 1980 ont voté au premier tour de l'élection présidentielle de 2002. Au second tour, le nombre d'inscrits nés dans les années 1980 ayant voté était plus important qu'au premier tour : la différence représente 10 % des inscrits de cette génération en 2002 (différence entre les taux de participation des deux tours).

175 — ÉVOLUTION DU TAUX DE SYNDICALISATION DEPUIS 1950 ANS EN FRANCE

Source : DARES.

Champ : Salariés des secteurs public et privé.

Le taux de syndicalisation mesure la part des salariés qui sont syndiqués. Le taux de syndicalisation était de 7,6 % en 2008 en France, selon l'OCDE.

176 — ÉVOLUTION DES CROYANCES ET PRATIQUES RELIGIEUSES

En % de la population adulte	2006
Catholiques	65 %
Pratiquants réguliers	5 %
Pratiquants occasionnels	10 %
Non pratiquants	50 %
Musulmans	5 %
Protestants	2 %
Juifs	1 %
Autres	2 %
Sans religion	27 %

Source : IFOP, 2006.

En % de la population des 11-15 ans	2005
Catholiques	52 %
Musulmans	9 %
Protestants	2 %
Juifs	1 %
Autres	1 %
Sans religion	35 %

Source : IFOP, 2005.

Le pourcentage de la population se déclarant catholique s'élève selon l'IFOP à 87 % en 1972 ; soit un recul de 22 points de pourcentage entre 1972 et 2006.

On observe un affaissement notable de la religion majoritaire chez les jeunes, associé à une relative croissance des religions minoritaires, et tout particulièrement de l'islam et à une augmentation du nombre de personnes se déclarant sans religion.

LES AUTEURS CLÉS

177	Adam Smith (1723 – 1790)	286
178	David Ricardo (1772 – 1823)	287
179	Alexis de Tocqueville (1805 – 1859)	289
180	Karl Marx (1818 – 1883)	290
181	Léon Walras (1834 – 1910)	291
182	Émile Durkheim (1858 – 1917)	292
183	Max Weber (1864 – 1920)	293
184	John Maynard Keynes (1883 – 1946)	294
185	Joseph Schumpeter (1883 – 1950)	295
186	Milton Friedman (1912 – 2 006)	296
187	Erving Goffman (1922 – 1982)	297
188	Howard Becker (né en 1928)	298
189	Pierre Bourdieu (1930 – 2 002)	299
190	Oliver Williamson (né en 1932)	300
191	Amartya Sen (né en 1933)	301
192	Raymond Boudon (né en 1934)	302
193	Joseph Stiglitz (né en 1943)	303
194	Mark Granovetter (né en 1943)	304
195	Paul Krugman (né en 1953)	305

177 ADAM SMITH (1723-1790)

Adam Smith est considéré comme l'un des pères fondateurs de l'économie politique et de l'**école classique** ; il marque une rupture avec la pensée économique dominante de son époque. Ses travaux s'inscrivent dans un contexte historique de profonde transformation des sociétés (siècle des Lumières, révolution industrielle).

La main invisible et la richesse des nations

- Smith se penche sur une question centrale dans la réflexion des penseurs du XVIIIe siècle : comment une société composée d'individus autonomes et libres peut-elle ne pas sombrer dans l'anarchie ? Pour Smith, tout individu a un penchant naturel à échanger avec autrui pour satisfaire ses besoins. En **se spécialisant** dans une activité et en **échangeant** les biens fabriqués, les individus produisent de façon plus efficace et l'échange génère un gain (la production est plus importante que dans une situation sans échange, où tout le monde produit tous les biens et consomme sa propre production).
- Chaque individu cherche à satisfaire son intérêt personnel mais, indirectement et involontairement, « conduit par une main invisible », il permet aux autres d'augmenter également leur bien-être. Le mécanisme de la concurrence oblige en effet les producteurs à proposer des biens dont le rapport qualité/prix est compétitif pour s'imposer sur le marché. La recherche des intérêts personnels permet donc l'intérêt général, et ne s'oppose pas au bien-être collectif. La division du travail, qui est source de productivité, permet alors d'augmenter les quantités produites et échangées, engendrant ainsi la « **richesse des nations** ».

Les voies ouvertes en économie par les travaux d'A. Smith

- La division du travail est au cœur de la dynamique de **croissance*** à travers les gains de productivité, mais également les apprentissages et les **innovations*** qui en découlent. Elle s'applique aussi entre les entreprises, comme le montre l'essor de la division internationale du processus de production (**DIPP***). La critique du **protectionnisme*** comme frein aux échanges, et donc à la création de richesses, est prolongée par **D. Ricardo***.
- L'idée selon laquelle le marché crée du lien social* est au centre de la réflexion des économistes autrichiens (F. von Hayek).
- Enfin, Smith propose une analyse des fonctions économiques de l'État : L'État n'intervient pas seulement pour assurer ses fonctions régaliennes : il doit aussi assurer la production des biens qui produisent des **effets externes*** positifs (infrastructures publiques, éducation).

Œuvres et citations

Recherche sur la nature et les causes de la richesse des nations, 1776.
« Ce n'est pas de la bienveillance du boucher, du marchand de bière et du boulanger, que nous attendons notre dîner, mais bien du soin qu'ils apportent à leurs intérêts. Nous ne nous adressons pas à leur humanité mais à leur égoïsme ; et ce n'est jamais de nos besoins que nous leur parlons, c'est toujours de leur avantage. »
« L'individu est conduit par une main invisible à remplir une fin qui n'entre nullement dans ses intentions. »

DAVID RICARDO (1772-1823)

Économiste né à Londres en 1772, il est considéré comme l'un des pères fondateurs de la discipline. L'intérêt de Ricardo pour les questions économiques est en partie né de sa lecture de la *Richesse des nations* (1776) d'Adam Smith et du *Traité d'économie politique* (1803) de Jean-Baptiste Say. Ricardo fait partie de l'**école classique** et son œuvre a durablement marqué la science économique.

La théorie de la valeur

- Ricardo reprend la distinction opérée par Adam Smith entre la valeur d'usage et la valeur d'échange d'un bien. La valeur d'usage d'un bien dépend de la **satisfaction éprouvée** à la consommation du bien, alors que la valeur d'échange d'un bien renvoie à la **quantité d'autres biens** que l'on peut acquérir **en échange** de ce bien.
- Le prix relatif d'un bien est l'**expression monétaire** de sa valeur d'échange. Ricardo estime que la valeur d'échange d'un bien ne dépend pas de sa valeur d'usage mais de la **quantité de travail** qu'il a fallu pour produire le bien. Un bien qui a nécessité deux fois plus de travail qu'un autre vaudra donc, selon Ricardo, deux fois plus cher.
- Ricardo est ainsi, à l'instar de Marx, considéré comme un théoricien de la valeur *travail incorporé*, en opposition aux économistes qui estiment que la valeur d'un bien dépend de son utilité.

La théorie de la répartition

- L'analyse de la **répartition du revenu** issu de la production **entre salaire** (rémunération du travail), **profit** (rémunération du capital) **et rente** (rémunération de la terre) est au cœur de la pensée de Ricardo. Elle a donné lieu à la formulation de la théorie de la rente différentielle. Ricardo estime que les salariés sont toujours payés au **niveau minimal de subsistance** ; leur salaire dépend donc du prix des produits de première nécessité et, notamment, du prix du blé. Il estime qu'à mesure que la population augmente, les capitalistes sont obligés d'utiliser des terres de moins en moins fertiles pour pouvoir nourrir la population, ce qui fait augmenter le prix des biens agricoles et, ainsi, les taux de salaires et la rente versée aux propriétaires de terres fertiles.
- Les profits **baissent donc tendanciellement** selon Ricardo, ce qui va conduire l'économie à un **état stationnaire**, aucun capitaliste ne voulant investir du fait de perspectives trop faibles de profits. Ricardo envisage deux possibilités pour contrer cette tendance : le **progrès technique**, qui permettrait d'utiliser de façon plus efficace les terres disponibles (en utilisant par exemple des engrais pour un meilleur rendement), ou l'**ouverture au commerce international** pour mettre en culture des terres fertiles jusque-là inexploitées.

La théorie du commerce international

- Ricardo défend de façon vigoureuse le libre-échange et argumente sa position en exposant sa théorie des avantages comparatifs. Il explique que, quand les facteurs de production sont immobiles entre pays (les travailleurs ne peuvent se déplacer d'un pays à un autre et les capitalistes investissent uniquement dans leur pays), chaque pays a intérêt à **se spécialiser** dans la production du bien pour lequel il est **relativement le plus performant** et à importer les autres biens.

• En faisant cela, plus de biens peuvent être produits au niveau mondial avec une quantité constante de facteurs : le libre-échange entre pays est à l'origine de la création d'un **surplus**. Il existe un gain à l'échange.

La théorie monétaire

• Ricardo établit un lien étroit entre quantité de monnaie en circulation et inflation. Si l'offre de monnaie est trop importante par rapport à la quantité de biens et services en circulation, la monnaie va perdre de sa valeur. Un euro ne permettra pas d'acheter autant de biens et services que par le passé, ce qui signifie qu'il y a inflation.

• Afin de limiter le pouvoir de création monétaire des banques et de contrôler l'inflation, Ricardo propose que la monnaie soit définie **en référence à l'or**. Il fait partie de la Currency School, en opposition à la Banking School qui défendait une autre conception de la monnaie (selon laquelle ce n'est pas la quantité de monnaie en circulation qui compte, mais la qualité des prêts octroyés par la création monétaire). Ricardo dénonce donc la suspension de la convertibilité en or de la livre sterling en 1797, et milite activement pour son rétablissement (qui a eu lieu en 1821). En 1844, le Bank Charter Act confère à la Banque d'Angleterre un monopole d'émission des billets et l'oblige à détenir des réserves en or égales à 100 % des billets nouvellement émis : les thèses de la Currency School l'ont emporté.

Œuvres et citations

Le Haut Prix du lingot, une preuve de la dépréciation des métaux précieux, 1810.
Essai sur l'influence du bas prix du blé sur les profits du capital, 1815.
Des principes de l'économie politique et de l'impôt, 1817.

« Le rapport entre les quantités de travail nécessaires à l'acquisition de différents biens semble être le seul moyen qui puisse fournir une règle d'échange de ces marchandises. »

« Chaque nouveau progrès de la population obligera un pays à recourir à des terres de moindre qualité qui lui permettront d'accroître la quantité de nourriture, la rente de toutes les terres plus fertiles s'en trouvera donc augmentée. »

« L'expérience montre [...] que jamais un État ou une Banque n'a disposé d'un pouvoir illimité d'émission de papier-monnaie sans en abuser. »

ALEXIS DE TOCQUEVILLE (1805-1859)

Alexis de Tocqueville est né à Paris en 1805. Monarchiste et libéral, il fait des études de droit avant d'être nommé juge au tribunal de Versailles. En 1831, il part en mission officielle étudier le système pénitentiaire américain, où il analyse les débuts de la démocratie, thème de son grand ouvrage *De la démocratie en Amérique*. Il fait ensuite une carrière politique (député, puis ministre). Il publie *L'Ancien Régime et la Révolution* en 1856 et meurt à Cannes en 1859.

La démocratisation des sociétés

- Tocqueville estime que la principale caractéristique de la **démocratie*** est le mouvement d'égalisation des conditions. Ce processus repose sur l'égalité* : égalité des droits puisqu'il n'y a plus de distinctions héréditaires et que la mobilité sociale* devient possible en fonction des talents de chacun. Mais également égalité de fait, car la démocratie suppose une tendance à l'égalisation des niveaux et à l'uniformisation des modes de vie. Selon Tocqueville, la « passion pour l'égalité » anime les peuples démocratiques : les situations sociales peuvent être inégalitaires dans les faits, mais les citoyens* se pensent et se représentent comme égaux.
- Se développe alors un goût pour le bien-être matériel : la société démocratique tend à la constitution d'une **vaste classe moyenne**, où la hiérarchie sociale est moins fortement marquée, et où les individus, foncièrement conservateurs, sont **davantage préoccupés par la réussite économique** que par des mouvements révolutionnaires qui mettraient en péril leur ascension sociale.

Les dérives de la démocratie

Tocqueville perçoit d'importantes dérives potentielles dans les sociétés démocratiques.

- Le premier risque est l'apparition de la tyrannie de la majorité : en vertu de la règle de la majorité et du vote, un pouvoir peut opprimer la minorité.
- Le **conformisme** progresse : l'individu risque de perdre son indépendance intellectuelle et son esprit critique si toutes les opinions désormais se valent.
- Un autre risque est la montée de l'individualisme : puisque l'individu, dans les démocraties, se préoccupe **davantage de son bien-être matériel** que de l'intérêt général, il a tendance à **s'isoler** et se replier sur la petite société qu'il forme avec ses semblables (famille, amis). Cette « passion pour l'égalité » peut alors entraîner un **désintérêt des citoyens** pour la chose publique et favoriser l'excès de pouvoir d'un État despotique qui supprimerait les libertés.

Œuvres et citations

De la démocratie en Amérique (deux tomes, 1835, 1840).
L'Ancien Régime et la Révolution, 1856.
« Les peuples démocratiques ont un goût naturel pour la liberté... mais ils ont pour l'égalité une passion insatiable, éternelle, invincible. Ils veulent l'égalité dans la liberté et, s'ils ne peuvent l'obtenir, ils la veulent encore dans l'esclavage. »
« Le désir d'égalité devient toujours plus insatiable à mesure que l'égalité est plus grande. »

180 KARL MARX (1818-1883)

Économiste et philosophe allemand, Karl Marx est considéré comme l'un des plus grands penseurs du XIXe siècle. Son œuvre comprend des écrits scientifiques dans lesquels il cherche à expliquer le fonctionnement du système capitaliste, et des écrits politiques dans lesquels il dénonce l'injustice de ce système.

La théorie de l'exploitation

- Marx est un théoricien de la **valeur travail** : la valeur d'un bien dépend de la **quantité de travail nécessaire** pour produire ce bien. La force de travail étant pour Marx un bien comme un autre, la valeur d'une heure de travail (qui détermine le salaire horaire) dépend de ce qu'il faut à un travailleur pour être en capacité de travailler une heure (pour produire la force de travail). Supposons qu'un travailleur doive consommer un ensemble de biens dont la valeur travail globale est de trois heures pour être physiquement capable de travailler pendant huit heures. Si une heure de travail vaut 20 euros, l'employeur devra payer 60 euros (3 × 20) pour utiliser le travailleur pendant huit heures. Les biens qui auront été produits en une journée auront une valeur travail de huit heures (soit 160 euros) car cela correspond au temps passé à les produire.
- La différence entre la **valeur des biens produits** et la **valeur de la force de travail** correspond à la **plus-value** (160 − 60 = 100 euros). Or ce sont les propriétaires qui s'approprient ce surplus, ce que Marx qualifie d'exploitation.

La baisse tendancielle du taux de profit

- Le taux de profit est égal à la **plus-value divisée par le montant du capital** avancé par les capitalistes. Le travail étant à l'origine de la plus-value, plus les capitalistes utiliseront des machines dans le processus productif, moins le taux de profit sera important. La **mécanisation** est ainsi responsable, pour Marx, de la **baisse tendancielle des taux de profit**.
- Les capitalistes peuvent, à court terme, compenser ce phénomène en abaissant les salaires et en intensifiant le travail, mais Marx prédit, à terme, la **fin du système** capitaliste.

La lutte des classes

- Pour Marx, toute société est caractérisée par l'existence de classes en opposition. Ce conflit est à l'origine du changement social. La structure économique (infrastructure) va définir différents groupes sociaux dont les intérêts sont différents et déterminer la classe dominante.
- Les idées dominantes (superstructure) reflètent les idées de ce groupe dominant. En valorisant des discours légitimant le système en place, ces idées contribuent à la reproduction du système.

Œuvres et citations

Le Capital (Livre 1), 1867.

« Homme libre et esclave, patricien et plébéien, baron et serf, maître de jurande et compagnon – en un mot oppresseurs et opprimés en perpétuelle opposition – ont mené une lutte ininterrompue […] qui finissait toujours soit par une transformation révolutionnaire de toute société, soit par la ruine commune des classes en lutte. » (*Le Manifeste du Parti communiste*, 1848.)

181 — LÉON WALRAS (1834-1910)

Économiste, Walras est l'un des initiateurs de la **révolution marginaliste** qui met en avant le raisonnement à la marge en économie. C'est l'un des fondateurs de l'**école néoclassique**. Il préconise l'adoption des outils mathématiques en économie.

La valeur utilité

- Léon Walras rejette la théorie de la valeur travail : selon lui, le prix relatif d'un bien A par rapport à un bien B ne dépend pas de la quantité de travail nécessaire à la production de ces biens, mais de la **satisfaction** (utilité) que les individus retirent de leur consommation.
- Walras met en avant le fait que la satisfaction liée à la **consommation d'une unité supplémentaire** d'un bien (utilité marginale) est de **moins en moins forte** (la consommation d'un trentième carré de chocolat procure moins de plaisir que celle du premier carré). L'**utilité marginale** est ainsi **décroissante**, si bien que plus un bien est relativement rare, plus les individus retireront du plaisir de sa consommation et seront prêts à payer pour l'acquérir.

Le modèle de concurrence pure et parfaite (CPP)

- Walras développe le modèle de CPP pour comprendre le fonctionnement des marchés concurrentiels. Un marché est dit de CPP si, sur ce marché :
– les **biens échangés** sont **identiques** ;
– tous les agents peuvent **entrer et sortir librement** ;
– l'**information** est **transparente** ;
– les **facteurs de production** utilisés **peuvent être réalloués** à la production d'autres biens si nécessaire ;
– aucun acteur n'est assez puissant pour modifier l'équilibre du marché par son seul comportement (**pas de pouvoir de marché**).
- Les marchés de CPP conduisent spontanément à une **situation d'équilibre** (offre = demande), à part dans certains cas de défaillances du marché (par exemple quand il existe des rendements d'échelle croissants) ou quand l'État intervient (par exemple en fixant un prix plancher).

La détermination de l'équilibre général

- Walras réfléchit aux conditions dans lesquelles tous les marchés peuvent être simultanément à l'équilibre (équilibre général). Les marchés sont en effet **interdépendants** et la modification de l'équilibre sur un marché va modifier les équilibres sur les autres marchés. Par exemple, suite à une période de gel, l'offre de poireaux va diminuer, ce qui va conduire à une augmentation du prix d'équilibre sur le marché du poireau – qui engendrera une augmentation du prix d'équilibre sur le marché du velouté de poireaux en boîte (du fait d'une augmentation du coût de production de ce velouté).

Œuvres et citations

Éléments d'économie politique pure, 1874.
« Si le blé ou l'argent ont de la valeur, c'est parce qu'ils sont rares, c'est-à-dire utiles et limités en quantité. »
« Au-delà du point d'équilibre, l'offre de la marchandise est supérieure à sa demande, ce qui doit amener à une baisse de prix, c'est-à-dire un retour vers le point d'équilibre. »

182 ÉMILE DURKHEIM (1858-1917)

Considéré comme l'un des pères fondateurs de la sociologie, Durkheim a contribué à en faire une science autonome et institutionnalisée. Son œuvre repose sur la volonté de donner à la discipline un **objet propre** (les **faits sociaux**), ainsi qu'une **démarche spécifique**.

La sociologie comme projet scientifique

- Durkheim définit la sociologie par son objet, le fait social, qu'il définit comme « l'ensemble des manières d'agir, de penser et de sentir, extérieures à l'individu » et qui s'imposent à lui. Il s'inscrit ainsi dans la tradition du holisme méthodologique. Le sociologue doit analyser objectivement la société et doit, pour cela, **évacuer les prénotions** (mettre de côté ses préjugés).
- En outre, sa méthode nécessite de définir préalablement les phénomènes étudiés afin de délimiter le champ d'étude, de faciliter le tri des données et de lever les approximations du vocabulaire courant, permettant ainsi le contrôle de son travail par ses pairs.
- Il privilégie la méthode des variations concomitantes, qui permet d'établir des explications causales des faits sociaux en articulant théorie sociologique et recherche empirique. Durkheim utilise cette méthode pour étudier les déterminants du suicide et, notamment, l'impact de l'âge sur la probabilité de se suicider.

Le lien social

- L'œuvre de Durkheim est traversée par une interrogation : comment les hommes forment-ils ensemble une société ? Dans *De la division du travail social*, il pose le problème de la **transformation du lien social** lors du passage de la société traditionnelle à la société industrielle, cette dernière nécessitant de concilier **autonomie** de l'individu et **cohésion** sociale. Prolongeant la question d'Adam Smith sur les effets de la division du travail, il voit dans ce processus l'explication du passage d'une société à l'autre, caractérisées respectivement par une solidarité mécanique* et une solidarité organique*.
- Si la division du travail crée généralement du lien social, il peut arriver que ce ne soit pas le cas lorsqu'elle conduit à un isolement trop fort des individus entre eux. Durkheim explique qu'une telle évolution conduit à une situation d'**anomie*** où les règles sociales sont inadaptées ou insuffisantes. Dans *Le Suicide*, ouvrage portant sur un phénomène a priori purement individuel, Durkheim démontre qu'il s'agit en fait d'un fait social caractéristique de la dissolution du lien social dans les sociétés modernes.

Œuvres et citations

De la division du travail social, 1893.
« Mais si la division du travail produit la solidarité, ce n'est pas seulement parce qu'elle fait de chaque individu un échangiste comme disent les économistes ; c'est qu'elle crée entre les hommes tout un système de droits et de devoirs qui les lient les uns aux autres d'une manière durable. »
Les Règles de la méthode sociologique, 1895.
Sont faits sociaux toutes « manières d'agir, de penser et de sentir, extérieures à l'individu et qui sont douées d'un pouvoir de coercition en vertu duquel ils s'imposent à lui. »
Le Suicide, 1897.

MAX WEBER (1864-1920)

Max Weber est un sociologue allemand considéré comme l'un des pères fondateurs de la sociologie. Son influence porte sur la **méthode** sociologique, la **démarche** scientifique (distinguer jugement de fait et jugement de valeur) et sur les **thèmes** abordés (capitalisme, bureaucratie, religion).

Une sociologie de l'activité sociale

- Max Weber définit la sociologie comme « une science qui se propose de comprendre par interprétation l'activité sociale et, par là, d'expliquer causalement son déroulement et ses effets ». Expliquer un phénomène, c'est prendre en compte le **sens subjectif visé** par l'acteur, les raisons qui l'ont poussé à agir. L'activité sociale correspond aux activités qui sont **tournées vers autrui** : le fait que deux cyclistes se heurtent involontairement n'est pas une action sociale, sauf si les cyclistes se disputent ou s'excusent, **agissant** donc **en fonction de l'autre**.
- Pour simplifier l'analyse de cette réalité, M. Weber s'appuie sur le concept d'idéal-type. Il distingue ainsi quatre idéaux-types de l'action sociale :
– le comportement traditionnel, qui relève de la coutume, de l'habitude ;
– le comportement affectuel, poussé par l'émotion ou le sentiment ;
– l'action rationnelle en valeur, réalisée par conviction (un individu agit en conformité avec ses valeurs, comme le ferait un capitaine qui coulerait avec son navire) ;
– l'action rationnelle en finalité, réalisée par confrontation rationnelle des moyens et des fins (exemple de l'ingénieur qui construit un pont).

La rationalisation des activités sociales

- Dans une approche historique, Weber montre que le comportement rationnel en finalité prend une place croissante dans les sociétés modernes ; c'est le processus de démagification du monde : dans les entreprises, se mettent en place des méthodes « rationnelles » de production (taylorisme), la science fait reculer les discours religieux et magique, l'État s'appuie sur une bureaucratie (domination rationnelle légale).
- Ainsi, dans son étude sur le développement du capitalisme, Weber montre comment les protestants calvinistes, à travers des comportements rationnels en valeur, agissent de manière à développer l'épargne et l'accumulation du capital favorable à la croissance, mais aussi comment cette rationalité en valeur cède la place à une rationalité en finalité.

Œuvres et citations

L'Éthique protestante et l'Esprit du capitalisme, 1904.
« La soif d'acquérir, la recherche du profit, de l'argent, de la plus grande quantité d'argent possible, n'ont en elles-mêmes rien à voir avec le capitalisme. [...] L'avidité d'un gain sans limites n'implique en rien le capitalisme, bien moins encore son « esprit ». Le capitalisme s'identifierait plutôt avec la domination rationnelle de cette impulsion irrationnelle. »
Le Savant et le politique, 1919.
« La politique n'a pas sa place dans la salle de cours d'une université. »
Économie et société, 1921 (édition posthume).

184 JOHN MAYNARD KEYNES (1883-1946)

Après des études à Cambridge, où il suit les cours des maîtres de l'économie de l'époque – Alfred Marshall et Arthur Cecil Pigou –, John Maynard Keynes est professeur d'économie. Il exerce, en parallèle, de nombreuses fonctions politiques, comme la représentation de l'Angleterre à la conférence de Bretton Woods en 1944.

L'équilibre de sous-emploi

- Pour les néoclassiques, si les salaires et le nombre de salariés employés peuvent varier librement, le marché du travail est nécessairement à l'équilibre et il n'y a pas de chômage involontaire.
- Pour Keynes, le niveau de l'emploi n'est pas fixé sur le marché du travail en fonction du salaire, mais sur le marché des biens et services : en effet, en fonction du niveau de la demande effective (ou demande anticipée), les entrepreneurs déterminent la quantité de biens et services à produire, et embauchent la main-d'œuvre nécessaire pour atteindre ce niveau de production. Si la demande anticipée est faible, il y aura peu d'embauches et il y aura du chômage involontaire.

La lutte contre le chômage

- Keynes estime qu'une baisse des salaires conduirait à une diminution de la consommation, et donc de la demande anticipée, de la production et, ainsi, à une baisse de l'emploi. Il faut au contraire augmenter les salaires pour augmenter la demande effective et inciter les entreprises à investir.
- Le recours à des politiques de relance conjoncturelle, budgétaire* et monétaire* est fortement préconisé pour relancer l'activité et générer de nouveaux emplois. Keynes est aussi favorable à une politique de redistribution des revenus en faveur des plus pauvres, qui ont la propension moyenne à consommer la plus forte.

Keynes et la finance

- Keynes introduit le concept d'incertitude, selon lequel le futur n'est pas probabilisable. Il est pour lui impossible d'évaluer précisément la valeur d'un titre, et sa cote dépendra avant tout des prévisions des agents (optimisme ou pessimisme) plus que de paramètres réels. Les prévisions des individus étant fortement liées à celles des autres, des bulles spéculatives se forment régulièrement. Ainsi, si les individus pensent que la valeur d'un titre va augmenter du fait d'un optimisme généralisé, tout le monde va acheter le titre, ce qui va contribuer à en faire augmenter le cours et va conforter les individus dans leur optimisme. On aura ainsi, pendant un temps, un accroissement auto-entretenu du prix du titre.
- Le système conduit donc à ce que les prévisions des agents soient auto-réalisatrices du moment qu'elles sont partagées par un certain nombre.

Œuvres et citations

Théorie générale de l'emploi, de l'intérêt et de la monnaie, 1936.

« Nous démontrerons que les postulats de la théorie néoclassique ne s'appliquent qu'à un cas spécial et non au cas général. »

« Les deux vices marquants du monde économique où nous vivons sont, le premier, que le plein-emploi n'y est pas assuré, le second, que la répartition de la fortune et du revenu y est arbitraire et manque d'équité. »

185 JOSEPH SCHUMPETER (1883-1950)

Après des études à la faculté de Vienne, en économie, en sociologie et en histoire, Schumpeter devient professeur d'économie politique, puis poursuit sa carrière aux États-Unis. Il est considéré comme l'un des plus grands théoriciens de la dynamique du capitalisme.

Le rôle de l'innovation

- En l'absence de **progrès technique**, l'économie est enfermée dans un circuit qui ne peut que se reproduire à l'identique. Seule l'**innovation**, c'est-à-dire « le fait d'établir et de mettre en œuvre une nouvelle fonction de production » peut provoquer la modification de ce circuit et faire sortir l'économie de l'état **stationnaire**.
- Progressivement, avec la diffusion des innovations dans l'économie, se met en place un processus de « **destruction créatrice** » : les structures de l'économie se transforment car les **anciennes activités** sont frappées d'**obsolescence**, alors que les **nouvelles** sont porteuses de **grappes d'innovations**.
- Le capitalisme, cette forme d'économie de propriété privée dans laquelle les innovations sont mises en œuvre à l'aide de capitaux empruntés, est un « ouragan perpétuel », soumis à des cycles économiques de longue période et caractérisés par une alternance de phases d'expansion et de dépression.

L'entrepreneur schumpétérien

- Pour Schumpeter, si l'agent qui est à la tête d'une entreprise n'innove pas, il n'est qu'un simple gestionnaire ; l'**entrepreneur-innovateur**, lui, est celui qui **introduit le progrès technique** : il « brise la routine » et révolutionne les structures de l'économie. L'entrepreneur schumpetérien assume les risques financiers de l'innovation puisqu'il a recours au crédit bancaire, et son mobile d'action est tant la « volonté de vaincre » et la « joie de créer » que la recherche du profit.
- Les profits sont d'autant plus importants et durables que l'entrepreneur est capable d'**éliminer toute forme de concurrence** directe et immédiate en s'assurant un monopole temporaire sur le marché.
- Pessimiste sur l'avenir du capitalisme, Schumpeter prophétise le « crépuscule de la fonction d'entrepreneur » et la domination de grandes firmes qui favoriseront une « bureaucratisation de l'innovation ».

Œuvres et citations

Théorie de l'évolution économique, 1912.
Capitalisme, socialisme et démocratie, 1942.
« Dans la réalité capitaliste, la seule concurrence qui compte ne porte pas sur les prix, mais sur les nouveaux produits, les nouvelles techniques, les nouvelles sources de matières premières, le nouveau type d'organisation – la concurrence qui explique la recherche d'un avantage décisif de coût ou de qualité et qui ne touche pas à la marge les profits et la production des firmes existantes, mais leur fondation et leur survie même. »
« Le rôle de l'entrepreneur consiste à réformer ou à révolutionner la routine de production en exploitant une invention ou, plus généralement, une possibilité technique inédite. »
Histoire de l'analyse économique, 1954.

186 MILTON FRIEDMAN (1912-2006)

Économiste américain, Friedman est considéré comme l'un des grands économistes du XXe siècle. Il est réputé pour ses travaux sur la monnaie, la consommation et les politiques de stabilisation. Fervent opposant des théories keynésiennes, il reçoit le prix Nobel d'économie en 1976.

La fonction de consommation

- Pour Friedman, la consommation* des ménages ne dépend pas seulement de leur revenu courant (revenu actuel), mais aussi des **revenus anticipés** sur les périodes futures. Les individus cherchent en effet à avoir une consommation relativement **stable** dans le temps et vont **épargner** les mois où leur revenu est plus élevé pour pouvoir utiliser cette épargne les mois où leur revenu est plus faible.
- Friedman distingue deux composantes dans le revenu courant, le revenu permanent (revenu auquel peuvent s'attendre les individus en moyenne sur une période), et le revenu transitoire (écarts entre cette moyenne et le revenu réel). Pour Friedman, la **consommation dépend du revenu permanent**.

Les causes de l'inflation

- Friedman voit dans l'inflation* un **phénomène monétaire** : lorsque la masse monétaire augmente plus vite que le volume de la production, le niveau général des prix va augmenter. Le volume de monnaie n'a aucune influence sur la structure des prix relatifs (prix des biens les uns par rapport aux autres, par exemple le fait que le bien A vaille deux fois plus cher que le bien B), mais seulement sur leur niveau nominal (prix affiché).
- Le fait que le bien A vaille 100 € et le bien B 200 €, ou que le bien A vaille 10 € et le bien B 20 €, dépend ainsi de la **quantité de monnaie en circulation**. Pour limiter l'inflation, Friedman préconise ainsi un contrôle strict de la masse monétaire par la banque centrale. Il propose en effet que la croissance de la masse monétaire suive une règle : qu'elle augmente de façon proportionnelle à la croissance de la production.

Le taux de chômage naturel

- Compte tenu des structures de l'économie (fiscalité, recherche, organisation de la production, etc.), il existe un taux de chômage naturel, vers lequel tend spontanément l'économie. Il n'est ainsi possible de descendre en dessous de ce taux de chômage qu'en modifiant les structures de l'économie (politiques structurelles).
- Par conséquent, pour Friedman, toute tentative de diminuer le chômage par des **politiques conjoncturelles*** n'aura **aucun effet à long terme**. Les effets de long terme seront même **négatifs** si ces politiques sont financées par de la création monétaire car, à terme, le chômage n'aura pas baissé et il y aura **plus d'inflation**. La seule façon de lutter contre le chômage est donc, pour Friedman, de mener des politiques structurelles.

Œuvres et citations

Inflation et système monétaire, 1969.
« La cause immédiate de l'inflation est toujours et partout la même : un accroissement anormalement rapide de la quantité de monnaie par rapport au volume de production. »

187 ERVING GOFFMAN (1922-1982)

Né au Canada, E. Goffman appartient à la seconde école de Chicago, au sein de laquelle il a participé au développement du courant interactionniste.

L'observation participante

- Les ouvrages d'E. Goffman sont centrés sur l'étude de cas particuliers, privilégiant l'enquête de terrain, et plus précisément l'observation participante. Ainsi, Goffman n'hésitera pas à endosser le rôle d'un assistant du directeur d'un asile afin de comprendre le fonctionnement de cette institution qu'il qualifiera de « totalitaire » : comme le couvent ou la prison, elle tente de prendre en charge toutes les dimensions de l'existence de ses membres.
- Ces derniers tentent néanmoins de s'écarter du rôle que l'institution leur assigne afin de préserver une partie de ce qu'ils pensent être leur propre identité.

L'interaction comme « dramaturgie »

- Goffman décrit des relations de face-à-face dans la vie quotidienne : les **interactions**. Si celles-ci s'inscrivent dans un ordre social composé de normes et de sanctions, Goffman montre que les individus réinterprètent et jouent avec les normes, ne s'y soumettant pas passivement.
- Reprenant des termes issus du théâtre et du cinéma comme « **scène** », « **représentation** » ou « **jeu** », il considère l'interaction comme une dramaturgie où les acteurs se comprennent grâce à des **rites** qui guident l'action (par exemple, serrer la main de quelqu'un plutôt que de l'embrasser véhicule un message particulier).

La stigmatisation

- Lors d'une interaction, chaque acteur tente de **caractériser l'autre** de manière à le rendre « typique » pour l'identifier (c'est-à-dire à faire ressortir un ou des caractères distinctifs, comme sa taille ou sa corpulence). Une caractéristique devient un stigmate lorsqu'une **différence** (difformité corporelle, position dans la stratification sociale) se transforme en **inégalité**, induisant une relation entre un individu « normal » et un « handicapé » discrédité socialement.
- Ce stigmate attribué à l'autre ne correspond pas forcément à l'image que ce dernier a de lui-même. Le malaise dans la communication et la souffrance qu'il provoque suscite des stratégies de **gestion du stigmate** allant de la **résignation** jusqu'à l'**affrontement**.

Œuvres et citations

Asiles, 1968.
Les Rites d'interaction, 1974.
« Je ne m'occupe pas de la structure de la vie sociale, mais de la structure de l'expérience individuelle de la vie sociale. » (*Les Cadres de l'expérience*, 1991.)
« L'affirmation que le monde entier est une scène de théâtre est un lieu commun suffisamment familier aux lecteurs pour qu'ils en voient les limites et en acceptent la formulation. » (*La Mise en scène de la vie quotidienne*, 1959.)

HOWARD BECKER (NÉ EN 1928)

H. Becker est un sociologue américain. Il est, avec E. Goffman, l'un des principaux représentants du **courant interactionniste**. Comme ce dernier, il privilégie l'observation de terrain et accorde une importance particulière à l'étude de la déviance.

La déviance comme interaction

- H. Becker accorde une place centrale à l'interaction dans l'étude sociologique. Ainsi, il définit la sociologie comme « l'étude de la manière dont les gens font les choses ensemble ». C'est donc **dans l'interaction** que les individus **définissent la situation** dans laquelle ils sont engagés et **adaptent** en fonction **leur comportement**.
- Comme les autres sociologues du courant interactionniste, il note que le contrôle social s'exerce au-delà des comportements de crime et de délinquance, et concerne des pratiques telles que l'alcoolisme, la consommation de drogue ou l'appartenance à un mouvement musical. L'individu n'est **pas déviant par essence** (son action ne peut se réduire à une transgression des normes), mais est **désigné comme tel** dans sa relation aux autres. La déviance est donc **créée par la société**. Elle est le produit d'une interaction, située et datée, entre un individu qui commet un acte et le **groupe social qui y réagit**. Becker étant lui-même pianiste, il fera des musiciens de jazz fumeurs de marijuana son objet d'étude dans les années 1960.

L'étiquetage

- La probabilité d'être étiqueté avec succès comme déviant est plus importante si l'individu appartient à une contre-culture (sous-culture s'opposant à la culture dominante).
- La reconnaissance de l'étiquette « déviant » résulte d'un processus, dont la première étape consiste en la **transgression** de la norme (fumer de la marijuana, par exemple) ; puis, pour devenir déviant et être désigné publiquement comme tel par les instances de contrôle social, ce comportement doit **se reproduire**. Alors, le fumeur intériorise son caractère déviant dans le cadre d'un processus de socialisation et se définit lui-même ainsi, s'enfermant dans son image et rendant plus difficile la renonciation à ce comportement ; enfin, sa carrière de déviant se confirme par la **fréquentation** d'autres fumeurs et par l'**adhésion aux valeurs et règles** de ce groupe déviant.
- Se constitue alors une **spirale de la déviance** où chaque acte renforce son étiquette et conforte à ses yeux la légitimité de son comportement, rejetant un peu plus les divers contrôles sociaux.

Œuvres et citations

Outsiders, 1963.
« Les groupes sociaux créent la déviance en instituant des normes dont la transgression constitue la déviance, en appliquant ces normes à certains individus et en les étiquetant comme des déviants. »
« Nous devons considérer la déviance et les déviants, qui incarnent ce concept abstrait, comme un résultat du processus d'interaction entre des individus et des groupes. »

189 PIERRE BOURDIEU (1930-2002)

Pierre Bourdieu est un sociologue français dont l'influence est considérable, à la fois pour les notions qu'il a forgées et utilisées (le champ social, l'*habitus*...), pour les domaines étudiés (la culture, l'école...) et pour ses travaux portant sur la démarche scientifique en sociologie.

Reproduction sociale et sociologie du dévoilement

- La société est constituée de **champs** dans lesquels se déroule une activité sociale donnée, comme l'école. Dans chaque champ existe une **lutte** entre des groupes pour définir les ressources socialement valorisées (par exemple, les diplômes attribués par les grandes écoles).
- Le **groupe dominant** remporte la lutte de classement. Mais cette domination est **cachée** : dans le cas de l'école, les dominés méconnaissent les conditions dans lesquelles l'origine sociale est responsable des différences de réussite scolaire. Ils croient que les inégalités de parcours scolaires proviennent des caractéristiques personnelles liées aux dons ou au mérite (**violence symbolique**). Il existe des croyances (fausses) sur la manière dont fonctionne le champ : c'est l'*illusio*. Comme les sources de la domination restent cachées, les inégalités au sein du champ peuvent se reproduire dans le temps.
- Le savoir du sociologue permet de s'éloigner de l'évidence (les « prénotions » de Durkheim) et des croyances fausses. Mais le sociologue est lui-même un acteur social, il doit donc faire preuve de **vigilance épistémologique** pour **éviter** de porter des **jugements de valeur**.
- En montrant comment fonctionne la domination, la sociologie est une science du dévoilement des rapports de domination.

L'habitus et la culture

- L'*habitus* **individuel** correspond à un **ensemble de manières de faire et de penser** qui permet aux individus de se comporter « naturellement » dans l'espace social (qui leur donne le « sens pratique »). Mais les individus qui appartiennent aux mêmes groupes sociaux n'ont pas nécessairement les mêmes *habitus* individuels : un fils d'ouvrier qui reste ouvrier n'a pas le même habitus que le fils de paysan qui devient ouvrier.
- L'*habitus* est **générateur de pratiques**, notamment culturelles. Comme les classes dominantes imposent les critères de classement dans le champ, la **hiérarchie des pratiques culturelles suit** donc la **hiérarchie sociale**. Si tout le monde regarde la télévision, les classes dominantes regardent les émissions les plus « légitimes » (émissions culturelles), tandis que les classes dominées regardent les moins légitimes (émissions de variété).

Œuvres et citations

P. Bourdieu, J.-C. Passeron et J.-C. Chamboredon, *Le Métier de sociologue*, 1968.
P. Bourdieu & J.-C. Passeron, *La Reproduction*, 1970.
« L'école transforme ceux qui héritent en ceux qui méritent. »
P. Bourdieu, *La Distinction. Critique sociale du jugement*, 1979.
« Le sociologue est celui qui s'efforce de dire la vérité sur les luttes qui ont pour enjeu la vérité. »
(*Leçon sur la leçon*, 1982.)

OLIVER WILLIAMSON (NÉ EN 1932)

Oliver Williamson enseigne à l'université de Berkeley, aux États-Unis. En 2009, il a reçu avec Elinor Ostrom le prix Nobel d'économie pour leurs recherches sur la « gouvernance économique ».

L'économie des coûts de transaction

- Les travaux de Williamson portent sur l'économie de l'entreprise et s'inscrivent dans le prolongement de ceux de Ronald Coase : ses analyses permettent d'**expliquer l'origine** des coûts de transaction et d'expliquer pourquoi l'**entreprise** s'impose comme **mode de coordination**, dans les cas où l'intégration d'une activité dans l'entreprise peut être préférée au recours au marché (c'est-à-dire à la sous-traitance).
- Williamson raisonne en introduisant des hypothèses spécifiques sur le comportement des agents économiques, et sur la **signature des contrats** : les individus ont une rationalité limitée (ils ne peuvent calculer parfaitement les conséquences de leurs décisions), et les **contrats** seront le plus souvent **incomplet**s, ne pouvant prévoir tous les événements possibles. En situation d'asymétrie d'information, cette incomplétude des contrats va permettre les comportements opportunistes et la manipulation de l'information par les agents qui peuvent tenter de s'approprier le bénéfice des transactions (« hold-up »).

Les institutions du capitalisme

- Pour Williamson, la firme est un **système de contrats**, une institution caractérisée par un **principe de hiérarchie** en vertu duquel c'est la direction qui a le pouvoir de prendre les décisions en cas d'événements non prévus par les contrats, pour limiter les risques liés aux stratégies « opportunistes ». Plus les transactions portent sur des actifs spécifiques et sont fréquentes, plus les coûts sont potentiellement élevés et incitent les entreprises à « faire plutôt qu'à faire faire ».
- Cette analyse permet d'expliquer le **développement des grandes firmes** intégrées au cours du XXe siècle, et celle des firmes multinationales, mais aussi de comprendre la **réversibilité du processus** : depuis les années 1980, la baisse des coûts de transaction a pu conduire à un mouvement inverse de recours au « faire faire », et certains observateurs notent que le développement des nouvelles technologies a pu, en permettant un meilleur contrôle des partenaires du contrat, favoriser un recours accru à la sous-traitance.

Œuvres et citations

Markets and Hierarchies : Analysis and Antitrust Implications, The Free Press, 1975.
The Economic Institutions of Capitalism : Firms, Markets, Relational Contracting, The Free Press, 1985.
« En l'absence d'opportunisme, tout ce qui suit disparaîtrait : le hasard moral, la sélection adverse, le tirage au flan, les filtrages, la poursuite de sous-objectifs non-dits, les distorsions et toutes les autres tromperies stratégiques. » (« Strategy research: governance and competence perspectives », Strategic Management Journal, vol. 20, n° 12, décembre 1999)

AMARTYA SEN
(NÉ EN 1933)

A. Sen est un économiste et philosophe indien né au Bengale. Les faits auxquels il assiste durant son enfance, comme la grande famine qui touche son pays en 1943, marqueront, de son propre aveu, l'ensemble de son œuvre. C'est pour son travail sur la théorie du choix social qu'il reçut en 1998 le prix Nobel d'économie.

Une théorie de la justice

- A. Sen propose une théorie de la justice originale qui tente de dépasser les préceptes utilitaristes (« le plus grand bonheur du plus grand nombre » selon la célèbre formule de J. Bentham) et ceux de J. Rawls (la justice comme équité). Il propose une **nouvelle manière de mesurer les inégalités** qui va au-delà de l'inéquitable distribution des ressources : par exemple, peut-on dire d'une personne qu'elle est riche parce qu'elle a un revenu élevé, sachant qu'elle doit le dépenser en grande partie pour soigner sa maladie ?

- Pour répondre à cette question, il forge le concept de « capabilité » qui renvoie à la possibilité de chacun de **convertir ses capacités en liberté** réelle (possibilité de les utiliser comme il l'entend), lui permettant de mener la vie qu'il souhaite. Sen considère qu'une situation est juste si les individus **disposent au final de la même liberté d'action**.

La mesure du développement

- Le développement est un des sujets centraux de l'œuvre de Sen. Remettant en cause l'opinion générale selon laquelle les famines apparaissent en raison d'une quantité insuffisante de nourriture, il démontre que c'est le **manque de démocratie**, induisant une **absence de reconnaissance des plus pauvres** et donc une **répartition inégale** des aliments, qui en est à l'origine. En cohérence avec sa théorie de la justice, le développement devient « le processus d'expansion des libertés réelles dont jouissent les individus » et la pauvreté une « privation de capabilités ».

- Pour les mesurer, le recours à un simple indicateur rendant compte du niveau de revenu monétaire (PIB) est insuffisant. Il sera donc un contributeur central à la construction de l'indice de développement humain (IDH), publié à partir de 1990 par le Programme des Nations unies pour le développement (PNUD). Cet indicateur vise à **rendre mieux compte des inégalités** entre nations en prenant en considération des éléments comme l'éducation ou la santé, en plus du niveau de vie.

Œuvres et citations

Repenser l'inégalité, 1992.
L'économie est une science morale, 1999.
« À titre d'exemple, on peut dire d'une personne qui n'est pas particulièrement pauvre en termes de revenu mais qui doit dépenser l'essentiel de ce revenu en dialyse, que cette personne est victime de la pauvreté, pauvreté due au fait que la liberté de cette personne pour accéder aux modes de fonctionnement humain les plus désirables est une liberté réduite. »
« La vie des individus entraîne des interdépendances, ce qui implique des obligations réciproques liées aux relations économiques, politiques et sociales qu'ils entretiennent mutuellement. »

192 RAYMOND BOUDON (NÉ EN 1934)

Raymond Boudon enseigne la sociologie à l'université de Paris IV-Sorbonne ; il est également chercheur au CNRS, et considéré comme l'un des plus grands sociologues français. Ses principaux thèmes de recherche portent sur la mobilité sociale, ainsi que sur la sociologie de la connaissance et les idéologies.

L'individualisme méthodologique

- Raymond Boudon est le principal représentant en France de l'individualisme méthodologique, selon lequel tout **phénomène social** doit être analysé comme le **résultat d'actions individuelles**. Pour comprendre un phénomène social, le sociologue doit alors **reconstruire les motivations** des individus. L'individu est défini comme un acteur rationnel qui, en toute chose, cherche à **maximiser son intérêt**, et réalise un calcul coût/bénéfices. Sa démarche est donc proche de celle de l'économiste.
- Selon Raymond Boudon, pour être rigoureuses, toutes les sciences sociales doivent appliquer ce principe de la théorie des choix rationnels. Il a ainsi montré que les pères fondateurs de la sociologie ont mobilisé l'individualisme méthodologique dans leurs écrits (Marx, Weber, Durkheim, Tocqueville).

L'inégalité des chances scolaires

- Selon Boudon, l'individualisme méthodologique permet de comprendre la persistance des inégalités scolaires. En effet, la décision de poursuivre ou non des études repose sur un calcul coût/avantage : les études ont un coût (en temps et en argent) et une rentabilité (le diplôme) ; or dans les classes populaires, on **surestime le coût** des études et on **sous-estime les avantages**. Les familles des classes populaires valorisent peu les études longues et demandent une forte rentabilité de l'investissement scolaire. Elles incitent donc les jeunes à suivre des filières plus courtes, plus professionnelles.
- Raymond Boudon estime néanmoins que, depuis la Seconde Guerre mondiale, il y a une incontestable **réduction de l'inégalité des chances scolaires**, mais que ces progrès de la scolarisation **affectent très peu la hiérarchie sociale**. L'explication de ce phénomène tient à la dévalorisation relative des diplômes et au paradoxe d'Anderson* : la demande scolaire a fortement augmenté tandis que le nombre de postes de cadres sur le marché du travail est, lui, resté stable.

Œuvres et citations

L'Inégalité des chances, La mobilité dans les sociétés industrielles, Armand Colin, 1973.
Effets pervers et ordre social, PUF, 1977.

« Le principe de l'individualisme énonce que, pour expliquer un phénomène social quelconque [...], il est indispensable de reconstruire les motivations des individus concernés par le phénomène en question, et d'appréhender ce phénomène comme le résultat de l'agrégation des comportements individuels dictés par ces motivations. »

193 JOSEPH STIGLITZ (NÉ EN 1943)

J. Stiglitz est né en 1943 aux États-Unis. Il reçoit le prix Nobel d'économie en 2001. Il participe au développement de la **nouvelle économie keynésienne** (NEK) qui cherche à expliquer la rigidité des marchés à partir du comportement rationnel des agents économiques en situation d'**asymétrie d'information**.

Rationnement sur les marchés et asymétrie de l'information

- Stiglitz défend l'idée selon laquelle les marchés ne sont **pas nécessairement en situation d'équilibre**. L'absence d'équilibre signifie que l'offre n'est pas égale à la demande. D'où vient ce rationnement ?
- Les agents économiques sont rationnels mais ne disposent que d'une **information imparfaite**. Par exemple, sur le marché du crédit, les banques ne connaissent pas avec exactitude la capacité de leur client à les rembourser dans le futur. Si les banques se mettent à anticiper une hausse du risque de faillite de leurs emprunteurs, elles vont chercher à limiter leur offre de crédit, en augmentant leurs taux d'intérêt. Les firmes qui ont les projets les plus solides vont se détourner du financement bancaire (qui est trop cher). Seuls les moins bons emprunteurs restent sur le marché (phénomène de sélection adverse). La hausse des taux provoque une hausse du nombre de faillites, ce qui accentue le rationnement du crédit par les banques (*credit crunch*).

La critique du « consensus de Washington »

- En 2000, Stiglitz quitte le poste d'économiste en chef de la Banque mondiale en critiquant les réformes économiques que la Banque Mondiale et le FMI (basés à Washington) demandent aux pays en contrepartie d'aides financières. Il existe selon lui un « consensus de Washington » qui s'appuie sur la **libéralisation des marchés intérieurs**, l'**ouverture des frontières** (pour les hommes et les capitaux), le **recul de l'intervention** économique et sociale de l'État, et qui est **responsable de l'appauvrissement** de pays comme l'Argentine durant les années 1990.
- S'inscrivant dans la tradition keynésienne de l'État régulateur de l'économie, Stiglitz conteste l'idée selon laquelle le marché est par nature le meilleur outil pour allouer les ressources dans l'économie : le marché commet des erreurs, ces erreurs sont durables, et seul l'État peut pallier les **défaillances du marché**.

Œuvres et citations

La Grande Désillusion, 2002.
Le Triomphe de la cupidité, 2010.
« Une des raisons pour lesquelles la main invisible est invisible, c'est peut-être qu'elle n'existe pas. » (*Quand le capitalisme perd la tête*, 2003)
« L'objectif de la croissance est d'améliorer notre qualité de vie, celui de la croissance verte, d'améliorer notre qualité de vie. Le débat sur la croissance et l'écologie est donc une fausse dichotomie. » (Interview par Jean-Gabriel Fredet dans *Challenges*, 27 août 2009)

194 MARK GRANOVETTER (NÉ EN 1943)

Mark Granovetter est un sociologue enseignant à l'université de Stanford, aux États-Unis. Ses travaux portent sur les **réseaux sociaux**. Il participe au développement de la **nouvelle sociologie économique** depuis le milieu des années 1970.

Relations sociales et activité économique

• Chaque individu possède un ensemble de relations sociales caractérisées par une plus ou moins grande **intensité émotionnelle**, une **confiance mutuelle** et l'échange plus ou moins important de **services réciproques**. Les liens sont alors considérés comme « **forts** », « **faibles** » ou « **absents** ». Les liens **forts** font circuler des **informations que tout le monde possède** au sein du groupe, tandis que les liens **faibles** assurent l'accès à une **information qui n'est pas partagée** par tous. Cette « force des liens faibles » s'observe dans la recherche d'emploi. Dans *Getting a job*, Granovetter montre ainsi que les cadres de la région de Boston (États-Unis) trouvent plus souvent un emploi grâce à leurs anciens collègues de travail ou de faculté plutôt que grâce à leurs liens forts (comme leur famille), à des demandes spontanées ou par l'équivalent de Pôle emploi.

• Les liens forts peuvent être des freins à l'activité économique car ils créent des obligations pouvant conduire à la prise de décisions qui nuisent au développement économique (exemple de l'entrepreneur qui embauche un membre de sa famille bien qu'il ne soit pas le plus compétent pour le poste). En situation de forte asymétrie de l'information, les liens forts peuvent néanmoins être utiles au développement économique car ils **augmentent la confiance** dans l'individu avec lequel l'échange doit se réaliser et permet que la **transaction économique ait lieu**.

La nouvelle sociologie économique

• Les travaux de sociologie économique s'attaquent à des thèmes et des objets longtemps réservés à l'analyse économique, comme les **marchés**. Les sociologues étudient ainsi comment les caractéristiques des réseaux sociaux ont un impact sur leur fonctionnement du fait que les marchés sont « encastrés » dans les relations sociales.

• Granovetter critique une **conception sursocialisée** de l'homme issue du **holisme méthodologique** (« *l'influence sociale est ici [...] une force qui s'insinue dans les esprits et les corps des individus* ») et une conception **sous-socialisée** de l'homme issue de l'**individualisme méthodologique** : « *les acteurs ne se comportent pas, et ne prennent pas leurs décisions, comme des atomes indépendants de tout contexte social* ».

Œuvres et citations

Getting a Job, 1974.
Le Marché autrement, 2000, 2008 (seconde édition)
« *Dès le départ, la plupart des auteurs travaillant sur les réseaux sociaux pensaient que l'intérêt principal de cette analyse est qu'elle permet de relier l'action individuelle, d'une part, et des structures macrosociales, d'autre part.* »
« [L'analyse des réseaux sociaux est] *un niveau intermédiaire fondamental qui permet de saisir les causes immédiates d'un très grand nombre d'actions sociales.* »

PAUL KRUGMAN (NÉ EN 1953)

Paul Krugman est né le 28 février 1953 aux États-Unis. Il soutient son doctorat d'économie en 1977 au Massachusetts Institute of Technology où il est ensuite nommé professeur. En 2008, il devient Prix Nobel d'économie pour ses recherches sur l'économie internationale et la géographie économique.

L'économie internationale

- Dans les années 1980, avec Elhanan Helpman, Paul Krugman **articule** ses travaux théoriques sur les **structures de marché** et l'**économie industrielle** avec ses réflexions sur le **commerce international**. Il fonde la « nouvelle théorie du commerce international ». Les champs de réflexion de Paul Krugman sont très nombreux : commerce international, géographie économique, taux de change, politique commerciale.

- Ses recherches portent notamment sur l'analyse des effets des économies d'échelle sur le commerce international et la localisation des activités économiques, afin de dépasser le cadre théorique des modèles traditionnels (fondés sur les hypothèses de concurrence pure et parfaite). Avec James Brander et Barbara Spencer, il développe des modèles de concurrence imparfaite et de duopole international qui permettent de justifier des « politiques commerciales stratégiques » (formes de protectionnisme), notamment à travers les subventions à l'exportation qui donnent aux entreprises un avantage dans la concurrence.

Un intellectuel engagé

- Paul Krugman est considéré comme un économiste néo-keynésien : à côté de son travail scientifique, il est aussi connu pour être un intellectuel engagé dans les débats politiques américains. Il collabore au *New York Times*, le quotidien de référence new-yorkais, dans lequel il publie des éditoriaux très suivis sur les questions économiques.

- Il dénonce régulièrement le creusement des inégalités aux États-Unis, perceptible sous les administrations Reagan et Bush. Il a aussi critiqué la politique industrielle de l'administration Clinton, d'inspiration protectionniste, et défendu le libre-échange. Partisan d'une plus grande intervention de l'État dans l'économie américaine, il milite depuis le début de la crise 2007 pour la transformation du capitalisme financier.

Œuvres et citations

Économie internationale (avec Maurice Obstfeld), Pearson, 2009.
La Mondialisation n'est pas coupable, La Découverte, 2000.
« L'introduction des rendements croissants et de la concurrence imparfaite dans la théorie ne fait que renforcer l'idée que les échanges sont toujours bénéfiques. »
(*Pourquoi les crises reviennent toujours*, Seuil, 2009.)

INDEX

Cet index liste l'ensemble des termes dont la définition doit obligatoirement être connue (programmes officiels). Les numéros en gras renvoient au numéro de la fiche où la définition se trouve, les autres numéros de fiche indiquent les passages où le terme est simplement utilisé (sans être défini). Ces termes sont repérés par un astérisque (*) dans les fiches notions.

Abstention électorale, **115**
Abus de position dominante, **78**
Accumulation du capital, **24**
Actifs financiers, **45**
Action publique, **106**, 104
Action sociale, **183**
Agenda politique, **106**, 110
Aléa moral, **31**, 48
Allocation des ressources, **25**
Assistance, **70**, 69
Assurance, **70**, 73
Asymétries d'information, **31**, 18, 48
Autofinancement, **24**
Avantage comparatif, **61**, 26, 40, 64, 68
Balance des paiements, **42**
Banque centrale, **51**, 49, 57, 63, 74, 76
Barrière à l'entrée, **30**, 78
Bien commun, **29**
Biens collectifs, **29**
Bilan, **19**
Bureaucratie, **109**, 17
Capital culturel, **93**
Capital humain, **41**, 21, 54, 56
Capital institutionnel, **56**
Capital naturel, **56**
Capital physique, **56,** 34
Capital social, **56, 81**
Capitalisation, **72**
Cartel de producteurs, **30**, 38
Changement social, **117**
Choix, **5**, 2
Chômage, **34**, 36, 34, 35, 36, 37, 38, 53, 62, 65, 87
Citoyenneté, **105**, 103
Classe sociale, **83**, 81, 82, 91, 114, 117
Cohésion sociale, **86**, 81**,** 91, 96, 97, 117
Commerce international, **66**, 64, 67, 68
Commerce intra-firme, **65**, 68
Compétitivité hors-prix, **67**, 40, 66
Compétitivité prix, **67**, 40, 66, 76
Comportement électoral, **114**, 112

Comportement mimétique, **45**, 46, 57
Comportements politiques, **112**
Compte de résultat, **19**
Conflit, **117**, 83, 111
Consommation, **12**, 2, 16, 82, 87
Consommation ostentatoire, **12**
Contrainte budgétaire, **5**
Contrat de travail, **35**
Contrôle social, **96**, 81
Contrôle social formel, **96**
Contrôle social informel, **96**
Conventions collectives, **111**, 38
Cotisations sociales, **73**, 70, 72, 74
Coût d'opportunité, **2**, 5, 61
Coût marginal de production, **22**
Coût moyen de production, **22**, 20
Coût salarial, **22**, 40
Coût salarial unitaire, **40**, 22
Coût total de production, **22**, 32, 67
Coûts de transaction, **17**, 63
Crise économique, **57**
Croissance, **54**, 2, 33, 34, 41, 54, 57, 64, 66, 67, 70, 76, 77, 78, 81
Croissance endogène, **54**
Croissance potentielle, **54,** 58, 74, 77
Culture, **89**, 69
Culture de masse, **89**
Culture politique, **112**
Cycle de vie, **10**
Déclassement, **85**, 82
Déficit public, **74**, 63, 76
défaillances de marché, **29**
Déflation, 58
Délinquance, **94**, 95
Délocalisation, **65**, 42, 64
Demande, **13**, 24, 32, 66
Demande anticipée, **13**, 24, 57
Demande globale, **53**, **13**, 36, 39, 53, 76
Démocratie, **100**, 99, 101
Démocratie délibérative, **100**
Démocratie participative, **100**
Démocratie représentative, **100**
Démographie, **60,** 33, 54

Dépenses publiques, **74**, 76
Dépression, **57**, 58
Désaffiliation, **87**
Déséquilibre extérieur, **42**
Désinflation, **32**
Dette publique, **74**, 63, 76
Développement durable, **59**
Déviance, **94**, 88, 96, 97
Déviance primaire, **94**
Déviance secondaire, **94**
Devises, **43**
Discrimination, **69**
Domination, **98**
Dotation factorielle, **61**
Droits civiques, **101**
Droits de propriété, **25**, 75
Échange marchand, **25**
Effet externe, **29**, 21**,** 41, 52
Effets de distinction et d'imitation, **12**
Égalité, **69**
Emploi, **34**, 15, 36, 38, 54, 67, 70, 76, 78, 81, 82, 87
Enquête de victimation, **95**
Entreprise, **17**, 19, 66, 67 68, 74, 76, 77, 78, 82, 109, 150
Épargne, **10**, 2, 42, 64, 11
Équilibre de sous-emploi, **36**
Équité, **69**
État, **102**, **74**, 63, 64, 69, 70, 75, 77, 101
État de droit, **101**
État fédéral, **102**
État nation, **102**
État unitaire, **102**
État-providence, **70**
Externalisation, **17**
Facteurs de production, **15**, 34, 55, 56, 61, 65
Faiseur de prix, **30**
Fait social, **182**
Financement direct, **47**
Financement indirect, **47**, 48
Firmes multinationales, **68**, 64
Fiscalité, **73**, 8, 11, 77
Flexibilité du marché du travail, **38**, 35, 36, 34, 64
Fluctuations économiques, **58**, 38
Fluidité sociale, **84**

Fonction d'allocation, **74**
Fonction de répartition, **74**
Fonction de stabilisation, **74**, 76
Formes de la monnaie, **49**
Gain à l'échange, **26**, 61, 64
Globalisation financière, **44**, 42, 48, 64
Gouvernance d'entreprise, **18**, 44, 109
Gouvernance multiniveaux, **104**, 106
Groupe d'appartenance, **79**
Groupe de référence, **79**
Groupe de statut, **79**, 82
Groupe d'intérêt, **79**, 106, 116
Groupe primaire, **79**
Groupe secondaire, **79**
Groupe social, **79**, 82, 83, 84, 89, 90, 91, 92
Hiérarchie, **17**
IDH, **52**
Incitations sélectives, **116**
Inégalités économiques, **8**, 64, 69
Inégalités sociales, **8**, 11, 69
Inflation, **32**, 7, 10, 51, 53, 57, 63, 76
Institutions marchandes, **25**
Intégration sociale, **86**, 94, 97, 117
Intermédiation, **47**
Investissement, **24**, 2, 53, 54, 68, 77
Justice sociale, **69**, 70, 71
Le/la politique, **4**, 85, 98
Légitimité, **98**
Libre échange, **62**, 64, 66
Lien social, **86**, 35, 69, 87, 92
Loi des rendements décroissants, **20**, 41
Marché, **25**, 2, 37, 38, 43, 57, 62, 64, 65, 68, 67, 71, 75, 77, 78
Marché concurrentiel, **27**
Marché des changes, **43**, 169
Marché monétaire, **50**, 51
Masse monétaire, **49**, 76
Méritocratie, **69**
Mobilité intergénérationnelle, **84**, 85
Mobilité intragénérationnelle, **84**
Mobilité observée, **84**
Mobilité sociale, **84**, 82, 85
Modèle, **1**, 2
Modes de scrutin, **110**
Monnaie, **49**, 32, 62, 63, 76
Monopole, **30**, 71, 78, 29
Mouvement migratoire, **60**, 33
Mouvement naturel, **60**, 33
Mouvement social, **117**, 112

Norme sociale, **88**, 82, 89, 90, 91, 94, 96, 97
Objectivation, **1**, 2, 3, 4
Offre, **28**, 67, 76
Oligopole, **30**
Opinion publique, **107**
Ordre politique, **98**
Organisation, **109**, 17, 110, 111
Paradoxe d'Anderson, **84**, **85**
Partenaires sociaux, **111**
Participation électorale, **114**
Passager clandestin, **116**, 81
Pauvreté, **9**, 64, 69, 70, 82, 87, 92
PIB, **52**, 54
Pluralisme politique, **99**
Politique budgétaire, **76**, 160
Politique monétaire, **76**, 36, 51, 63, 160
Politiques conjoncturelles, **76**, 54
Population active, **33**, 34, 36, 54, 82
Pouvoir, **98**,110
Pouvoir d'achat, **30**, 12, 13, 32, 39, 51, 62, 76, 78
Pouvoir de marché, **30**, 78
Pratiques culturelles, **93**, 89, 82
Précarité, **87**, 82
Prélèvements obligatoires, **73**, 74, 76, 77
Prénotion, **1**
Prestations sociales, **70**, 74
Prêteur en dernier ressort, **51**
Principe de subsidiarité, **102**
Prix, **25**, 13, 14, 53, 55, 63, 67, 71, 75, 78
Prix d'équilibre, **28**
Prix relatif, **13**
Production, **15**, 20, 58, 61, 64, 65, 66, 68, 67, 75, 76
Production marchande et non marchande, **15**
Productivité, **21**, 26, 41, 40, 56, 61, 67, 71, 78
Productivité globale des facteurs, **21**, 41, 54, 55
Profit, **23**, 16
Progrès technique, **55**, 21, 38, 54, 56, 58, 59
Protection sociale, **70**, 34, 63, 71
Protectionnisme, **62**, 66
Quantité d'équilibre, **28**
Rareté, **2**, 5
Ratio de dépendance, **72**
Rationnement, **75**
Recettes, **23**
Redistribution, **70**, 71
Régime parlementaire, **99**
Régime présidentiel, **99**
Régime semi-présidentiel, **99**
Réglementation, **75**

Régulation, **97**, 44, 76
Relation d'agence, **18**, 109
Rendements factoriels, **20**
Rendements d'échelle, **20**, 23
Répartition, **72**, 6, 8
Répertoires d'action politique, **112**
Réseau social, **80**, 79, 81, 86, 87
Revenu, **6**, 8, 14, 42, 67, 69, 73, 74, 82, 87
Revenu disponible, **6**, 12
Revenus de transfert, **6**
Risque de crédit, **48**, 50, 45, 273
Risque systémique, **51**
Rôle social, **90**, 79
Salaire, **39**, 35, 38, 40, 41, 61, 64, 70, 72
Salaire d'efficience, **39**
Salaire minimum, **39**, 38
Salariat, **35**, 70, 71, 82, 85, 86
Segmentation du marché du travail, **37**, 38, 35
Sélection adverse, **31**
Services collectifs, **71**
Sociabilité, **80**, 81, 87, 92
Socialisation, **91**, 79, 93, 96, 94, 117
Socialisation politique, **113**
Socialisation primaire, **91**, 93
Socialisation secondaire, **91**, 113
Socialisation anticipatrice, **91**, 79
Société civile organisée, **105**
Solidarité, **70,** 86
Solidarité mécanique, **86**
Solidarité organique, **86**
Souveraineté, **102**
Spécialisation, **61**
Spéculation, **46**
Stigmatisation, **96**, 87
Stratification sociale, **82**, 69, 84
Structure sociale, **82**, 84
Surplus, **28**
Syndicat, **111**, 106
Système politique européen, **103**
Taux de chômage, **36**, 34, 72
Taux de remplacement, **72**
Taux de salaire réel, **39**
Taux d'emploi, **34**
Taux d'intérêt, **50**, 42, 43, 48, 51, 63, 74, 76
Taxation, **75**
Union économique et monétaire, **63**
Utilité, **5**
Valeur ajoutée, **16**, 18, 40, 52
Valeurs, **88,** 82, 89, 91
Variables lourdes du comportement électoral, **114**
Vote sur enjeu, **114**

LEXIQUE

A

Abstention électorale : Attitude des électeurs qui consiste à ne pas voter lors des scrutins électoraux.

Abus de position dominante : Action, prohibée par la loi, d'une entreprise qui profite de sa position dominante sur un marché pour affaiblir la concurrence et imposer ses conditions à ses partenaires commerciaux.

Accumulation du patrimoine : Processus d'accroissement du patrimoine.

Actifs financiers : Éléments de patrimoine pouvant générer un flux positif de revenus.

Agence de notation : Entreprises privées dont la tâche est de produire de l'information financière et noter la dette des entreprises et des États en fonction des risques que ces derniers présentent.

Aléa moral : Risque qu'un individu adopte un comportement opportuniste après la conclusion d'un contrat du fait de l'existence d'asymétries d'information.

Anomie : Situation sociale caractérisée par l'affaiblissement des normes et du contrôle social au sein d'une société.

Assistance : Système de protection sociale qui verse aux membres de la collectivité les plus pauvres des aides sociales financées par l'impôt.

Assurance : Activité qui consiste à garantir un paiement en cas de réalisation d'un risque aux individus qui ont au préalable versé une prime ou une cotisation. Cette activité peut être privée (compagnies d'assurance) ou publiques (affiliation à la Sécurité sociale), à but lucratif ou sans but lucratif (mutuelle d'assurance).

Asymétrie d'information : Situation dans laquelle tous les agents économiques ne disposent pas de la même information.

Avantage comparatif : Avantage relatif d'un individu ou d'un pays dans la production d'un bien ou d'un service.

B

Balance des paiements : Document comptable, établi et publié par la Banque de France, qui enregistre toutes les transactions économiques et tous les paiements durant l'année civile entre la France et l'extérieur.

Banque centrale : Institution publique qui, au sein du système bancaire, émet la monnaie fiduciaire, met en œuvre la politique monétaire, conserve les réserves de change du pays et assure la fonction de prêteur en dernier ressort.

Barrière à l'entrée : Obstacle ayant pour but de limiter, voire d'empêcher les mouvements d'entrée de concurrents sur le marché (protections juridiques, exploitation de brevets, lourdeur des investissements initiaux).

Bien collectif : Bien non rival et non excluable.

Bien commun : Biens rival et non excluable, comme les ressources halieutiques, les nappes d'eau souterraines, le climat, la biodiversité, etc.

Bien d'équipement : Biens et services durables utilisés au cours du processus productif.

Bien de consommation finale : Biens et services consommés par des utilisateurs finaux qui entraînent leur destruction.

Bien de consommation intermédiaire : Biens et services utilisés et détruits au cours du processus productif.

Bien excluable : Bien dont il est possible d'exclure un individu de la consommation.

Bien rival : Bien dont l'utilisation par un agent empêche leur utilisation par un autre agent.

Bilan : Photographie du patrimoine d'une entreprise à une date donnée, permettant d'évaluer ce qu'elle possède et ce qu'elle doit. Il comporte un passif qui informe sur les sources de financement de l'entreprise et un actif qui rend compte des emplois de ces financements.

C

Capital : Stock d'actifs susceptible d'engendrer un flux de revenus.

Capital culturel : Ensemble des ressources et des dispositions culturelles (accès à des biens culturels, diplômes, rapport à la culture et à l'école).

Capital fixe productif : Moyens de production relativement durables (dépassant la durée du cycle de production) et participant directement à la fabrication des biens ou à la réalisation de la prestation de service (exemple des biens d'équipement). Ce terme renvoie au capital physique.

Capital humain : Ensemble des compétences et des expériences accumulées qui ont pour effet de rendre les salariés plus productifs.

Capital institutionnel : Ensemble des cadres mentaux, juridiques et politiques qui structurent les relations sociales et peuvent contribuer au bien-être des populations comme à la croissance économique.

Capital naturel : Facteur de production issu de la nature (la terre, les gisements miniers, ou encore les rivières pour la force hydraulique nécessaire à la production d'électricité).

Capital social : Ensemble des ressources dont un acteur peut bénéficier grâce à ses relations sociales. Au-delà de cette dimension individuelle, il désigne aussi un contexte social favorable aux échanges entre individus et donc au développement économique.

Cartel de producteurs : Accord entre des producteurs qui a pour résultat de limiter ou de supprimer la concurrence sur un marché.

Catégorie socioprofessionnelle : Classification multidimensionnelle et partiellement hiérarchisée créée par l'INSEE en 1954 (et modifiée depuis) qui est fondée sur un certain nombre de critères (profession individuelle, statut juridico-économique, qualification des salariés, position hiérarchique, taille de l'entreprise, secteur d'activité, opposition public/privé).

CDI (contrat à durée indéterminée) : La fin du contrat n'est pas prévue lors de signature du contrat de travail.

Chiffre d'affaires : Quantité vendue × prix des produits.

Choix : Arbitrages opérés par les individus dans un contexte marqué par une limitation des ressources utilisables (rareté).

Chômage : Situation dans laquelle une personne est sans emploi mais à la recherche d'un travail rémunéré et disponibles pour l'occuper.

Citoyenneté : Statut d'une personne à qui l'on reconnaît des droits, des devoirs et une égalité juridique avec les autres membres de la communauté politique.

Citoyenneté européenne : Citoyenneté de l'Union européenne instituée par le traité de Maastricht qui se superpose à la citoyenneté nationale et qui confère un certain nombre de droits.

Classes sociales : Groupe social de grande taille dont les membres partagent des positions similaires dans le système productif et qui ont des conditions de vie, des comportements et des valeurs proches, mais qui n'ont pas d'existence officielle ou légale.

Cohésion sociale : Situation caractérisée par la stabilité et la force des liens sociaux et par un niveau élevé de solidarité entre les membres d'une société.

Commerce international : Ensemble des échanges de biens et de services entre agents qui résident sur des territoires économiques différents.

Commerce intra-firme : Ensemble des échanges à l'intérieur du réseau même d'une entreprise multinationale.

Compétitivité : Aptitude à affronter des situations de concurrence et à rivaliser avec autrui.

Compétitivité hors prix : Capacité à gagner des parts de marché sur des critères autres que celui du prix (innovation, qualité, service après-vente, etc.).

Compétitivité prix : Capacité à proposer des produits à un prix inférieur à celui des concurrents.

Comportement mimétique : Type de comportement qui consiste à agir de la même façon que les autres.

Comportements politiques : Ensemble des pratiques sociales liées à la vie politique.

Compte de résultat : Vue d'ensemble des dépenses et des recettes d'une entreprise au cours d'une période donnée.

Conflit social : Opposition entre des individus ou des groupes sociaux qui défendent des valeurs ou des intérêts divergents et cherchent à modifier le rapport de force à leur avantage.

Consommation : Destruction plus ou moins rapide de biens et de services.

Contrat de travail : Convention écrite par laquelle le salarié s'engage, sous certaines conditions, à mettre son activité à la disposition de l'employeur, sous la subordination duquel il se place, moyennant une rémunération.

Contrôle social : Processus par lequel la société assure le maintien des règles en incitant les individus à avoir des comportements conformes aux normes.

Convention collective : Accord entre les organisations patronales et syndicales qui porte sur les salaires, les conditions de travail, etc.

Cotisations sociales : Prélèvements obligatoires sur les revenus qui financent la protection sociale.

Coût d'opportunité : Ce à quoi un individu renonce quand il fait un choix

Coût salarial unitaire : Coût salarial par unité de valeur ajoutée produite (en volume). On le calcule en faisant le rapport entre le coût salarial horaire de la main-d'œuvre et la productivité horaire du travail.

Coût salarial : Dépense engagée par l'entreprise pour disposer de main-d'œuvre (Salaire net + cotisations sociales salariales et patronales).

Coûts de production : Ensemble des dépenses nécessaires à la production d'un bien, c'est-à-dire les salaires, les biens d'équipement, la consommation intermédiaire et les taxes.

Crise économique : Retournement brutal de la conjoncture économique qui marque la fin d'une période d'expansion et se traduit par un ralentissement de la production et une montée du chômage.

Crise financière : Combinaison d'une crise boursière (ou krach boursier) et d'une crise bancaire qui se traduit par une instabilité financière et peut déboucher sur une récession économique.

Croissance économique : « augmentation soutenue, pendant une ou plusieurs périodes longues, d'un indicateur de dimension : pour une nation, le produit global en termes réels » (François Perroux)

Croissance endogène : Croissance résultant de facteurs qui dépendent du fonctionnement de l'économie (niveau d'éducation, efforts de recherche, état des infrastructures) et qui permettent d'augmenter les gains de productivité.

Croissance potentielle : Croissance maximale de la production qui peut être réalisée sans tensions inflationnistes compte tenu des facteurs de production disponibles et de l'état de la technologie.

Culture : Ensemble des manières de faire et de penser propres à un groupe.

Culture civique : Ensemble des normes et des valeurs, des droits et des devoirs qui favorisent la participation à la vie politique et encadrent les comportements des citoyens.

Culture politique : Ensemble des valeurs et des traditions qui structurent les pratiques politiques.

Cycle de vie (Théorie du) : Modèle explicatif des choix d'épargne des individus aux différents âges de la vie.

D

Déclassement intergénérationnel : Processus qui conduit un individu à occuper une position sociale moins valorisée que celle de ses parents (mobilité sociale descendante).

Décomposition internationale du processus de production (DIPP) : Processus de segmentation du processus de production d'un bien en plusieurs opérations prises en charge par des unités de production implantées dans différents pays.

Défaillance de marche : Situation dans laquelle le fonctionnement du marché conduit à une allocation inefficace des ressources.

Délinquance : Fait d'adopter un comportement contraire à la loi (par exemple, voler dans un magasin).

Délocalisation : Déplacement vers l'étranger d'une unité de production.

Demande : Quantité désirée pour un niveau de prix. La demande peut être individuelle ou concerner l'ensemble des acheteurs sur un marché.

Demande anticipée : Demande prévue par les entrepreneurs qui détermine le niveau de l'emploi selon Keynes.

Demande globale : Ensemble des biens et services qui ont été achetés au cours d'une année dans une économie donnée.

Démarche de l'économiste : Approche qui s'intéresse à l'organisation des échanges (notamment au fonctionnement des marchés), à la production des biens et services, à la répartition des revenus et à la consommation. Elle accorde une place centrale au rôle joué par les prix dans les décisions des agents et dans la coordination de leurs actions.

Démarche du politiste : Activité du chercheur qui analyse la dimension politique des phénomènes sociaux qui implique une prise de distance, une vigilance et une lutte contre les préjugés, contre l'ethnocentrisme.

Démarche scientifique : Approche, qui vise à rendre compte du réel en respectant la cohérence interne des énoncés produits, la confrontation avec les faits et la recherche d'objectivité.

Démocratie : Régime qui respecte trois principes : La participation du peuple (des citoyens) aux décisions (directement ou par l'intermédiaire de leurs représentants) ; Le pluralisme politique; L'alternance au pouvoir, c'est-à-dire la possibilité effective pour l'opposition d'accéder aux responsabilités si les citoyens en décident.

Démocratie participative : Forme de démocratie qui vise à faire participer directement les citoyens à certaines prises de décision.

Démographie : Discipline scientifique qui étudie l'évolution de la population d'un pays dans le temps.

Dépression : Phase d'un cycle économique au cours duquel le volume de la production diminue.

Désaffiliation : Selon Robert Castel, situation dans laquelle se trouve un individu qui est à la fois privé de travail et isolé socialement.

Déséquilibre extérieur : Situation dans laquelle les importations sont supérieures aux exportations (solde déficitaire de la balance commerciale).

Désinflation : Diminution du rythme d'augmentation des prix.

Développement durable : Mode de « développement qui répond aux besoins du présent sans compromettre la capacité des générations futures à répondre aux leurs » (Brundtland).

Déviance : Fait d'adopter un comportement jugé non conforme à la norme (par exemple, discuter en classe avec son voisin).

Déviance primaire : Fait de ne pas respecter une norme (par exemple tricher à un examen).

Déviance secondaire : Fait d'être considéré comme déviant (par exemple, se faire prendre par le surveillant en train de tricher).

Devise : Créance libellée en monnaie étrangère.

Discrimination : Différenciation de traitement des individus en fonction d'un critère particulier (sexe, couleur de peau, etc.).

Disqualification : Processus d'affaiblis-sement ou de rupture des liens de l'individu qui cumule les handicaps sociaux et se trouve confronté à la marginalisation sociale.

Division sociale du travail : Division des tâches en différents métiers (médecin, plombier, etc.).

Division technique du travail : Décomposition d'une tâche en différentes étapes (exemple donné par Smith de la division du processus de production d'une épingle en 18 étapes).

Dotation factorielle : Quantité de facteurs de production disponibles dans un pays.

E

Échange intra-branche : Commerce qui a lieu au sein d'une même branche de l'industrie ou des services.

Effet d'âge : Effet lié à l'âge de l'individu. Le fait d'être plus ou moins âgé entraîne des comportements différenciés entre les individus.

Effet de génération : Effet lié à l'appartenance à une génération particulière. On parle ainsi de l'effet génération mai 1968 pour désigner la façon dont les comportements des individus ayant vécu les événements de mai 1968 ont été modifiés par cette expérience.

Égalité : Situation dans laquelle deux individus ou deux groupes sont dans des positions jugées socialement comme étant identiques ou équivalentes.

Élasticité prix de la demande : Taux de variation de la quantité demandée/taux de variation du prix.

Élasticité revenu de la demande : Taux de variation de la quantité demandée d'un bien/taux de variation du revenu.

Emploi : Travail rémunéré.

Entreprise : Organisation qui utilise des facteurs de production et des consommations intermédiaires pour produire des biens ou des services vendus sur un marché.

Épargne : Partie non consommée du revenu. Il s'agit d'un flux qui vient alimenter un stock, le patrimoine.

Équilibre de sous-emploi : Situation d'équilibre économique caractérisée par un volume d'emploi trop faible pour que toutes les personnes désirant travailler occupent un emploi (existence de chômage).

Équité : Jugement moral que l'on porte sur une situation. Est équitable ce que l'on considère comme juste.

État : Pouvoir politique institutionnalisé. Institution politique qui exerce sa souveraineté sur un territoire donné et la population qui y réside.

État de droit : Système institutionnel dans lequel l'État se soumet lui-même à un certain nombre de règles juridiques qui protègent les individus contre les décisions arbitraires du pouvoir politique.

État social : Ensemble des interventions de l'État dans le domaine social (mesures d'assistance et d'assurance notamment).

État-nation : Ensemble d'individus rassemblés autour d'institutions politiques, d'un sentiment d'appartenance à une même nation, dans le cadre d'un territoire géographiquement déterminé.

Euro : Nom donné à la monnaie unique européenne instituée par le traité de Maastricht en 1992 et mise en circulation le 1er janvier 1999 sous sa forme scripturale, et le 1er janvier 2002 sous sa forme fiduciaire.

Exclusion : Rupture du lien social, du fait d'une exclusion de l'emploi, de la consommation, des relations sociales et familiales, etc.

Expansion : Phase du cycle économique qui se caractérise par une augmentation de la production.

Externalisation : Stratégie qui consiste à déléguer la gestion d'une ou plusieurs fonctions de l'entreprise à un prestataire extérieur.

Externalités : Conséquence d'une activité économique qui ne fait pas l'objet d'une transaction marchande.

F

Facteur de production : Ensemble des moyens mis en œuvre pour produire (comme le capital ou le travail), hors consommations intermédiaires.

Faiseur de prix : Capacité d'un ou plusieurs agents à influencer le prix des biens ou services échangés sur un marché.

Famille : Groupe social défini par des relations de parenté fondées sur des relations d'alliance (unions), de filiation (relation entre générations) et de germanité (relations entre frères et sœurs).

Financement de l'économie : Ensemble des opérations qui permettent aux agents économiques de se procurer les ressources nécessaires au financement des projets qu'ils veulent réaliser.

Firmes multinationales (FMN) : Entreprises qui possèdent au moins une unité de production (filiale) à l'étranger.

Fiscalité : Sous-ensemble des prélèvements obligatoires qui ne comporte que les impôts.

Flexibilité du marché du travail : Capacité pour les entreprises de faire varier le volume, la qualité ou le prix du travail, en fonction de l'évolution de la demande.

Fluctuations économiques : Ensemble des mouvements de baisse ou de hausse du rythme de la croissance économique.

Fluidité sociale : Situation dans laquelle l'inégalité des chances est relativement faible.

Flux internationaux de capitaux : Ensemble des transactions financières et des échanges de titres financiers entre les agents économiques qui résident dans des pays différents et enregistrés dans le compte financier de la balance des paiements.

Formes particulières d'emploi : Statuts d'emplois qui ne sont pas des CDI à temps plein (emplois précaires).

G

Gain à l'échange : Gain qui découle de la spécialisation d'une entreprise ou d'un pays dans la production d'un bien ou d'un service pour lequel il dispose de la technique de production la plus efficace ou qui nécessite l'utilisation intensive d'un facteur de production disponible de façon relativement abondante.

Globalisation financière : Processus à l'origine de l'interconnexion croissante des marchés de capitaux et de la création d'un marché unique des capitaux à l'échelle mondiale.

Gouvernance d'entreprise : Ensemble des processus, des institutions, des objectifs et des normes qui influencent l'organisation, le contrôle et l'administration de l'entreprise, et qui régissent les relations entre ses dirigeants et les autres parties prenantes (actionnaires, salariés, clients, fournisseurs).

Gouvernance mondiale : Ensemble des méthodes et institutions qui permettent de gérer des questions communes au niveau mondial. Elle consiste notamment à se demander comment gérer les problèmes de l'intégration des économies sans faire appel à un gouvernement, puisque celui-ci n'existe pas au niveau mondial.

Gouvernance multiniveaux : Principe de répartition des compétences entre les différents niveaux de pouvoir au sein de l'Union européenne (local, national et communautaire).

Groupe de statut : Groupe d'individus auquel il est reconnu un certain niveau de prestige social (Max Weber).

Groupe social : Ensemble d'individus ayant des interactions, réunis par un sentiment d'appartenance et reconnus par la société comme faisant partie de ce groupe.

I

Impôt progressif sur le revenu : Impôt dont le taux moyen de taxation croît avec le revenu.

Impôt proportionnel sur le revenu : Impôt dont le taux moyen est fixe pour tous les niveaux de revenu.

Incitations pécuniaires : Dispositif par lequel les individus ont intérêt à adopter un comportement particulier (comme appliquer loyalement les clauses d'un contrat).

Indice de développement humain (IDH) : Indice permettant de mesurer l'état de développement d'un pays. Il est compris entre 0 et 1 (plus le chiffre est élevé, plus le développement est grand) et intègre dans son calcul la valeur de l'espérance de vie à la naissance, le revenu national brut (RNB) par habitant en parité de pouvoir d'achat, et la durée de la scolarisation.

Inégalité : Différence qui implique une hiérarchisation sociale, c'est-à-dire qui donnent un avantage ou désavantage social à ceux qui disposent ou non de l'attribut inégalement réparti.

Inégalité économique : Inégalités liées à l'inégale distribution des ressources économiques (revenu, patrimoine).

Inégalité sociale : Inégalités liées à l'inégale distribution des ressources (éducation, capital social, etc.) ou de pratiques (santé, logement, situation d'emploi, etc.).

Inflation : Augmentation générale et durable du niveau général des prix.

Intermédiation de bilan : Activité qui consiste pour les institutions financières à collecter des fonds auprès des agents à capacité de financement et d'octroyer des crédits aux agents à besoin de financement.

Investissement : Flux qui vient accroître ou renouveler un stock de capital.

L

Libre-échange : Politique commerciale qui vise à supprimer toute entrave à la circulation des biens et services entre les pays (droits de douane, quotas).

Lien social : Désigne à la fois le « désir de vivre ensemble, la volonté de relier des individus dispersés et l'ambition d'une cohésion sociale plus profonde » (Serge Paugam).

M

Macroéconomie : Branche de l'économie qui s'intéresse aux quantités globales (agrégats) comme l'investissement, l'épargne, la consommation, la croissance, ainsi qu'aux liens et interdépendances pouvant exister entre elles.

Marché : Lieu, réel ou fictif, où entrent en relation un ou des acheteurs (ou demandeurs) avec un ou des vendeurs (ou offreurs), et où cette confrontation aboutit à des échanges à un certain prix, dit « prix de marché ».

Marché concurrentiel : Marché sur lequel la pression concurrentielle est forte. Le concept de concurrence est souvent associé à celui de compétition.

Marché de quota d'émission : Système dans le cadre duquel les pollueurs ont la possibilité d'échanger les permis d'émission alloués par les pouvoirs publics.

Marche des changes : Marché sur lequel se confrontent l'offre et la demande de monnaies étrangères (ou devises) et où se fixent les taux de change (cours d'une devise).

Marché monétaire : Marché des capitaux à court terme (prêts et emprunts d'une durée inférieure à 1 an) qui comprend le marché des titres de créances négociables et le marché interbancaire.

Marché pertinent : Marché dont les limites sont déterminées en mesurant le degré de substituabilité des différents produits ou services existants. Deux produits fortement substituables sont considérés comme étant vendus sur le même marché (exemple de deux brosses à dents de marques différentes).

Ménage : Ensemble des occupants d'un même logement.

Méritocratie : Système dans lequel la position sociale occupée par un individu est liée à son mérite (talent, effort, etc.).

Microéconomie : Branche de l'économie qui cherche à expliquer les phénomènes économiques en partant des comportements individuels

Mobilisation électorale : Actions mises en œuvre pour diffuser une offre politique et persuader les électeurs de s'y rallier par leur vote.

Mobilité intergénérationnelle : Changements plus ou moins importants de position sociale et professionnelle observables entre plusieurs générations (en comparant la position sociale du fils à celle du père).

Mobilité intragénérationnelle : Changement de position sociale et professionnelle d'un individu au cours de sa vie.

Mobilité observée : Mesure du pourcentage de fils qui se trouvent dans une PCS différente de leur père. Par exemple, en 2003, selon l'INSEE, 83 % des fils d'employés ne sont pas dans la PCS « employés ».

Mode de scrutin : Règles qui définissent la façon dont les sièges sont pourvus au cours des élections.

Mondialisation : Internationalisation et interpénétration croissantes des économies.

Monnaie : Actif le plus liquide dans une économie, c'est-à-dire qu'il peut être transformé en un autre actif rapidement et sans coût de transaction.

Monopole : Situation de marché dans laquelle il n'y a qu'un producteur.

Monopole discriminant : Monopole qui vend le même produit à différents prix en fonction des caractéristiques de ses clients.

Mouvement migratoire : Variation de la population liée à l'immigration et à l'émigration.

Mouvement naturel : Variation de la population liée à la natalité et à la mortalité.

Mouvement social : Forme d'action collective en faveur d'une cause et tournée vers la protestation envers un adversaire désigné (politique gouvernementale, autres groupes sociaux, etc.).

N

Niveau de vie disponible : Revenu disponible des ménages/nombre d'unités de consommation (UC).

Normes d'emploi : Normes qui permettent de réguler le travail, de prévoir sa rémunération, d'organiser les modalités de valorisation des qualifications et la stabilité de l'emploi.

Normes sociales : Règles de conduite propres à un groupe social.

O

Offre : quantité proposée à la vente pour un niveau donné de prix.

Oligopole : Situation de marché dans laquelle il y a peu de producteurs.

OMC (Organisation mondiale du commerce) : Organisation internationale qui a pour objectif d'assurer l'ouverture du commerce.

P

Paradoxe d'Anderson : Situation dans laquelle un individu plus diplômé que son père occupe une position sociale et professionnelle inférieure que ce dernier.

Paritarisme : Modalité de gestion des relations sociales dans laquelle les partenaires sociaux (représentés à égalité) décident des réformes à mener (droit du travail, protection sociale, etc.).

Parité : Situation d'égalité. Cette notion qui renvoie généralement à la nécessité d'assurer l'égalité entre hommes et femmes dans tous les domaines de la vie sociale.

Part de marché : Part des ventes d'une entreprise sur le total des ventes du secteur.

Partenaires sociaux : Organisations patronales et syndicats.

Participation électorale : Comportement d'un électeur inscrit sur les listes électorales qui exerce son droit de vote.

Patrimoine : Stock qui englobe l'ensemble des actifs financiers et non financiers détenus à une date donnée (les dettes étant soustraites).

Pauvreté : Phénomène multidimensionnel qui peut se définir de différentes façons : en termes monétaires (critère de revenu), en termes de conditions de vie (accès à un certain nombre de biens et services considérés comme essentiels) ou en termes subjectifs (sentiment d'être pauvre).

PIB : Indicateur de production au niveau national. Somme des valeurs ajoutées + TVA + droits de douane − subventions sur les produits.

Pluralisme politique : Respect de la diversité des orientations politiques, le multipartisme, la compétition libre pour l'accès aux fonctions électives.

Politique (la) : La politique désigne à la fois : La vie politique au sens de la compétition à laquelle se livrent des individus ou des groupes pour exercer le pouvoir ; Les différentes politiques publiques : la politique scolaire, la politique de la santé, etc.

Politique (le) : Aspect de la vie sociale.

Population active : Ensemble des personnes qui occupent ou qui cherchent un emploi.

Population active occupée : Ensemble des personnes occupant un emploi.

Pouvoir : « toute chance de faire triompher, au sein d'une relation sociale, sa propre volonté, même contre des résistances ; peu importe sur quoi repose cette chance » (Max Weber).

Pouvoir d'achat du revenu : Quantité de biens et services que l'on peut acquérir avec ce revenu.

Pouvoir de marché : Pouvoir de certains agents qui sont en mesure d'influencer le prix du marché par leur comportement.

Pouvoir exécutif : Pouvoir chargé d'appliquer la loi décidée par le pouvoir législatif et de gérer la politique courante de l'État.

Pouvoir judiciaire : Pouvoir qui contrôle l'application de la loi et sanctionne en cas de non-respect de celle-ci.

Pouvoir législatif : Pouvoir chargé de voter la loi.

Pouvoir politique : Type de pouvoir qui concerne l'ensemble des membres de la société.

Prélèvement obligatoire : Ensemble des impôts (TVA, impôt sur le revenu, sur les sociétés) et des cotisations sociales qui ne donnent pas droit à une contrepartie immédiate.

Prestation sociale : Droits versés aux assurés sociaux en cas de survenue d'un risque social.

Principe de subsidiarité : Principe de répartition des compétences publiques entre les différents niveaux d'action (local, national, régional, européen).

Prix d'équilibre : Prix tel que l'offre d'un bien soit égale à la demande de ce bien.

Production : Activité socialement organisée exercée par une unité institutionnelle (entreprises, administrations, etc.) qui combine des facteurs de production et des consommations intermédiaires pour fabriquer des biens et services.

Productivité globale des facteurs : Rapport entre la quantité produite et la quantité globale de facteurs de production utilisée.

Progrès technique : Ensemble des changements dans le type de produits fabriqués, dans les procédés de production, dans l'organisation du travail et dans les structures des marchés.

Protection sociale : Ensemble des mécanismes collectifs qui permettent aux individus de faire face aux conséquences (perte de revenus, hausse de certaines dépenses) d'un certain nombre de risques sociaux (maladie, chômage, vieillesse sans ressource).

Protectionnisme : Politique commerciale ou ensemble de mesures prises par un gouvernement visant à empêcher ou limiter les importations de biens et services.

Q

Qualification : Ensemble des connaissances, des aptitudes et des expériences que requiert un emploi déterminé (qualification de l'emploi) ou qu'un individu est susceptible de mettre en œuvre (qualification du travailleur).

Quantités d'équilibre : Quantités échangées au prix d'équilibre.

R

Rareté : Situation de déséquilibre entre les ressources disponibles et les quantités que les agents économiques souhaitent utiliser.

Ratio de dépendance : Rapport entre les inactifs retraités et les actifs cotisants.

Récession : Ralentissement du rythme de croissance de la production.

Recette marginale : Variation de la recette totale générée par la vente d'une unité supplémentaire.

Recette totale : Valeur des ventes d'une entreprise au cours d'une période donnée (prix × quantités vendues).

Redistribution : Ensemble des transferts de revenus opérés par la puissance publique (prélèvement d'impôts et de cotisations sociales afin de verser des revenus de transfert et financer la protection sociale).

Régime parlementaire : Régime politique caractérisé par le fait que le gouvernement est politiquement responsable devant une assemblée législative qui peut être dissoute.

Régime politique : Mode d'organisation des pouvoirs au sein de l'État.

Régime présidentiel : Régime politique caractérisé par l'autonomie réciproque du gouvernement et des assemblées : le Président ne peut dissoudre le Parlement, et celui-ci ne peut renverser le gouvernement.

Régime semi-présidentiel : Régime politique hybride qui combine des éléments du régime présidentiel (élection du président au suffrage universel) et des éléments du régime parlementaire où le gouvernement est responsable devant le parlement.

Réglementation : Ensemble des normes fixées par l'État.

Régulation des conflits : Processus par lequel des règles sociales viennent encadrer les conflits, et peuvent être à leur tour modifiées par ces conflits.

Régulation : Ensemble des mécanismes qui permettent d'obtenir et de maintenir la stabilité relative d'un système économique et social.

Relations professionnelles : Ensemble des relations entre les organisations des salariés, les organisations patronales et l'État.

Rendement d'échelle : Mesure l'effet de la variation de la quantité de tous les facteurs de production sur le volume de la production.

Rendement factoriel : Mesure de l'effet de la variation de la quantité d'un facteur de production sur le volume de la production.

Répartition primaire des revenus : Répartition des revenus primaires.

Répartition secondaire des revenus : Répartition des revenus disponibles.

Répertoires d'action politique : Modes d'actions politiques disponibles dans une société à un moment donné de son histoire.

Retraite : Situation d'un individu qui a cessé son activité professionnelle et qui présente les conditions pour bénéficier d'un revenu de remplacement (pension de retraite).

Retraite par capitalisation : Système de retraite reposant sur une logique d'épargne individuelle gérée par un système collectif.

Retraite par répartition : Système de retraite reposant sur le principe de solidarité entre les générations, par un transfert des cotisations des actifs vers les retraités (inactifs).

Revenu : Somme qui peut être dédiée à la consommation par un individu sans qu'il entame la valeur de son patrimoine.

Revenu disponible : Somme des revenus d'activité (salaire net), du patrimoine, des transferts en provenance d'autres ménages et des prestations sociales, une fois retranchés les impôts directs.

Revenu nominal : Revenu exprimé en monnaie courante (ou aux prix courants : prix affichés).

Revenu primaire : Ensemble des revenus issus de la participation à l'activité productive (revenu du travail, du capital et revenu mixte).

Revenu réel : Revenu exprimé en monnaie constante (ou à prix constants : tenant compte de l'inflation).

Risque de crédit : Probabilité de défaut de remboursement du créancier (quand celui-ci se révèle dans l'incapacité de régler sa dette et les intérêts de celle-ci).

Risque systémique : Situation où la défaillance d'une banque ou d'un établissement financier risque de se transmettre à tout le système financier.

S

Salaire : Rémunération versée à un salarié par son employeur (taux de salaire × temps de travail).

Salaire d'efficience (Théorie du) : Théories qui mettent en effet en avant le fait que des salaires élevés incitent les salariés à être plus productifs et peuvent ainsi avoir des retombées positives pour l'entreprise.

Salaire minimum : Salaire au-dessous duquel aucun salarié ne peut être rémunéré.

Salaire net : Salaire brut − cotisations sociales salariales. Il correspond au salaire versé sur le compte du salarié.

Salaire super brut : Salaire brut + cotisations sociales patronales. Il correspond à la somme acquittée par l'employeur.

Salariat : État juridique du salarié.

Segmentation du marché du travail : Situation dans laquelle le marché du travail est scindé en deux segments avec un marché primaire et un marché secondaire.

Sélection adverse : Situation dans laquelle l'asymétrie d'information conduit à ce que les agents sélectionnent les mauvais produits (par exemple l'achat d'une voiture d'occasion défectueuse) ou les mauvaises personnes (par exemple l'embauche d'un salarié incompétent).

Services collectifs : Activités d'intérêt général prises en charge par une personne publique (administration ou entreprise publique) ou une personne privée (entreprise privée), mais sous le contrôle d'une personne publique.

Socialisation : Processus par lequel chaque individu construit son identité en fonction des différentes normes sociales en vigueur et des interactions qu'il a avec autrui.

Socialisation anticipatrice : Ensemble des valeurs et normes d'un groupe social qu'un individu acquiert en vue de l'intégrer.

Socialisation différentielle : Processus de socialisation qui conduit à ce que différentes catégories d'individus acquièrent des normes, des valeurs et des comportements différents.

Socialisation primaire : Socialisation qui a lieu dans l'enfance.

Socialisation secondaire : Socialisation qui a lieu tout au long de la vie après l'enfance.

Sociologie : Science qui « se propose d'étudier scientifiquement l'homme vivant en société, les relations entre individus et les mécanismes de fonctionnement des sociétés humaines » (Yves Crozet).

Solde migratoire : Nombre d'immigrés – nombre d'émigrés.

Solde naturel : Nombre de naissances – nombre de décès (sur une même période).

Solidarité mécanique : Forme de cohésion caractéristique des sociétés traditionnelles qui repose sur la similarité d'individus ayant une conscience collective forte (valeurs et croyances communes) et où la division du travail est faible.

Solidarité organique : Forme de cohésion caractéristique des sociétés modernes qui repose sur la complémentarité d'individus autonomes (comparables à des organes du corps humain) et dont la conscience individuelle prend le pas sur la conscience collective, et où la division du travail rend les individus interdépendants.

Soutenabilité : Situation dans laquelle le niveau de bien-être des générations présentes peut au moins être maintenu pour les générations futures.

Spécialisation internationale : Spécialisation des pays dans la production de certains biens pour en exporter une partie et importe les biens dont il a abandonné la production à d'autres pays.

Spéculation : Achat ou de vente d'un actif (réel, financier ou monétaire) dans le but de réaliser un gain lié aux variations des prix de l'actif et non à son usage.

Stratification sociale : Représentation de la société en strates hiérarchiquement superposées.

Surplus du consommateur : Différence entre le consentement à payer des consommateurs et la somme effectivement payée.

Surplus du producteur : Différence entre le consentement à recevoir des producteurs et la somme effectivement reçue.

Syndicat : Organisation de salariés qui s'étend au-delà des frontières de l'entreprise, dans le but de protéger ou d'améliorer, à travers l'action collective, le statut économique et social de ses adhérents.

Système politique européen : Mode d'organisation politique et institutionnel entre les membres de l'Union européenne, fondé sur la démocratie, la recherche du compromis intergouvernemental, et garanti par des institutions communes.

T

Taux d'abstention : Rapport entre le nombre de personnes inscrites sur les listes qui n'ont pas voté sur le nombre de personnes inscrites sur les listes électorales.

Taux d'accroissement naturel : Solde naturel d'une période / population moyenne sur cette période.

Taux d'activité : Population active / population totale.

Taux d'emploi : Population ayant un emploi / population totale.

Taux d'épargne : Épargne / revenu disponible brut.

Taux de chômage : Nombre de chômeurs / nombre d'actifs.

Taux de fécondité : À un âge donné, nombre d'enfants nés vivants des femmes de cet âge au cours de l'année, divisé par le nombre de femmes ayant cet âge dans la population.

Taux de marge : Excédent brut d'exploitation / Valeur ajoutée.

Taux de natalité : rapport du nombre de naissances vivantes de l'année à la population totale moyenne de l'année.

Taux de prélèvements obligatoires : Prélèvements obligatoires / PIB.

Taux de remplacement : Estimation en pourcentage de la pension en euros versée à un retraité pour 100 euros de revenu d'activité que celui-ci touchait lorsqu'il était actif.

Travail : Activité humaine qui conduit à l'élaboration de biens ou de services. Cette activité peut être domestique, bénévole ou professionnelle.

U

Union Économique et Monétaire (UEM) : Accord entre les pays membres de l'Union européenne visant à créer une monnaie unique (l'euro) avant le 1er janvier 2002 et à transférer leur souveraineté monétaire à une banque centrale unique : la Banque centrale européenne

V

Valeur ajoutée : Valeur de la production – valeur des consommations intermédiaires.

Valeur mobilière : Actifs financiers qui sont des éléments de patrimoine pouvant générer un flux positif de revenus. Ils regroupent les titres de propriété, comme les actions, et les titres de créance, comme les obligations.

Variables lourdes du comportement électoral : Variables retenues par la sociologie électorale comme étant celles qui permettent le mieux de prédire le vote (appartenance religieuse, patrimoine, etc.).

Vote sur enjeu : Idée que les électeurs se détermineraient en fonction du contexte, des candidats et des enjeux propres à chaque élection.